全国社会工作者职业水平考试指导教材

2020

SHEHUI GONGZUO SHI WU

社会工作实务

初级

全国社会工作者职业水平考试教材编委会·编写

中国社会出版社
国家一级出版社·全国百佳图书出版单位

图书在版编目（CIP）数据

社会工作实务：初级 / 全国社会工作者职业水平考试教材编委会编写．—9 版．—北京：中国社会出版社，2019.12

全国社会工作者职业水平考试指导教材 / 王思斌主编

ISBN 978 -7 -5087 -6282 -1

Ⅰ.①社…　Ⅱ.①全…　Ⅲ.①社会工作—中国—水平考试—教材　Ⅳ.①D632

中国版本图书馆 CIP 数据核字（2020）第 012902 号

书　　名： 社会工作实务（初级）
编 写 者： 全国社会工作者职业水平考试教材编委会

出 版 人： 浦善新
终 审 人： 李　浩
责任编辑： 张　杰　杨　晖　薛丽仙　姜婷婷
助理编辑： 李林凤　朱文静　高　文　潘　瑜

出版发行： 中国社会出版社　邮政编码：100032
通联方式： 北京市西城区二龙路甲 33 号
电　　话： 京、晋、粤、琼：13911163563　(010)58124841
苏、浙、滇、藏：13691332028　(010)58124842
吉、沪、鄂、湘、桂、渝、川、黔：13811175782　(010)58124856
冀：13910662167　(010)58124868　津：18601973829　(010)58124827
宁：13641368941　(010)58124851
内蒙古、皖、青：13366558816　(010)58124829
辽、豫、陕：13611065331　(010)58124833
黑、新：13911689955　(010)58124867　鲁：13552863830　(010)58124865
闽、赣：13901172636　(010)58124836　甘：13810175905　(010)58124835
网　　址： www.shcbs.com.cn　shcbs.mca.gov.cn
经　　销： 各地新华书店

印刷装订： 中国电影出版社印刷厂
开　　本： 185mm×260mm　1/16
印　　张： 21.25
字　　数： 590 千字
版　　次： 2020 年 4 月第 9 版
印　　次： 2020 年 8 月第 8 次印刷
定　　价： 80.00 元

社工图书专营店

中社在线
微信公众号

中国社会出版社
天猫旗舰店

全国社会工作者职业水平考试教材
编委会

前　言

2006年，党的十六届六中全会作出了“建设宏大的社会工作人才队伍”的战略部署。为贯彻落实中央精神，构建中国特色的社会工作知识和能力体系，推进我国社会工作职业化、专业化进程，2007年，全国社会工作者职业水平考试教材编委会编写了《社会工作综合能力（初级）》《社会工作实务（初级）》《社会工作综合能力（中级）》《社会工作实务（中级）》《社会工作法规与政策》五本指导教材，并于2015年进行了修订。

党的十九大以来，我国的政治、经济、法治、社会、民生等方面发生了很大的变化，社会工作事业理论创新与本土实践层出不穷，有关社会建设和社会治理的政策法规持续修订。为更好反映新时代中国特色社会工作发展要求，体现我国社会工作发展实际，科学评价社会工作专业人才，教材的时效性、适用性、专业性和本土性迫切需要进一步增强。基于此，经社会工作行政主管部门批准，全国社会工作者职业水平考试指导教材修订工作由中国社会工作学会组织，严格按照《助理社会工作师、社会工作师职业水平考试大纲（2018年修订版）》，于2019年5月启动修订。

为确保修订工作能够按时、保质、保量完成，中国社会工作学会专门成立了全国社会工作者职业水平考试教材编委会，负责教材的框架论证、人员组织和审稿编辑等工作。编委会确定由中国社会工作学会会长、北京大学教授王思斌任总主编，各分册主编、副主编如下：《社会工作综合能力（初级）》和《社会工作综合能力（中级）》由王思斌任主编，孙莹（中国青年政治学院教授）、顾东辉（中国社会工作学会副会长、复旦大学教授）任副主编；《社会工作实务（初级）》由马凤芝（中国社会工作学会学术委员会副主任委员、北京大学教授）任主编，童敏（厦门大学教授）任副主编；《社会工作实务（中级）》由史柏年（中国社会工作学会学术委员会主任委员、中国青年政治学院教授）任主编，费梅苹（华东理工大学教授）任副主编；《社会工作法规与政策》由关信平（中国社会工作学会副会长、南开大学教授）任主编，陈树强（中国社会工作学会副会长、中国青年政治学院教授）、黄晓燕（南开大学副教授）任副主编。

在本套教材出版之际，我们要感谢为本次修订提供了研究成果的国内外学者和提供案例经验的实务工作者，是他们的知识丰富了本书内容；感谢积极参与教材修订的各位编者，是他们的辛勤劳动保证了教材重编的按时完成。

全国社会工作者职业水平考试教材编委会

目录 | directory

第十四章　企业社会工作

第一章　社会工作实务的通用过程

社会工作实务的通用过程包括接案、预估、计划、介入、评估和结案六个阶段或称步骤，每个阶段或步骤都有各自不同的工作任务、内容、方法和技巧。

第一节　接案

接案是社会工作实务过程的第一步，也是整个助人过程的基础和起点。因此，成功的接案是社会工作助人活动的前提。

一、接案的步骤及核心技巧

接案阶段的主要工作和步骤包括：了解服务对象的求助原因和求助过程、初步评估服务对象的问题、决定是否接案、订立初步协议。

（一）接案前的准备

1. 什么是接案

当服务对象遇到困难前来社会工作服务机构求助时，负责接待的社会工作者所做的工作就是社会工作过程中的第一个阶段，即“接案”。

“接案”是社会工作助人活动的开端，是社会工作者与潜在服务对象开始接触，了解其需要，帮助其逐渐成为服务对象并接受社会工作服务的过程，也是社会工作者与潜在的服务对象通过沟通达成共同解决问题初步协议的整个助人过程的开始。

接案期的工作非常重要，它的目标是要与服务对象建立一个良好的专业关系，为后续的预估和介入打下良好的工作基础，以便社会工作者和服务对象能以此为起点一起工作，实现社会工作的助人目标。

2. 了解服务对象的来源和类型

服务对象的来源和类型不仅影响着社会工作者的角色，也影响着社会工作者与服务对象专业关系的建立。针对不同的服务对象，社会工作者需要有不同的工作技巧，因此，了解服务对象的来源和类型就成为成功接案中的一项重要工作。

（1）了解服务对象的来源。服务对象的来源通常有3种情况：

①主动求助者。通常是一个人、一个家庭或团体带着超出他们能力之外而不能解决的问题主动前来寻求帮助。这种服务对象是比较了解社会工作机构相关服务信息的人，他们知道机构能够为他们提供什么服务，因而机构提供的服务与他们的期望之间

具有较大的一致性。但是，主动求助并不就等于机构服务一定适合服务对象的需要，要通过接下来进行的“接案会谈”来筛选机构的服务对象。“筛选服务对象”是接案工作的目的之一。

②由他人介绍或机构转介来的。这种情况可能是由社区内的相关部门（例如街道办事处、居委会）或邻居发现某人、家庭或团体因存在严重的个人、家庭或群体问题而影响了正常的社会功能发挥，从而要求社会工作者介入帮助他们解决问题。社会工作者要注意，一般来说，这类服务对象的需求具有多样性，但机构服务都有其自身的限制，并不能提供服务对象所需的全部服务，因此也存在“筛选服务对象”的问题。当在接下来的面谈中发现机构不能提供满足需求的服务时，进行再“转介”就成为一项重要的工作。此时需要注意的是：由他人转介来的服务对象由于不了解新机构的服务，有可能对社会工作者怀有敌意和抵触情绪，甚至拒绝接受新的服务。

③由社会工作者通过外展工作而成为服务对象的。这是指那些既不是自己主动求助，也不是由他人或机构转介而来的服务对象，而是由社会工作者主动接触并使他们接受服务的人。对于由社会工作者认定为服务对象的人来说，没有主动求助或者说没有求助动机并不等于他们就不需要社会工作者的协助，或者不想得到服务。实际上，外展是向潜在服务对象推销机构服务的一种有效方法，体现了社会工作对社会的承诺。面对外展服务对象时，社会工作者的重要工作和任务是，消除他们对机构和社会工作者的不信任甚至是怀疑，引导他们接受服务。

（2）认定服务对象的类型。根据上述服务对象的来源可以按寻求服务时的意愿把他们分为以下两种类型：

①自愿型服务对象。指那些认识到需要协助而自己主动向社会工作者求助的，以及由他人介绍而接触社会服务机构并愿意成为其服务对象的人。这类服务对象求助动机强，社会工作者比较容易与之建立关系，机构的服务与他们的需要也会比较吻合。

②非自愿型服务对象。指那些由政府、法院或其他有权力的部门或个人（包括父母、老师等）将需要协助的服务对象转介给社会工作的服务机构，以协助其解决问题的服务对象。非自愿型服务对象是被动接受帮助的，这种特性使得他们在接受服务时通常会存在或表现某些抗拒情绪和行为。在社会工作的助人活动中，与这类服务对象的专业关系通常不易建立，需要进行相当细致的工作，同时需要非常娴熟的工作技巧。

（3）现有服务对象与潜在服务对象。对应着上面三种服务对象的来源和两种类型，那些主动求助和转介及外展而来的、已经使用社会工作者提供的资源或正在接受社会工作者协助的服务对象，被称为是现有服务对象；那些尚未使用或接受社会工作者协助和资源帮助，但未来可能需要服务资源和协助的服务对象，即是潜在服务对象。例如，在一个父母因孩子学校生活适应困难而求助的案例中，学生在老师介绍下接受社会工作者的协助，这个学生即是社会工作的实际服务对象。同时，学生的父母因为感觉自己的孩子与其他同龄孩子不同，对教育孩子感到非常困惑，不知如何处理孩子在性格、学习和成长方面的困惑，对孩子的问题束手无策，因此需要协助的还有这个学生的父母，此时这个学生的父母就是“潜在的服务对象”。在接案阶段，社会工作者的任务是不仅要与“现有的服务对象”工作（即直接帮助这个学生），同时还要联系潜在的服务对象，使其了解接受社会工作服务对他们的意义，使“潜在的服务对象”也成为“现有的服务对象”。

（4）了解服务对象的求助过程。为了准备接案，社会工作者除了需要了解服务对象的来源、类型外，还要了解他们的求助过程。前来社会工作机构求助的服务对象通常带有不同的问题和不同层次的需求。一般来说，大多数服务对象在求助以前通常都有过自己努力去解决问题的经历，当他们以个人能力无法解决问题时，可能首先是求助于自己的自然助人网络，也就是使用非正式的社会网络资源系统解决自己的问题与满足需要，如求助于亲戚、同事、朋友和邻里等。因此，走进社会工作服务机构可能是服务对象在尝试自己解决问题未果后所作的最后选择。

3. 做好会谈的准备并拟定初次会谈提纲

为了顺利进行接案会谈，事前的准备工作非常重要。接案的准备工作包括以下内容：

（1）服务对象资料的准备。包括：事先研读服务对象的资料，了解其是否接受过服务；了解他们的身体和精神健康状况；走访社区，通过服务对象的社会网络来了解服务对象个人和社会处境两方面的情况；了解服务对象是否有特殊事项需要谨慎小心处理，例如服务对象是否存在精神健康方面的问题，因而需要对之进行预防等。

（2）拟定初次面谈的提纲。在资料准备和了解服务对象来源与类型的基础上拟定初次面谈的提纲。详细的面谈提纲可以帮助社会工作者厘清工作思路，从而在面谈时有备无患，且能够有序并有效地与服务对象进行沟通，探讨他们的问题，澄清有疑问的地方，以提供切合服务对象需要的服务。提纲的内容一般包括：

①介绍自己和自己的专长。

②简要说明本次会谈的目的和内容、双方的角色和责任。

③介绍机构的功能和服务、相关政策（如保密原则）和工作过程。

④征求服务对象对会谈安排的意见，了解对机构和社会工作者的期望。

⑤询问服务对象是否有需要紧急处理的事情，以便提供及时的协助。

（二）会谈

会谈是接案阶段的第二个重要工作，是社会工作者与服务对象之间一种面对面地讨论问题以确定是否建立专业协助关系的过程，同时也是一种有意识、有目标的人际互动。

1. 会谈的目的和会谈场所的安排

接案会谈的目的在于了解服务对象最关心的事项是什么，以便达到助人目标。面谈是一种特殊的沟通形式，借此面对面的会谈，双方交换经验和看法，表达态度和意愿，因此，不但会谈内容的选择要注重助人目标的达到，而且要在会谈场所的安排方面进行精细设计和准备，以便为面谈顺利进行创造条件。为使会谈顺利进行，会谈的时间和地点安排应征询服务对象的意见，充分考虑他们的需要，使其感受到被重视和被尊重。一般来说，在时间安排上，要配合服务对象的时间，工作日一般将会谈安排在服务对象下班后或者晚上、周末。在地点安排方面，一般情况下是在接案社会工作者的办公室或者机构专门的会谈室，以方便遇到问题时联络其他资源和得到机构相关部门的配合；但是如果服务对象的需要和问题有特殊性，需要不同机构相互配合会商，因而会谈需要不同机构、不同方面的人员参加时，地点可以相应地安排在医院、司法机构（如成人监狱、少年管教所、法庭等）、学校、居委会、社区服务中心和服务对象的家中。再有，地点安排要考虑服务对象的行动能力，对于不能外出的人要安排上门会谈，对于有特殊需要的人士要考虑无障碍设施等问题。

在机构进行会谈时要考虑环境布置方面的事项，原则是创造方便和有利会谈进行的环境。例如，面谈场所要舒适、安静，具有私密性和安全感，以便会谈能够顺畅进行而不被干扰。为此，社会工作者要事先安排足够的空间和桌椅，家具要舒适，可准备一些靠垫以方便服务对象使用。面谈场所的空间安排也要尽量使服务对象感觉自由、舒畅和随意，以便他们能够与社会工作者无拘无束地进行沟通和交流；布置方面要简洁、温馨，不要有太多装饰以免分散服务对象的注意力；桌椅摆设要有利于和服务对象的讨论和沟通，通常社会工作者与服务对象的位置在90°～130°、距离1～1.5米比较合适，这种位置能够让双方看到和听到对方讲话的表情、声音及身体语言，同时又保持一种舒服的个人空间。如果是进行家庭会谈并有儿童参与，要事先准备一些玩具来安顿他们。

社会工作者要注意严格遵守约定时间，遇到意外事件不能准时到达时要电话通知服务对象，或请机构同事帮忙进行适当安排。会谈进行前要关掉手机，并事先知会同事和相关行政督导，在机构告示栏写明会谈时间和地点，避免因临时工作需要而打扰会谈。接案和会谈时（严格地说所有与服务对象的接触中），社会工作者的衣着要得体大方，既不随便也不过于隆重，避免给服务对象造成不受重视和有距离的感觉。

2. 会谈的主要任务

（1）界定服务对象的问题。对服务对象问题的界定是通过会谈来进行的。任何人都不可能是解决所有问题的专家，因此，在使用沟通技巧与服务对象会谈时，要以服务对象为中心，了解是什么使得服务对象寻求帮助，运用同感达到听懂服务对象语言表达的目的，社会工作者要注意服务对象所使用的字眼、言谈中所表达的情感与感受、身体语言所传达的信息等。这些对了解服务对象问题的性质以及问题对服务对象的影响都是很重要的资料。在界定服务对象问题时社会工作者对服务对象表达同感的能力是很重要的，它能够帮助社会工作者通过表达同感创造鼓励服务对象诉说问题的气氛。与界定和评估服务对象问题有关的是，社会工作者要了解：服务对象希望从与你的接触中获得什么，希望产生什么结果，服务对象希望改变的是什么。

社会工作者要注意，服务对象自己对问题的看法是界定问题时最重要的起点，因此，在使用沟通技巧与服务对象会谈时，服务对象关心的问题、他们的困惑即是界定问题的入手点。从询问服务对象对自己问题的看法开始来界定问题，其道理在于，服务对象对自己问题的看法可以让社会工作者了解服务对象希望改变的是什么。如果服务对象有强烈的改变动机，那么他希望从哪里开始，为什么？如果他没有很强的动机，原因是什么？这个原因有可能就是他的真正困难和问题所在。

上述工作需要一个持续的过程。社会工作者要知道，经过几次会谈后服务对象对问题的看法与社会工作者对问题的看法可能并不一致，实际上二者经常会不同，社会工作者与服务对象要经过一系列的讨论和磋商形成对问题的共同看法，形成具体目标，作为工作的开始。

（2）澄清角色期望和义务。面谈的一个重要任务是澄清社会工作者与服务对象对各自的期望，通过协商减少差异，同时要互相澄清并讨论双方对对方的角色期望。包括以下三个方面：一是服务对象对自己的角色期望，对社会工作者的角色期望；社会工作者对服务对象的角色期望，对自己的角色期望。二是对比并找出双方与各自想法的差异和距离。三是协商并达成一致的看法。

（3）激励并促进服务对象进入角色。接案面谈是社会工作者与服务对象建立专业关系的开始，此时，社会工作者要帮助及引导服务对象逐渐接受自己的服务对象角色，以便双方能够相互配合工作。

（4）促进和诱导服务对象态度和行为的改变。

（5）达成初步协议。经过以上初步接触，社会工作者与服务对象对对方已有了一个基本的了解，此时社会工作者与服务对象就可以达成一个初步的协议。内容包括以下方面：一是机构和社会工作者可以提供的服务；二是对服务对象问题的初步界定；三是相互的角色期望及暂定的工作时间长度。协议的形式可以是书面的，也可以是口头的，主要目的在于双方有一个目标与约束，以便后续工作富有成效。

（6）决定工作进程。在接触和初步面谈后，双方要决定下一步需要采取的步骤。决定有以下几种可能：

①终结服务。在完成对问题界定的任务后，社会工作者需要作出一项决定，即终止服务还是继续服务，影响决定的因素是机构的功能能否满足服务对象的需要。当存在如下情况时，即可终结服务：一是机构缺乏合适的工作人员；缺乏具有必要技能的工作人员；服务对象或其问题不在机构的职责、使命或功能之内；社会工作者认为其他机构的资源、素质更优越；服务的数量适于其他机构；其他机构具有处理特定服务对象或问题的特权（如社区矫正服务的专门机构）。二是服务对象不愿接受服务，机构功能不符合服务对象需要或已经解决了问题。三是服务对象对问题的看法和期望与社会工作者所能提供的服务不相符；或者是社会工作者所能提供的服务不能解决问题；或者是服务对象没有充分的动机投入必要的时间、力量和资源。社会工作者必须注意，即使作出终止服务的决定，社会工作者也有责任帮助服务对象去获得其他服务的机会。这要求社会工作者熟知满足各种需要的资源。

②转介其他服务。转介可以是正式的，也可以是非正式的。

③进入下一个助人阶段。如果服务对象与社会工作者对问题有共识，服务对象又愿意由机构和社会工作者提供协助，那么接下来就要对问题的轻重缓急与先后顺序进行讨论，开始进入下一个阶段的工作。

3. 会谈的技巧

为使接案面谈顺利进行，社会工作者需要掌握娴熟的会谈技巧。包括以下 3 个方面：

（1）主动介绍自己。主动介绍自己在初次面谈时是一个非常重要的技巧。一般来说，当社会工作者接受有关人士的要求而介入服务对象的生活时，很多时候会引起对方的愤怒和焦虑。因为无论是对个人、家庭还是群体来说，与社会工作机构和社会工作者接触都不是一件很容易的事。他们中有些人由于不了解机构和社会工作者的意图而怀有很强的戒心，一直要到他们能够明白社会工作者协助的动机、社会工作者对他们有一定程度了解、社会工作者到底要干什么时，他们才能接受社会工作者的介入。因此，要让服务对象愿意讲述自己的问题，社会工作者需要先向他们介绍自己，包括自己的姓名、在机构负责什么工作、个人的专长、提供协助的目的、将怎样提供服务等。

（2）通过“治疗性沟通”了解服务对象的需要和问题。所谓沟通又称人际沟通，是一个人和另一个人（或两个以上的人）借助语言或非语言符号彼此互相交换观念、信息、态度、感受和情感等内容的动态过程。社会工作者在接案阶段通过面谈与服务对象进行沟通的内容包括：了解服务对象的问题和需要，交流双方对服务对象的问题和社会工作机构的功能以及社会工作者的角色的看法和期望。除与服务对象沟通上述“事实性”内容之外，社会工作者也要有意识地与服务对象进行治疗性沟通。所谓治疗性沟通（或具有治疗效果的沟通）是指这样一种人际沟通：通过人与人的交往，达到一个人对其他人进行帮助的目的。在接案面谈时，社会工作者有意识地与服务对象进行的治疗性沟通具有以下功能：①提供支持；②减轻服务对象因求助而带来的内心的焦虑；③协助服务对象建立对自己和解决自己问题的正确想法；④促成服务对象为解决问题采取有效的行动。

（3）倾听。倾听是面谈的基本技巧。倾听技巧的运用包括如下 3 个方面：①因为倾听是通过语言和非语言行为向对方传达一个信息，“我正在很有兴趣地听着你的叙述，尝试理解你”，所以倾听包括社会工作者通过身体传达的对服务对象的专注，以及从态度上所传达的内心的专注。②面谈中的倾听不仅是为了了解情况，也是为了建立专业关系，鼓励对方更加开放自己，以便社会工作者能更多地了解服务对象的情况。在这个意义上说，倾听最重要的是理解对方所传达的内容和情感，不排斥、不歧视，把自己放在对方的位置上来思考，鼓励其宣泄，帮助其澄清自己的想法。因此，倾听需要设身处地地感受，不但要听懂对方通过言语、行为所表达出来的东西，还要听出对方在交谈中所省略的和没有表达出来的内容。③倾听时不仅要“听”，还要有“参与”，要与服务对象互动，对服务对象的叙述给予适当的回应。回应既可以是言语性的，也可以是非言语性的。比如，用“嗯”“是的”“然后呢”“请继续”等言语来鼓励对方继续说下去，或者用微笑、眼睛的关注、身体的前倾、相呼应的点头等传达你的关注。

（三）收集服务对象的资料

接案面谈的过程是一个与服务对象建立社会工作专业关系的过程，也是一个收集服务对象资料从而为社会工作服务提供事实依据的过程。

1. 资料收集的内容和范围

收集资料时要从服务对象与其所处环境两个方面进行，以便掌握服务对象个人和环境的情况，以及服务对象与环境互动的情况。

（1）个人资料。包括籍贯、年龄、性别、受教育程度、婚姻状况、职业收入状况等。

（2）身体情况。包括对服务对象病史的了解，有无残疾、遗传病以及长期慢性疾病，目前的生理状况如何等。

（3）服务对象的特点与能力。如服务对象的心理状况，包括智力水平、认知能力、个性特点、自我概念、情感及行为方式等。

（4）服务对象所处的社会环境。包括服务对象的人际关系状况，与朋友和同事的关系；服务对象成长的背景，学习、工作和生活的环境，家庭的经济状况；家人之间的关系形态，父母的影响以及邻里关系等。

2. 收集资料的方法和途径

（1）询问。直接向服务对象询问，通过面对面的会谈收集资料，可以为决定介入与干预的方法提供依据。所以，会谈与询问是社会工作者获取服务对象资料的最基本工具。除了向服务对象本人询问外，还可向与服务对象有关的系统查询。如从家庭成员、服务对象的工作单位与服务对象关系密切的同事及朋友那里获得有关服务对象的资料。当以直接询问方法不能得到相关资料时，还可以使用间接询问探查的方法，即通过让服务对象进行角色扮演和完成句子的方式来帮助其表达自己的方法来获得资料。这种方法能够揭示服务对象的感受、想法和动机，是收集服务对象主观性资料的有效方法。进行间接探询时可以使用口头询问的方法，也可以书面问卷的方式进行，见表1－1。

表1－1　　询问方法

方法	口头	书面
直接	会谈	问卷
投射	角色扮演	填充/完成句子

①会谈。会谈可以是个人会谈，也可以小组进行。要使会谈有成效，社会工作者需要掌握会谈的技巧，如提问、话题衔接、澄清、反映感受、释义和总结等。

②问卷。问卷是非常有用的收集资料的工具，特别是在社区工作场所中，利用问卷可以收集有关社区需要、问题和居民意愿的资料。问卷的问题可以是结构性问题，也可以是开放性问题。结构性问题为服务对象提供了一系列可供选择的答案，开放性问题则让他们按照自己的想法自由选择答案。

结构性问题例子：

你与邻居见面的次数是多少？

（　　）一个月不到2次

（　　）一个月2～4次

（　　）一个月5～6次

（　　）一个月7～8次

开放性问题例子：

列出你对社区环境最不满意的三件事：

1. ______________________________

2. ______________________________

3. ______________________________

③角色扮演。角色扮演是一种投射技术。以角色扮演方式收集资料在某些情况下可以帮助社会工作者了解服务对象的需要和问题。例如，以角色扮演的方式让一对关系紧

张的父子将他们的互动方式展示出来，社会工作者可借此了解父亲和儿子各自的需要和感受，以及他们的问题在哪里。

④完成句子。当不能直接获得资料时，运用完成未完成的句子这种方式可以获得相关资料。例如，为探询儿子对父亲的感受，可以请当事人完成下面的句子：

当________时，我爸爸就会责骂我。

我跟爸爸在一起时不快乐，因为________________。

（2）咨询。为获得服务对象的准确资料，社会工作者也常向其他专业人士咨询，以求对服务对象的问题有全面、正确、科学的认识。如社会工作者为自闭症儿童提供服务时，常常向有关医学专家咨询自闭症的病理与临床治疗知识，以获得对服务对象问题的科学认识和服务对象问题的有关资料。社会工作者也可以通过转介让服务对象接受其他专业系统的服务来获取服务对象问题的资料。如对工作适应困难的服务对象，社会工作者可转介他们去作职业评估、心理评估，从而获得对服务对象个人资料的全面了解，以便安排适当的服务。

（3）观察。通过实地观察，可以增加社会工作者对服务对象及其社会环境的了解，增加对问题的实感，使所收集的资料更准确。观察可以通过家访或深入社区生活来进行。在参与观察中，观察者本身既是观察者，同时也是观察系统的一分子，例如小组社会工作者在领导小组时就既是参与者，同时也是观察者。这种特点使得观察者能够融入所观察的现象中，但同时也要注意在参与观察中不因过度介入而影响对所观察现象的“客观”理解。

（4）利用已有资料。这主要是利用机构的服务对象的档案资料、工作报告、调查报告及政府机构所提供的有关问题与政策的资料。

（5）问卷调查。让服务对象填写问卷以获取相关问题的客观资料，以及服务对象对问题的主观看法以获取服务对象的资料。

（四）做接案会谈记录

进行接案会谈后，社会工作者要将会谈的内容和结果记录下来。接案会谈记录有很多不同的形式，其中记叙性记录是比较常用的。记叙性记录的内容大致包括：面谈目的、面谈过程（一般是按时间顺序记录面谈内容，包括社会工作者的行动及服务对象的反馈、使用的主要技巧等）、对面谈的总体评估、对以后面谈的建议等。接案记录的格式和内容如下：

（1）首页。首页在接案时完成，包含个人资料，例如，服务对象和其他重要人物的基本信息——姓名、年龄、地址、与其他重要人物的关系及开始提供服务的原因等。

（2）知情同意这一页信息主要解释机构提供的服务、专业责任和伦理守则，以保证可信性和个人资料的保密。

首页和知情同意都不需要写太多，只要写好所要求的信息，并在适当处让服务对象签字。

案例 1－1

第一次个案会谈记录及总结[①]

姓名：于某

年龄：中年

性别：女

基本印象：服务对象是乳腺癌患者。她面相和善、身材中等、衣着朴素，初进会谈室时神态有些紧张，倾诉欲强但非常注意把握分寸。进来时先给妹妹发短信，告知不能去看老父。说话时显得较局促痛苦，后通过寒暄得知是丈夫送她来的，谈了些丈夫、儿子的情况及自己下乡的经历。

关系的建立：服务对象倾诉欲望强，情绪极易激动。在社会工作者的引导下，谈话很快进入主题。社会工作者主要应用倾听技巧，在满足服务对象宣泄需要的同时了解了一些相关情况，服务对象同意由社会工作者进行协助。关系基本建立，为下次正式作个案辅导做了一定铺垫。

自述问题：服务对象患癌症后，由于家庭矛盾激化造成严重失眠（2～3 小时/夜），靠服抗抑郁药物入睡，效果欠佳。主要的家庭矛盾是与弟弟一家不和，感觉自己被误解，更觉得弟弟许多做法很不应该，倍感委屈和痛心。为避免与弟弟直接冲突而不能去看患病老父，感觉甚是无奈和伤心。

与家人关系：父母都是高级知识分子，家中姐弟三人，自己是老大，是“老三届”。1969 年因父亲问题而与妹妹离家参加内蒙古建设兵团，自述从那时起就为家庭分担责任。弟弟最小又是男孩，在家中备受父母和两个姐姐的迁就照顾，当时留在父母身边。回京后，依旧照顾家庭，尤其是对弟弟更是关照有加。家中从灭蟑螂到换煤气罐都由两个姐姐包揽，自己更动员丈夫为弟弟找工作。弟弟成家后，与父母逐渐产生房产纠纷，做出许多不讲道理甚至不近人情的举动，这时母亲还对弟弟姑息迁就，自己也做了很多调解工作和让步，但最终为弟弟矛头所指，认为她制造矛盾，从来就没管过他，以致两人不再见面。这一过程中，去年母亲患癌症去世，父亲脾气倔强，被气病重，自己现在又不能去看父亲，感到伤心、痛苦万分。由此引发失眠，且愈加严重，药物效果越来越差。丈夫在单位为领导开车，人很好。但自己在叙述这些家庭尤其是与弟弟的矛盾时，丈夫表现得不耐烦，但支持自己来求助。儿子已工作，靠自己的能力和努力干得不错，谈起来颇感自豪。

发现的问题：从服务对象所述故事中社会工作者已大致了解了困扰她的问题和原因，但仍然有如下问题需要进一步探讨：服务对象对家中老大这一角色到底有何感受（为什么说到此处激动）？与父母的关系到底怎样？目前姐弟三人的关系怎样？对弟弟有什么期望？是否意识到对弟弟一直的迁就与现在弟弟行为的关系？父亲的现状怎样？谁来照顾？为什么不敢去看父亲？

会谈中对问题的处理和工作方法：服务对象现在的主要问题是癌症康复期的睡眠问题，是由家庭矛盾引起的。因此，工作的目标初步定位于通过辅导改善其睡眠

---

① 此案例根据 http：//www. sowosky. com/newblog/html/98/n－5198. html 提供的个案改写。

质量，询问其睡眠的具体状况及所采用的对策，在应对睡眠障碍上有无不合理之处。下次的辅导将进一步针对其对家庭矛盾及自身康复状况的焦虑，探询服务对象对所述问题的看法和采取的应对措施及其期望，澄清以上问题，协助服务对象厘清焦虑的实质。

社会工作者签名：____________ 督导签名：____________

日　　　期：____________ 日　　期：____________

二、接案应注意的事项

接案期最重要的工作是了解服务对象的需要和问题，及时回应他们最急迫的需要，并提供相应的帮助。接案时要注意以下事项。

（一）决定是否需要紧急介入

社会工作者要谨记，并非每个案例都是从接案开始的，遇到紧急情况（如自杀、性暴力问题）时，就需要社会工作者直接进入干预程序。社会工作者要辨别服务对象问题的迫切性和严重程度，从而决定何时、如何开始工作。例如，对离家出走的孩子来说，社会工作者需要及时将他们安置在未成年人保护中心；对发现有被虐待危险的孩子，则要提早进行预防。这些都需要决定是否跳过接案阶段，而提供紧急介入服务。

（二）权衡是否有能力处理问题

服务对象的需要是多方面的，接案面谈提供了机会使社会工作者通过与服务对象的沟通交流来了解他们的需要，权衡是否有足够能力提供服务对象所需服务。例如，在处理离婚案、婚外恋问题时社会工作者需要权衡要处理和协助的服务对象的问题是否与自己的价值观和专长符合，如果与之有严重冲突并影响自己对他们的态度和行为时就要及时进行转介。此时通常应向机构的督导、行政领导报告，由他们安排合适的人选或者机构为服务对象继续提供服务。

（三）决定问题的优先次序

很多时候服务对象的问题不止一个，故需要协助他们理出问题的轻重缓急，以便能及时满足他们的需要，同时使服务更有效果。要注意的是，社会工作者需要与服务对象共同决定优先次序。此时社会工作者需要注意：尊重服务对象的意向，使其愿意努力作出改变；先易后难，这样既能增强服务对象的信心，又使其认识自己解决问题的能力，从而成功与他们建立专业关系。

（四）保证服务对象所要求的服务符合服务机构的工作范围

社会工作者要保证满足服务对象的需要，不因机构和社会工作者的原因阻碍和延迟服务对象需要的满足而致使问题延续或者恶化。例如，在现时情况下，一个非营利机构是不能为服务对象提供最低生活保障服务的，对于那些希望通过机构获取生活救助的服务对象，社会工作者要向他们说明情况。

第二节　预估

成功接案后就进入社会工作助人过程的下一个阶段。为了帮助服务对象，社会工作者接案后还需要哪些信息和资料，从而能够全面地认识和了解服务对象，并对服务对象所表现出的“问题”给予解释呢？找到这些问题的答案，社会工作者才能知道从何入手帮助他们。对服务对象需要与问题的详细了解和评估就是社会工作预估阶段要做的工作。

一、预估的目的和任务

社会工作的实务活动是为了满足需要和解决问题而进行的，解决问题的过程则是由一系列有意义、有目的的探索问题和解决问题的行动构成的。因此，预估在社会工作助人活动中非常重要，其目的是要对服务对象的需要和问题进行深入了解和认识，以便有目的、有针对性地进行介入。

（一）什么是预估

预估是依据既定情境中的事实与特点推论出有关服务对象问题含义的暂时性结论的逻辑过程。换句话说，预估就是收集资料和认定问题的过程，是把所有有关服务对象的资料组织起来使其具有意义的专业实践活动，其目的在于为制订科学的介入计划打好基础。

（二）预估的目的

预估是一个认识服务对象情况的过程，目的在于达到对服务对象、服务对象的问题以及他们所处环境的了解，并对之形成概念化的认识，从而建构一个计划去解决或消除问题。因此，预估的最终目的是制订出正确的计划。

（三）预估的任务

在对服务对象的问题和需要进行资料收集工作后，社会工作者要对服务对象的问题进行分析，提出解释，作出预估，形成概念，并决定解决问题与满足需要的目标以及介入的策略。预估的主要任务如下。

1. 识别服务对象问题的客观因素

即认识、了解问题情境中的主要因素，并对它们作深入研究。

（1）服务对象的背景资料。

（2）服务对象所处的环境，与其生活有关的重要系统的资料。

（3）问题发生与持续的时间。

（4）服务对象为解决问题所作的努力，使用过的处理问题的方法等。

2. 识别服务对象问题的主观因素

所谓主观因素是指服务对象对问题的实际感受。识别问题的主观因素即是要认识服务对象是如何看待自己的问题的，站在他的角度来理解这些问题对他的意义是什么、他为什么会有如此的主观理解、它们对服务对象现在的社会－心理影响是什么，即认识问题在服务对象处境中的意义。

3. 识别服务对象问题的成因及问题延续的因素

预估的目的在于对服务对象问题的深入认识，识别那些造成服务对象问题的原因和使问题延续的因素，这样可以让社会工作者能够由表及里地探查问题，挖掘产生问题的根源，而不仅仅是停留在问题的表面。

4. 识别服务对象及环境的积极因素

社会工作者要注意，预估不仅要集中在服务对象的“问题”上，更重要的是要找出服务对象系统内外的资源，并运用这些资源去帮助他们。识别环境中的积极因素即是运用专业知识去思考、辨认情境中需要改变及可以成为改变资源的部分，是将着眼点放到服务对象的能力和优势上。

5. 决定提供服务的方式和内容

预估的目的在于提供正确的方法和介入途径去帮助服务对象。帮助的方法多种多样，包括个案工作、小组工作和大型活动，很多时候需要综合运用这些不同的方法。

二、预估的基本步骤与过程

（一）探究服务对象的情况、问题与需要

（1）描述服务对象的问题与需要。包括问题是什么，问题的范围、严重程度及持续的时间。

（2）描述问题是如何发生的、问题发生的原因是什么、问题与需要的发展状况等，包括：问题是在什么情况下产生的，产生时间及先后次序；服务对象和其他重要系统的反应，采取了什么应付措施。

（3）描述服务对象的处境及生活于其中的社会系统的情况。确定服务对象，描述出服务对象与其他系统之间的关系。

（4）探究服务对象不能解决问题的原因。社会工作者需要注意如下 4 个方面：一是服务对象对问题的看法可能就是影响其解决问题的原因；二是服务对象对问题处理方法的看法也会影响问题的解决；三是服务对象与资源网络的联系也会影响问题的解决；四是政府的政策也是影响问题解决的重要因素。

（5）描述服务对象的生命历程及发展阶段。例如，如果服务对象是一个人，就要描述个人生命周期的发展阶段；一个家庭也有其家庭周期及其各发展阶段的特征；同样，一个小组或社区在为某项工作而运作时也有其发展的不同阶段。了解服务对象的生命历程及发展阶段与状况能够帮助社会工作者加深对其问题与需要的认识和理解。

（6）描述并鉴定服务对象的资源状况。包括预估服务对象参与解决问题的动机强度、学习的能力、有形的资源（金钱）和时间。

以上基本包括了服务对象的问题与需要、他的内部动机与外部资源状况，对这些有了一个全面掌握后，就要开始下一步的工作了。

（二）分析服务对象的资料并作出预估摘要

收集了服务对象的资料后，最主要的工作是要对资料进行分析，以便对症下药地制订介入计划。分析资料和做摘要的步骤如下。

1. 对服务对象的问题与需要作出解释

所谓解释即是将所获得的有关服务对象系统的资料、直觉及服务对象和社会工作者对需要与问题的认识加以整理和组织，形成概念性的认识，去解释问题。在解释清楚的基础上寻求办法去改变问题情境。

2. 列出解决问题的目标及先后次序

社会工作者要与服务对象一起界定所要解决的问题，并按照问题的重要性和与目标实现的关联性，将所要解决的问题列出先后次序。

3. 决定介入的策略

决定介入策略的原则是多层次介入。包括：直接提供物质资源给服务对象，以帮助解决问题和满足需要；通过辅导改变他们对问题的看法及应对问题的技巧。例如，为脑瘫儿童的家长提供训练脑瘫儿童生活技能的方法，举办小组活动分享照顾脑瘫儿童的经验；直接提供训练给脑瘫儿童，让他们能独立在校生活等；同时，还可以提供社会工作的间接服务，即通过向各级残联部门汇报脑瘫儿童和他们家庭的困难，倡导和发掘社会资源帮助脑瘫儿童和脑瘫儿童家长。

4. 撰写预估摘要

有了对问题的分析和介入的策略后就可以准备撰写预估摘要了。预估摘要要清楚表达对服务对象问题的认识，为社会工作者自己和服务对象、社会工作者机构、法庭以及那些与服务对象有关的系统提供关于服务对象需要与问题的准确和详细的信息，作为下一步制订介入计划的可靠依据。预估摘要主要有以下几方面内容：

（1）对服务对象自身系统的预估：一是服务对象的优势。二是服务对象自身存在的可能导致其困难的问题。例如，服务对象如何看待自己的问题：自己觉得问题出在什么地方，原因是什么，问题持续的时间、频率和强度，问题的后果，为解决问题所作的努力，使用的方法等。三是服务对象解决问题的动机。服务对象是否有不适感，服务对象对解决问题的希望等。四是服务对象生理、情感和智力方面的功能发挥，其中包括生理方面，如健康状况、活力水平等；情感方面，如处理情绪、挫折和愤怒的能力等；智力方面，如认知能力、抽象思考能力、作决定的能力等。

（2）对服务对象家庭系统的预估，其中包括家庭系统中的优势，家庭系统中可能存在的发展不足问题等。每个人的成长都离不开家庭，家庭是个人生活最重要的场所，在个人的生命和生活中起着不可替代的作用，因而家庭深深影响着个人。它不仅提供亲密的情感联结和归属感，而且是生活照顾和支持的来源。对家庭预估的具体内容如下：一是家庭成员的基本情况；二是家庭的基本情况，包括家庭收入状况、居住环境、家庭成员的健康状况等；三是家庭成员的角色和互动情况，包括夫妻、父母、兄弟姐妹、父母－子女的角色；四是家庭规则，包括如何解决分歧、冲突，家庭的权威关系；五是家庭成员的沟通方式，包括如何表达期望、需要、情感等；六是家庭关系，包括家庭内的次系统；七是家庭的决策和分工方式。

（3）对服务对象所处社会系统（包括同事、同学、亲友、社区及其他资源体系）的预估，包括社会系统中的优势和系统中可能存在的劣势。社会系统是服务对象的主要社会支持，它们对服务对象的社会功能及其发挥起着重要作用，是人们的重要社会环境。

对服务对象所处社会系统预估的主要内容如下：一是社会支持系统及其功能发挥；二是物理环境及对服务对象需要满足的程度；三是服务对象对环境资源的主观认知；四是服务对象的社会网络环境；五是社会的体制和组织环境等。

下面以孟凡个案为例说明如何撰写预估摘要。

案例 1-2

孟凡（化名），女，18 岁，离开学校在家自学已经 3 年。孟凡在儿童期的时候，行为能力的发展似乎跟不上同龄的孩子，奔跑的时候容易摔跤，其他女孩子常玩的跳皮筋之类的游戏她也不擅长。久而久之，她被同龄群体排斥在外，经常一个人待在家里。与此同时，孟凡在语言发展方面似乎又比同龄人有更多的天分。到读小学之前，她已经看完了儿童简读版的四大名著，会大段背诵《论语》等诸子百家的文章。进入小学以后，孟凡表现出对学校教育的一些不适应。老师经常向家长反映，孟凡上课不遵守纪律，总是喜欢“打破砂锅问到底”，甚至敢于质问老师直至令其感到难堪的地步。而且老师批评其他学生，他们都能虚心接受，只有孟凡经常会和老师理论，一定要老师给出让她心服口服的理由，否则就不接受老师的批评。为此孟凡在学校里经常被老师惩罚，孟凡的父母也经常被老师叫去“批评”。那时孟凡的父母觉得孩子还小，道理可以慢慢教，以后孩子逐渐大了，自然能说得通了，也会逐渐“乖巧”、懂事了。但是到小学高年级后，孟凡不仅没有变得服从和听话，反而开始习惯性地向父母撒谎。她曾经很开心地告诉父母老师一个星期都没有布置家庭作业，但是马上就有老师打电话来告诉孟凡的父母，她已经整整一周没有完成家庭作业了。在说教无效的情况下，孟凡的父亲选择了最简单的处理方式：每次有老师告状，他就将女儿痛打一顿。

孟凡个案预估摘要①

一、对孟凡自身系统的预估

1. 孟凡自身存在的优势。从个性上来看，孟凡从小就是一个个性独立、坚定，凡事有自己主见的孩子，对于家长和老师的权威不轻易妥协，甚至敢于向他们当面提出和坚持自己的观点和看法，表现出比一般同龄的孩子更勇敢和固执的气质。

从感受性来看，孟凡对身边发生的事情以及学习的知识有比较高的敏感性，善于提出问题、思考问题。从根本上来说，孟凡非常渴望能够通过和老师、家长、同学、朋友进行思想的交流和碰撞，来自主性地选择接受和吸纳一些知识和经验，而并非单纯成为一个只知道服从和接受别人灌输给自己的信息的人。

从个人能力上来看，孟凡从小就表现出在口头和书面表达方面的特长；她在比较小的时候就开始接触中国传统文化，使得她具备比同龄人更宽广的知识面和更有深度的思考问题的能力；最后孟凡似乎从小就表现出某些心智方面的“早熟”，在其幼年时期就已经开始追问生命价值、生存意义方面的哲学命题。

2. 孟凡自身存在的可能导致其生活和学习困难的特质。首先，预估中社会工作者发现，从个体生理发展的角度上说，孟凡刚出生就出现过短暂窒息的情况，这可能会对其

---

① 此个案由陈元元提供。

大脑神经系统的发育带来一些负面影响。其次，在儿童期的孟凡表现出轻微的动作协调能力发展不足的情况，身体的平衡和肌肉控制似乎不够理想，模仿和学习一些比较复杂的行为方式也不是她所擅长的。由于从小缺少玩伴，所以一些应该通过和同龄人游戏而得到提高和锻炼的人际交往基本规则和能力孟凡比较欠缺。再次，在进入小学以后，孟凡表现出对于小学阶段的儿童应该能够自觉执行的一些规则和规范不太适应，这似乎也与其幼年的成长经验有一定关系。最后，孟凡在个性方面表现得过于执着和强调“自我的感受和看法”，在处理具体问题的时候比较缺乏弹性和灵活变通的能力，也不太考虑与其互动的对方的感受和想法。

二、对孟凡所在家庭系统的预估

1. 家庭系统中的优势：孟凡的家庭结构完整，她的父母都有比较稳定的工作，为孟凡创造了一个有基本物质保障的家庭生活氛围；孟凡的父母比较重视对孩子的早期教育，并且给孩子创造机会接触中国的传统文化，由此可以看出，孟凡的父母对她还是寄予了相当高的期望，盼望孟凡将来能够成为一个知书达理的人；孟凡的父母对孩子的学习和生活都比较关心和关注。

2. 家庭系统中可能存在的发展不足问题：孟凡的父母可能更多的只是关注了从物质条件的角度满足孩子的需要，对于孩子内心的感受和想法，父母了解得不多；对于孟凡出生的时候曾经出现过的短暂窒息可能导致的后遗症，她的父母没有引起足够的重视；对于孩子的教育，父母可能采取了宠溺与严惩两种态度和方法并存、交叉使用的方式。

三、对学校老师和同学系统的预估

1. 学校系统中的优势：孟凡就读的小学和中学里的老师，从对学生的管理层面上说，态度都属于比较认真的。具体表现在，对学生在学校里的表现能够比较及时地与学生家长进行沟通，希望家长能够配合老师共同对孩子进行教育。

2. 学校系统中可能存在的功能不足：学校老师的管理态度虽然认真，但是看待学生的观念以及管理学生的行为不一定十分恰当。比如说，认为在课堂上喜欢向老师追问到底的学生就是不遵守纪律、不尊重老师的学生，这种对学生的评价似乎就不够公正；还有孟凡的某些老师经常会因为一些小事情而批评成绩不好、平时表现不好的同学，这种做法似乎有“贴标签”的嫌疑；更不用说当老师恼羞成怒的时候针对学生进行的一些有体罚性质的惩罚。在教学的过程中，部分老师似乎也没有很好地做到针对不同学生的特点和需求“因材施教”。基础教育阶段学校的职能似乎也没有很好地体现：初中阶段应该属于国家强制执行的九年义务教育阶段，但是针对孟凡的辍学问题，她所在的中学并没有做补救的工作。在孟凡本人及其父母的叙述中，很少提到学校里的同学。从小学到初中，孟凡在学校基本处于独来独往的状态，没有什么朋友，自从她辍学以后和学校的同学就更加没有联系了。

四、对亲友、社区及其他社会资源体系的预估

1. 系统中的优势：在亲友系统、社区支持系统以及社会资源方面，有一些人在关注孟凡及其家庭，例如孟凡的一些亲戚，社区居委会的工作人员，包括新闻媒体以及从事社区青少年服务工作的社会工作者等。

2. 系统中可能存在的劣势：在上述资源中，每个群体是出于不同的目的关注孟凡及其家庭，亲友可能是出于好奇心，新闻媒体可能更多地考虑宣传炒作新闻的商业价值，社区居委会可能是出于对社区居民的管理，而社会工作者则是基于自身的价值观和服务特征，将孟凡及其家庭作为需要更多社会支持的困难群体加以扶助。因此，如果没有人专门从事协调和整合的工作，对于孟凡及其家庭来说，来自社区和社会各个层面的关切可能并非是对他们的支持，而是一种更大的压力。

第三节 计划

预估所带来的对服务对象需要与问题的认识和判断是成功帮助服务对象的基础，但要实现帮助服务对象的愿望则需要制订科学、周密的工作计划来指导介入行动。计划的目的是为了给社会工作者提供一个满足服务对象需要、帮助他们解决问题的方向。

一、服务计划的构成

"计划"是一个理性思考及作决定的过程，包括制定介入目标及选择为了达到目标而采取的行动。所以，计划是为下一步的介入行动服务的，也是介入行动的蓝图。计划是发展有效行动方案、明确任务和责任的过程，也是决策行动的过程。服务计划由以下几部分内容构成。

（一）目的及目标

目的是指总体介入工作要达到的方向。目标则是指具体的工作指标。实现了一个个具体的目标，就能达到总体的目的。制定社会工作介入目标时，可分为长期目标和短期目标，分阶段完成，最后达到改变的总目的。

（二）关注的问题与对象

计划不仅要详细说明介入目标，而且要列明介入工作所关注的问题和对象。

关注的问题是指介入工作要加以处理、改善的服务对象的社会功能的问题。计划中要明确和详细地写出在预估阶段社会工作者和服务对象所共同认定的问题，以便在介入阶段督促服务对象为解决问题而努力。

关注的对象是指介入行动要改变的人和系统，包括家庭、群体、组织和社区，它是整个介入工作的核心焦点。由于在整个介入工作中要达到介入目的的具体介入目标不止一个，可能涉及不同的个人、家庭、群体、组织和社区，所以在每个具体目标下要详细列明关注的对象。

（三）介入的方法和介入行动

除工作目的和目标、关注问题和对象之外，计划中还要包括介入所要采用的方法和具体行动。介入可以采用个人辅导、小组活动、社区介入、网络建构和政策倡导等多种方法，而介入行动则可以是危机干预、物质支持、心理辅导等多种行动。

二、制订服务计划的原则

服务计划的制订是一个科学的实践活动，以达到服务目标为导向，也需要社会工作的理念、价值基础和原则。

（一）要有服务对象的参与

在制订服务计划时，要注意以服务对象为中心，让服务对象参与计划的制订。如果社会工作者单方面制订计划会带来两个问题：一是服务对象没有机会对解决自己的问题作出决定；二是妨碍服务对象在解决问题过程中的努力和贡献。如此一来，实际上是取消了服务对象自我成长、体验自尊和对解决问题作出努力的机会。

（二）要尊重服务对象的意愿

在制定目的和目标时，社会工作者要考虑服务对象的愿望，要与服务对象分享对目的和目标的期望。如果服务对象与社会工作者的目标和目的不一致，双方就要进行讨论与协商，直到取得完全一致的意见。否则，工作起来服务对象与社会工作者很可能是相反的方向。

对社会工作实践经验的研究显示，很多时候社会工作的助人活动是无功而返，或不能完全达到计划的目标，是因为服务对象与社会工作者没有朝同一目标努力。当服务对象抱着一个确定的目标接受社会工作者协助，而社会工作者提供的帮助并不是他所想要的时候，服务对象往往会带着挫折感和失望而离开。因此，在制订计划时，社会工作者的任务是为自己与服务对象双方找到共同点，使服务对象与自己的工作朝向共同的方向。虽然有时服务对象所选定的目标并不是社会工作者所期望的或那么急迫的，但只要是服务对象认为重要的，而社会工作者也能够进行，那么就要首先从这个目标开始。

（三）详细和具体

详细、具体的计划能够给社会工作者和服务对象提供行动的指示，促进改变的发生。同时，详细、具体的目标可以进行测量，使社会工作者和服务对象有看得见、摸得着的工作成果，知道是否实现了目标。详细、具体的计划包括要解决的问题、介入的对象、介入的方法等。

（四）要与工作的总目的、宗旨相符合

制订计划的意义在于，激发服务对象和社会工作者投入行动，朝向共同的方向以获得改变和成长。对于服务对象来说，计划能够使他们明确行动的方向，振奋精神，督促他们坚持不懈，寻找策略促使改变的发生。因此，制订计划时不能脱离工作的总目的，每一项具体的介入工作和所有介入策略都要围绕总目的。

三、制订服务计划的方法

服务计划制订得是否科学关系到服务目标是否能够达到，因此需要具备相关的方法和技巧。

（一）设定目的和目标

制订服务计划的第一步，就是在分析与辨识服务对象的需要与问题的基础上与服务对象共同设定工作的目的和目标。“目的”是指服务总体上要达到的结果，是工作的大方向，通常是不可测量的。它是服务对象对想要达到的境界的宽泛的、总体性的陈述，是社会工作者和服务对象通过努力期望最终达到的总目标。为了完成这个总目标，需要设定很多具体目标，这些具体目标是现实可行的，并且是可以测量的。例如，一对关系紧张的父子希望改善关系，他们求助的目的是“建立良好的父子关系”。但什么才是“良好的关系”呢？这需要对“良好关系”进行具体的界定和描述，即通过设定一些具

体的措施和指标来逐步实现父子之间的“良好关系”。这些措施和指标包括：每天至少交谈一个小时，每周共同参加一次“家庭生活教育”小组活动等。目标设定包括如下程序和工作。

1. 确定服务对象的需要和问题

在制订计划阶段，社会工作者要与服务对象再次确认双方对问题和需要的理解与认识，以便所制定的目标是服务对象所认可的并已准备好与社会工作者一起努力积极实现的。因此，这一步的工作是一个不断深化问题以使计划有的放矢并增加服务对象行动决心的过程。

社会工作者可以通过征询服务对象对问题的认识和理解来确认问题，例如，“我们已经对影响问题的因素和问题本身进行了分析，这些问题包括……和……以及……你觉得这些问题是否就是我们下一步需要解决的?”

2. 向服务对象解释设定目标的目的

社会工作的实践经验显示，当服务对象了解设定目标的意义并明确自己在目标制定中的角色时，他们会对目标产生认同和积极正向的行动反应。

社会工作者可以通过解释来让服务对象了解设定目标的意义，例如，“我们对目前所存在的问题已经有了很多讨论，为了达到解决问题的目的，现在需要制定明确的目标来督促你的行动，也让我能知道应该怎样帮助你。下面我们讨论一下，看看什么是你认为最重要的目标，以及应该怎样具体行动来一步步达到你所希望的目标，好吗?”

3. 共同选择适当的目标

目标选择包括两个步骤：

（1）筛选目标。这步工作是指社会工作者与服务对象一同找出期望达到的初步目标并对各个目标进行讨论，以决定具体的目标。

社会工作者可以与服务对象一起将可能的目标写出来，然后与服务对象逐个对目标进行筛选。当不能确定目标时可以使用从 1 ~ 10 的量变给每个待定的目标打分，挑选出服务对象最希望和最迫切的改变目标。

（2）定义目标。在目标筛选出来后将目标界定清楚，以具体、可操作的指标定义目标，以利于目标的执行。

4. 目标陈述要明白易懂，重在促进服务对象的成长

首先，清楚明白的目标可以防止社会工作者和服务对象对介入工作产生分歧，使双方能够投入工作过程。其次，目标陈述要放在介入工作期望建立的积极正面的态度和行为上，而不是将消除负面态度和行为作为目标进行陈述。所谓消除负面态度和行为的目标是将重点放在服务对象要放弃的部分，如打架、逃学等。对于服务对象来说，消除负面态度和行为无疑是建立积极正面的态度和行为的前提，但是如果将目标放在这些负面目标上会使服务对象因这些日常习惯不断被提起而感到沮丧。所以，有益的做法是将正向态度和行为作为目标陈述，即将服务对象要做的有益改变和成长作为目标的界定重点，强调服务对象的成长目标以及具体的指标。正面的目标是获益性的，而非损失性的，它能够减缓服务对象的反感而增强其正面态度和行为的动机，是一种优势视角，能够激发和调动服务对象的潜能。

表 1－2　　正面与负面目标陈述

负面目标陈述	正面目标陈述
减少指责和批评孩子的次数	发现孩子的长处和优点，增加用正面语言鼓励和表扬孩子的次数
消除与孩子沟通中的障碍	坦诚、开放、及时并具建设性地表达彼此间的意见

5. 目标要可测量、具有操作性和现实性

一个非常宽泛的目标，如帮助服务对象感受好些，或促进服务对象的亲子关系等都不够具体、详细，等于空设。介入目标应是可行的，具有操作性和现实性。这需要考虑服务对象的动机和能力、能够投入的精力和时间，以及社会工作者的专长等因素。制订计划时切忌目标大而不当，目标应该是在一定时期内能够实现的，避免目标没有实现时对双方的积极性和自信心造成挫伤。最后需要强调的是，计划的目标应是服务对象容易理解的，有能力达到的，有资源支持目标的实现。因此，目标要具有可能与现实性。

6. 与服务对象讨论目标的可行性和可能的利弊

在制定目标时与服务对象讨论目标的可行性非常重要。目标过高可能不容易达到，会给服务对象造成太大压力而降低其行动动机；目标过低会使服务对象缺乏成就感而缺少行动的动力。相反，适当的目标会增强服务对象行动的动机和信心。

社会工作者可以与服务对象进行讨论，帮助他们思考目标的可行性和利弊。例如，“如果按照现在你选择的目标去做，你觉得对你会有什么影响？有哪些因素能够帮助你实现这个目标？有没有什么障碍？”

7. 确定目标并决定目标的先后次序

为确保改变的努力能够实现，社会工作者要与服务对象讨论决定执行目标的先后次序，使目标真正成为服务对象的目标，而不是社会工作者的一厢情愿，避免由社会工作者包办代替服务对象应进行的努力。

（二）构建行动计划

当工作目标设定后，接下来社会工作者需要与服务对象讨论如何实现既定的工作目标，即制订一套行动计划来实现目标。构建行动计划的过程实际上就是选择介入方法和介入系统的过程，是发展有效行动方案、明确任务和责任的过程，也是决策行动的过程。构建行动计划大致包括以下步骤。

1. 选择介入系统

在社会工作的助人活动中，“系统”是指社会成员之间的相互交流域，如夫妻、家庭、邻居、医患关系、小组、机构、照顾系统等；也包括由这些交流引发的生理、心理过程，如思维、情感等。所以，社会工作的介入系统既是前述的关注对象，同时也包括为帮助和协助关注对象解决问题而需要介入的其他社会系统，即宏观社会系统。选择介入系统的根据是对服务对象需要与问题预估的结果，包括根据对服务对象正式和非正式社会网络与支持系统的分析，来选择和决定正式和非正式社会网络与支持系统的介入策略。一般来说，社会工作的介入系统可以分为个人、家庭、小组、社区以及宏观社会系统。社会工作者要根据服务对象的需要决定介入的系统。

2. 选择介入行动

具体行动是实现目标的手段。根据问题的性质，介入行动可以分为4个方面：

（1）危机干预。当服务对象遇到突发性事件时，如失业、疾病或天灾人祸等问题发生时需要社会工作者立即进行干预，包括通报相关机构、安置和安抚服务对象、进行物资救援等。

（2）资源整合。制订计划时，社会工作者要根据服务对象的需要和问题说明要建立和串联的资源网络，包括服务对象需要哪些资源、谁能提供这些资源、如何动员资源以及什么时候和怎样使用资源等。

（3）经济援助。常规性的经济援助包括对低收入的服务对象给予正式制度性帮助。临时性经济援助是当服务对象出现特别需要时提供的帮助，如紧急医疗救助、特别教育补助以及临时性的物质帮助，以及从非正式社会网络和资源系统获取的资源等。

（4）安置服务。这类服务是指将服务对象带离原有生活场所进行暂时或替代性安置的服务，根据时间的长短分为暂时性安置、短期安置、长期安置和永久性安置。从安置场所来看，有为儿童提供服务的儿童福利院、寄养家庭、领养家庭和少年管教所，有为老人提供服务的养老院、日间照顾中心，有为吸毒人员服务的戒毒所，有为精神病患者服务的精神病院、疗养院，以及为流浪乞讨人员服务的社会救助站等。

下面以中学生小组工作计划为例说明社会工作介入计划的制订。

案例1－3

学校社会工作者在工作中发现，有些学生在进入初中后与原来小学相比在行为和学习上有很大变化，表现为喜欢模仿明星打扮，上课不注意听讲，对异性好奇但又极力避免男女生一起活动。进一步调查发现，这种情况在初一学生中带有普遍性，只是表现程度不同而已。有些学生进入青春期以后开始产生“同一性”混乱，其表现在：自我概念不明确，生活缺乏目标，时感彷徨迷失，影响到其学习生活的各个环节，常常出现自卑、低自尊，自律性差，依赖性强，不敢与他人交往等情况。为了帮助处于青春期的孩子顺利度过“青春期迷茫”这一特别的人生阶段，根据学生的需要，社会工作者计划开办一个“自我概念训练”小组来帮助同学们认识青春期的特点，提升他们的自我意识和自我肯定。开始工作之前，在对同学们关心的问题和同学交往中存在的问题进行调查分析之后，社会工作者拟订了小组工作的初步目标和具体的施行计划。计划包括工作目标、具体的行动计划和工作程序，也包括评估小组工作成效的方法。

“自我概念训练”小组工作计划书

一、小组目标

1. 帮助组员认识自己，厘清思绪，增强组员的自决能力。

2. 帮助组员增强自我接纳的能力和提高自信心。

3. 建立小组支持网络。

4. 帮助组员培养归属感和被接纳的感觉，使他更有安全感，更有信心面对生活的挑战。

5. 帮助组员发挥其能力和勇气，参与社交，更有效地与人交往，懂得重视与他人分享的价值和重要性。

二、对组员的要求

1. 有意愿增强自己的自信心，在以后的学习和生活中更能欣赏自己的同学。
2. 自愿参加这个进行自我探索、与人分享经历的小组。
3. 成员应是本校的初中部学生。
4. 每次小组名额为10人，共举办3次；招募时需注意男女均衡；经面谈成为组员。

三、招募途径

1. 直接到班级宣传，进行动员。
2. 面试问题。

(1) 个人资料。
(2) 个人参加小组的动机。
(3) 个人对小组的期望。
(4) 个人想要解决的问题。

四、小组聚会时间和地点

时间：每周一、三的下午1：30～3：30；小组聚会5次，每次90分钟，共7.5小时。

地点：新区鲁冰花简易小学的某教室。

五、活动安排

第一次：欢迎来到青苹果之家

目标：建立组员之间初步的信任关系，促进组员的彼此了解。

时间：3月29日下午1：30～3：00。

地点：新区鲁冰花简易小学的某教室。

活动内容包括：

1. 组长自我介绍以及简单介绍小组的目的、性质和原则。
2. 小组前测。
3. 制定小组协议。
4. 制定小组目标和个人目标，全体组员共同讨论。
5. 热身游戏：大风吹，并引导组员进行思考。
6. 分享对这次聚会的看法和感受，组长作简单总结。

第二次：认识自己

目标：促进组员间的深入了解，加强组员之间的信任关系；引出小组所涉及的主题，促进自我了解，明确自我概念，提升自我力量。

时间：3月31日下午1：30～3：00。

地点：新区鲁冰花简易小学教室。

活动内容包括：

1. 请小组成员回忆第一次活动给他（她）印象最深的是什么。(8～12分钟)
2. 小组前测。(10～15分钟)
3. “我的自画像”——我的爱好，我的期许，我的宠物，人格盾牌，过去的我和现

在的我，我的偶像，我的宣言等。(10～15分钟)

(1) 填写各种个人信息资料卡，结束之后由社会工作者收集起来；社会工作者读信息卡，大家猜是谁，看谁最先猜到。(10～12分钟)

(2) 自画像（5～8分钟）；自己解释画的意思。(30分钟)

4. 分享对活动的感受。

5. 家庭作业：给自己的第一封信。

第三次：自我接纳、自我探索

目标：引发组员的自我表露，深入对自我接纳主题的讨论，建立统合的自我概念，提高自尊、自信；初步建立组员间的相互支持，激发小组动力。

时间：4月5日下午1：30～3：00。

地点：新区鲁冰花简易小学教室。

活动内容包括：

1. 前次活动回顾。

2. 畅想活动。

3. 写出平常感觉困难的事情，大家相互讨论解决方案，澄清想法。

4. 给自己的奖状：优点轰炸。

5. 分享感受。

第四次：自我提升

目标：将自我概念进一步提升，重新认识自我责任、自我把握；加深组员之间的支持，促进组员的共同成长，发展小组动力。

时间：4月8日下午1：30～3：00。

地点：新区鲁冰花简易小学教室。

活动内容包括：

1. 前次活动回顾，补充填写奖状。(10分钟)

2. 做自己的"法人代表"。(30分钟)

3. 集体活动：迷失丛林。(30分钟)

(1) 个人排序。(5分钟)

(2) 集体讨论排序（分两组，每组10分钟），观察组内的成员表现。

(3) 分享讨论感受：是不是坚持自己的意见，为何坚持，为何不坚持，为什么听取了别人的意见，如何说服别人听取自己的意见。(15分钟)

(4) 看到了别人的能力（引申）：有了问题是否会找同组组员支持。

4. 布置家庭作业：给自己的第二封信。

第五次：小组结束

目标：巩固成果，处理离别的情绪，评估目标达到的程度。

时间：4月12日下午1：30～3：00。

地点：新区鲁冰花简易小学教室。

活动内容包括：

1. 前次活动回顾。

2. "善待自己"——幸福在哪里，现实和理想，保护自己，祝福船等。

3. 小组后测，进行小组评估。

4. 组员表达对小组终结的个人感受，处理离别情绪，畅想未来。

六、困难预测

1. 组员的矛盾冲突太大，无法处理。

2. 发生计划外事件，导致活动被中止。

3. 活动经费问题。

4. 活动过程中，组员积极性不足，小组氛围无法调动。

七、所需准备

教室，签字笔、白纸、黑板、粉笔、剪刀、彩笔、水、录音设备等。

八、经费预算（略）

第四节　介入

为了帮助服务对象，需要从诸多方面入手，既要直接做服务对象的工作，也要深入他们的社会环境和网络中，运用多方面的资源来帮助他们，为其创造良好的社会环境，以促进社会资源对服务对象需求的满足，或者系统的改变。所有这些工作都需要社会工作者与服务对象及他们的社会支持系统一起合作，为满足需要和解决问题共同采取行动，这就是社会工作实务介入阶段的工作。

一、介入的分类

要清楚社会工作实务活动中介入的分类，社会工作者需要知道介入工作的性质，这样才能根据服务对象的需要选择适当的介入系统。

（一）什么是介入

介入是社会工作助人过程中的一个重要阶段，是社会工作者和服务对象采取行动，按照服务协议落实社会工作计划的目标，帮助服务对象改变，解决预估中确认的问题，从而实现助人计划的重要环节。介入是社会工作者运用专业的知识、方法与技巧协助服务对象系统达到计划服务目标的过程。因此，介入可以界定为社会工作者为恢复和加强服务对象整体社会功能而进行的有计划、有目的的行动。

（二）介入的分类

帮助服务对象可以有很多不同的介入点，不同的介入点要解决的问题和满足的需要是不同的，社会工作者要根据服务对象的具体问题和需要来决定。要决定介入焦点，社会工作者首先要了解服务对象的个人情况、家庭情况、社会网络、社会处境以及相关的社会政策。对上述系统的介入就形成了社会工作者介入的不同介入类型。

1. 直接介入

直接介入是指以个人、家庭和小群体为关注对象，针对个人、家庭和小群体采取的直接行动。直接介入的重点在于改变家庭或小群体内的人际交往，或改变个人、家庭和小群体与其环境中的个人和社会系统的互动方式。直接介入也指针对服务对象采取的行动以及直接服务提供和介入。

2. 间接介入

间接介入是指以个人、家庭、小组、组织和社区甚至更大的社会系统为关注对象，由社会工作者代表服务对象采取行动，通过介入服务对象以外的其他系统间接帮助他们。间接介入通常也称为改变环境的工作，或中观和宏观社会工作实务活动。

3. 综合介入

社会生态系统理论认为，人是生活在社会中的，不同的社会系统构成了人所处的具体环境，而人与他们所处的环境被视为相互依赖且彼此辅助的一个整体。人和环境在这个整体里互为对方进行持续的改变和塑造。当人与环境产生“非适应性契合”时就引发了生活中的问题，换句话说，问题的出现和产生并不完全是“人”本身的原因，人们的生活“环境”在其中也扮演着重要角色。从这种“人与环境”互动的视角出发，社会工作将介入焦点放在两个环节：一是增强个人的生活适应能力；二是增加社会和物理环境对个人需要的回应，包括环境的改变和政策的倡导与实施。这种从人与环境两个环节进行介入的策略构成了将直接实务活动和间接实务活动结合在一起的综合介入行动，是对各种与服务对象系统有关的系统进行的介入，体现的是一种综合治理的理念。

二、选择介入行动的原则

社会工作的介入行动理论上说应根据预估阶段对服务对象需要与问题的认定进行事先的计划，但很多时候也要根据变化了的情况随时调整，有如下 6 个原则。

（一）以人为本、服务对象自决

介入行动要体现以人为本的原则，从服务对象的需要和利益出发，并且在决定介入行动时要有服务对象的参与。由服务对象决策和参与的介入行动将会使他们有更强烈的愿望去承担责任和完成任务。

（二）个别化

针对服务对象系统的特殊性采取介入行动才能有助于解决问题。例如，对于艾滋病患者来说，并不是所有艾滋病患者的家庭都排斥他们，故对不同的服务对象社会工作者要有个别化的介入行动。

（三）考虑服务对象的发展阶段和他们的特点

对于个人，介入行动应集中在协助其完成相关阶段的生命任务上；对于家庭或者群体，介入行动则要考虑与家庭和群体发展的特殊阶段相连的特殊任务。例如，年幼的“留守儿童”最需要的是生活照顾，满足他们营养和健康的需要，发展其与人相处的社会能力，以及接受学前教育等。如果将他们交给年老的祖父母照顾就可能满足不了他们成长的需要，这时建立一些农村幼儿园，由受过专业训练的幼儿老师和社会工作者来为他们提供服务可能是一个合适的选择。

（四）与服务对象相互依赖

社会工作者不能单枪匹马地采取介入行动，而要与服务对象紧密配合，双方共同合力参与介入行动，这样才能最大限度地发挥服务对象系统的积极性与能动性。

（五）瞄准服务目标

介入行动应围绕着介入目标进行。例如，有“网瘾”问题青少年的成长发展是社会工作者应该关注的，但介入行动首先要集中在发现和解决青少年“网瘾”问题产生的原因上，从青少年的家庭、成长环境和人际互动方面入手，才能根除“网瘾”，这是青少年自己、家庭和学校最关心的。

（六）考虑经济效益

介入意味着社会工作者和服务对象都要付出时间和精力，介入行动的原则就是要量力而行，优先考虑投入时间和精力最少的行动，从而以最小的成本投入获得最有效的改变结果。例如，对网瘾青少年的介入行动如果针对其家庭进行就可能比单纯针对个人有效得多。

下面以“小曹”个案为例，说明社会工作的介入。

案例 1 -4

让小船儿扬起风帆——小曹个案的介入行动

17 岁的小曹整天无所事事，大部分时间泡在网吧里，爷爷、姑姑拿他没办法。初步了解了小曹的生活和成长经历后，社会工作者意识到，要帮助小曹“走上正道”，需要从诸多方面入手，既要直接做小曹的工作，也要深入他的社会环境和网络中，运用多方面的资源一起来帮助小曹，为小曹创造一个良好的转变环境，促使他改变不良行为。

为了帮助小曹，社会工作者采取了如下行动：首先解决小曹最急迫的就业问题，满足他生存和对独立自主生活的需要。社会工作者了解到，小曹还未出世父亲就进了监狱，母亲在他出生后又将他抛弃，如今他与爷爷相依为命。社会工作者小王对小曹说：“以后你就把我看作你的姐姐，我们一定会帮你的。”社会工作者温暖的话语融化了小曹那颗冰冷的心，当即向社会工作者坦露了心迹——他非常想找一个工作好好生活。于是，社会工作者与小曹约法三章：尽量少上网、不抽烟、不睡懒觉。小曹初中没毕业，无法正规就业。社会工作者一次次地联系小曹当时就读的初中，为他办理学籍证明材料。为他联系了社区青少年中心，专门安排老师一对一教他学电脑，并聘用他担任中心临时电脑管理助理，中心付给他一些报酬。社会工作者还做通了小曹爷爷和姑姑的工作，一起来监督他的日常生活。社会工作者的努力赢得了小曹的尊重，小曹像换了个人似的，小曹的爷爷说从来没看到过这孩子那么用功过。小曹说等他电脑考试合格后，他还要做很多事。

上述对小曹的介入工作既包含直接介入策略，也包含间接介入策略，基本上体现了本节所讲述的介入阶段工作的原则、方法和工作的步骤。

第五节　评估

介入行动后，社会工作者所采取的帮助服务对象的计划和方案是否得到贯彻和执行？帮助服务对象的介入行动是否实现了计划的目标？实际介入效果如何？要回答上述这些问题，就需要经过一个系统的评估过程。这个过程即是社会工作评估阶段要做的工作。

一、评估的目的

作为一个助人专业，社会工作需要对服务对象、工作机构、社会和专业本身负责。想要知道经过介入行动后服务对象是否达到了目标，目标的实现是否是社会工作介入行动努力的结果，需要通过系统地收集介入工作、程序和介入效果的资料来对社会工作的介入及其介入成果进行分析，以发现问题，改进工作，从而更好地满足服务对象需要。

（一）评估的含义

社会工作评估是指运用科学的研究方法和技术，系统地评价社会工作的介入结果，总结整个介入过程，考查社会工作的介入是否有效、是否达到了预期目的与目标的过程。

（二）评估的目的

（1）考查社会工作介入效果、服务对象进步情况及介入目标的实现程度。评估的目的在于考查社会工作者提供的服务是否实现了计划的目标，测量服务对象的态度和行为是否发生了积极的改变、改变的程度如何。

（2）总结工作经验、改善工作的方法和技巧、提升服务水平。评估的目的是发现工作中存在的问题，促进社会工作服务质量的提高。

（3）验证社会工作方法的有效性。通过评估验证，在验证的基础上修改和完善社会工作的介入方法是评估的一个主要目的。此即“证据为本”的社会工作实务。

（4）进行社会工作研究。通过对评估过程系统性地汇集的资料进行研究，是积累实践知识和经验的有效方法，也是发展本土社会工作理论和方法的唯一有效途径。将社会工作的介入经验进行汇总、检验、分析和研究是评估的重要目的。

（三）评估的类型

社会工作评估有不同的策略，因评估目的不同也有不同类型，比较常用的有过程评估和结果评估两种。

1. 过程评估

过程评估是对整个介入过程的监测评估，包括社会工作介入进行中的评估。它对工作过程的每一步骤、每一个阶段分别作出评估，关心的重点是工作中的各种步骤和程序怎样促成了最终的介入结果，方法是了解和描述介入活动的内容，回答服务过程中发生了什么以及为什么发生。过程评估提供有关服务过程的各种信息，包括工作目标、介入过程、介入行动和介入影响。在介入初期和中期，过程评估的重点是对服务对象的表现及社会工作者的工作和技巧进行评估，以此了解服务对象的改变进展，适时修正介入方案，改善工作技巧。用于评估的资料包括个案记录、社会工作者和服务对象的叙述资料等。在结束阶段，重在评估是什么因素导致服务对象的改变。可以通过详细分析服务过程中有影响力的事件探索服务对象转变的内在动力及其来源。

2. 结果评估

结果评估是指工作完成的最终成果。结果评估是在工作过程的最终阶段作出的评估，包括目标结果和理想结果两个部分。结果评估是检视计划介入的理想结果以及这些结果实现的程度及其影响。

二、评估的方法

社会工作评估是一个系统收集资料以对社会工作的介入过程和结果进行判断和审视的过程。

（一）收集评估资料的途径

无论是作结果评估还是进行过程评估，其在本质上都是一种社会工作研究的过程。就收集用于评估的资料的途径本身来说，大致包括以下 3 种。

1. 收集服务对象档案进行评估

主要包括对服务对象所填写的有关接受服务的资料和他们对服务效果的叙述进行研究评估，例如从服务对象对问题的说明、感受、看法中评估社会工作介入的效果、目标实现的程度、介入的方法是否有效等。

2. 收集服务对象对介入过程和结果的意见与看法

具体方法包括访谈、观察和记录等。例如，对服务对象非语言行为的直接观察，对服务对象与亲友之间互动的直接观察，从服务对象的亲友、医生、老师、上司等相关人员处获得间接信息进行评估。

3. 使用调查方法收集介入效果的数据和事实资料

包括让服务对象填写问卷以获取实务效果的客观资料，收集服务对象对介入效果的主观感受方面的资料。

（二）基线测量评估

1. 什么是基线测量

基线测量是在介入开始时对服务对象的状况进行测量，建立一个基线作为对介入行动效果进行衡量的标准基线，以评估介入前后的变化，以此判断介入目标实现的程度。

2. 应用范围

基线测量方法可以应用于对个人、家庭、小组或者社区的工作介入评估，通过对服务对象介入前、介入中和介入后的观察和研究，比较服务提供前后发生的变化。

3. 操作程序

（1）建立基线。建立基线的方法有 3 种：一是确定介入的目标，例如服务对象的行为、思想、感觉、社会关系或社会环境的变化及指标。二是选择测量工具，包括直接观察或使用标准化问卷或量表。三是对目标行为进行测量并记录目标行为（或者思想、感觉、社会关系或社会环境的情况）。这个过程建立的是基线数据，此过程也称为基线期。

（2）进行介入期测量。建立基线后就开始对服务对象实施介入，并对基线调查中所测量的各项目标行为和指标进行再测量，作为数据比较之用。这个过程称为介入期。

（3）分析和比较。将基线期和介入期的数据按测量时间和顺序制成图表，将每个时期的数据资料进行连接，呈现数据的变化轨迹和变化趋势，并将基线期和介入期的数据基线进行对比。如果数据的变化与基线期和介入期变化一致，一般可以认为是介入本身发生了效果。

（三）对服务对象影响的评估

1. 服务对象满意度测量

做法是由服务对象用口头或书面形式，包括填写问卷来表达对社会工作介入效果的看法。这种方法操作简单又不需要花费太多时间和资源，但其局限在于，测量比较粗糙，有时服务对象会倾向于给予积极的评价，评估有可能产生偏差。

2. 差别影响评分

这是一种更有结构性的评估方法。首先由服务对象对介入影响进行自我陈述，报告自己有哪些变化，然后分析区分出哪些是介入本身带来的变化，哪些是其他因素带来的变化。与满意度测量一样，社会工作者也要注意这种方法有可能带有服务对象的主观色彩。

（四）任务完成情况的测量评估

在实际工作中，服务对象的目标是被分解成许多具体的行动和任务的，因此，通过探究服务对象和社会工作者完成了哪些既定的介入任务也能确定介入的影响。

一般来说，可以运用五个等级尺度来测量任务的完成情况："0"没有进展；"1"极少实现；"2"部分实现；"3"大体上实现；"4"全部实现。将每项任务的最后得分加到一起，然后除以可能获得的最高分数，就能确定完成或者介入行动成功的百分比。例如，如果有三个任务要去完成，而可能获得的最高分数是 12（4×3），用得到的总分除以 12，再乘以 100% 就是完成任务的百分比。

（五）目标实现程度的测量评估

这种评估方法是对介入目标的评估，其评估工具和测量方法包括如下 2 项。

1. 目标核对表

在有些情况下，社会工作的目标行为比较难以清楚界定，此时社会工作者和服务对象可以共同协商选择一些目标来指示介入的方向，并将它们罗列出来。在工作介入过程中和介入结束时都用一些等级尺度来衡量介入后的行为，并记录下它们。再将介入后的行为与介入前的行为进行核对，从而发现介入后有哪些新行为是介入前所没有的、介入后才出现的，并讨论这些行为对服务对象的意义是什么。这样就可以发现介入前后服务对象的行为变化。

2. 个人目标尺度测量

社会工作的服务对象千差万别，所以社会工作者和服务对象可以制定非常个人化的测量尺度来评估他们的改变情况。可以按照服务对象的具体情况，分轻重缓急，制定出几个目标，然后使用一个大家认可的等级尺度，例如 5 级制，来测量和计算出服务对象实现个人化目标的情况。

三、评估应注意的事项

要做好评估，需要采用适当和切合实际的方法，才能收到促进社会工作服务的效果，因此，在评估中要特别注意如下事项。

（一）注重社会工作者的自我评估与反思

评估的目的在于总结工作经验、改善工作技巧、提升服务水平。所以，社会工作者要在评估中注重对整个工作过程中的价值观、方法与技巧的反思，以便从评估中获得经验，用来改善机构和自己的工作，提升工作能力，并带来个人和专业的成长与发展，从而更好地为服务对象提供服务。

（二）调动服务对象的积极性，让他们积极参与评估过程

服务对象是服务的使用者，他们最知道服务是否符合他们的需要、哪里需要改进，所以他们在服务评估中应该是最有发言权的人。更重要的是，评估的终极目的是为了更好地为服务对象提供服务，而不是为了社会工作专业和社会工作者自己，因此，评估一定要有服务对象的参与。社会工作者要注意，进行评估时务必使服务对象参与其中，使评估真正起到改进工作、提升服务品质的目的。

（三）评估的方法要与社会工作的价值相吻合，并注意保密

社会工作是与人工作的专业，进行评估时所选择的方法、资料的收集等环节都要符合社会工作的伦理，不能因为评估损害服务对象的利益。

（四）要切合实际需要

评估是为了使社会工作的服务能够切实满足服务对象的需要，帮助他们解决问题。因此，进行评估时要从实际情况出发，选择的评估方法也要与评估目标一致，切实可行，而不是越复杂越好。

下面以流浪儿童保护与救助中心的“街头救助”项目评估为例说明社会工作评估的意义、目的和方法，通过对“街头救助”项目的目标、实施过程以及工作效果进行评估，来回答“流浪儿童街头救助工作的具体成效”。

资料 1－1

流浪儿童街头救助工作评估

一、项目背景

鉴于流浪在街头的少年儿童或者乞讨、充当临时帮工，或者拉帮结伙偷盗，极易被成年人暗中操纵和利用，处于被社会疏远的危险境地，某流浪儿童保护中心从20世纪90年代末期起开展流浪儿童街头救助工作，在火车站广场流浪儿童相对集中的地方开展街头救助、宣传、咨询和服务，为流浪儿童提供食品、饮用水、药品和绘画工具，吸引他们和社会工作者一起在友好、愉快的气氛中进行面对面的交流和娱乐，向他们宣传儿童权利，彼此建立信任感，并充分尊重他们的观点和决定，及时发现求助对象，及时为他们解决困难。

二、项目评估结果

流浪儿童保护中心的这种介入模式是否实现了维护儿童权利的目标呢？这种介入模式和方法的效果如何？他们在多大程度上起到了保护流浪儿童、让他们知道流浪儿童保护中心的服务并可以在有需要时使用中心的服务呢？为了回答这些问题，改进服务，在项目施行了一段时间后，流浪儿童保护中心系统地收集了“流浪儿童街头救助”这种工作方法使用前后的数据及各种资料（包括流浪儿童对街头救助工作的看法等），并对它们进行分析，以确定“街头救助”方法的实际效果，力图说明“流浪儿童街头救助”工作满足了流浪儿童哪些方面的需要以及它与传统救助方法的不同和优势所在。

1. 目标评估

街头救助工作的主要目标，一是及时救助流浪儿童，二是在流浪儿童与保护中心之间架起桥梁，三是宣传儿童权利。这些目标的定位是准确的，适应了新形势下救助保护流浪儿童工作的需要。

第一，2003年8月《城市生活无着的流浪乞讨人员救助管理办法》开始实施后，以往的强制性收容遣送工作模式已改变为自愿求助模式。但在自愿性原则之下，流浪儿童却由于这样或那样的原因未必自愿前来中心求助，各项权利得不到很好的保障。街头救助工作恰好弥补了坐等求助的不足，能够及时发现并救助、保护流浪儿童。

第二，虽然对流浪儿童进行及时的、直接的救助保护是必要的，但它们只能解决流浪儿童的一时之急，不能从根本上解决他们的心理及行为问题。在街头救助过程当中，不少流浪儿童只是要一些吃的、喝的，然后扭头就走，继续流浪。因而，要想实现救助一名流浪少年儿童，使其回归主流社会成为一个健康人的目的，还需要把他们劝导进保护中心接受比较系统的辅导和教育。

第三，流浪儿童离家出走的原因是多种多样的，要想从根源上解决流浪儿童的问题，单靠中心一家的力量是远远不够的，而是要动员起社会各个方面的力量，共同参与。作为救助保护流浪儿童的具体责任部门，中心的街头救助工作刚好起到了这样一种社会动员的作用。

2. 方法与实施过程

为了实现前述三个目标，中心在开展街头救助工作时，以流动救助车为载体，采取了流动巡回救助和临时固定宣传相结合的工作方法。应当说，这两种工作方法是实现上述三个目标的有效工具。流动巡回救助工作人员会驾驶车辆沿预定的路线巡视，发现流浪儿童即给予及时的救助。这种救助不仅可以解流浪儿童的燃眉之急，而且可以通过劝说、发放“爱心卡”等方式在流浪儿童与中心之间架起桥梁。同时，流动救助车在街上行驶及停下来对流浪儿童进行救助，这本身就有一种“广告”效应。另外，临时固定宣传或者随时停车摆摊或者到相对固定的地点进行宣传。这种宣传不仅可以传播儿童权利、提高社会大众的儿童维权意识，而且可以增加社会大众对中心各项工作的了解，进而通过他们在流浪儿童与全天候救助点及中心之间架起桥梁。与此同时，临时固定宣传也不是单纯的宣传，而是会在进行宣传的同时分出一部分人手去寻找流浪儿童并及时向他们提供救助，同样可以达到及时救助流浪儿童的目的。因此，虽然流动巡回救助和临时固定宣传这两种方法各有侧重，但它们在功能上是互补的，都是实现街头救助工作三个目标的有效工具。

3. 效果

第一，街头救助工作及时发现并救助了流浪儿童，使他们的权利得到了尽可能多的保障。街头救助工作负责人所做的统计显示，得到救助保护的流浪儿童数量呈上升趋势。2004年7月到年底共计救助505个儿童，2005年共计救助879个儿童，2006年1～4月共救助350人。

第二，街头救助工作在流浪儿童与中心之间架起了桥梁。统计显示，通过街头救助工作而进入中心的流浪儿童的数量同样呈上升趋势。2004年7～12月在全部送来的流浪儿童中只有32人是通过街头救助渠道来的，2005年为129人，2006年1～4月为109

人。这说明，通过宣传，儿童知道了保护中心。

第三，街头救助工作宣传了儿童权利，提高了社会大众的儿童维权意识。街头救助工作“2004年发放宣传材料649份，影像资料29份，发放爱心联系卡88份；2005年发放宣传材料2190份，影像资料29份，发放爱心联系卡818份”。这些资料收到了一定的宣传效果，“2004年流浪少年儿童来电话28次；2005年流浪儿童来电话57次”。

上述资料说明，“街头救助”这种方法能够有效介入流浪儿童的生活，使那些不了解儿童保护和救助中心服务的流浪儿童有机会使用为他们提供的服务，有效地保护了流浪儿童的生存权利。

第六节　结案

当社会工作者已经成功地达到了预定目的，或者当服务对象认为已经达到足够的改变而要求终止工作关系，或者服务对象与社会工作者由于某种原因而不能继续服务时，社会工作的过程就结束了，此时就进入社会工作的最后一个环节即结案阶段。

一、结案阶段的主要任务

结案就是当服务对象的问题已经解决，或者服务对象已经有能力自己应付和解决问题，即在没有社会工作者协助下可以自己开始新生活时，社会工作者和服务对象双方根据工作协议逐步结束工作关系所采取的行动。

结案是一种事先计划好的行动。社会工作的专业关系是有时间限制的，当社会工作者和服务对象完成了既定的工作计划，或者达到了原先计划的目标时，双方就不再需要一起工作，而要结束专业关系了。一般来说，结案是表示服务对象不再需要社会工作者的专业协助了，或者他们由于有其他需要而被转介到其他机构，因而要与社会工作者结束工作关系了。结案时需要做一系列工作，既有对工作的总结，也有帮助服务对象面对结案后遇到的问题等方面的工作。

（一）总结工作

即通过评估有目的地总结社会工作介入的成效。评估整个工作过程，对计划目标的完成情况、介入效果进行总结和评估，并将结果与服务对象分享，报告给机构（这部分内容即是评估阶段主要完成的工作），审慎处理服务对象因结案带来的与分离有关的感受和情绪，做结案记录并写成结案报告。

（二）巩固已有改变

确保服务对象在社会工作助人过程中获得的经验能够巩固下来并能够用于日常生活中，是社会工作者的责任。社会工作者要尽力帮助服务对象保持在助人过程中取得的进步，巩固和增强他们的自我功能。下面一些方法能够帮助社会工作者达到这样的目的。

1. 回顾工作过程

帮助服务对象回顾服务对象的问题、解决问题所采取的行动和步骤。通过这样的回顾，社会工作者也能帮助服务对象形成对解决问题过程的认知，进一步巩固他们解决问题的能力。

2. 强化服务对象已有的改变

结案时社会工作者要通过指明和强调服务对象自己取得的成绩来努力增进他们的自信，一个对自己有了信心的服务对象解决问题时表现得会更好。因此，结案期社会工作者在给服务对象带来改变方面仍然扮演着重要角色。但此时，社会工作者的工作重点是让服务对象认识到他们自己所拥有的力量、他们在使问题解决的过程中所发挥的作用。

3. 给服务对象积极支持

安排结案时社会工作者应鼓励服务对象自己独立解决问题，并肯定他们有能力这样做。但服务对象可能会怀疑自己是否能够将学习到的东西用于应对其他问题，此时社会工作者要努力使服务对象相信他们有这个能力，并通过表达这种信息来支持服务对象的努力，以强化他们的信心。

（三）解除专业工作关系

结案并不是说社会工作者绝对不再与服务对象接触，而是不再提供服务。如果服务对象还需要其他服务，社会工作者应给予转介。转介服务对象时，社会工作者需要与其他机构建立互联网络，了解转介条件，为服务对象做准备，妥善结案。

（四）撰写结案记录

结案时要撰写书面结案记录。结案记录的内容包括：服务对象何时求助、求助原因、工作过程中提供了哪些服务、服务对象有什么改变、为什么结案、社会工作者的评估和建议等。

二、结案时服务对象的反应及处理方法

结案对于服务对象是一个转折性事件，意味着他们生活中一种状况的结束和另一种独立生活新经验的开始。服务对象在这个阶段可能会出现两极情感反应，即一方面对即将到来的分离产生失落、难过等负面情绪，另一方面也充满兴奋、希望和成就感等正面情绪。不同类型的结案中服务对象的反应也有不同的表现，需要相应的处置方法。

（一）结案的类型

前面对接案阶段工作的陈述中已经涉及和交代了几种结案的情况。正常情况下，结案标志着社会工作者和服务对象终止接触，此时经过有计划的步骤，介入工作的目标已经实现。换句话说，结案时最理想的状况是，在服务对象实现了改变目标的情况下结束与社会工作者的关系。然而，成功地实现介入目标只是众多终止接触的原因之一，还有其他情况也要结案。概括地说，结案有如下类型。

1. 目标实现的结案

经过评估，社会工作者和服务对象双方都认为问题已经基本解决、目标已经基本实现时，根据协议社会工作者提议结案，服务对象也接受，由此就进入结案阶段。这种结案是有计划、按程序进行的结案。

目标实现的结案大部分是短期介入结案，即按照服务计划所约定的计划在结案期内用很短的时间结束与服务对象的关系。这种结案是服务对象在开始时就已经知道的，他

们早就对结案有心理准备。在某些特殊情况下，有些服务对象需要一个比较长的时间段来处理与社会工作者的分离，结案所花时间比较长，称为长期介入结案。长期介入结案的服务对象的问题一般比较复杂，对社会工作者的依恋较深，结案反应也比较强烈。

2. 因服务对象不愿继续接受服务而必须终止专业关系的结案

在外展工作中常常会遇到这种情况。当服务对象强烈抗拒服务时，社会工作者就没有理由再继续维持与他们的工作关系，因为在这种情况下，服务对象没有意愿和动机接受服务，双方的关系没有意义。

3. 存在不能实现目标的客观和实际原因的结案

当社会工作者发现服务对象的需要超出了自己和机构的能力时，就要结案。这种情况下，结案的形式可以转介——将服务对象转往其他机构去接受服务——结束，也可以转移——转由其他社会工作者提供帮助——结束专业关系。

4. 社会工作者或服务对象身份发生变化时的结案

当社会工作者和服务对象身份发生变化时，即使目标没有实现也要结案。例如，服务对象由于搬迁而离开机构所服务地区或社会工作者由于工作调动而离开时，都需要结案。

（二）服务对象的正面反应

接受社会工作者的协助对服务对象来说是特别的人生体验，多数人都能在与社会工作者的合作中获益，因而在结案时有正面情绪反应，包括对获得成长与成功的欣喜，对整个工作过程带给他们新认识的肯定、感觉视野开阔了、对与社会工作者关系的满意、对社会工作者的帮助充满感激、对未来充满信心等。结案时社会工作者要对这些正面反应给予肯定并适时、适当地进行加强，以增强服务对象面对未来生活的信心。

（三）服务对象的负面反应

由于结案意味着社会工作专业关系的终止，意味着服务对象要回到各自的生活世界中，也意味着其后社会工作者与服务对象就要停止接触，不再有社会工作者的陪伴，因此终止专业关系可能给服务对象带来“分离焦虑”，表现为对这种即将到来的结案产生负面反应。常见的负面反应包括：

（1）否认——不愿承认已到结案期，避免讨论关于结案的话题。表现为不准时参加与社会工作者的工作会谈、会谈时心不在焉等。

（2）倒退——恢复到以前的状态，以此拖延结案的到来。

（3）依赖——对社会工作者过分依靠。

（4）抱怨——对社会工作者不满意。

（5）愤怒——表现为对社会工作者不满，批评、攻击和挑战其他人。结案时的愤怒会因结案类别而有不同表现。那些因社会工作者离职而结案的服务对象，其愤怒表现得可能会更强烈些，极端情况下会有身体攻击。社会工作者要敏感地察觉服务对象的愤怒情绪后面所隐藏的悲伤、难过等情绪，并谨慎地处理它们。

（6）讨价还价——当发现没有可能阻止结案时，有些服务对象会寻找理由拖延结案。

（7）忧郁——当所有延长结案时间的努力都无效时，有些服务对象会表现得无精打采、失落而无助，对结束专业关系充满焦虑。

（四）结案反应的处理方法

社会工作者要注意在结案期服务对象可能会有的上述负面反应，并在结案阶段审慎处理它们。具体方法如下：

（1）在结案前与服务对象回顾一下介入工作的过程，以确定结案的时机是否已经成熟。

（2）提前让服务对象知道结案时间，早些做好心理准备。方法是：鼓励服务对象与社会工作者公开讨论结案问题，并告诉他们结案可能使他们感到难以接受。社会工作者要以同感的态度向服务对象传达愿意与他们讨论他们的反应、理解他们的心情等信息，以减少负面情绪。

（3）在结案阶段社会工作者要逐渐减少与服务对象的接触，提醒服务对象要学会自立，给服务对象以心理支持，告诉他们有需要时社会工作者将继续提供协助。

（4）社会工作者也要估计一些可能会破坏改变成果的因素，预防问题的产生，继续提供一些服务，并为服务对象提供能够对他们有帮助的资源网络，待稳定了服务对象的改变成果后，才最后结束专业助人关系。

（5）安排正式的结案活动，让服务对象交流各自的收获，以建设性的方式表达感受，相互鼓励，面向未来。

三、结案后的跟进服务

结案并不意味着社会工作服务就结束了，社会工作者要在服务结束后的一段时期内定期对服务对象进行回访和跟踪，了解他们的情况和服务需要，这就是跟进服务。跟进服务是结案阶段的有机组成部分。

（一）跟进服务的意义

跟进服务重点要了解服务对象在结案后的情况，以提供必要的帮助。跟进可以让社会工作者知道服务是否真正有效，也使服务对象感受到社会工作者的关心，增强他们继续改变的动机和信心。

（二）跟进服务的实施方法

（1）电话跟进。在结案后一段时间内，社会工作者用电话与服务对象继续联络，了解结案后服务对象的情况。这种方式简便易行，虽不能亲眼见到服务对象的情况，但也能让他们感受到社会工作者的关心和支持。

（2）个别会面。在结案后一段时间内社会工作者根据约定在机构或者服务对象家里与他们会面，以了解他们的情况。面对面地跟进可以让服务对象感觉亲切，也可以了解更多信息。

（3）集体会面。这种方式适用于小组跟进。在集体会面中，组员可以共同回顾小组的经历，分享小组结束后的情况，交流各自经验，增强关系和促进相互的支持。

（4）跟进服务对象的社会支持网络。社会工作者还可以通过跟进服务对象的社会支持网络（包括家庭、邻居、朋友、单位或者学校老师等）来了解服务对象的情况，以便及时提供相应的服务和必要的支持。

本章小结

社会工作实务通用过程模式能够帮助社会工作者面对不同的服务对象，处理各种不同的问题、挑战和情况，它为社会工作者提供了基本的助人知识、技巧和程序。本章从整合社会工作实务观出发，介绍了社会工作实务通用过程模式的具体实施和操作步骤、面对的问题和解决的技巧与程序。社会工作实务通用过程模式是一个综融理论和整合实务的取向，适用于个人、家庭、群体、组织和社区，工作历程包括接案、预估、计划、介入、评估和结案，每个阶段前后衔接，构成完整的助人过程。社会工作实务从接案开始，经过对服务对象社会－心理问题的预估，获得对服务对象问题和需要的认识，在此基础上发展出介入计划。介入计划是社会工作者工作的蓝图，提供了介入的方向，而实际的介入则是为服务对象提供直接和间接服务。介入后的评估帮助社会工作者总结助人过程的经验，检查是否实现了介入目标。结案阶段的工作重在处理服务对象面对结案时的反应，并在结案后进行跟进服务。

第二章　儿童社会工作

童年是每一个人生命的起点，儿童是每一个社会的未来。童年的健康成长是成就一个快乐、健康、积极向上儿童群体的前提，也是一个社会发展和进步的基本保障。本章结合我国儿童福利和儿童保护制度建设现状，从专业实务的价值理念、理论知识和方法技巧三个方面，介绍儿童社会工作的实务框架及其在国家儿童福利和儿童保护制度建设中的角色定位。

第一节　儿童的特点和需要

儿童是一个身心处于快速发展状态的脆弱个体，受到相关社会系统尤其是家庭系统的影响。儿童社会工作者需要充分了解这种由脆弱相伴随的成长过程，明确家庭在儿童成长过程中相较其他社会系统发挥的重要而独特的作用，为成为一名能够为儿童顺利成长提供有效专业服务的儿童社会工作者奠定基础。

一、儿童的含义

（一）儿童的定义

儿童社会工作以联合国《儿童权利公约》为依据，以年龄为参考指标，将儿童界定为所有未满 18 周岁的自然人。《中华人民共和国未成年人保护法》也将未成年人界定为未满 18 周岁的公民，与《儿童权利公约》对儿童的界定一致。因此，在我国社会工作实务中，“儿童”与“未成年人”同义，可以互换使用。

上述定义从年龄的角度，突出强调了“儿童”是一个人生命的起始阶段，是具有独特文化内涵的群体。

（二）儿童定义的辨析

在我国现实生活中，存在着不同的儿童概念界定。有的将儿童界定为 6 岁以下，有的界定为 12 岁以下，有的界定为 14 岁以下，还有更多的人将儿童界定为 16 岁以下的所有人。

之所以出现上述“混乱”现象，主要是因为人们的界定标准不同，并且大多数是工作定义，即针对某一领域的某项工作，对“儿童”工作对象作出的定义。将儿童界定为 6 岁以下所有人的，其界定指标是“成长状况”，6 岁以下的孩子身体弱小，对父母或者他人的依赖程度也很高，还没有“长大”。将儿童界定为 12 岁以下所有人的，其界定指标是“小学生”和“儿童节”，小学毕业以前，所有的孩子都会参加“六一”儿童节的庆祝活动，并享受一天的假期，12 岁以后，或者说上初中以后，他们就不再有机会参加“六一”儿童节庆祝活动了；将儿童界定为 14 岁以下所有人的，其界定指标主要是《中华人民共和国刑法》，它规定 14 岁以下的未成年人为完全无刑事责任人，无须为自己的犯罪行为承担刑事责任。此外，这个年龄段的界定还与我国少先队和共青团工作相关，14 岁以上为共青团的工作对象。将儿童界定为 16 岁以下所有人的，其主要的界定指标是我国法律：一是《中华人民共和国刑法》，它规定年满 16 岁的未成年人犯罪，应当负刑事责任，但要从轻处罚；二是《中华人民共和国劳动法》，它规定任何组织和个人都可以招聘使用年满 16 岁未满 18 岁的未成年人，但在劳动工种、劳动时间、劳动环境等方面需要提供特殊保障；三是《中华人民共和国民法通则》，它规定年满 16 岁且以自己的劳动收入为主要生活来源的未成年人为完全民事行为能力人，否则为限制民事行为能力人。

总体来说，现实生活中存在的有关儿童的不同年龄阶段的界定，主要是人们依据自己的生活或者工作经验，方便自己描述而产生的。但是，在国家层面，各种法律文本中的界定都是统一且唯一的，即“未成年人”。在社会工作领域，“儿童”和“未成年人”是通用的，并且在学科内领域划分中，采用“儿童社会工作”的表述，专指以未满 18 周岁自然人为服务对象，聚焦其社会福利和保护服务的分支领域。

二、儿童的特点

（一）社会属性的特点

儿童作为一个独立的社会个体，具有社会属性特点，即基础性。

1. 童年是每一个人人生的基础

童年是人生的最初阶段。每一个儿童在童年时期的经历，决定了他进入成年期的状态，对其成年生活有着重要的影响。童年对每一个人来说，都是其人生的基础。

2. 儿童是每一个家庭的基础

儿童是每一个家庭中不可或缺的成员，是家庭概念中的基本要素。儿童在家庭中的存在能使每一个家庭得到延续，包括延续家庭的经济和文化，是家庭可持续发展的基础。

3. 儿童是一个社会发展进步的基础

任何一个社会的发展和进步都离不开儿童的发展和进步，即国家的命运在于“少年”，“少年智则国智，少年富则国富，少年强则国强，少年自由则国自由，少年进步则国进步”。儿童是国家的希望，民族的未来，是社会发展进步的基础。

（二）成长发展的特点

1. 快速性

从出生到年满 18 周岁，儿童的身体，包括脑神经系统、循环系统、内脏器官、肌肉骨骼等都处于迅猛的成长过程中。儿童的认知和社会行为随着他的第一声啼哭就开始了，到 18 周岁时，其心理人格基本形成，社会行为规范也处于基本完成的状态。每一个人只在儿童期经历这样快速且全面的发展。

2. 阶段性

儿童生长发育的阶段性也被称为儿童发展的年龄特征。它是指在儿童发展的连续过程中，处于不同年龄阶段的儿童会表现出某些稳定的、共有的典型特点。儿童从出生到18周岁以前，其成长阶段通常包括婴儿阶段（0~1岁）、幼儿阶段（2~3岁）、学前阶段（4~5岁）、学龄阶段（6~12岁）和青少年阶段（13~18岁）。不同阶段的儿童，不仅有较为相似的生理发展特点，也有需要完成的共同的社会心理发展任务。

3. 顺序性

儿童身体的快速生长和发育的过程中，遵循从上到下、由近到远、从小到大、由低级向高级的顺序性。如婴幼儿先会抬头，后会抬胸，再会坐、立、行，这是从上到下的顺序；婴幼儿的身体运动遵循从臂到手，从腿到脚的顺序；在骨骼和肌肉的协调发展中遵循先大骨骼与大肌肉，再小骨骼与小肌肉的顺序。

儿童的社会心理发展也具有顺序性。从积极人格培养的角度，婴儿时期的儿童需要完成信任人格的培养；幼儿时期的儿童需要完成自主人格的培养；学前阶段的儿童则需要完成勤奋的人格培训①。这些社会心理人格的培养，必须在儿童成长发展的某一个阶段完成，这些阶段无法变更顺序。

4. 不均衡性

在迅速生长发育的过程中，儿童身体各系统的发育是不均衡的。从出生到年满18岁，儿童会经历两个相对来说更加快速生长发育的阶段：一是出生后第一年，这之后生长速度会减慢；二是青春期，这个阶段的生长速度又会加快，到18周岁时骨骼的发育基本定型。从系统来说，儿童的神经系统，如脑、脊髓和周围神经等发育得较早，生殖系统发育较晚；免疫系统到12岁左右趋于成人水平。

5. 个体差异性

儿童生长发育的个体差异性是指由于遗传和环境因素的影响，儿童在具有整体共同特征的基础上，在身心发展的表现形式、内容和水平等方面，都有不同于整体特征的个性化特点，具有不同于他人的成长轨迹。

6. 分化与互补性

儿童的身心发展具有分化与互补的特点。儿童的各种生理和心理能力的发展和成熟，多数情况下都依赖于明确分化的生理机能的作用，但在总体发展水平方面，却又表现出一定的机能互补性特点。这种协调性能协调人的各种能力，使有生理缺陷的儿童不至于因某种生理机能的缺陷而严重地阻碍其整体发展水平的实现，相反，能使其尽可能地适应自己的生活环境。

三、儿童的需要

儿童的发展包含了身体从弱小到强大，智力从低到高，心理人格从无到有，以及行为从稚嫩到趋于成熟的过程，这个发展过程需要获得不同方面的照顾、引导、支持和保

---

① 舒尔茨（Schultz，S. E.）. 人格心理学［M］. 北京：北京大学出版社，2007.

障才能完成。

（一）生存的需要

生存的需要包括生命存在的需要和社会存在的需要两个方面：

（1）生命存在的需要，即获得基本生活照料，包括养育照料和可获得的最高水平健康医疗照料。

（2）社会存在的需要，即获得社会身份，包括姓名、户籍和国籍。

（二）发展的需要

儿童的发展需要也被称为儿童的成长需要，是指儿童为了身心发展，需要获得的关爱、教育和引导。它主要包括：

（1）获得良好的家庭生活，得到父母的爱和适当管教，与父母建立良好的亲子关系。

（2）拥有受教育的机会，有良好的教育和学习环境，满足其探索和认知世界的求知欲。

（3）获得足够的休闲和娱乐，有适合儿童且安全的娱乐场所，为儿童形成良好的娱乐休闲态度、方式和行为提供教导和培养。

（三）受保护需要

儿童的受保护需要也被称为儿童的免遭伤害需要，是指儿童在其成长过程中，需要在身心两方面得到安全保障，不受到任何人为的伤害。这些人为的伤害主要包括对儿童的虐待、忽视和剥削。儿童虐待包括：

（1）身体虐待，如体罚和责打。

（2）情感虐待，如用讽刺、挖苦和侮辱性语言对儿童进行管教，不公平地对待儿童，以及歧视儿童。

（3）性虐待，如成人对儿童实施性行为，成人让儿童一起观看性活动、性音像或者性图片，以及成人为了自身的性快感而与儿童发生的一切接触和抚摸行为。

（4）儿童忽视包括对儿童身体健康需要的日常生活照料和医疗照顾的忽视，对儿童发展需要和教育需要的忽视，以及对儿童社会化发展需要的同伴交流和接触社会的机会的忽视。

（5）儿童剥削主要包括童工形式的劳动剥削和让儿童从事商业性活动的性剥削两大类型。

（四）社会化需要

儿童的社会化是儿童逐步了解社会、掌握生存技能的过程，是人的社会化过程中的第一步。它要求儿童在其成长过程中通过个人和社会的交互作用，获得语言、思维、情感等能力和行为方式。儿童社会化的具体内容包括：

（1）培养儿童的基本生活技能，使儿童掌握吃饭、穿衣、保持个人清洁卫生、语言表达等人类发展的最初行为方式。

（2）促使自我观念发展，使儿童能分清自我与非我两者的关系。

（3）养成良好的生活习惯，使儿童逐渐懂得约束自己的行为，调整好个人与个人，个人与家庭、学校、社会等方面的关系。

（4）培养良好的道德品质，使儿童逐步适应社会规范，具备社会公德；培养社会角色，使儿童随着年龄的增长，不断扮演适当的性别角色、游戏角色、学校角色以及社会角色等。

四、儿童面临的问题

随着我国社会和经济的发展，儿童的生活照料和成长教育状况得到普遍改善的同时，在养育、保健、照料、教育、保护等方面仍然存有很多困难和挑战。概括来说，我国儿童面临的主要问题如下。

（一）儿童生存的问题

1. 新生儿健康问题

尽管我国新生儿死亡率、婴儿死亡率和 5 岁以下儿童死亡率从 1991 年至 2018 年持续降低，城乡差距明显缩小。但是，高龄产妇的新生儿缺陷率高于其他年龄产妇的新生儿缺陷率。

2. 儿童营养问题

我国儿童的营养状况在过去 20 年里已有显著改善。但是，农村地区儿童体重和生长迟缓率为城市地区的 3 ~ 4 倍，而贫困地区农村又为一般农村的 2 倍。5 岁以下儿童存在生长迟缓和消瘦现象；因膳食营养不当或者过剩，城市中患有肥胖症、糖尿病、性早熟以及龋齿等病症的儿童数量也越来越多。

（二）儿童发展的问题

儿童发展是指儿童成长过程中生理和心理方面有规律地进行的量变和质变的过程；儿童发展的问题往往体现为其成长过程中接受或者遭遇到的不符合其成长规律的对待，既包括不恰当的客观环境，也包括不恰当的态度和行为。当前，我国儿童发展面临的主要问题包括以下几个方面。

1. 贫困的问题

儿童贫困是一个具有包容性的多维概念，经济和物质的匮乏是儿童贫困的显性体现，有效成人陪伴、情感回应、健康照料、榜样示范等儿童成长资源的匮乏是儿童贫困的隐性体现；前者往往是造成后者的原因，但导致后者的原因并非只有前者。我国留守儿童问题是典型的隐性儿童贫困问题，他们的贫困主要表现为缺乏父母的陪伴，往往处于生活上有祖辈或者其他亲戚照顾而日常情感缺乏有效回应、学业上缺乏能力培养指导或者辅导的状态中。我国显性贫困儿童主要指经济贫困儿童，包含按月领取基本生活费的孤儿、被纳入农村特困人员救助供养的特困儿童以及被纳入最低生活保障范围的儿童。

2. 辍学的问题

辍学问题在我国是针对处于九年义务教育年龄段的儿童而言的。尽管《中华人民共和国义务教育法》制定了“保障适龄儿童、少年接受义务教育的权利，保证义务教育的实施，提高全民族素质”的目标，但是，适龄儿童的辍学现象一直存在，也一直受到教育部门和全社会的关注，并希望尝试采取各种措施减少直至消除这一现象。

（三）儿童保护的问题

儿童保护是指保护儿童免遭忽视、虐待、剥削和暴力等的权利侵害。儿童保护的问题则指针对儿童的忽视、虐待、剥削和暴力等侵害行为或者事件。在我国现实社会中，主要包括以下几方面问题。

1. 儿童被遗弃的问题

儿童被遗弃是儿童忽视的极端形式，主要指法定监护人遗弃无自我照顾能力的未成年子女的行为，被遗弃未成年子女往往是有先天性病残疾患的婴幼儿、非婚生婴幼儿或年龄稍大一些的智障儿童。我国儿童福利机构中的儿童大多为弃婴，其中病残儿童占绝大多数。近年来，儿童福利机构收养儿童数量呈现出逐年下降的趋势。

2. 儿童遭受体罚和肢体虐待的问题

尽管目前还没有权威的全国性研究或者统计数据，但已有的小规模或者说局部的研究显示，儿童在学校和家庭环境中遭受体罚的现象十分普遍。近年媒体也曝光了一些幼儿园和小学环境中老师严重体罚或者殴打幼儿或学生的案例。

3. 儿童被性侵的问题

近年来，主流媒体曝光儿童性侵案例数量较多。儿童性侵形式包括受到言语性骚扰、被人故意当面暴露其生殖器、被他人触摸身体隐私部位、被迫触摸侵犯者的隐私部位、被迫与他人发生性交行为等。但是，家长对儿童性侵现象缺乏必要的认知和敏感。

4. 儿童被忽视的问题

儿童被忽视，和儿童虐待一样，是一个具有谱系特征的儿童侵害现象，其施害人通常是与儿童有情感依恋关系的家长或者教师。儿童忽视往往发生得悄无声息，其过程较长，过程中儿童受到侵害的表现往往不太明显，难以及时发现。一般来说，儿童年龄越小，受忽视的伤害就越大。

5. 儿童被拐卖的问题

尽管迄今为止还没有权威的数据统计，但儿童拐卖问题是一个已经受到社会广泛关注的问题。它不仅给失去了孩子的父母带来无尽的痛苦，也让被拐卖儿童经历身心创伤。导致儿童被拐卖现象产生的原因与贫困和传统重男轻女以及养儿防老的思想观念相关。

6. 家庭监护的问题

儿童保护中的家庭监护问题，是指因为父母育儿理念和育儿行为偏差，给未成年子女带来伤害的问题，与前文描述的儿童问题多有关联。它一般可以分为监护不足、监护不当和监护缺失三大类型，不同类型的监护状况给未成年子女带来的权益侵害的类型不同。例如，家庭贫困、单亲家庭等，监护状况多数情况下呈现为监护不足，给未成年子女带来的风险是被忽视的风险；家长对子女管教过于严厉或者溺爱，或者存在家暴现象，则呈现为监护不当，给未成年子女带来的风险是被虐待的风险，包括情感虐待和肢体虐待；家长因服刑、吸毒、外出务工等双双不在未成年子女身边，呈现为监护缺失，给未成年子女带来的风险是被忽视和被他人侵害的风险。

五、儿童社会工作的概念

（一）儿童社会工作的定义

儿童社会工作是现代儿童福利制度的有机组成部分；儿童社会工作者在儿童权利

价值理念的指导下，以全体儿童为服务对象，聚焦困境儿童，通过对具体服务对象个体或群体服务需求的专业评估，有的放矢地运用适合儿童群体的方法和儿童发展的科学知识及社会工作实务理论，从服务对象个体、群体、家庭、社区和社会等不同层面，为服务对象提供服务，创造儿童友好环境，帮助其免遭权益侵害，促进其健康成长。

（二）儿童社会工作定义的要素

1. 儿童福利制度要素

儿童社会工作的实务应以儿童福利制度为框架，在依托其为儿童尤其是困境儿童服务的同时，还需要根据现实服务需求，推进儿童福利制度的改善。

2. 儿童权利要素

在遵循社会工作通用价值理念的基础上，儿童社会工作实务的具体服务行为应以儿童权利理念为指导，以儿童利益最大化为目标来进行。

3. 儿童法规政策要素

了解国家儿童福利和保护法规政策，是儿童社会工作实务能够适当、顺利进行的重要保障。

4. 儿童中心的系统视角要素

儿童社会工作的实务应从儿童需求出发，以社会生态系统理论为指导，兼顾儿童及其相关社会系统，以协调各系统与儿童之间的关系为服务的具体行动目标。

5. 评估要素

针对服务对象开展专业服务需求评估应成为儿童社会工作实务必须遵守的首要步骤，儿童社会工作者还应养成随时评估的习惯，以保障服务的精准和有效。

6. 方法要素

儿童社会工作的实务应从儿童这个具有自身特点的群体的角度出发，将符合儿童特点的游戏的方法要素与社会工作通用的个案工作、小组工作和社区工作三种方法相融合，为服务的有效性提供保障。

（三）儿童社会工作的类型

儿童社会工作的目的是保障儿童得到适当的养育、照料和教育，并保护他们免遭侵害，能够安全成长。儿童社会工作服务可以分为下面四种类型。

1. 支持性儿童福利服务

这类服务的对象是全体儿童及其家庭，这类服务的目的是通过弥补父母亲职能力的不足，改善父母的亲职状况，以满足儿童成长的需要。服务的目的是支持父母履行教养职责，以满足儿童成长的需要；服务的内容主要包括为儿童及其家庭提供的个别化咨询辅导，为儿童提供休闲娱乐服务，为准妈妈提供咨询以及协助办理新生儿户籍登记服务。

2. 补充性儿童福利服务

这类服务的对象是父母亲职能力不足的儿童及其家庭，服务的目的是通过弥补父母职能的不足、改善父母的亲职状况以满足儿童成长的需要。服务的内容主要包括为经济困难家庭链接资源，为儿童提供经济补助；为时间和精力不足的父母提供托育服务；为新生儿及其父母提供健康育儿资讯和技能培训服务。

3. 替代性儿童福利服务

这类服务的对象是亲职严重不当和亲职缺失的儿童，这类服务的目的是通过弥补父母亲职能力的不足，改善父母的亲职状况以满足儿童成长的需要。服务的目的是通过替代儿童的父母履行亲职职责，使儿童回归家庭环境，健康成长。服务的内容主要是安置服务，包括家庭收养、家庭寄养和机构养育或教养。

4. 儿童保护服务

这类服务强调的是对儿童的保护，包括遭受到人为侵害（如虐待、忽视、剥削和暴力侵害）的儿童；与前面提到的三大类服务有着千丝万缕的联系。针对家庭在育儿过程中的不良理念和行为提供的支持性和补充性服务，是预防儿童遭受侵害的儿童保护预防服务；针对家庭监护严重不当和监护缺失儿童的替代性服务，是儿童遭受侵害且家庭监护无法提供支持甚至是施害主体时的儿童保护应对服务。儿童侵害的预防服务是通过对有侵害风险儿童及其家庭的介入，逐步减少直至消除风险的过程，包含的服务可以是支持性的也可以是补充性的。侵害的应对服务通常是指儿童侵害发生后，为受到侵害的儿童提供家庭外安置服务的过程，多数时候是替代性服务。

六、儿童社会工作的特点

上述儿童社会工作的概念包含了社会工作的一般性专业要素：价值理念、理论知识和方法技能；同时它以儿童这一特定服务对象的特点为依据，对这些要素进行了具体的界定，使其区别于其他领域或者人群社会工作。这些具体的界定就构成了儿童社会工作的特点。

（一）明确了儿童社会工作的专业价值理念

儿童社会工作的价值理念是儿童权利的保护和实现。它意味着儿童社会工作者在开展实务的过程中，需要将儿童权利与一般性社会工作价值理念进行有机结合，以儿童为中心，以满足儿童需要、促进儿童权利的实现为最高指导原则。换句话说，儿童社会工作要以保障儿童的基本生存和发展，保障所有儿童获得公平服务，保障儿童利益最大化，保障儿童参与社会等为专业服务活动的基本原则。

（二）界定了儿童社会工作的理论知识范围

儿童社会工作的理论知识体系由三部分组成：一是儿童发展的理论知识，解决“服务什么”的问题，主要包括儿童的生理发展、心理发展以及社会行为发展等理论知识，这些知识能够帮助社会工作者综合了解和分析处于不同成长阶段的儿童身心发展是否正常，准确诊断儿童问题；二是儿童社会工作的专业实务理论知识，解决“如何服务”的问题，主要包括社会生态系统理论、充权理论、优势视角等，这些理论知识能够帮助社会工作者判断通过怎样的步骤和方法能够有效地解决儿童问题；三是与儿童相关的国家法规政策，解决了专业授权和规范的问题，包括国家法律、民政部门等政府职能部门出台的儿童福利相关政策和工作组织架构中的各类机构的管理规章制度。

（三）聚焦亲职能力建设，突出家庭监护服务

儿童从出生到年满 18 周岁，家庭是满足其养育、照顾和教育等需要的第一环境，

父母是儿童养育、照顾和教育的第一人，父母的监护能力成为儿童健康成长的最基本保障。因此，儿童社会工作者需要以满足儿童成长需要为核心，将儿童的家庭置于实务的中心，针对不同的情形，为儿童提供家庭支持、补充和替代服务来保障和促进儿童的健康成长。

（四）兼顾了专业理想和本土化实务路径之间的平衡

儿童社会工作的实务需要结合所在社会的环境资源。儿童社会工作的价值理念、理论知识和方法技巧是跨越时空界限的专业要素，它们为全世界的儿童社会工作者提供了一个共同的理想目标——促进儿童权利的实现。但是儿童社会工作实务不能超越所在社会的政治、经济、文化、法律等客观条件，脱离实际开展工作；因此，儿童社会工作实务需要在坚持专业理想的前提下走本土化道路，即一方面要努力实现专业理想，另一方面要尊重我国社会的客观环境条件，促进环境向有利于儿童权利实现的方向改善。

七、儿童社会工作实务的原则

原则指说话或行事所依据的法则或标准，儿童社会工作的原则即为儿童社会工作者提供专业行为的依据和准则。它包括以下几方面。

（一）优先原则

社会工作者在政策制定、服务计划制订、资源配置和服务提供等方面，应优先考虑儿童的利益和需要。

（二）利益最大原则

社会工作者应以儿童为中心，从儿童身心发展特点和利益出发提供专业服务，最大限度保障儿童权益。

（三）最小伤害原则

社会工作者在工作中如果无法避免造成伤害，应尽量选择对儿童造成最小伤害的方案，或者是最容易从伤害中恢复的方案。

（四）平等参与原则

社会工作者应创造公平的环境，确保儿童不因民族、种族、性别、家庭出身、宗教信仰、教育程度、财产状况、居住期限受到任何歧视，保障所有儿童享有平等的权利与机会。社会工作者应鼓励和支持儿童参与同自身利益相关的服务活动，尊重其在权利和能力范围之内的自我决定和行动。

（五）生态系统原则

社会工作者应重视家庭的作用，运用生态系统的观点，从儿童自身及其与家庭、朋辈群体、社区、学校、服务机构等的互动关系中分析儿童问题，识别所需资源，提供专业服务，促进儿童发展。

第二节　儿童社会工作的主要内容

儿童是一个处于迅速发展过程中的权利主体，儿童社会工作的目标是儿童得到相应的养育和照料，儿童身心能够健康发展以及儿童受到保护、免遭侵害。儿童社会工作的主要内容包括促进儿童健康成长、补充和改善家庭监护能力、救助和保护受侵害儿童。

一、促进儿童健康成长

（一）传播理念和知识

1. 母婴保健的知识传播和服务

社会工作者并不直接提供母婴保健服务，但应向有育儿计划和已经怀孕的夫妇和家庭宣传优生优育知识；联合医疗人员和机构督促母亲及其家庭按时接受母亲和婴儿需要的保健服务。母婴保健的具体内容包括婚前保健和孕产期保健。

（1）婚前保健服务的内容包括：

①婚前卫生指导：关于性卫生知识、生育知识和遗传病知识的教育。

②婚前卫生咨询：对有关婚配、生育保健等问题提供医学意见。

③婚前医学检查：对准备结婚的男女双方可能患影响结婚和生育的疾病进行医学检查，包括严重遗传性疾病、指定传染病和有关精神病。

（2）孕产期保健服务的内容包括：

①母婴保健指导：对孕育健康后代以及严重遗传性疾病和碘缺乏病等地方病的发病原因、治疗和预防方法提供医学意见。

②孕妇、产妇保健：为孕妇、产妇提供卫生、营养、心理等方面的咨询和指导以及产前定期检查等医疗保健范围。

③胎儿保健：为胎儿生长发育进行监护，提供咨询和医学指导。

④新生儿保健：为新生儿生长发育、抚育和护理提供医疗保健服务。

2. 婴儿早期喂养理念和实践

向新生儿母亲和家人宣传婴儿早期喂养的最佳方式：母乳喂养，并辅导和训练母亲母乳喂养技术，督促其实施母乳喂养方案。具体内容包括：

（1）母乳喂养的概念。

（2）影响母乳喂养的因素：母亲、家庭、社会和婴儿。

（3）母乳喂养的好处：对婴儿、对母亲、对家庭和社会。

（4）母乳喂养技术指导。

（5）母乳喂养方案（6 个月至 2 周岁）。

（6）婴幼儿辅食添加。

3. 幼儿早教

向幼儿父母和家庭宣传早教的作用和意义，并指导父母和家人开展早教活动。具体内容包括：

（1）幼儿早教的可能性。

（2）未成熟大脑的可塑性。

（3）智能发育的关键期。

（4）早教的类型：婴儿中心类型、家长中心类型和两者兼顾类型。

（5）早教的方法：环境刺激、观察、游戏、示范、提问、试误和发现。

（6）早教的内容：根据发展阶段决定，并有侧重聚焦点。

幼儿早教与父母及家人的意识关系十分紧密，即使有专门的早教人员和机构指导，在很大程度上也需要依靠父母和家人在日常养育活动中进行才能实现。同时，幼儿家人的身心健康状况和家庭环境状况对幼儿早教影响重大，儿童社会工作不仅需要参与早教的实施过程，如宣传早教的重要性，帮助父母家人发现开展早教的可能性，示范一些早教的方法等；还需要通过定期走访、资源协调等方式确保幼儿父母和家庭是有利于幼儿成长的，尤其要注意儿童是在安全和谐的环境中生活的。

4. 科学育儿

向所有儿童的父母和家庭传播科学育儿理念，并为他们提供具体的科学育儿实践指导和日常育儿问题咨询。具体内容包括：

（1）科学育儿的理念：儿童权利和现代儿童观。

（2）科学育儿的知识：儿童生理、心理人格和社会行为发展的知识。

（3）科学育儿的技能：观察的技能、沟通的技能、引导的技能等。

尽管都是以培养和提高亲职能力为目标，但是亲职教育与下文中的亲职辅导有一定的区别，前者的目的是倡导和宣传，对象是全体社会成员，尤其是儿童的父母和家人；后者的目的是解决亲职过程中出现的问题，对象是有亲职困难或障碍的父母。

（二）提供家庭支持服务

1. 亲职辅导

亲职辅导是指以儿童需要为核心，根据家长育儿需要提供的如何做好父母的指导和教育工作，一般可采用个别辅导、家长自助小组和亲子互动团体等方式进行。其目标是帮助父母提高亲职能力，做个好家长。

2. 婚姻辅导

婚姻辅导以夫妻为主要服务对象，以夫妻双方个人的身心素养的成长为基础，促进其对两性关系和家庭关系的经营能力，最终实现个人身心健康成长、两性关系改善和家庭关系改善的目标。这里的婚姻辅导是为有儿童的夫妻开展的，针对的是对儿童成长产生了影响的婚姻问题，目的是为儿童成长创造有利条件。

3. 家庭辅导

家庭辅导以家庭为单位，以全体家庭成员为对象，以改善家庭成员关系为重点，以恢复能够执行健康的家庭功能为目标的专业指导或治疗活动。这里指为有儿童的家庭开展的家庭辅导，儿童是其中一员，目的是解决对儿童产生了影响的家庭关系，改善其成长过程中的家庭环境。

4. 亲子关系辅导

亲子关系辅导以父母和子女为对象，以消除两者之间的矛盾和隔阂为目标，增进彼此之间的理解和支持，最后实现两者的良性互动的专业指导或治疗活动。

（三）开展儿童支持服务

1. 儿童问题辅导

儿童问题辅导是指专门为儿童提供的辅导服务，包括针对儿童自身的问题行为、与他人的人际交往问题、心理健康问题、身心障碍的康复与治疗问题等开展的一系列专业服务活动。其目的是为儿童提供及时和有效的情绪疏导和支持、行为指导和矫正，从而预防可能出现的更加严重的问题，保障儿童健康成长。

2. 儿童的娱乐和休闲

娱乐和休闲在儿童成长的过程中占有十分重要的地位，对儿童在情绪、认知、语言、社会和身体动作的发展方面都起到了十分重要的作用。具体地说，娱乐和休闲可以帮助儿童：

（1）强壮身体。

（2）促进情绪的放松和调适。

（3）增进人际关系交往和改善社交技能。

（4）获得同伴认同。

（5）得到自我实现。

（6）培养探索、发现和解决问题的能力。

（7）凝聚家庭，增进亲子关系。

一般来说，儿童的娱乐和休闲方式包括：户外球类、室内球类、购物、旅行、登山、看电影、阅读、同伴聊天等。

3. 儿童的社会化引导

为处于不同年龄段的儿童提供与其社会化发展需要相符合的社会化引导服务，主要内容包括：

（1）自我认同。自我认同又可称为“自我同一性”，是贯穿一个人一生的主题，是一个人心理人格健康的重要基础。儿童的自我认同从其一出生就开始了。儿童社会工作以儿童自我认同相关的理论知识为指导，如埃里克森（Erikson）的认同八阶段理论，也可称为认同危机理论，在儿童的婴幼儿期以家长为主要工作对象，在学龄期以家庭和老师为主要工作对象，在青少年期以儿童本身为主要工作对象，开展针对影响儿童自我认同的个体内在因素、群体因素和人际因素三个方面问题的辅导服务；辅导内容与儿童的发展阶段密切相关；辅导方式多以小组或团体方式进行。儿童随着年龄的增长，在自我认同方面产生危机的影响因素变得复杂起来，因此，青春期的自我认同出现问题的可能性更大，处于青春期儿童的自我认同是儿童社会工作者需要重点关注的对象；同样，儿童社会工作也需要更多地聚焦社会边缘群体儿童，即困境儿童和困境家庭儿童。

（2）技能学习。这里的技能学习是指儿童学业之外的生活技能学习，包含人际交往技能、时间管理技能、理财技能、整理和简化房间及日常用品技能、日常生活用品修理和维护技能、基本家务技能、健康习惯养成技能以及作选择和作决定技能等主题内容（参见表2－1）。儿童社会工作需要根据儿童的年龄，联合父母和教师，采用体验式方法，培养儿童处理自己日常生活事务的能力。

表 2－1　　儿童生活技能学习任务清单

技能主题	儿童年龄阶段	
	4～7 岁	8～12 岁
人际互动	遵循指令 做一个倾听者 学会轮流和遵守秩序 有规矩 学会握手和问候 尊重老人	学习帮助他人，使用“需要帮忙吗?” 了解如何给人好的第一印象 学习找人求助 学习解决冲突 学会接听电话和传达留言 学会妥协和让步 学习和大人交谈，清晰提问 学会行为与场合对应
时间管理	用闹钟叫醒 使用日程表 参照日程表判断出首先要做的事情 星期和月的概念	学会使用钟表 学会根据时间调整日程安排 关心提交作业时间 养成记事（作业）习惯 学会使用日常任务清单表
理财技能	了解硬币的价值 学会把硬币放在安全的地方 了解钱是劳动付出所得 了解零用钱概念	学会款台付账或者银行存取 学会为购物计划攒钱 学会记账 了解慈善和捐款含义 体验按劳获酬
整理房间 简化用品	将物品放入适当的储藏空间 收拾玩具 把衣服挂在衣帽钩或其他适当的地方 帮助父母收拾房间 保管好自己的东西	学会保管学校作业本或考试卷宗 学会找到与学习活动适应的用品 整理用品，保持房间整洁 学会判断当天学习所需用品
用品修理 和维护	保持玩具清洁 帮助清扫阳台	擦窗户，包括内外两面 帮助洗车 帮助铲雪 学习使用简单修理工具，如锤子 自行车维护，轮胎打气、上油等 换灯泡
简单家务	学会铺床叠被 倒垃圾 擦拭尘土 帮厨：择菜等 帮助洗碗 帮助买菜 洗衣前帮助分类脏衣物 帮助叠衣 拿报纸杂志 帮助喂养宠物	照简单菜谱做菜 洗碗 做盒饭 学会用洗衣机洗衣 学会晾晒和折叠衣服 学会更换床上用品 学习吸尘、扫地和拖地 学习整理房间 学习清洁卫生间 学会倒垃圾

续表

技能主题	儿童年龄阶段	
	4～7岁	8～12岁
卫生健康习惯	学会穿衣 学会刷牙和洗手 了解锻炼身体和营养进食的重要性	学会清洁牙齿 学会剪指甲 学会选营养快餐，了解饮食均衡 了解急救基本知识
学会抉择	初步了解选择和结果承担之间的关系 体验学习在2～3样东西中作选择	学会在作抉择前作信息收集 学会按照轻重缓急安排任务顺序 能找到完成某项任务的最有效方法 学习应对同伴压力
技能主题	儿童年龄阶段	
	13～15岁	16～18岁
人际互动	学会安排和取消日程规划 了解身体语言在交流中的作用 与同伴一起学习公共交通系统 学会同理、共情 学会与老师交流学习困难 学会计划户外活动时间并在计划有变的情况下及时告知父母 学习在督导的指导下参与家庭之外的服务活动 学会尊重异性	学会适时谈判和妥协 学会承担责任 学会独立使用公共交通系统 学会工作申请和面试技巧 学会签署合同 学会让父母随时了解自己在哪里在做什么 了解哪些身份信息可以公开，哪些是隐私需要保护 学会求医
时间管理	学会安排和管理课后作业 按时上学，参加学校活动 完成父母安排的课外活动 养成按时睡觉习惯 使用日历帮助记录重要日子	学会每日规划，应对复杂日程 学会课外活动管理 学会辨识课外活动的意义价值 学会守时
理财技能	学习制作预算 学会准确付账或银行交易 了解借记卡和信用卡的区别 学习管理个人手机费用	开设自己的银行账户 了解利息概念 了解信用卡风险和信用重要性 了解投资的基本知识 了解保险的基本知识 学会应对钱包被偷或账户被盗的方法 了解学生贷款的概念和程序，以及还款的概念和程序
整理房间 简化用品	学会化整为零技巧 学习阶段性地整理房间，如每两年一次 对物品存留进行抉择	保持车辆的整洁，尤其是在多人合用车辆的时候

续表

技能主题	儿童年龄阶段	
	13～15 岁	16～18 岁
用品修理和维护	精细洗车 自行车综合维护	学会轮胎测压和打气 学会判断油量多少 掌握汽车维修的程序和安排 学会使用汽车紧急充电设备 学会更换汽车轮胎

上面的清单仅供参考。在不同的地域，针对不同的儿童问题，上面的清单都可能有变化。例如，在儿童拐卖案件高发的地方，在学会抉择和判断的生活技能主题下，就可以增加学会如何判断人贩子为“坏叔叔”的内容。

（3）团队精神。团队精神是指一个人与他人团结一致，相互帮助，为了一个共同的目标一起努力、克服困难的精神。团队精神对一个人融入集体、形成归属感、获得健康心理人格都有十分重要的意义。因此，儿童社会工作的一个重要内容就是培养青少年的团队精神，采用的形式多为团体游戏和集体活动的形式。

（4）社会责任。社会责任感是在特定的社会中，每一个人在心理和感觉上对其他人的伦理关怀和义务。一个人要有社会责任感，往往需要具备下面三点品质：第一，坚持道德上正确的主张；第二，坚持实践正义的原则；第三，愿为他人作出奉献和牺牲。具有社会责任感是儿童社会化的重要标志，也是儿童成为合格社会公民必须具备的品质。而上述社会责任感所需的品质很难通过学校的科学知识学习和书本阅读来获得，它需要通过社会的体验来了解和学习。

二、补充和改善家庭监护状况

（一）补充和改善经济状况

1. 链接现有政策资源

根据服务对象的具体情况，帮助链接相关政策资源，实现改善其家庭经济状况贫困的现状。这些政策包括孤儿基本生活保障政策、国家最低生活保障政策、残疾人补助政策、大病医疗救助政策、特殊困难救助政策、教育救助津贴政策等。

2. 困境儿童父母就业援助

为困境儿童父母提供职业技能培训，并提供就业信息，为其就业提供帮扶，从而实现提高其就业的能力，改变其就业状况，改善家庭经济条件的目的。

（二）补充和改善家庭监护状况

1. 亲职教育

为亲职不当的父母提供亲职教育，并跟踪辅导，以帮助父母纠正不当教养理念和行为，改善亲职状况，为儿童健康成长提供基本保障。这类服务往往带有一定的强制性。

2. 课后服务

课后服务，如“四点半课堂”等是指为在学校放学后、父母下班回家前的时间段里无人看管儿童提供的托管项目，在此用来指代所有为补充父母或儿童主要照顾者时间和精力不足而提供的儿童托管服务。它为临时无人看管儿童提供了安全和有积极意义的活动或者学习空间，降低了儿童因临时缺乏监护而面临的各种风险，如意外伤害、被拐骗、结识社会不良青少年等。

三、救助和保护儿童

救助和保护儿童是指为永久或者临时失去了家庭监护的儿童提供的替代家庭监护服务。具体类型有以下几种。

（一）儿童收养服务

儿童收养又被称为儿童抱养或儿童领养，是我国公民或者外国人依据《中华人民共和国收养法》等法定的条件和程序领养他人子女，并与该他人子女建立父母子女关系的民事法律行为。它涉及对未成年人的抚养、教育、对老年人的赡养扶助以及财产继承等一系列的民事法律关系。

儿童收养服务是指社会工作者运用专业的知识、方法，为失去了家庭监护的儿童（如孤儿），在潜在的收养家庭中选择一个最适合的家庭，以最大限度地满足该儿童身心健康发展需要和家庭养育子女需要的服务过程。社会工作者关注在这种民事法律行为以外的收养人与被收养儿童之间的情感关系的建立，鼓励和促进将这种通过收养确立的父母与子女的关系尽快形成自然家庭式的父母与子女的关系。

我国目前能够提供儿童收养服务的机构为儿童福利院或社会福利院。儿童收养服务包括如下一系列的服务环节和程序。

1. 送养儿童信息发布

信息发布是指按照法律要求，将符合送养条件的儿童的送养信息发布出去，积极主动地为儿童寻找合适的收养家庭。

2. 收养人/收养家庭招募

机构依照法律规定，从提交收养申请的家庭中筛选符合收养条件的家庭和告知后续收养程序的过程。

3. 收养人/收养家庭评估

机构通过专业社会工作者的实地走访和多渠道的信息收集，对潜在收养家庭的家庭环境、家庭成员互动，尤其是家庭育儿等方面进行全面的调查，评估其是否适合收养福利机构儿童以及适合收养怎样的儿童。

4. 收养人/收养家庭培训

在开展上述家庭调查评估的同时，机构对这些潜在收养家庭开展包括了解收养的意义、确认收养意愿、熟悉收养程序和学习收养经验等内容在内的培训。

5. 送养儿童与收养人/收养家庭适配

机构为双方开展的适配服务是完成收养的重要一步。具体工作包括为送收养双方创造接触机会，观察、分析和判断双方互动状况，为儿童选择最适合的家庭。

6. 办理收养手续

机构协助收养家庭与相关部门联系，准备收养相关书面材料，到收养登记机关办理收养登记手续，确认法律上的收养和被收养关系。

7. 送养儿童进入收养家庭

完成了有关收养的法律手续之后，在法律意义上，就建立起来父母子女关系，送养儿童开始正式进入收养家庭生活，收养家庭承担起儿童监护人职责。

8. 收养后跟踪回访

机构在送养儿童进入家庭之后，需要定期回访收养家庭，了解儿童在收养家庭的生活情况，确保送养儿童在收养家庭中适应顺利，为儿童和家庭在磨合期间遇到的问题提供及时的帮助。如果在跟踪回访期间，在收养家庭中发现了儿童保护问题，需要立即终止收养。回访的方式包括入户、电话或其他网络交流工具，如微信语音或视频等。

9. 评估结案

经过收养后一段时间的定期回访，如果没有发现问题，儿童适用良好，家庭氛围温馨，通常在送养儿童收养后 6 个月到 1 年的时间，可以结案。

（二）家庭寄养服务

家庭寄养，是指以《家庭寄养管理办法》（2014）为依据，经过规定的程序，将出现了家庭监护永久或者临时缺失的儿童，如不满 18 周岁的孤儿、查找不到生父母的弃婴和儿童，委托给家庭养育的照料模式。寄养过程中，寄养儿童的监护权不变，仍由委托机构承担；儿童户籍仍然在原来的福利机构。家庭寄养为儿童福利机构儿童提供了家庭环境，使其有机会感受家庭生活的氛围。家庭寄养服务是指社会工作者运用儿童社会工作的专业知识、方法为永久或者临时失去了家庭监护儿童选择合适的寄养家庭，并完成寄养安置的服务过程。服务环节包括：寄养家庭招募→筛选合格家庭→评审合格家庭→寄养家庭培训→儿童寄养家庭适配→寄养监督与支持→寄养结案。

社会工作家庭寄养服务的细节与儿童收养服务的细节比较接近，主要差别有两点：一是家庭寄养可以分为临时寄养和永久寄养两大类。前者多是为被收养或者能够回归原生家庭的儿童提供的过渡性养育服务，后者是为有不同程度身心障碍儿童成年之前提供的养育服务。因此，帮助家长了解寄养儿童的特殊需求和掌握特殊的照料技能等服务主题贯穿整个家庭寄养服务过程。二是收养服务的跟踪支持有一定的时限性，家庭寄养的跟踪服务则以儿童离开寄养家庭为准。除去寄养转收养或者其他意外事故，一般寄养结案的时间为寄养儿童年满 18 周岁之时。

（三）机构类家庭养育服务

机构类家庭是指在儿童福利机构内，通过招募自然夫妇充当父母角色，配置 3 名以上儿童，入住与社会居住小区中一样的单元房，形成一个“类似”家庭的儿童照料方式。它的服务程序如下：“类家庭”父母招募；筛选申请合格父母；面试评审合格父母；“类家庭”父母培训；儿童与“父母”适配；“类家庭”跟进服务；“类家庭”结案。

社会工作的“类家庭”养育服务步骤和内容与前文描述的家庭寄养服务比较类似，不同的是家庭寄养的跟进服务是在自然社区环境中的家庭中进行的，“类家庭”的跟进服务则是在机构环境中进行，入户走访相对容易许多，但在激活家庭元素方面，“类家庭”面临的挑战较大。

"类家庭"养育模式还有设置在自然社区中的"版本"，即选择合适的社区，购买或者租赁小区单元房，让招募到的"类家庭"父母与儿童福利机构中的儿童入住其中，父母为儿童提供与小区内其他自然家庭一样的照料。这一版本的"类家庭"育儿模式与家庭寄养比较接近，社会工作者需要进入社区开展跟进服务。

（四）机构集体养育服务

除了上述三种养育服务外，家庭监护缺失儿童还有一种养育安置方式，即机构养育，也被称为集体养育，或者院舍养育。它是将家庭监护缺失儿童集中安置在儿童福利机构中，由机构工作人员集体看护的一种照料模式。

机构养育或集体养育服务指社会工作者运用专业的知识、方法，为院内适合集体养育的儿童提供集体养育的安置服务。社会工作者需要为机构集体养育的儿童尽可能创造一种家庭的氛围。

（五）贯穿四种替代育儿模式的社会工作服务辨析

需要指出的是，社会工作者在上面四种替代育儿模式的实践中，承担的是儿童权利最大化的实践者角色。即根据每一名儿童的具体需求，通过链接和培育家庭资源的方式，尽可能帮助儿童进入最适合其生活和成长的生活环境，并为保障其在此环境中免遭侵害和顺利成长提供支持服务，包括为照料者及其所在家庭和社区提供专业服务，它被统称为儿童安置服务。家庭安置永远是儿童社会工作者的最高追求。

四、儿童社会工作服务的内容与整体流程

上面介绍了儿童社会工作服务的内容框架，所含十分丰富。在实际服务过程中，儿童社会工作服务具有一个整体流程，这些服务内容在这个流程中都有自己的位置。

（一）社区儿童福利服务和儿童保护预防服务

社区儿童福利服务主要指聚焦儿童发展的服务和国家已有社会保障以及落实国家救助、补助、津贴和临时困难救济等方面政策的服务。发展性服务主要包括社区一般家庭的科学育儿、早教、医疗卫生、儿童娱乐、兴趣培养、儿童社会化引导等服务。政策落实服务主要包括对照政策界定服务对象，按照国家标准定期发放津贴或者救助资金。上述这些服务可以看成是基础福利服务。

社区儿童保护服务即针对有儿童侵害风险家庭的预防性服务，具体内容包括风险评估、风险分级分类以及风险干预。儿童社会工作者可以依托公益慈善服务组织机构，也可以依托政府购买服务的社会工作机构以及国家职能部门等渠道提供服务。

（二）儿童保护的发现报告和伤害评估服务

儿童保护的发现报告服务是指将发现的儿童保护案件，如儿童（肢体）虐待案、儿童性侵案等报告给所在地公安机关和国家儿童保护体系中的未成年人保护中心，以便能够及时制止儿童侵害行为，为受害儿童开展伤害状况评估，并以评估结果为依据，完成监护处置环节工作，对受害儿童是否需要脱离家庭环境进入国家替代照顾体系作出判断。在这个环节中，儿童社会工作者需要聚焦受害儿童的受侵害程度以及受害儿童父母监护状况和能力评估。

（三）失依儿童的替代照料和康复回归服务

如果受害儿童的评估显示其父母监护状况无法满足受害儿童康复和回归的需要，受

害儿童会临时或者永久性地被带离原生家庭，与父母分离，进入国家替代照顾服务体系。在这个环节，儿童社会工作者需要聚焦儿童的康复回归。

（四）“三合一”的儿童社会工作服务整体流程

所谓“三合一”是指上述三个不同聚焦的服务板块，它们实际上是相互连接的，共同构成一个不可分割的聚焦儿童保护的儿童福利服务体系，同时也形成了儿童社会工作者开展服务的整体流程（如图 2－1 所示）。

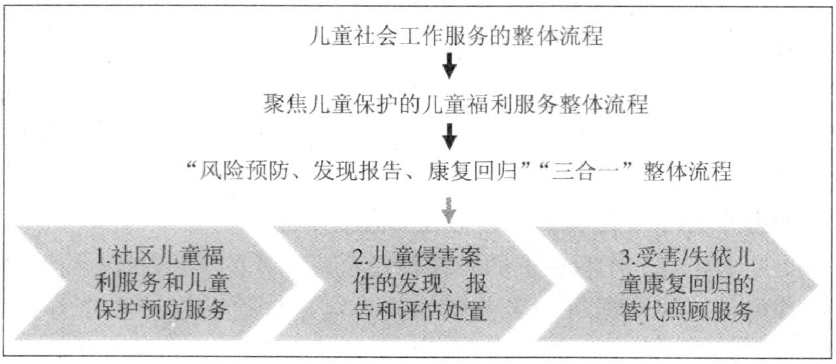

图 2－1　儿童社会工作服务整体流程示意图

第三节　儿童社会工作的主要方法

所谓方法即为了达到某种目的而采取的途径、步骤、手段等。儿童社会工作为了应对儿童成长面临的问题，促进儿童健康成长，需要综合运用专业的方法和技巧。

一、方法的概念辨析

（一）专业方法

作为专业的社会工作，有着自身独特的三大专业方法，即个案工作方法、小组工作方法和社区工作方法，每一种方法都包含一套独特的技巧。它们是专业社会工作者必须掌握的基本技能，是其专业性的重要组成部分和体现。

（二）实务方法

作为职业的社会工作，在面对服务对象时，需要针对服务对象的需求，综合应用个案工作、小组工作和社区工作三大专业方法，形成解决问题的“（方法）配方”，即实务方法。

常见的实务方法有两类：一是针对服务需要解决问题的实务方法，这一类往往也被称为服务模式或者服务机制，如儿童保护的社区预防服务模式或机制、以家庭为中心的服务模式或机制等；二是解决问题过程中完成具体工作任务的实务方法，如预防服务过程中的服务需求评估方法、志愿服务管理方法、社区营造的方法等。

（三）常见误区

当前，在儿童社会工作实务领域，专业方法常常被误解为实务方法，不仅日常工作都依据三大专业工作方法去安排和组织，在总结服务效果时也常常用三大方法使用的频次或者覆盖的服务对象数量来表述，而不是从服务解决了什么（社会）问题的角度来陈述。这样的误解一方面容易导致服务走偏，不能聚焦解决服务对象面临的问题；另一方面会导致社会工作岗位职责界定错误，给社会工作者个体的专业作用发挥和职业发展带来负面影响，进而阻碍社会工作作为专业和职业在中国的发展。

例如，面对失去父母或父母双双服刑的失依儿童，从社会生态系统视角出发，他们可能同时面临个体学业改善、疾病治疗甚至智力发育迟滞等问题。但是，以儿童权利理念及儿童利益最大原则为依据，在众多问题中，失依儿童面临的首要问题是失去了父母、没有家庭，其首要的服务需求是找到一个能够接纳并关爱他（她）的家庭，即将他（她）安置到一个最适合其成长的家庭环境中，并通过服务保障家庭关爱、保护他（她），促进其健康成长和发展。因此，社会工作在面对失依儿童时，其服务的方法是安置的方法。在儿童安置的过程中，三种社会工作的专业方法都可能被用到。

二、以家庭为中心的方法

（一）以家庭为中心方法的概念

1. 家庭中心方法定义

以家庭为中心方法是指以儿童获得最佳照顾和保护为目标，针对儿童生活的家庭和社区开展的提升照顾儿童和保护儿童技能，改善社区儿童安全环境的社会工作专业实务方式。这里的家庭既包含儿童的原生家庭，也包含再婚、亲属、寄养和收养等不同形式的家庭。

2. 方法要素

（1）以家庭为单位。社会工作者与家庭中的每一个人建立关系，联合全体家庭成员。

（2）聚焦家庭功能。社会工作者通过提升家庭成员解决问题的能力，增强家庭发挥其功能的能力。

（3）家庭全程参与。从问题界定，到潜能分析，再到服务方案制订和落实，家庭全程参与服务过程。

（4）建立良好关系。儿童社会工作者与家长/父母建立相互信任、相互尊重、彼此坦诚和开放的沟通模式。

（5）链接资源网络。儿童社会工作者帮助家庭链接社区支持网络。

3. 方法理念

以家庭为中心的儿童社会工作实务方法的理念是：家庭是儿童成长的最佳环境，因此，儿童社会工作保障儿童能够安全、永久和健康成长的有效方法就是要联合家庭，让家庭参与，发挥家庭潜能，并给予家庭支持。具体表述如下：

（1）儿童需要也应该在安全、自由以及没有虐待和忽视的环境中成长。

（2）关系紧密的原生家庭对儿童来说是最好的，其次是关系稳定的亲属家庭，或者寄养家庭和收养家庭。

（3）所有的家庭都需要有社区的支持，都需要与他人和社会资源有切实的联系。

（4）只要对家庭的支持服务能个性化，满足需要，家庭就有改变的能力。

（5）只有政府的服务是不够的，社区共建是保障儿童安全和建立紧密家庭关系的基本保障。

4. 实务原则

（1）在服务过程中，包括制订和落实服务计划，儿童的安全和健康永远是第一需要考虑的。

（2）儿童社会工作者必须通过相关服务了解儿童需要和儿童及其家庭情况。

（3）在服务过程中，儿童和家庭不应因为语言、宗教、发育迟缓等原因受到不同对待。

（4）凡有可能，家庭应获得服务以保持儿童在家庭中生活，避免发生亲子隔离创伤。

（5）家庭寄养照料是临时安置方式，应尽量短暂。

（6）凡有可能，家庭外照料儿童都应在最短的时间里与父母团聚，并在过程中获得社会工作者的支持。

（7）如没有回归原生家庭的可能，儿童社会工作者应该为家庭外照料安置儿童提供永久性替代照顾。

（8）儿童社会工作服务必须为家庭外照料安置儿童提供下列保障：

①能够维持儿童与其关系密切人士的联系，如父母、兄弟姐妹和有其他具有养育能力的亲戚，使其感受到稳定和持续的家庭氛围。

②安置环境对儿童应无不利于其成长的约束，能够满足儿童个性化需要。

③从临时安置到永久安置的决策应在符合法律规定的前提下，以有利于儿童长远发展为出发点。

（二）以家庭为中心方法的主要实务内容

根据上述以家庭为中心方法的定义、要素、理念和原则，儿童社会工作者在实务过程中可以根据儿童及其家庭的不同情况，提供不同的服务。

1. 以家庭为单位，在社区开展家庭监护评估，筛选风险家庭

以家庭为单位进行的服务需要评估，即从儿童成长安全视角进行的家庭监护评估，内容包括儿童健康成长、家长监护能力以及家庭和社区环境 3 个方面。

（1）儿童成长需要的监测和评估（见表 2－2）。

表 2－2　　儿童成长需要的监测和评估表

序号	成长需要	监测和评估指标
1	健康状况	儿童的健康包括身体健康和心理健康两个部分；监测和评估的内容主要包括儿童的体格发育状况、个人卫生状况、人际交往状况等。在监测过程中，需要了解儿童在健康医疗保健、饮食营养、体育锻炼、疫苗接种、性健康等方面的信息

续表

序号	成长需要	监测和评估指标
2	教育状况	儿童的教育需要不仅仅是上学的需要，还包括校外的同伴游戏、课外书籍阅读、家长引导教育等需要，尤其是儿童在接近成年的阶段，还有接受职业教育的需要；监测和评估的内容主要包括了解儿童的就学状况、交友状况、日常阅读习惯、对未来的打算等
3	情绪和行为培养状况	儿童在不同的年龄阶段，需要与周围的事物和人进行互动，并给出适于其成长阶段或年龄阶段的情感反应。过于“老成”或“幼稚”都是风险信号。监测和评估的主要内容包括儿童与父母的互动状况、儿童与同伴的互动状况、儿童自控能力与其年龄的契合、儿童具有符合其年龄的抗压能力、抗逆力等
4	身份认同的状况	不同的年龄阶段，儿童的自我认知和自我认同表现是不同的。自我认知和身份认同对儿童的社交行为举止有着直接的影响。监测和评估的主要内容包括儿童的自我认知状况、自我认同状况、在家庭和同伴等不同生活环境中的归属感，被家长、老师和同伴认可的状况等
5	获得建立关系的能力的状况	儿童从出生开始，就需要不断地建立自己的关系网络，因为每一个人都不是孤立生存的，都与若干社会系统相联系，并且相互作用。同理心是让儿童能够与外界建立良好互动和联系的基本素质，需要在其成长过程中习得。监测和评估的主要内容包括：儿童的同理心，儿童与家人、朋友关系是否和睦，儿童的友情、儿童责任感等
6	公共形象呈现的状况	儿童自小应该在符合自己性别和年龄的行为举止、穿着打扮、隐私保护等方面得到引导和教育。监测和评估的主要内容包括儿童的外表化妆与其年龄相符合、个人卫生符合大众标准、衣着打扮适当、行为举止得体、懂得尊重和保护个人隐私
7	自我照顾的技能	儿童自我照顾技能是其生理和心理成长及其知识和生活积累的综合结果，是其走向独立成年期的基本条件。监测和评估的主要内容包括：在成长过程中，儿童随着年龄的增长，自我表达能力、生活自理能力、独立自主能力以及解决问题的能力是否不断地在增强

（2）家庭监护能力的监测和评估（见表 2－3）。

表 2－3　　家庭监护能力的监测和评估表

序号	监护能力	监测和评估指标
1	基本生活照顾的能力	父母基本照顾能力是儿童生存的基本保障。监测和评估父母的内容包括饮食、冷暖、保护、环境清洁卫生和个人卫生等日常生活方面的照顾状况，以及保持儿童身体健康的医疗照顾，如婴幼儿的免疫接种和定期身体检查等

续表

序号	监护能力	监测和评估指标
2	安全保障能力	父母给予安全保障的能力是儿童健康心理和人格发展的基本保障，也是教育儿童认知危险、学会预防危险和避免伤害的第一责任人。监测和评估父母的主要内容包括儿童生活环境的安全、父母保护儿童免遭人为伤害的行为、父母对自然灾害的预防以及识别家庭内外危险和灾难的能力等
3	情感传递能力	父母的情感传递能力是儿童体验和学习适当情感表达的第一课堂，是儿童了解风土人情、了解自身所属群体文化的途径。监测和评估父母的内容包括父母保证孩子与重要成人保持安全、稳定和慈爱关系的能力；对孩子的情感需要保持敏感和给予恰当回应的能力；用适当肢体接触，包括拥抱等，表达关心、赞赏和鼓励的能力
4	提供认知刺激能力	父母为儿童提供认知刺激的能力对儿童的智力发展有着至关重要的作用。监测和评估的主要内容包括通过互动交流促进儿童认知潜能发展的能力、通过鼓励和参与游戏实施教育的能力、促使儿童体验成功的能力、调动儿童到校学习积极性的能力以及培养儿童应对挑战的能力
5	指导培养儿童社会生活的能力	父母主要是通过榜样示范的方法教会儿童学会约束和管理自己的行为。监测和评估父母的主要内容包括培养孩子解决社交问题的能力、培养孩子愤怒控制的能力、培养孩子体谅他人的能力以及有效管教孩子的能力
6	保持稳定持久人际关系的能力	持久稳定的家庭环境能够保证孩子的健康成长，并有利于儿童与主要照顾者之间保持和形成持久的、健康的依恋关系。监测和评估父母的主要内容包括保证与孩子的依恋关系稳定持久的能力，为孩子提供持续一贯的情感关注的能力，同样行为一贯回应、不同行为不同回应的能力，和孩子保持联系或允许孩子与家人及重要他人保持联系的能力

（3）综合环境的监测和评估（见表2-4）。

表2-4　综合环境的监测和评估表

序号	综合环境	监测和评估指标
1	家庭社会历史	家庭历史上的重大事件对孩子有直接的影响。监测和评估环境的主要内容包括家庭亲职历史，家庭重大事件，家庭成员的同辈关系，以及这些历史、事件和关系对家庭中孩子的成长的影响
2	扩展家庭	儿童对其家庭边界的界定与其受家庭成员影响程度相关。测量和考察社区环境的主要内容包括家庭成员对扩展家庭成员界定、扩展家庭成员与父母的关系以及扩展家庭成员与孩子的关系

续表

序号	综合环境	监测和评估指标
3	住房条件	住房条件既是儿童生存的基本保障，也是家庭收入状况的体现指标之一，还是父母/监护人育儿观念的体现。监测和评估社区环境的主要内容包括儿童及其家庭住房的基础设施，包括水、暖、下水、厨房等，适合孩子年龄阶段的设施，如床、书桌等，周围设施，包括房前屋后的空间、安全问题
4	就业状况	父母的就业状况对儿童生活的保障有直接的影响，父母的就业经历对其人生价值观、生涯规划等也会有重要影响。监测和评估主要内容包括家庭中就业人员及其就业历史、家庭成员如何看待上述人员的就业状况以及孩子的就业状况及其影响
5	家庭收入	家庭收入状况直接影响父母/监护人的监护能力，对儿童的生存状况有直接的影响。监测和评估的主要内容包括收入状况和福利津贴状况两个方面
6	家庭的社会融入	邻里关系状况、家庭的社会融入状况是父母/监护人监护能力的综合体现。监测和评估的主要内容包括家庭的邻里关系状况和社区参与状况
7	利用社区资源	社区资源在父母养育和引导儿童过程中是可以依赖的，对监护能力的实现有重要影响。监测和评估的主要内容包括社区的各种资源体系，如医疗保障体系、福利保障体系、交通便利状况、幼儿入托资源、儿童教育资源、娱乐购物资源、宗教活动场所等，以及父母知晓和使用这些资源的状况

2. 评估结果分析

采用以家庭为中心方法的评估，是将儿童置于其生活的家庭和社区环境中考察其成长的安全、永久和持续状态。因此，评估结果可按照下面的框架分析和总结出风险家庭。

表 2-5　　评估结果分析表

儿童成长状态	儿童和家庭服务需要
安全状况	儿童在家庭和社区里免遭虐待和忽视 儿童在家庭中处于安全的状态
环境状况	儿童生活的环境稳定、永久 家庭人际关系与儿童相关，且具有连续性
健康状况	家庭有能力满足儿童成长的需要 儿童能获得适当的服务满足其身心发展需要 儿童能获得适当的服务满足其教育需要

3. 组建家庭工作团队

围绕评估筛选出来的风险家庭组建家庭团队，成员既包括父母，也包括亲戚、邻里、朋友和医生、教师、药物滥用治疗师等，如果儿童年龄合适，也可以包含在这个团队中。组建家庭团队的好处是能够从不同视角，获得对同一个服务对象家庭问题的看法，使信息更加丰富和准确。同时，不同成员可以为服务对象家庭提供多元服务，最大限度满足家庭服务需求。这一环节是儿童社会工作者与家庭、儿童以及其他团队成员建立关系，并制定团队工作机制的环节。

4. 开展家庭团队工作

儿童社会工作者与上述家庭工作团队成员一道，常采用团队会议的形式，探讨家庭面临的问题，并从提高家庭解决问题能力的角度，共同明确家庭解决问题的计划，包括步骤、内容和时间框架。团队中的非家庭成员，通常起到信息咨询和专业支持的作用，家庭成员在这个环节的积极参与，对实现工作计划目标至关重要。家庭团队在这个环节需要完成的主要工作包括：

（1）界定儿童伤害的家庭风险类型和程度。

（2）挖掘所有与家庭相关的社会支持网络，包括亲戚和社区里的资源，制订家庭支持服务计划。这里需要从儿童个体和家庭两个方面进行风险因素和保护性因素分析，为制订计划提供依据。

常规风险因素和保护因素是儿童成长影响因素在常规环境下的表现形式，这里的“常规环境”是通过“压力模式”来体现的（见表2－6）。

表2－6　风险因素与保护因素对照表1

风险因素	保护因素
1. 儿童的个体气质	
沟通困难、顽固	能适应的，灵活的
好斗、畏缩（男孩）	具备社会能力
不活泼（女孩）	幽默感
健康状况不佳或残疾	健康状况良好
受外部控制	自尊、自我效能、自我引导
缺乏解决问题、制订计划和批判思考的能力	有解决问题、规划、创造性思考的能力
不会阅读	掌握阅读技巧
注意力分散	具备专心的能力
性别意识（女——青少年期；男——儿童期）	性别意识（女——青少年期；男——儿童期）
狭隘、自我中心	宽容、同情、移情

续表

风险因素	保护因素
2. 家庭环境	
贫困，社会经济地位低	社会经济地位高
父母亲有酗酒、犯罪或精神疾病记录	父母无酗酒、犯罪或精神疾病记录
家庭成员多，住房过度拥挤	儿童出生间隔至少2年，住房不拥挤
只有母亲	一人或父母两人为照料者或者重要他人
失去或者与重要他人分离	至少一人为照料者，尤其是第一年
亲子关系不和或虐待	亲近的养育，规则和纪律，角色和责任
文盲	父母有文化，重视和鼓励教育
失业	有工作
母亲的虐待	父母中至少有一人为照料者或重要他人
3. 外部支持	
贫困或缺少资源	有物质的资源
围产期缺乏照料	围产期有照料
缺乏机会或对重要事务无选择权	有参与重要事务的机会、时间和空间
战争	和平
低效、不负责的学校	学前教育和中小学教育各司其职
缺少角色示范	有角色示范（教师、成人、朋友）
缺少社会联结和支持（重要他人、支持网络）	存在社会联结和支持
缺乏足够的照料环境	有养育和照料环境
4. 压力模式	
压力数量较大（>2）	压力数量小或很少
经常性	不经常
持续时间较长	持续时间短
压力较大	不严重
在儿童发展阶段或者生活过渡阶段发生	不在生活的关键过渡阶段发生

儿童在成长过程中，由于自身经历的增长和环境的变化，其面临的成长风险和具有的保护性因素也会改变。家庭工作团队，尤其是儿童社会工作者需要对此有高度敏感。例如，违法青少年和药物滥用青少年，他们自身的成长风险和保护因素互不相同，与其

他普通青少年群体的影响因素也不同。

表 2－7　　风险因素与保护因素对照表 2

风险因素	保护因素
1. 青少年自身	
不良社会行为和情绪的养成，如低行为控制力	高智商，良好的社会行为能力
认知发展较差	愿意取悦成年人
多动	宗教或者俱乐部成员
2. 家庭环境	
教养儿童适当	家庭中青少年与父母互动良好，经常分享
家庭不和	有与父母沟通和讨论问题解决办法的渠道
家庭有虐待儿童的记录	有足够的经济和其他资源让青少年获得更多生活体验
父母有反社会行为记录	有正面成人榜样
家庭贫困	家庭富裕
经历经常性的家庭暴力	无家庭暴力
父母离异	家庭关系和谐
3. 同辈群体	
与同伴时间较多，参与轻微违法或者高危行为	同伴关系健康、良好
加入有不良行为团伙	和同伴们的休闲娱乐均很健康、向上
因为受到欺凌或者排斥，几乎没有积极意义的社会参与机会	
4. 学校/社区状况	
在校学业差，表现不良	学校环境安全
就读于一个不安全且很难满足青少年在学业、社会和情感发展方面需要的学校	就读学校不仅提供良好的学业培养，同时关注青少年的社会、情感需要和引导
学习动机不足	有学习动机
受教育期待低	受教育期待高
居住在贫困（贫民）社区	居住环境良好
社区环境混乱	社区有序，环境整洁
社区犯罪率较高	社区少犯罪情况

同样，受到过虐待的儿童、有药物滥用记录的儿童等，他们都有不同于彼此的成长风险因素和保护措施，并且随着其年龄的增长而变化，更随着家庭、社区以及同伴环境

的变化而变化。

（3）家庭工作团队根据评估结果，找出家庭在应对儿童成长问题时，尤其是应对儿童伤害问题时所具备的优势、技能以及具体且急迫的需求；同时，团队还需要共同寻找儿童伤害发生的原因，或者儿童伤害风险存在的影响因素，以儿童安全为目标制订出促进儿童家庭环境改变的计划，这个计划中的社区支持网络的构建十分关键。

（4）制订服务计划时应注意：

①计划应包含改善家庭监护状况的长期目标和可以评估的短期亲职行为改变目标。

②计划中的期望、动力和效果均以家庭需要和优势为基础，具有现实性。

③所有家庭监护服务计划均以实现儿童安全成长、满足儿童成长需要、创造稳定且永久的家庭环境为目标，提高儿童福祉。如果为儿童提供的是家庭外照顾安置，其稳定且永久的服务目标应该得到重视。

④计划中应包含以社区为基础的社会支持网络，并以提高家庭应对环境变化能力为目标，确保家庭在儿童监护方面有逐步和稳定的改善。

（5）一般来说，家庭工作团队需要定期召开会议，讨论计划落实情况，评估服务效果，以促进及时改善和恢复儿童的安全成长环境，直至家庭评估的结果显示“儿童成长安全；儿童生活的家庭环境稳定且永久；儿童自身身心健康”时为止。

（6）及时结案，完成生活转折。当家庭工作团队评估显示儿童成长的环境安全、永久和持续时，团队就可以考虑将工作推进到结案阶段，帮助家庭巩固其稳定的健康育儿状态。这个阶段，同样以家庭工作团队为主，制订以社区家庭支持网络为核心的跟踪支持服务计划，确保家庭在结案后，在遇到育儿困难问题时，有可以咨询和获得支持的地方。

以家庭为中心方法的核心是以改善家庭育儿行为和环境为目标，采用家庭工作团队形式，以构建家庭在社区的支持网络为主要工作内容的儿童社会工作方式。

三、儿童友好社区建设倡导的方法

（一）儿童友好社区的概念

1. 定义

儿童友好社区是指整体环境有利于儿童身心健康发展的社区。社区倡导是社区工作方法中的一种，常用于在社区中传播新的理念和引导新的行为方式。“儿童友好社区”对大多数社区居民来说，还是一个新的概念，需要儿童社会工作者开展倡导工作，帮助社区居民了解并实践，从而实现儿童友好社区建设的理想目标。

2. 儿童友好社区的标志

按照联合国儿童基金会的定义，儿童友好社区是将儿童置于其关怀中心的社区，其具体标志包括：社区能够保障儿童的基本需要得到满足；社区有条件让儿童与同伴见面和玩耍；社区能够保护儿童免遭伤害；儿童在社区里有干净的饮用水和卫生的环境；社区能够为儿童提供所需的教育、医疗和紧急庇护服务；儿童能参与家庭、社区和社会生活；社区能够在其发展过程中发挥儿童的作用，尤其是在与儿童自身相关的社区事务中。

3. 儿童友好社区建设的目的

在一个儿童友好型的社区里，我国目前许多的儿童问题都会得到较大改善。例如，留守和流动儿童的问题；流浪乞讨和拐卖儿童的问题；儿童保护的问题；家庭育儿支持的问题；不利于儿童成长社会环境改善的问题。

（二）儿童友好社区建设倡导的内容

儿童友好社区建设倡导的内容不仅包括儿童友好的社区环境布局，也包括儿童友好的社区文化建设。具体包括以下几方面。

1. “儿童友好”即完善社区基本建设

要让全体社区居民了解，干净的饮用水和卫生的社区环境是儿童和其他所有社区居民健康生存的基本条件，需要得到解决和保障。

2. “儿童友好”即建设安全、益智的儿童游戏场所和设施

要让全体社区居民了解，安全、益智的游戏和娱乐在儿童成长过程中不可缺少；儿童在游戏和娱乐中能够体验和学习课堂学习完全不同的愉悦和快乐，能够在嬉戏中培养出关爱、忍耐、毅力、尊重、上进等品质；能够在与同伴的互动过程中学会协商、妥协和合作等社交技能。儿童友好需要为社区不同年龄发展阶段的儿童提供相应的安全、益智的游戏场所，包括低龄儿童的室内游戏室、青少年运动场地、母子阅读角或儿童阅览室等。

3. “儿童友好”即健全社区儿童和家庭服务体系

要让全体社区居民了解，家庭和父母在儿童成长过程中的作用至关重要。如果希望儿童能够健康成长，就必须保障儿童有良好的家庭环境以及爱护儿童并知道正确育儿理念和方法的父母。儿童友好需要从家庭做起，包括为儿童的父母提供育儿指导，为儿童的家庭提供排忧解难服务，为儿童提供保护服务。如果要保障社区儿童和家庭获得上述服务，就需要社区培育和发展小型的专业社区服务机构，包括儿童发展服务机构、儿童福利服务机构、儿童保护服务机构、儿童紧急庇护场所等。

4. “儿童友好”即创新社区儿童参与工作机制

要让全体社区居民了解，儿童是祖国的未来，社会的栋梁。他们的童年是他们成年的基础，要在他们童年时，通过社区参与了解社区和社会，学会参与社会的知识和技能，帮助他们成为合格的公民。

（三）儿童友好社区建设倡导的方法

儿童社区建设倡导的方法包括网络媒体倡导、名人效应倡导、海报宣传倡导、讲座论坛倡导、儿童和家庭问题研究和政策研究倡导等常见倡导方法。

本章小结

本章主要介绍了儿童的概念和特点、儿童社会工作内容和实务方法三个方面的内容。在清晰界定了儿童社会工作概念的前提下，从我国当前存在的儿童问题出发，着重介绍了社区以家庭为中心的儿童保护实务模式，同时强调了儿童服务方法需符合其发展的阶段特点，以及儿童友好社区建设的重要性。

第三章　青少年社会工作

本章主要介绍青少年的需要及问题、青少年社会工作的特点、主要内容、主要方法等。青少年的最大特点是其发展性。社会工作者对青少年群体的了解和理解、对社会工作专业价值、知识、方法的有效理解和整合运用，是青少年社会工作服务取得成效的关键。

第一节　青少年的特点及需要

青少年期是一个充满变化的时期，青少年社会工作必须充分尊重青少年的特点，从人与环境互动的视角多层面地开展工作，最终促进青少年的健康发展。

一、青少年的需要及问题

（一）青少年的界定

青少年是一个多维度的概念。从生理观点来定义，青少年期指生理各方面快速发育，即将具有生育能力的时期；心理观点认为，青少年期是指心智达到一定的成熟状态，具有抽象与逻辑思考的能力，且情绪较趋稳定时期；社会学观点认为，青少年开始于性成熟之时，何时结束由社会标准所决定。当青少年具有应付社会与生活问题的能力，并受到社会认可时，就结束青少年期进入成人阶段。社会标准是因文化不同而不同的；法律观点对青少年没有明确规定。《中华人民共和国宪法》《中华人民共和国未成年人保护法》《中华人民共和国预防未成年人犯罪法》规定，不满 18 周岁的为未成年人。《中华人民共和国刑法》规定，已满 16 周岁的人犯罪，应当负刑事责任。已满 14 周岁不满 16 周岁的人犯罪，应当负刑事责任；已满 14 周岁不满 18 周岁的人犯罪，应当从轻或者减轻处罚；犯罪时不满 18 周岁的人不适用死刑。2017 年 10 月 1 日起实施的《中华人民共和国民法总则》规定，8 岁前为完全无民事行为能力人，8 岁以后为限制民事行为能力人。《中国共产主义青年团章程》则规定共青团团员年龄下限为 14 岁，上限为 28 岁。

联合国教科文组织在 1982 年墨西哥圆桌会议上提出青年指 14 ~ 34 岁年龄组人口。联合国《到 2000 年及其后世界青年行动纲领》（1995）中规定青年为 15 ~ 24 岁的年龄组。

按照中华人民共和国国家标准《青少年社会工作服务指南》的定义，青少年（adolescences）是指年龄范围为 6 ~ 35 周岁的人。

总的来说，青少年是由儿童世界转向成人世界的过渡期，是个体从不成熟转变至成熟的发展阶段，在这个阶段中连接着不成熟与成熟的两个自我阶段，因此也是人生发展直线上的一个蜕变、转折、转型或转换期，这种转变或转折比人生其他任何阶段都要广泛和深入，因此青少年时期是人生最关键的时期，是自我辨识与认定的重要时期。

艾德沃特（Atwater，1992）对青少年时期身心状态的描述，对我们理解青少年有较好的启发，见表3－1。

表3－1　青少年时期身心社会和文化方面的状态①

发展层面	青少年的开始	青少年的结束
生理	春情萌动	生理与性达到成熟状态，如具有生育能力
情绪	开始从父母处独立自主	达到自我修正的个人认定状态，并且情绪自主
认知与就业	开始作逻辑思考、具有解决问题及作决定的技能	能够逻辑思考并自主作决定
人际	由父母转至同辈	增加对同辈及成人的亲密度
社会	开始进入个人、家庭与工作角色中	拥有成人的权利与责任
教育	进入中学	中学或大学毕业
宗教	准备确认、受洗礼或接受成人礼	在宗教社区中，获得成人地位
年龄	达到青少年开始的一定年龄，约10岁	达到成人期的一定年龄，约20岁
法律	达到青少年法定年龄	达到成人法定年龄
文化	开始接受仪式或庆典的训练或做相应准备	完成仪式与庆典

资料来源：Atwater，1992：7。

（二）青少年的特点与需要

了解青少年的特点，满足青少年的需要，是青少年社会工作服务的基本前提。

1. 青少年的特点

青少年期是人生生命循环变化最多的时期，其在生理、心理方面不断成长、个人的心态及社会关系不断产生变化，青少年对自我的探索、认同、人际关系、家庭及社会角色也在每天产生新的认识和新的适应。多变、创新、反叛是青少年时期的最主要特点。

从生理发展的角度，青少年处于青春发育期，其特点表现为身体外形迅速变化、身体内部机能迅速健全、大脑和神经系统高度发达、性成熟②。

---

① Atwater，E. Adolescence（3rd ed.）. Englewood Cliffs，NJ：Prentice. Hall，1992.

② 陆士桢，王玥. 青少年社会工作［M］. 北京：中国社会科学出版社，2005：43～85.

从心理发展的角度，青少年心理发展是在其社会生活环境和自身社会实践活动中完成的，因此青少年的智力、情绪和情感、自我意识、性格、性意识、成长和发展性需求，都呈现出主体与客体的互动、动荡与稳定的结合、突变与渐变的统一的诸多特点。

青少年阶段的发展特点是多样的和复杂的。但是青少年是一个充满活力的群体，任何对于他们特点的概括都不足以充分反映他们的生命价值，唯有以开放的心态去接纳青少年的任何表现，从他们的需要和发展出发认真地研究他们，才可以对他们的特点有真实的把握。

2. 青少年的需要

按照中华人民共和国国家标准《青少年社会工作服务指南》的定义，青少年需要（adolescences needs）指青少年健康成长和发展所需的条件、机会和资源的总和。

青少年的特点具有多元性特征，青少年的需要也是一个复杂多元的概念。从发展的角度，我们可以把青少年个体发展性需要作以下概括①：

（1）接纳自己的身体与容貌，表现符合社会所规范之性别角色需求。

（2）个体与同伴发展适当的人际关系。

（3）追求个体之情绪独立自主，少依附父母及其他人。

（4）自食其力寻求经济独立。

（5）对未来的生涯做准备。

（6）发展符合社会期望的认知技能和概念。

（7）努力表现负责任的行为，追求理想和抱负。

（8）对未来的婚姻和家庭做准备。

（9）建立个体之价值体系，符合现实世界的需求。

（三）青少年的问题

随着我国经济社会快速发展，当代青少年在学习工作生活条件总体改善的同时，在成长成才、身心健康、就业创业、社会融入、婚恋交友等方面也面临着新的困难和问题。特别是大量城乡贫困家庭青少年、残疾青少年、在城市和乡间流动的农村青少年，几千万的农村留守儿童，他们面对着很多难题，迫切需要帮助②。

从问题类别来看，一些学者把青少年问题分为贫困问题、亲子关系问题、心理健康问题、厌学问题、网瘾问题、婚恋问题、犯罪问题、社会参与问题等③。

青少年问题其实质是社会问题的一个部分。对于社会问题的界定，不同的研究范式，其界定社会问题的依据和结论是不同的。在一些解释社会问题的学说中，从目标（价值）与手段（机会）的不一致来解释失范、偏差，而社会建构论的观点对上述传统看待社会问题之方法提出了挑战，它把社会问题定义为“群体表达不满和要求尊重某些

---

① 郭静晃．青少年心理学［M］．台北：洪叶文化事业有限公司，2006：9.

② 共青团中央、中央综治办、民政部等六部门《关于加强青少年事务社会工作专业人才队伍建设的意见》，2014 年 1 月。

③ 陆士桢主编，中国社会工作教育协会组编．儿童青少年社会工作［M］．北京：高等教育出版社，2008：71～104.

一致认定的条件的活动”。在这个界定中，社会问题不再是某种应该加以研究和改进的客观情境，而是一种诠释过程，在这个过程中把诸如犯罪、贫困、无家可归等现象认定为压抑的、不可忍受的、不公正的条件。从这个角度讲，社会问题不再是某种特殊的、不公正的或不道德的状态，而是对被诠释为不公正、不道德状态的界定或取向。社会问题是一种界定的社会过程。

如何对青少年社会现象作出问题解释？当我们以失范、越轨、偏差等词描述青少年行为时，要警惕和不断反思我们的立场和取向，尽可能地避免对于青少年的标签和排斥，以及不自觉地参与青少年问题的主观建构。面对诸多复杂的青少年现象，我们也需要更多地从社会环境和青少年个体成长的互动状态中去理解、体会、包容和倡导。

对于社会问题的不同理解，会给我们带来不同的应对青少年发展的服务策略。因此，一切从青少年发展的特点出发，从青少年发展的需求出发，谨慎看待青少年现象的任何观念和价值取向，是我们思考青少年问题的重要出发点。

二、青少年社会工作概述

青少年社会工作的概述主要包括概念界定、服务层面和服务类型等。

（一）青少年社会工作的概念

按照中华人民共和国国家标准《青少年社会工作服务指南》的定义，青少年社会工作服务指以青少年为对象，整合运用社会工作专业价值、理论、方法和技巧，协助其提升解决问题的能力，恢复、改善及提高其社会功能，促进其健康成长和全面发展的社会服务活动。

（二）青少年社会工作的层面

青少年社会工作一般可分为微观、中观、宏观三个层面。微观层面一般指个人层面的社会工作，即针对青少年个体需求而开展的个案辅导服务；中观层面指家庭和小组层面的社会工作，即针对青少年家庭以及有相同需要或背景的青少年群体，而开展的社会工作服务；宏观层面指组织和社区社会工作，或者是针对法规或政策而进行的倡导或改变性工作，如建立青少年组织，开展社区工作，进行青少年法规、政策或制度的修改及倡导工作等。

（三）青少年社会工作的类型

青少年的本质特征是其发展性，青少年社会工作的根本目标是激发青少年自我发展、自我成长的潜能。由此，青少年社会工作大致可分为如下 3 类：一是针对青少年的生理、心理和社会发展需要，提供社会资源，协助正常发展而设计的发展性青少年社会工作服务；二是针对已经发生问题之青少年的个人、家庭、社区环境的不良因素而提供的矫正性青少年社会工作服务；三是针对青少年个人及其家庭、学校、社区现状而开展的预防性青少年社会工作服务。

三、青少年社会工作的特点及原则

掌握青少年社会工作的特点及原则，能够规范、科学、有效地开展专业服务。

（一）青少年社会工作的特点

由青少年社会工作的概念出发，我们认为青少年社会工作应具有以下一些主要特点。

1. 在价值理念上更突出对青少年群体的多元化和主体性的尊重与接纳

青少年期是人生的“多事之秋”，“反叛”、要求独立以及不断面临着“心理断乳”而带来的震荡，是这一时期青少年身心发展和社会成长的主要状态。标新立异、唯我独尊、追求自由等，是许多问题青少年的主要行为特征。因此，要做好青少年的社会工作，社会工作者就更加需要秉持和运用接纳、不批判、尊重、保密、个别化和服务对象自决等社会工作价值原则。

2. 在社会工作专业方法方面更强调在促进青少年自我认同和发挥群体示范性效应方面的整合性应用

社会工作专业方法和技巧融合了社会工作价值观和理论基础，是社会工作者的专业技术和工作手段。基于青少年的年龄特点和行为特点，以及其群体性特点，社会工作者通过精心设计和安排，采用融社会工作价值理念和社会工作理论于其中的个别辅导、角色扮演、小组游戏、技巧训练、集体活动等，对青少年的发展有十分明显的启发、帮助和促进作用。特别是小组工作或团体活动，对于吸引青少年和服务青少年，建立青少年之间正向支持关系有明显成效。

3. 更加注重在优化社会环境方面的政策倡导

青少年的发展性需求，是社会工作者首先关注的工作重点。社会工作者必须具备了解青少年需求的意识和技术。同时，青少年的发展深受家庭、学校、社会环境的影响，社会工作者需要充分了解青少年成长的社会环境以及对青少年成长的影响，需要从青少年群体本身、社会环境，以及两者的互动过程中去开展各类社会工作服务。通过政策倡导，促进青少年个体及其家庭、学校、社区、社会等社会环境的优化，是青少年社会工作服务的重要内容。

（二）青少年社会工作的原则

青少年是一个充满活力的群体，开展青少年社会工作必须尊重青少年的价值与尊严、接纳与关爱青少年、注重青少年的个别需求、协助青少年具备适应社会变化不断成长的能力。为此，中华人民共和国国家标准《青少年社会工作服务指南》提出了开展青少年社会工作服务的原则，原则如下。

1. 主体性原则

尊重青少年主体地位，承认与接纳青少年的独特性与差异性，充分照顾青少年的特点和需要，开展有针对性的服务。

2. 发展性原则

坚持用发展的眼光看待和理解青少年，强调青少年自身蕴含的发展潜力和成长的内在动力，重视经济社会发展对青少年福利的影响。

3. 整体性原则

重视青少年与其家庭、学校、社区、朋辈及服务机构等因素的相互作用，全面系统地识别青少年的需要，提供整合性社会工作服务。

第二节　青少年社会工作的主要内容

青少年的本质特征是其发展性，青少年社会工作的根本目标是激发青少年自我发展、自我成长的潜能。社会工作的服务内容主要包括服务青少年成长发展、维护青少年合法权益、预防青少年违法犯罪①。

一、服务青少年成长发展方面

促进青少年的道德发展，形成良好行为习惯，开展包括就业、婚恋、社交等方面的专业服务，能够促进青少年的成长发展。

（一）思想引导

为青少年提供思想道德教育辅导，引导青少年积极践行社会主义核心价值体系，形成正确的世界观、人生观、价值观。

依据科尔伯格（Kohlberg）的道德发展论②，多数青少年的道德发展到达循规期，主要是为了避免他人反对或不悦，以及为了避免受到法律制裁而遵守规范。权威人物的赞赏为其维持道德水平非常重要，青少年有维持法律与秩序的意愿。因此，开展道德教育应重视共通的正义原则，并使青少年能亲身体验，这样才能提升青少年的道德发展层次。

从目前我国青少年社会工作服务现状来看，思想引导类服务主要有法制教育、公益服务、感恩教育、生命教育等。

（二）习惯养成

为青少年提供正确的行为指导和良好的习惯训练，帮助青少年形成正确的生活、学习和行为习惯。

不少青少年的不良行为习惯，与其缺乏良好的自我管理能力直接相关。因此，在开展青少年习惯养成的专业服务中，社会工作者除了开展行为治疗、规范教育外，培养青少年的自我管理能力也是重要的服务内容。

青少年自我管理服务的目标可以包括：提升青少年自我决策和自我管理的能力；协助青少年如何有效地自我约定且诚信地尽力执行；培养青少年勇于负责的态度来面对自己的生活；协助青少年如何正确地检视、核查自己的行为表现；懂得如何对自己的行为作有效的评估。现实治疗法是开展自我管理服务的理论基础之一。现实治疗法强调如何协助服务对象面对现在的行为负起完全的责任，“3R”理论对服务开展提供了逻辑依据。第一，责任（Responsibility），强调每个人都拥有抉择的能力，面对困难可以作最佳的抉择，一旦作了抉择，应信守承诺，全力执行，不推诿，不找借口，必须为自己的行为负起完全的责任；第二，现实（Reality），强调

① 参考共青团中央、中央综治办、民政部等六部门《关于加强青少年事务社会工作专业人才队伍建设的意见》。

② 黄德祥．青少年发展与辅导［M］．台北：五南图书出版公司，2000：103.

服务对象此时此刻当前的行为，不必太注重过去的经验，唯有把握现在，才有成功的可能；第三，正确（Right），要求服务对象必须经常评价自己的行为是否做得正确、是否恰当①。

相关的服务活动如“自我约定”“自我监督”“小组中的行为表现的自我评估”“如何提升自尊的行为表现”等。

（三）职业指导

帮助青少年培养正确的就业意识，提供就业信息服务，组织开展就业技能培训。

就目前我国青少年社会工作服务现状来看，开展青少年就业辅导服务是非常普遍和有成效的，主要包括职业规划、就业见习基地建设、面试技巧训练、就业讯息咨询、网络创业公益培训、就业资源联动等。

（四）婚恋服务

引导青少年树立正确的婚恋观，帮助解决思想上、情绪上的困扰，为有需要的青少年组织开展婚恋交友活动。

青春期的情感困惑，是青少年共同面临的问题。社会工作者通过开展“建立健康婚恋观”“青春期教育”“掌握交往技巧”等专题服务，协助青少年提升婚恋交往能力。

（五）社交指导

培养青少年良好的交往动机和交往品质，提高青少年的合作意识和能力、沟通交往技巧和能力，对社会交往有障碍的青少年进行社会关系调适，帮助其融入社会。

二、维护青少年合法权益方面

（一）困难帮扶

对贫困家庭青少年、残疾青少年，帮助他们获得政府救济和保障以及社会资助和帮扶，同时培养自强自助的生活态度。

（二）权益保护

为青少年提供个案维权服务，耐心解答青少年的求助咨询，及时跟进并协调解决家庭虐待、人身伤害、吸食毒品、沉迷网络等侵害未成年人合法权益的案（事）件。

（三）法律服务

为青少年提供法制宣传教育和法律咨询服务，帮助青少年增强学法、遵法、守法、用法意识，提高自我保护意识和能力，必要时帮助联系法律援助部门给予援助。

（四）心理疏导

缓解或消除青少年的心理问题，帮助青少年提高情绪自我管控能力，促进健康人格的形成，特别关注农村留守儿童、服刑人员未成年子女、流浪乞讨未成年人等特殊群体的心理关爱问题。

---

① 李郁文．团体动力学：群体动力的理论、实务与研究（修订三版）［M］．台北：桂冠图书股份有限公司，2001：391.

案例 3－1

某市未成年人关爱行动项目

1. 项目受益群体

本项目的直接受益人群为父母中有一方或双方正在服刑劳教，或已刑满释放解除劳动教养 5 年内的 7～18 岁的未成年子女，间接受益人群为其父母及其他家庭成员。

2. 项目周期

2011 年 5 月至 2012 年 3 月。

3. 项目实施地

某市 14 个区县。

4. 项目目标

为在亲子关系、心理、学业、自我管理和自我保护等方面存在问题与需求的关爱对象提供系列化的家庭服务，使关爱对象本人及其家庭成员的能力获得改善和提升，并建议政府有关部门制定和完善相关政策，改善服务对象社会环境。

5. 项目理论

（1）认知行为理论。

（2）增能理论。

6. 项目框架

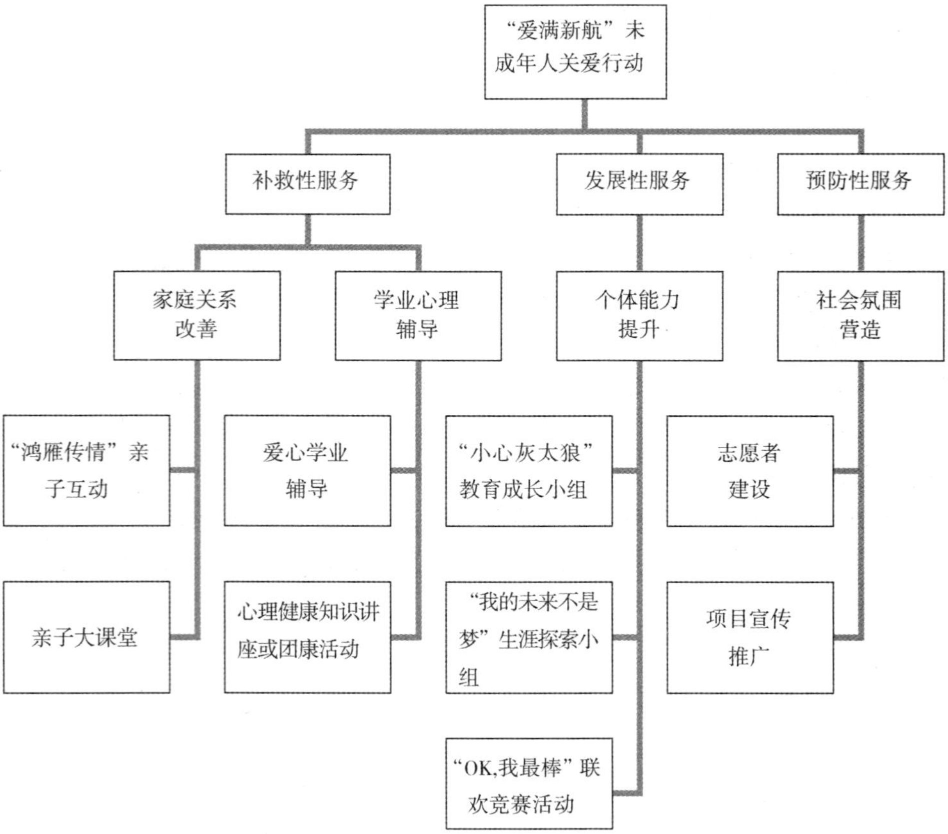

7. 项目实施及评估（略）

三、预防青少年违法犯罪方面

（一）一般预防

（1）协助青少年遵守法律、法规及社会公共道德规范，提升青少年的责任担当，提升遵纪守法和防范意识，增强辨别是非、自我保护和自我管控能力。

（2）提升青少年父母监护责任；协助父母提升其对青少年违法犯罪行为的教育、劝导、劝诫、监护能力。

（3）协助教育行政部门、学校、青少年工作的其他部门，开展有针对性的预防犯罪服务。

（二）不良行为干预

关注普通青少年向有不良行为青少年转化的边界，重视偷拿财物、逃学、抽烟喝酒、夜不归宿等早期典型行为，及时采取有针对性预防工作；防止青少年与家庭、学校关系紧张、关系断裂，避免青少年受外界不良行为影响产生不正常的社会化倾向。

案例 3－2

Y 街道地处城市经济不发达地区，社区内居民经济收入低，住房拥挤，服务设施简陋。社区内的青少年初中毕业辍学在家的比较多，他们结成帮派，经常在街区内闲逛，或者出没网吧，或者出没游戏机房，或者聚在小店喝酒嬉闹。最近，这群青少年团伙经常与其他团伙发生争执，社区居民深感不满，并向附近派出所投诉。

社会工作者走访了几个青少年的家庭，发现他们大都是单亲家庭子女，跟着爷爷奶奶生活，爷爷奶奶已经无法管教他们，家庭内常常发生祖孙冲突。社会工作者也走访了学校、派出所、居委会、街道团工委和青少年保护办公室等部门，发现与他交谈的人都注意到了该群青少年的问题，并都希望能够采取措施改善这些青少年的状况，同时创造良好的社区环境，预防社区内闲散青少年不良行为和犯罪问题的产生。

社会工作者决定协调社区各种力量来商量解决办法。在多方协商和研讨下，社会工作者设计了青少年社区综合服务项目，该项目由四个服务计划组成，分别是“社区共责计划”“认知行为改善计划”“就业帮扶计划”和“亲职教育计划”。“社区共责计划”详细部署了社区政府各部门在预防青少年犯罪方面的角色和职责，并计划建立社区青少年共责网络；“认知行为改善计划”的核心是针对青少年的认知和行为现状，运用小组工作方法开展群体性治疗，促使青少年改变道德观念和偏差行为，建立健康生活规则；“就业帮扶计划”是通过组织青少年参加社区公益活动及职业探寻活动，帮助青少年增加社会交往，逐步恢复和提升包括就学、就业、社会交往等在内的生活能力；“亲职教育计划”是整合心理咨询专家和青少年教育者对社区青少年的家长进行家庭教育技能辅导，改变家长的教育观念，改善家庭的教育功能，从而为社区青少年的发展创造良好的家庭和社区环境。

四个服务计划经过一年的运作取得了较为显著的成效，社区内预防青少年犯罪机制逐步建立了，居民的投诉减少了，街边闲逛的青少年也不见了。

上述案例中，社会工作者为青少年开展了包括认知行为修正、就业辅导、健康成长、家庭和社区支持等集预防、治疗和发展性功能融为一体的综合服务计划，较好地促进了青少年成长。

（三）严重不良行为矫正

协助公安机关开展包括训诫在内的矫正服务、观护帮教服务；协助专门学校开展严重不良行为矫正服务，包括评估、干预、成效评估、转介等；受其他相关部门委托开展的严重不良行为教育矫正服务。

（四）重新犯罪的预防

以不良行为和严重不良行为未成年人①、涉罪未成年人、服刑未成年人、未成年被害人、未成年证人、其他需要司法保护的未成年人为对象，整合运用社会工作专业价值、理论、方法和技巧，为恢复、改善、提高未成年人社会功能，促进未成年人健康成长及全面发展而提供的社会服务活动。已有的服务主要包括刑事案件处理中的未成年人社会工作服务、民事案件处理中的未成年人社会工作服务及其他需要司法保护的未成年人社会工作服务。

1. 刑事案件处理中的未成年人社会工作服务

刑事案件处理中的未成年人社会工作服务是指社会工作者对不良行为和严重不良行为未成年人、涉罪未成年人、服刑未成年人、未成年被害人、未成年证人或其家庭组员，在侦查、起诉、审判、刑罚执行、安置帮教阶段所开展的社会工作服务。

侦查阶段。社会工作者开展合适成年人、社会调查、合适保证人、保护处分、监所服务、未成年被害人服务、未成年证人服务等工作内容，维护未成年人的合法权益，预防未成年人再次犯罪。

起诉阶段。社会工作者开展合适成年人、社会调查、合适保证人、保护处分、观护帮教、附条件不起诉考察教育、未成年被害人服务、刑事和解、亲职教育、未成年证人服务等工作，维护未成年人的合法权益，促进未成年人的再社会化。

审判阶段。社会工作者开展合适成年人、社会调查、保护处分、刑事和解、未成年被害人服务等工作内容，维护未成年人的合法权益，协助未成年人更好地接受矫正和回归社会。

刑罚执行阶段。社会工作者开展未成年人社区矫正和监所矫正服务。

安置帮教阶段。社会工作者对刑满释放的未成年人开展安置帮教服务，矫正未成年人的犯罪心理和行为，协助未成年人更好地融入社会。

2. 民事案件处理中的未成年人社会工作服务

民事案件处理中的未成年人社会工作服务是指涉及年龄未满 18 周岁未成年人的家事案件，包括离婚纠纷、同居关系纠纷、抚养纠纷、收养关系纠纷、监护权纠纷、探望

---

① 未成年人指未满 18 岁的公民，是青少年人群中的组成部分。鉴于《未成年人保护法》《预防未成年人犯罪法》中对 18 岁以下人群指称的界定及对重新犯罪预防工作的法律规定，以及未成年人司法社会工作服务是与公检法司等司法行政部门相衔接的未成年人司法体系的重要组成部分，为了与法律规定保持一致，本部分及本章其他涉及未成年人司法服务中的青少年群体指称均用未成年人的指称代替。

权纠纷、亲子关系纠纷、继承纠纷等一、二审案件中，社会工作者对涉案未成年人、当事人或其家庭组员开展家事调查、庭前调解、心理疏导、回访观护、亲职教育、权益代表人、探望监督人等工作。

3. 其他需要司法保护的未成年人社会工作服务

其他需要司法保护的未成年人社会工作服务是指社会工作者对进入司法保护程序的因家庭监护缺失或监护不当导致人身安全受到威胁或侵害的未成年人，以及民事、行政案件中涉及的未成年当事人，开展强制报告、应急处置、监护评估、需求评估及提供心理疏导、精神关爱、家庭教育、权益维护、照料照管、社会支持等安全保护性服务。

第三节　青少年社会工作的主要方法

青少年社会工作服务需要借助专业方法和技巧，来实现其服务的最终目标。社会工作方法的运用是一个整合和综合性的过程。

一、青少年社会工作方法概述

按照中华人民共和国国家标准《青少年社会工作服务指南》的定义，青少年社会工作方法指社会工作者根据青少年需要，综合运用个案工作、小组工作、社区工作等社会工作直接方法和社会工作行政、社会政策及社会工作研究等间接方法。依据《青少年社会工作服务指南》，针对特定需要的青少年社会工作介入方法，主要包括以下内容。

（一）危机介入

通过多专业合作方式协调资源，以中途之家、类家庭、收寄养等方式为不适合家庭居住的青少年提供安置服务，进行综合援助。主要针对于可能危及青少年自身和他人生命安全的问题而实施的紧急干预策略。

（二）家庭治疗

以家庭为介入单位，探索青少年问题背后的家庭结构和互动关系，促进家庭内在系统的改变，优化青少年成长的家庭环境。主要适用于改善并重建青少年和家庭组员之间的关系，实现家庭组员的良性互动。

（三）外展服务

深入青少年经常出入的场所，主动与青少年接触并发现其问题和需要；及时联系有关部门共同对处于风险状态的青少年进行保护、辅导和安置。主要针对很少参与主流的青少年活动并容易受不良影响的青少年，走出去开展的服务。

（四）历奇辅导

有目的地把青少年带离安适区，进入低冒险区，通过体验性活动经历新奇，促进青少年自我探索、自我觉察与自我成长。主要适用于帮助青少年提高自信、提升自尊、培养团队合作精神。

（五）朋辈辅导

通过发现、培训和搭建平台，组织年龄相仿、生活环境和经历、文化相似，或具有共同语言的青少年交流互动、分享经验、唤起共鸣、持续支持和互助成长。主要适用于帮助青少年改善朋辈关系、建立朋辈支持。

（六）向导服务

由受过训练的成年志愿者或同龄志愿者，在社会工作者的督导下，向青少年提供“一对一”的长期陪伴，通过关爱且富有支持的积极人际关系来促进青少年的健康成长与发展。主要适用于引导青少年树立正向的价值观和养成健康积极的行为习惯。

二、青少年社会工作服务案例

（一）促进青少年个体发展的社会工作服务

对青少年而言，其人生任务的重要内容之一就是“情绪独立，不再依附父母或其他人”。埃里克森在其人类发展的八阶段论中指出，青少年期的核心任务是完成“辨识角色”，发展的重点是“自我、角色与地位”。促进青少年个体发展，是青少年社会工作的重要服务任务。

1. 自我探索

协助青少年开展自我探索，是青少年社会工作的重要服务手法之一。

（1）服务目标。自我认识与自我探索服务的主要目标如下：

①帮助青少年更清楚地认识自己及未来发展的可能性。

②协助青少年发掘内在的潜能，并使之得到充分的发挥。

③通过青少年间的互动与分享，强化其自我表达的能力。

④提升青少年自我觉察和觉察他人需要的能力。

⑤强调青少年间彼此回馈和反应的重要性，不仅帮助了个人的自我成长，也帮助了他人成长。

⑥协助青少年能够自我接纳、自我完成，终至自我实现。

（2）理论基础。罗杰斯（Rogers）“自我论”中的“自我概念”，可以成为协助青少年开展自我探索的理论基础之一。罗杰斯认为：

①“自我概念”又称“自我影像”，是指个人对自己整体的了解和看法，包括个人的态度、意见、知觉反应或价值观等。

②“自我概念”是主观性的，个人对自己的看法未必与客观条件相符。

③“自我概念”是可以学来的，换言之，适应生活良好的人往往知道如何适当地调适和改变个人的自我概念，以符合环境的实际需要。

④处于诡异多变的主观世界里，需要拥有一个积极、正向、稳定而健康的自我概念，才不致迷失方向。

⑤在每个人成长过程中，某些对服务对象有重要意义的特殊人士（如父母、师长、亲朋好友或恩人等）对服务对象自我概念的形成往往具有深远的影响。

⑥“自我概念”可以涵盖三个层面：现实我（是真正的我）、理想我（是希望中的我）及客观我（是别人眼中的我），这三个自我需要能相互运作充分发挥其功能，健康自我才得以出现。

案例3-3

小芸，女，21岁，艺术类高校在读生，专攻影视剧创作。因涉嫌贩卖大麻被公安机关刑事拘留，并经尿检鉴定为大麻类毒品阳性。其人不羁，极其单纯，思路甚广，却茫然混乱。

小芸出生在南方的一个四口之家，家中有一个强迫症式的、性格强势的母亲，对其管教极其严格；有一个总说自己身体不好的父亲，还有一个年纪大她8岁，却从小欺负她的哥哥，小芸和他没什么感情。

小芸最初的痛苦来自父母的争吵，他们经常在夜里吵架、闹离婚。而哥哥也经常欺负和打骂她，使她一直感到很痛苦。

小芸从小学习成绩很好，深受老师喜爱。但是初中时妈妈非要把小芸送到另外一个城市的学校，说那个学校有机会直接保送到清华、北大。但到了那里，小芸非常不适应，讨厌那里的一切，没有朋友，感到孤独。她开始抓住一切机会读书，读心理学的书，但还是觉得精神越来越不好了，终于熬到初中毕业回家了。小芸认为自己就是从那时起患上强迫症、抑郁症的。

回到家里让小芸觉得开心了一些，可却受到了高中老师的冤枉，好朋友也开始疏离她。小芸觉得老师讲课很多地方都讲不明白，她感到很失望，虽然仍能考很高的分数，可她真不明白为什么一定要上大学，她放弃了，再没有回到学校上学，但在父母严逼下她还是参加了高考，选择了自己一直喜欢的某知名高校影视类专业。进入大学后，小芸以为痛苦经历应当到此为止了，但她不明白活着有什么意思，有的时候似乎也觉得应该和社会上大多数人一样生活，但大多数时候觉得这很痛苦，不明白这样像机器人一样活着有什么意义。

为了寻找答案，小芸研究佛学、读心理学著作，去医院就诊服用抗抑郁类的药物，甚至吸食大麻缓解痛苦。

社会工作者在与小芸的交谈中感受到她的痛苦，也欣赏她的思考，对她自行寻找解决痛苦做法背后的不放弃精神予以赞赏肯定。在对小芸充分尊重的基础上，协助小芸开展了自我探索。主要开展了几个方面的辅导活动：

首先，社会工作者布置小芸画“自画像”，提示小芸可以用任何色彩和图案完成“自画像”。完成自画像后，社会工作者请小芸分享画中的自己及所使用的颜色、图案所代表的含义。

其次，社会工作者请小芸描绘“我的生命线”，画出从出生开始到目前为止的生命线；标出在成长过程中曾发生重要事件的年龄，并以图案或象征符号表达；正向的画在生命线上方，负向的画在生命线的下方。生命线绘制结束后，社会工作者请小芸解释其自身概念中的生命历程。

在小芸分享其自画像和生命线时，社会工作者协助小芸反思其对自我成长历程的整体看法，包括形成的态度、意见、知觉反应或价值观等。探索其家庭关系、从小成长环境对其所形成自我认知的影响和关联。帮助小芸看到其对小时候所遭受“痛苦”的特别记忆，导致小芸有选择性地建构家庭关系和环境关系，主观地忽略了自小成长过程中的亲情与快乐，形成了消极的生活态度和价值观念。社会工作者提醒小芸意识到，“自我概念”的现实我、理想我、客观我的三个层面，受其自身的主观建构出现了结构和功能的偏差，这与小芸丧失生活意义有直接关联。

社会工作者的分析和引导，带给小芸很大触动，萌发了其进一步反思自我、探索自我的动机。在与社会工作者的多次会谈之后，小芸明白了处于诡异多变的主观世界里，需要拥有一个积极、正向、稳定而健康的自我概念，才不致迷失方向。小芸慢慢对人生有了重新思考。

上述案例中，社会工作者以真诚、尊重、接纳和同理的价值原则和专业态度与服务对象建立了信任关系，又协助服务对象开展了自我探索活动，协助服务对象辨识和反思自我，重新建构新的自我认同、促进服务对象建立健康积极的自我概念。社会工作者通过协助服务对象探索自我，改善了服务对象的无意义生活态度和低迷的自我认同，明确了自我发展的目标，促进了服务对象的个体发展。

2. 生涯规划

（1）生涯规划的理论基础。生涯规划是青少年社会工作的重要内容之一，源自哈维赫斯特（Havighurst）提出的发展任务这一概念，即个体在其特定年龄阶段应完成特定的任务，否则会有碍于下一阶段的发展。对于青少年而言，个人将面临工作、职业、生涯发展上的课题。他们需要培养工作技能、开展生涯探索、尝试作生涯规划、建立生涯价值观。

Wood 的生涯选择配合论（1990）是生涯规划的重要理论基础①。Wood 认为生涯规划的先决条件是必须要先对自己有充分的认识与了解，包括自己的能力、兴趣、人格和需求与价值观等，也就是要先能掌控自己的内在世界之后，才开始探索外在的工作世界、了解职业所需的能力、职业的分类与内容、职业所需的特质及各类职业的报酬率等。在了解了自己及以外的职业环境之后，再看看两者可以作怎样的发挥和配合；接下来才能作出睿智的抉择，订立未来的发展目标和开始采取必要的行动。

Wood 的“生涯选择配合论”（如图 3－1 所示），内圈是表示个人的内在世界，外圈是表示外在的职业工作世界，箭头是表示内圈与外圈可以作怎样的配合。

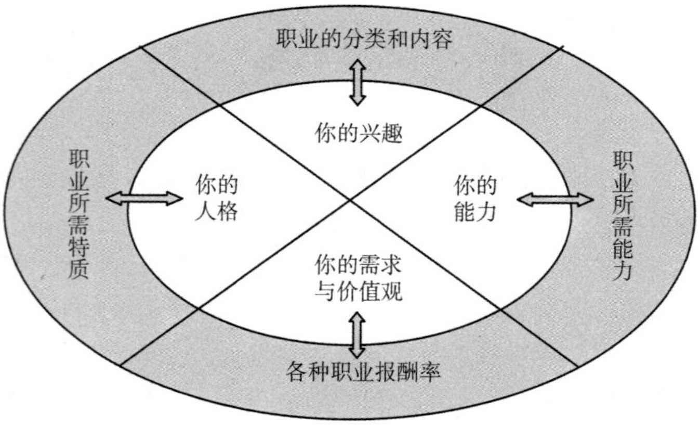

图 3－1　Wood 的“生涯选择配合论”

① Wood, G. Career Planning Mannal. University of Minnesota, 1990.

（2）青少年生涯规划的重点。

①自我认识。了解个人的潜能、智力、兴趣、人格特征，并经由适当测试与工作辅导而加深自我了解程度。

②认识工作世界。对工作发展前景、就业与职业训练资源，以及工作机会都能有深刻的认识。

③确认自我的工作价值观。能认识工作与职业对个人发展的重要性，并且了解自我等价值体系，在专业辅导下，形成比较正确且符合社会主流价值体系的观念。

④评估环境因素。对现阶段的政治、经济、社会、文化等因素有较为深入的了解，以此作出切合实际的判断和选择。

（二）改善青少年家庭关系的社会工作服务

青少年是否健康成长，与其家庭环境直接相关。不少案例和研究显示，培养良好的亲子关系，开展亲职教育，是营造和睦家庭关系的重要服务手法。

1. 构建和睦亲子关系

亲子关系乃指父母与子女的关系。一般说来，随着子女年龄的增长，亲子关系会随之变化，称为“亲子关系的发展”。子女出生以后，要依赖依靠父母来养育，父母通过抚养、管教及培育与子女建立亲子关系，其关系自上而下即“纵向关系”。当子女长大成人时，特别是到了青少年阶段，子女对父母的依赖减弱，关系疏淡，与父母以平横的关系相处，亲子关系逐渐变成“横向关系”。当父母年老衰弱时，这种关系又变成“反的”“纵关系”，即由子女来照顾年老的父母。

因亲子关系问题导致青少年行为偏差的案例非常多，最常见的是亲子在发展阶段上的适应困难。有的父母对子女有着特殊或过分的期待，将自己一生无法得到和满足的愿望转移到子女身上，要求他们来完成，使子女难以接受；有的父母缺乏与子女沟通的方式和技巧，简单粗暴且专制，导致青少年加倍叛逆，亲子关系紧张；有的父母对青少年疏于教养管理，导致青少年行为散漫，亲子关系疏离。

亲子关系出现问题，直接反映出其家庭功能的缺失。按照结构取向家庭功能的分析，亲子关系紧张即是家庭在问题解决能力、沟通、家庭角色分工、情感反应能力、情感卷入程度、行为控制等方面出现了功能失调。按照过程取向家庭功能模式的论点，亲子关系紧张，则是家庭在任务完成、角色作用、沟通、情感表达、卷入控制和价值观等方面出现了功能失调。青少年的问题行为与家庭功能失调直接相关。研究证明，在亲密度和适应性方面表现极端的家庭，尤其是亲密极度匮乏、家庭角色混乱、无稳定规则的家庭，特别容易出现家庭成员离家出走或患心身疾病、子女行为不轨等适应不良现象。

为调和青少年家庭的亲子关系，亲子并行小组是社会工作者经常运用的服务方法，其基本框架见表 3－2。

表 3－2　　亲子并行小组架构

家长组	子女组
相互认识，确立目标	相互认识，确立目标
找出聆听的障碍	回归正题的方法
以理性想法改善沟通障碍	成功沟通的要诀
跨组交流，知己知彼	跨组交流，知己知彼
心平气和之道	怎样回应父母的批评
处理冲突的方法和步骤	处理冲突的方法和步骤
跨组练习——处理冲突的方法	跨组练习——处理冲突的方法
总结和检讨	总结和检讨

案例 3－4

亲情驿站
——亲子并行小组

社会工作者发现，近年来未成年人违法犯罪率呈上升趋势。这些罪错青少年家庭普遍存在家庭结构失调、家庭教育失职、家庭不能或不完全能给予子女起码的情感满足和必要的教养等问题，导致子女心理发展出现障碍、社会规范内化过程发生偏离。处于青春期的青少年群体因叛逆心理的产生不能真正理解来自父母的爱，甚至会产生反感、厌烦情绪，亲子彼此间缺乏合理沟通方式和有效沟通渠道。

为此，社会工作者计划为这些罪错青少年及其家庭举办亲子并行小组活动。

青少年组

1. 小组目标

总目标：改善并优化青少年家庭间的亲子沟通，协助青少年提升法律意识，增强对家庭、对自身的责任感。

小组具体目标：

第一，使参与小组的青少年在相互熟识的基础上，宣泄内心对家庭沟通及父母本身存在的负面情绪，建立和谐舒适的小组氛围，通过游戏、讨论引导青少年提升危机转换能力。

第二，帮助青少年组员从自身出发为家庭问题的改善作必要努力，掌握有效沟通技巧、情绪控制技巧、缓解冲突技巧等，并付诸理性的行为。

第三，树立家长在青少年心中的权威性，提升亲子间亲情感，协助制定双方都能接受的家庭契约，使家庭对青少年群体更具约束力。

第四，帮助青少年组员正确认识自我，形成积极自我价值观，提升他们辨别是非的能力。

第五，强化青少年群体的法制观念，并养成对家庭、对自身负责任的行为。

2. 小组程序

单元主题	活动目标	活动过程
第一节 你我初相聚	1. 了解小组的安排 2. 相互熟悉，建立融洽小组氛围 3. 确立小组目标和小组规范，增强组员的投入程度 4. 引入主题，对问题形成较强改善意识	1. 小组简介 2. 熟识环节：“昵称大连串” 3. 融冰游戏：“歌名 PK” 4. 契约树（订立小组规范） 5. 互动环节：兔年贴画 6. 许愿树（确立小组目标） 7. 回家作业布置（画一幅“情绪自画像”，需包含四种情绪于其中，需对该情绪的事件作简要说明） 8. 评估总结
第二节 知你知我	1. 回顾上节小组内容 2. 加深组员熟识度，提升对小组的归属感 3. 认识自我，了解个人存在的问题和负面情绪 4. 提升解决问题的意识和动机	1. 开场 2. 热身游戏：“抓手指” 3. 回家作业分享：我的“情绪自画像” 4. 主题环节一：垂钓想法 5. 主题环节二：“尊重价值 = 尊重自我” 6. 互动环节：流行歌曲大比拼 7. 尾声游戏：称赞糖果蛋 8. 布置回家作业（个人价值观） 9. 评估总结
第三节 有责任，懂规矩	1. 回顾上节小组内容 2. 提升组员辨别是非的能力，明确行事范围 3. 增强组员的法制观念，了解法律规范 4. 为下次亲子共同参与的活动做必要准备	1. 开场 2. 热身游戏：“行酒令” 3. 回家作业分享 4. 讨论环节：价值观与责任 5. 主题环节：“规则、责任、生命” 6. 留言板块（录制给父母祝福、建议或其他内容的视频，为下节小组做好准备） 7. 布置回家作业（给爸爸妈妈的一封信、案例引发的思考） 8. 总结评估
第四节 我想走近你，亲爱的父母	1. 提供亲子间直接的面对面的交流机会，促进相互间正向了解 2. 互动中增强亲子彼此间默契感，并能带动日后家庭生活 3. 利用此次小组契机化解曾经有过的误会 4. 引导亲子双方学会内在情感的外在表露，增加亲子间沟通交流 5. 增强所有参与者的法制观念	1. 开场 2. 亲子游戏：心电感应 3. 回家作业分享 1：案例讨论 4. 回家作业分享 2：家庭契约讨论 5. 聆听“温情小故事” 6. 亲情致歉会 7. 美式拥抱 8. “千纸鹤情结” 9. 回家作业布置（通过小组的启示，归纳适合于你家庭的沟通方式） 10. 评估总结

续表

单元主题	活动目标	活动过程
第五节 情绪 1 +1	1. 回顾上节小组内容 2. 学习掌握适合于组员家庭的沟通方式 3. 意识到良好的家庭沟通除了有效方法，更要懂得合理掌控情绪 4. 学习正确的情绪表达方式及管理情绪的方法技巧	1. 开场 2. 暖身游戏："喜怒哀乐" 3. 回家作业分享 4. "不开心时"小讨论 5. 舒缓游戏 6. 布置回家作业（处理负面情绪的良好方法；家庭公益行动的设想） 7. 评估总结
第六节 "真诚订契约，携手共成长"	1. 回顾上节小组内容 2. 正式订立适合于组员家庭的家庭契约 3. 对小组中的收获和个人成长予以梳理 4. 增强组员的个人反思，强化小组中所学到的沟通方式 5. 明确个人及家庭在小组中的成长，共同努力达到小组最终目标	1. 开场 2. 亲子游戏：家庭抢答赛（以法律常识为主要抢答内容） 3. 回家作业分享（关于处理冲突） 4. "化解冲突总有法"：以角色反串的方式模拟组员的家庭冲突故事并展开讨论，引导学习化解冲突技巧 5. 携手订契约 6. 给爸爸妈妈的一封信 7. 关于家庭公益行之讨论 8. 回家作业布置（为公益行动的开展做好相关准备） 9. 评估总结
第七节 "公益牵手行"——温馨结业礼	1. 检验参与者的目标达到情况，对小组的整体情况予以总结评估 2. 以公益活动形式，给予亲子合作机会，增强互动和默契 3. 合作中树立家长权威性，进一步增强参与者法制观念和社会责任感 4. 强调亲情对一个家庭的重要性，促进形成相互了解、相互关爱的家庭环境 5. 引领参与者全面回顾小组过程，反思不足，提炼收获，并讨论如何纳入未来的家庭生活中 6. 通过现场答谢、发放小组纪念册等形式感谢参与家庭，并告知小组活动已结束，希望参与家庭能在日后生活中相互鼓励、相互支持	开场 上半场：家庭公益行动 1. 在社会工作者带领下来到敬老院 2. 每家送上一个小节目 3. 各家庭及社会工作者为老人们准备了夏日防暑用品，现场送给老人 4. 探望房中未能来到现场的老人，送上慰问品 下半场："2011 亲情驿站"小组活动之"结业礼" 1. 来自公益行动的启示和收获 2. 小组精彩视频回顾 3. 主持人现场提问 4. 结业时刻：社会工作者对各参与家庭予以点评，下发结业证、纪念册等小组纪念物品 5. 留住你的心 6. 领导对小组结业寄语 7. 小组尾声：社会工作者致谢，宣布小组活动结束，评估总结，合影留念

家长组

1. 小组目标

总体目标：改善并优化家庭间父母与子女的沟通，在自身法律意识得到显著提升基础上，有效、合理掌握亲子沟通技巧，树立家长的权威性。

具体目标：

第一，使参与小组的家长们在相互熟识的基础上，宣泄并讲述在教育子女和家庭沟通中的困惑及面临的各种问题，建立相互信任的小组氛围。

第二，改善家长对孩子的认知，形成对孩子的正向了解，感悟孩子的烦恼，同时愿意从自身出发为家庭问题的改善作必要努力，掌握有效沟通技巧、情绪控制技巧、缓解冲突技巧等，并付诸理性的意识和行为。

第三，树立家长的榜样效应，提升亲子之间情感，协助制定双方都能接受的家庭契约，合理掌控子女行为，形成双方积极沟通的家庭机制。

第四，从自身出发，形成较强法制观念，继而认识到必要的法制教育在家庭生活中尤其在对子女教育问题上的重要性。

2. 小组程序

单元主题	活动目标	活动过程
第一节 走进“亲情驿站”	1. 了解小组安排 2. 帮助家长们相互熟悉，建立融洽的小组氛围 3. 确立小组目标和小组规范，以增强组员的投入程度 4. 走进主题，对问题形成较强改善意识	1. 简介小组 2. 相互熟悉、认识 3. 契约树（订立小组规范） 4. 分享讨论(关于孩子现状及来自家庭沟通的困惑等问题) 5. 许愿环节（明确小组目标） 6. 回家作业的布置（关于孩子的十大优点） 7. 评估总结
第二节 重识宝贝，反思自我	1. 回顾上节小组内容 2. 建立对孩子的正面了解，学会积极看待孩子的成长 3. 反思个人教育方式及沟通方式的不足 4. 提升解决问题的动机，增强对小组的信心	1. 开场 2. 回家作业分享（孩子的优点） 3. 温情茶话会之“宝贝心，父母情”（讲述一件孩子令自己感动的事） 4. “寻找距离，反思自我” 5. 特邀嘉宾登场 6. 布置回家作业（通过此节小组，感觉个人可以在哪些方面有所改善） 7. 评估总结

续表

单元主题	活动目标	活动过程
第三节 教我如何管好他	1. 回顾上节小组内容 2. 进一步反思个人及沟通方式不足 3. 认识到法制教育在家庭教育中的重要地位 4. 在增强个人法治意识基础上，学会提醒孩子可行事之范围	1. 开场 2. 游戏："撕"索 3. 回家作业分享暨教育方式反思 4. 案例讨论：家庭教育中法制教育对青少年子女成长的重要性 5. 可做与不可做：为孩子设定行事规范，穿插来自专家的指点 6. 孩子们的礼物：播放青少年组对家长的祝福 7. 留言板块（彩纸上写下给孩子的祝福期望并折叠千纸鹤，同时予以录像，为下节小组做好准备） 8. 布置回家作业（起草家庭契约）
第四节 我想走近你， 亲爱的孩子	1. 给予亲子之间直接的面对面的交流机会，促进相互间正向了解 2. 互动中增强彼此间默契感，并能带动日后家庭生活 3. 利用此次小组契机化解曾经有过的误会 4. 引导亲子双方学会内在情感的外在表露，促进亲子间沟通交流 5. 增强所有参与者的法制观念	1. 开场 2. 亲子游戏：心电感应 3. 回家作业分享1：案例讨论 4. 回家作业分享2：家庭契约讨论 5. 聆听"温情小故事" 6. 亲情致歉会 7. 美式拥抱 8. "千纸鹤情结" 9. 回家作业布置（通过小组的启示，归纳适合于你家庭的沟通方式） 10. 评估总结
第五节 心平气和之道	1. 回顾上节小组内容 2. 掌握良好的与子女沟通的方式 3. 意识到良好的家庭沟通除了有效方法，更要懂得合理掌控情绪 4. 学习管理表达情绪的技巧 5. 学会合理管教子女行为的方法	1. 开场 2. 再看"喜怒哀乐"（回看青少年组活动） 3. 回家作业分享：在社会工作者带领下归纳学习有效沟通方法，并引导思索观念对情绪的重要性 4. "不开心时"小讨论 5. "心平气和之道"（学习控制情绪六步法） 6. 舒缓环节 7. 布置回家作业（留意一周里自己与孩子交往时出现过哪些情绪？小组中学习的技巧是否应用？效果如何？遇到了怎样的困难？） 8. 评估总结

续表

单元主题	活动目标	活动过程
第六节 “真诚订契约， 携手共成长”	1. 回顾上节小组内容 2. 正式订立适合于组员家庭的家庭契约 3. 对小组中的收获和个人成长予以梳理 4. 增强组员的个人反思，强化小组中所学到的教育、沟通方式 5. 明确个人及家庭在小组中的成长，共同努力达到小组最终目标	1. 开场 2. 亲子游戏：家庭抢答赛（以法律常识为主要抢答内容） 3. 回家作业分享（关于处理冲突） 4. “化解冲突总有法”：以角色反串的方式模拟组员的家庭冲突故事并展开讨论，引导学习化解冲突技巧 5. 携手订契约 6. 给爸爸妈妈的一封信 7. 关于家庭公益行之讨论 8. 布置回家作业（为公益行动的开展做好相关准备） 9. 评估总结
第七节 “公益牵手行” ——温馨结业礼	1. 检验参与者的目标达到情况，对小组的整体情况予以总结评估 2. 以公益活动形式，给予亲子合作机会，增强互动和默契 3. 合作中树立家长权威性，进一步增强参与者法制观念和社会责任感 4. 强调亲情对一个家庭的重要性，促进形成相互了解、相互关爱的家庭环境 5. 引领参与者全面回顾小组过程，反思不足，提炼收获，并纳入未来的家庭生活中 6. 通过现场答谢、下发小组纪念册等形式感谢参与家庭，并告知小组活动已结束，希望参与家庭能在日后生活中相互鼓励、相互支持	开场 上半场：家庭公益行动 1. 在社会工作者带领下来到敬老院 2. 每家送上一个小节目 3. 各家庭及社会工作者为老人们准备了夏日防暑用品，现场送给老人 4. 探望房中未能来到现场的老人，送上慰问品 下半场：“2011 亲情驿站”小组活动之“结业礼” 1. 来自公益行动的启示和收获 2. 小组活动精彩视频回顾 3. 主持人现场提问 4. 结业时刻：社会工作者对各参与家庭予以点评，下发结业证、纪念册等小组纪念物品 5. 留住你的心 6. 领导对小组结业寄语 7. 小组尾声：社会工作者致谢，宣布小组活动结束，评估总结，合影留念

通过青少年组和家长组的分组活动，以及并组沟通交流，青少年家庭间的亲子关系得到了较好调和，家庭关系及功能趋于良性发展。亲情驿站亲子并行小组有效地促进了青少年健康成长。

2. 开展亲职教育辅导服务

亲职教育辅导服务的主要目标：

（1）协助父母如何有效地扮演好父母的角色。

（2）协助父母了解孩子成长过程中，身心发展的特征以及发展中的阶段任务与危机。

（3）强化父母与子女之间的沟通技巧与沟通渠道。

（4）改善父母对子女的管教态度。

（5）了解家庭气氛对子女成长的影响。

（6）如何及早发现与辅导子女的异常行为表现。

3. 理论基础

在具体开展亲职教育辅导服务时，“父母效能训练模式”有较好的理论参考。该模式教导家长如何能成为一位有效的“辅导者”，如何强化父母与子女之间的亲子关系，如何运用接纳、尊重、同理、倾听等辅导技巧与子女做有效的沟通。“父母效能训练模式”主要包括3个重点：

（1）积极倾听：即训练父母的倾听能力，以便成为子女的心理辅导员。该技巧主要包括：能接纳子女、能从子女观点看问题、能尊重子女的自主性、能让子女承担自己问题的责任、提供子女探索自己问题的机会、关怀但不批判。

（2）使用“我—讯息”：即训练父母学习以我开头来传达讯息与子女沟通。使用“我—讯息”能传达父母的需求，展现对子女的同理心，使子女知道自己的行为适当与否，能正直、真诚、诚实地反映父母的内在感受，子女也能以此方式与父母沟通，不会伤害亲子情感或造成冲突。重点有：说出父母本身的感受、说出为何有此感受、说出为何父母对孩子某些行为不高兴。

（3）积极沟通：即训练父母学习如何与子女做积极沟通。主要技巧包括：接纳，让子女自由表达思想观念与情感，专注，能专心致志地聆听子女心声，使用沉默技巧，适当沉默，不必多话；寻找共识（seek agreement），不必受限于小问题，排除障碍，避免分心、做白日梦，并把不必要的东西排除，避免矛盾，清楚表达思想观念，不要混淆，有耐心，不急促、不催赶，有耐心做沟通。

（三）促进青少年人际交往的社会工作服务

群体社会化是青少年社会化的重要特点。协助青少年建立良好的人际交往能力、构建良好的群体互动关系，对青少年社会化有重要作用。

1. 服务目标

青少年人际沟通与相处技巧训练的主要目标有以下几个方面：

（1）帮助成员觉察自己日常沟通行为的“自我状态”。

（2）学习如何有效地表达信息。

（3）学习如何专注地聆听。

（4）学习如何作有益的回馈。

（5）强化人际交往时的沟通技巧。

（6）学习如何处理人际的冲突。

2. 理论基础

艾瑞克·伯恩（Berne）的沟通分析论①为社会工作者开展人际沟通与相处技巧训练

---

① Berne，E. Transactional Analysis in Psychotherapy.（1964）Games People Play. New York：Grove Press，1961.

提供了较好的理论基础。沟通分析论包括以下 4 个方面的内容：

（1）人格结构分析。沟通分析论认为，每个人都是由 3 个独立的自我状态：父母、成人、儿童组合而成一个个体，三者交互作用，会呈现个人的行为表现。

父母式的自我状态是指，个人内化了父母或父母型人物的思想观念、行为表现、语言表达及态度等而形成，其行为特征多属指使性的、权威的、命令的、谩骂的或批评的。语言表达则充满“你应该”“你必须”“不可以”等字眼。成人式的自我状态属于生活中的思考概念，是资料和讯息的处理者，在人格结构中属于较客观的部分，其行为特征较为理性、现实、客观和有组织性。儿童式的自我状态偏重在生活中的感觉概念，属于本能的、冲动的、自发性的行为表现。

沟通分析论认为，每个人在与别人沟通的当下要能清楚地觉察到自己是处在哪一种自我状态下，有否受到其他部分自我状态的干扰而形成“污染”。例如“成人”如果受到“父母”的污染，表现出来的行为是偏颇的、强势的；如果是受到“儿童”的污染，表现出来的行为就是任性的、情绪化的。另外，也应该注意个人的行为表现是否会有排斥的现象发生，也就是一味地永远只处于“父母”“成人”或“儿童”的一种自我状态中，不作任何的改变，这种类型的人因为太过于固执，在跟别人交往沟通时，也会产生很大的困难。

（2）沟通分析。人与人之间的沟通，通常有下列三种形式：互补式、交叉式、暧昧式。互补式指当发讯者与收讯者两者之间的沟通呈平行状态时，发讯者能从收讯者方面得到预期的反应，两者之间的沟通是良性的。交叉式指当发讯者无法从收讯者方面得到预期的反应时，两者之间的沟通便会呈交叉状态，沟通势必中断。暧昧式指一语双关，发讯者所表达的一件事可能涵盖两种讯息，这是心理游戏的表现手法，较为不真诚的表达方式。

（3）脚本分析。每个人从早年开始，因受父母及成长环境的影响，就已写定了自己的“生命脚本”，每个人乃是依据此脚本去计划自己的生活。由每个人的“生命脚本”衍生出每个人所拥有的“心理地位”，又称为“生活地位”。有怎样的“生活地位”，就会有怎样的人生。“生活地位”有四种模式，包括“我不好，你好”“我不好，你不好”“我好，你不好”“我好，你也好”。

（4）游戏分析。卡普曼的戏剧三角论把人们在沟通中的角色分为三类。压迫者指永远想居领导地位、一直想指挥别人，超越别人者；拯救者指当别人受到欺负，你会主动要去帮助别人者；牺牲者指常觉得自己是一个被欺负的人，是个可怜的无助者 。这三种角色在日常生活中可以很巧妙、很快速地“转换”，目的只是玩一些不真诚的心理策略游戏。

3. 服务内容

社会工作者可以通过开展小组活动，协助青少年反思自身的沟通模式，建立良好的人际沟通能力。可参考的活动资料如下。

活动一：“第一印象你我他”

在人际交往的过程中，第一印象虽非绝对，但很重要；我们可以从外形、衣着、谈吐、待人处世方式及与人沟通的模式中约略判断出一个人的个性和特质。

以小组为单位，互相分享初次见面时，其他成员给你的第一印象如何？分享过后，可以从对方的口中验证和澄清看看自己的观察是否正确。

活动二："开放的心灵"

以小组为单位，分享各人由于不同的"生命脚本"所衍生出来不同的"生活地位"，仔细想想，反省自己的生活模式比较是属于四种生活地位中的哪一种模式？形成原因是什么？

活动三："P. A. C. 自我状态觉察训练"

两人一组，配对演练，先在地上画三个圈，表示 P、A、C 三种自我状态，然后请两名成员出来就一讨论主题当众对话演练；两人中不论哪一人，当说话语气属指使、命令、谩骂、斥责时，则立即跳到 P 的圈内；当语气成熟理性，情绪稳定地面对问题、解决问题时，则跳到 A 的圈内；当语气属情绪化、孩子气，或有委屈、抱怨等行为表现时，则跳到 C 的圈内；换句话说，让成员学习在讲话的当下能立即辨识和觉察自己所处的自我状态为何，而后知道改进自己的表达方式。

（四）促进青少年社会参与和加强青少年社会观护的社会工作方法

1. 促进青少年社会参与

一般来说，青少年社会参与指青少年直接参与管理社会公共事务，包括参与政治选举、参与社会组织活动、参与建言献策等，也有些学者从社会事务参与、社会组织参与和志愿活动参与等方面概括青少年的社会参与。本章所指的参与，是以赫胥社会连接理论中的"参与感"为理论参考，特指花费时间和精力参加传统活动。赫胥认为，较深入地参加传统活动的，总是全力以赴地忙于各种传统事务，就会缺少从事越轨互动的时间和精力。个人全力以赴参加的传统活动主要有两类：传统的工作、运动、娱乐；业余爱好、与学校有关的传统活动等。

社会工作者组织青少年参与各类工作、运动、娱乐、教育等社会活动，通过提升青少年的参与感促进青少年正面成长，已经取得了较好的服务成效。

案例 3－5

希望在明天

——提升青少年参与感

一、背景介绍

某社区地域面积较广，处于城乡结合部，地理和人文环境较为复杂，既有原农村地区，也有新型居民区，城区部分包括了农村改建、动迁新建以及土地开发的商业住宅区等。居民情况多样，有原住农民、城镇动迁居民。社区里有一些青少年的背景比较类似，他们有的经常行为不良、有的受过公检法司法处理，还有一部分则是身处特殊家庭，其家长是社区服刑人员或吸毒人员。这些青少年群体因特点和需求的相似性，成为"虚拟"社区（或功能社区）的居民。

社会工作者经过多年研究发现，这些参加服务活动的青少年群体，很多是身处边缘家庭，生存环境较普通青少年复杂，在教育、关爱等方面都有不少的缺失。再加上一些社会偏见等，使得这些青少年自身普遍缺少正面成长的动力与能力，而对家庭、社会、朋友则缺乏承担感、参与感。

针对这一情况，社会工作者旨在通过“希望在明天”服务项目的实施，增强青少年群体的自身发展能力，预防他们参与违法犯罪活动。大约50名偏差青少年参与服务活动中。

二、服务目标

（1）激发青少年群体的发展动机，确立起正面成长信念。

（2）增强青少年的综合素质，提升他们追求发展的能力。

（3）改善青少年的参与感，降低其参与犯罪的可能。

（4）倡导学校、社区和家庭去关爱此类青少年的发展性需求，提供有效社会支持。

三、理论依据与实施策略

1. 理论依据

本服务项目以赫胥的“社会连接理论”为理论基础，该理论认为个人与社会的联系可以阻止个人进行违反社会准则的越轨与犯罪行为，而当此种联系弱化时，个人就会无约束地随即进行犯罪行为。“希望在明天”项目侧重于引导青少年更多地参与社会活动，激发其正面成长的动力。

2. 实施策略

社会工作者希望通过服务对象的社会参与，促进青少年建立与不同群体的合作，增强他们自我解决问题的能力、信心和技巧，从而实现自助和互助的目的。社会工作者承担着使能者、协调者、教育者等多种角色。群体间的相互沟通和小组讨论成为其重要的服务手段。

（1）协助青少年关注环境。服务对象面临着相近的问题，而造成这些问题的根源集中于社会环境，因此，社会工作者不仅关注服务对象的改变，也协助青少年关注其身处环境的创造、改变。

（2）发动青少年集体参与。社区中的青少年最了解自身的问题和需求，故而他们有责任面对自己身处的社区发展问题。鼓励青少年积极参与，能实现其在参与中获得成长。

（3）参与式的策划、组织和资源整合。社会工作者组织青少年共同行动，合理安排各项活动，依靠青少年集体的力量来达到目标。协助青少年了解并运用社区内外资源，合理安排各类资源。

四、实施方案

序号	活动名称	参与人数	活动目标	开展时间
1	自信面对人生路	2场，50人左右	通过此社区活动让青少年们对自己的人生更有自信	××××年×月至×月
2	让我们共同努力	2场，50人左右	通过活动让青少年培养新的兴趣爱好，在活动过程中训练耐心和坚持，并且为社区感恩作出一点贡献	××××年×月至×月
3	有一种精神叫坚持	2场，50人左右	通过参观、互动、分享社区爱国主义教育基地，增强社区青少年的正面信念	××××年×月至×月

续表

序号	活动名称	参与人数	活动目标	开展时间
4	感恩的心	2场，50人左右	通过敬老爱老，激发社区青少年的感恩意识，令他们更深刻地了解爱是承诺，爱是责任，爱是力量，爱是精神	××××年×月至×月
5	听得见的梦想	2场，50人左右	通过K歌赛的形式，展现青少年们的良好精神风貌。“好声音、正能量”这个主题让青少年们用歌声激发心中的力量，共同传递正能量	××××年×月至×月
6	选择光明，风雨兼程	2场，50人左右	通过参观让青少年明确什么是毒品，它的危害是什么，对青少年进行人生观教育和高尚道德情操教育	××××年×月至×月
7	幸福在望	6节，30人次左右	通过小组活动，引导小组成员认识到自己的优势，提升他们在今后的发展道路上的信心	××××年×月至×月
8	做明天的主人	6节，30人次左右	让组员认清就业形势，了解自身的特点，正确进行职业定位	××××年×月至×月
9	爱的力量	6节，40人次左右	在认识自我、团队协作、爱的互动中，激发其生活热情，感受到互助中爱的正能量	××××年×月至×月

除了以上的活动安排外，社会工作者还为13名有需要的个人或家庭开展了个案服务。

五、实施过程（略）

六、评估

此次评估主要是通过收集资料和活动成效分析，以检验服务是否实现目标。

整个“希望在明天”的9个活动都如期完成。青少年服务对象在参与社区活动之后，学会了一些手工艺等技能，有的树立了新的发展目标，参与社区活动的积极性更高，参与感、正面信念有了一定的提高，基本达到了预期目标。

街镇职能部门对项目做了评估。从他们填写的意见反馈表来看，对“希望在明天”的满意度较高，希望以后再次开展类似工作。在服务过程中，街镇职能部门也向社会工作者和服务对象提供了不少有用的资源，如参观的基地、培训的师资等，起到了积极作用，由此反映出他们对此项服务项目的支持和认可，也为此类提高青少年参与感的社区服务项目的延续开展创造了条件。

以上案例表明，社会工作者通过举办适合青少年正面成长的系列社区服务活动，激发青少年对社区的参与感，凝练其在参与过程中获得的互助互爱的正能量，提升其参与社会的责任感，对于促进青少年融入社会、健康成长有非常重要的作用。但对于成效的评估有待进一步完善。

2. 社会观护

近年来，由社会工作者介入的少年司法社会观护服务，在全国已经普遍开展，服务形式主要有设立“合适成年人”制度、社会调查制度等，依托社会观护服务站和社会观护基地，为有需要的青少年群体开展司法保护和司法社会工作服务。

资料3－1

未成年人检察社会支持体系建设①

本报北京4月11日电（全媒体记者孙风娟）4月11日，最高人民检察院联合共青团中央举行主题为“汇聚各方力量、护航孩子成长”的新闻发布会，通报近年来检察机关与共青团组织推动未成年人检察社会支持体系建设有关情况，介绍未成年人检察社会支持体系建设试点工作安排，发布典型案（事）例，发布首批委托开展未成年人检察工作社会支持体系建设工作单位名单。

最高人民检察院新闻发言人王松苗介绍，此次发布会最高检首次邀请社会工作专家出席，意味着未成年人检察工作有了更多的同盟军，未成年人保护有了更广泛的社会动员和专业力量。“推一把是少年犯，拉一把是大学生”。保护未成年人健康成长是检察机关义不容辞的责任。

最高检第九检察厅厅长史卫忠在发布会上表示，开展未成年人检察社会支持体系建设，一方面表现为社会各界对未成年人检察工作的具体支持，使司法办案和社会工作保持有效衔接，形成未成年人保护的合力；另一方面，体现了全社会对未成年人健康成长的关心，实质上更是未成年人社会关爱保障体系建设，是一种工作机制和方式的改革创新，有助于进一步推进社会治理体系现代化，构建全民共建共治共享的格局。

共青团中央维护青少年权益部部长王锋表示，在过去十多年中，社会工作者与检察机关合作开展了涉诉未成年人社会调查服务、帮教服务、合适成年人服务以及刑事犯罪未成年被害人救助服务。通过以上社会服务，呈现出社会工作专业参与未成年人检察工作独特的优势和价值，也发挥了不可替代的重要作用。

王锋介绍，2018年2月，最高检、共青团中央共同签署了《关于构建未成年人检察工作社会支持体系合作框架协议》（以下简称《协议》），近期又确定了北京市海淀区检察院、共青团海淀区委等40个工作基础好、具有区域代表性的地方开展未成年人检察社会支持体系建设试点工作。

先期确定的40个地区，既有助于掌握面上整体情况，也有助于对每个地区情况的精准分析，以便准确研判具体实施过程中的共性问题和典型经验，真正发挥试点“试验田”的作用。同时也是一个工作信号，对将来全面推广起到示范引领的作用。

史卫忠表示，未成年人检察社会支持体系和未成年人检察工作相伴而生、共同促

---

① 检察日报，2019年4月12日。http：//newspaper. jcrb. com/2019/201.

进、共同发展。未成年人检察工作在萌芽、探索阶段，就提出了“司法保护一条龙”和“社会保护一条龙”建设相结合的思路。在发展、深化阶段，各地检察机关主动探索尝试了社会调查、合适成年人、社会观护、附条件不起诉、心理矫正、法律援助、刑事和解、羁押必要性审查等一系列特殊检察制度，对社会支持体系建设提出了更高的要求。2012 年以来，最高检逐步强化未成年人检察社会支持体系建设。《协议》的签订标志着未成年人检察社会支持体系建设进入了新的发展阶段。

未成年人检察社会支持体系建设有力促进未成年人检察工作质量和水平的提升。对罪错未成年人帮教工作更加精准有效。2018 年，全国共对未成年犯罪嫌疑人作出附条件不起诉 6959 人，比附条件不起诉制度开始适用的 2013 年上升了一倍。上海市 2010 年以来对 5000 余名涉罪未成年人开展社会观护帮教，其中 99.4% 的未成年人没有重新犯罪。2016 年以来，全国共有 1869 名未成年犯罪嫌疑人经检察机关帮教后考上大学。对未成年被害人的保护救助更加及时有效。最高检专门下发了《关于全面加强未成年人国家司法救助工作的意见》，要求对未成年被害人进行多元化综合救助。近年来，检察机关为数万名未成年被害人提供司法救助、心理干预、司法援助等救助措施。同时也推动了未成年人权益保护和犯罪预防工作。湖北、浙江杭州、福建漳州等地依托社会力量探索建立了侵害未成年人案件强制报告制度、安全困境儿童信息员制度，对于破解侵害未成年人发现难、预防难的问题，发挥了积极作用。

史卫忠表示，各地检察机关在推动未成年人检察社会支持体系建设、培育和发展专业司法社工力量上，取得了明显成效。北京、上海等 12 省份检察系统、团组织已经签署省级层面未检社会支持体系合作协议或类似文件。河北、吉林、江苏等 11 省份已经达成签署意向或形成文本初稿，拟于近期签署。天津、内蒙古、黑龙江等 8 省份尚未签署协议，但是开展了实质性合作，并积累了许多行之有效的经验做法，积极推动相关制度机制建设。

下一步，检察机关将积极参与未成年人保护法的修改，争取在该法中对社会支持体系建设作出规定。同时，未成年人检察社会支持体系也需要进一步推进专业化、规范化和共享化建设。发布会由王松苗主持。史卫忠、王锋以及首都师范大学教授、北京青少年社会工作研究院执行院长席小华回答了媒体记者提问。

上述各类青少年社会观护服务的基础是少年观护司法转向制度在具体情境中的实施和应用。所谓转向，包含 3 个要素：一是指避免将青少年犯送至监狱等机构接受处置；二是指从轻处置；三是指建立以社区为本的辅导体系。青少年司法转向制度即是指包含了由传统监狱等机构处置改为以社区为本的各种辅导服务为主的处置制度。司法转向制度的主要理论基础是标签理论和包括差别接触理论在内的其他犯罪理论。近年来，我国少年司法社会工作服务正在迅速发展中。

三、社会工作方法在青少年服务中运用的整合性

青少年社会工作服务的方法和策略具有整合性特征。

（一）青少年需求的多元性决定了社会工作方法的整合性

青少年的成长性需求包括生理、心理、认知、行为、交往、社会适应等各个层面。

因此，回应青少年需求而开展的服务也应该是多种方法的整合。

案例

小强是单亲家庭的孩子。受家庭变故的影响，小强性格内向，缺乏自信，也不善与人交往。母亲再婚了，小强跟随父亲生活。父亲整日喝酒搓麻将，对小强很少关心，遇到小强不如意的表现，往往是棍棒相加。进入初中后，小强的学习成绩每况愈下，后又因为迷恋网吧、逃学逃夜而受到学校的严厉处分。最终小强因被学校勒令退学而成为失学青少年。小强在家里一待就是两年。他几乎不与任何人交往，整天日夜颠倒地上网聊天和玩游戏，对于外面的社会变化、就业市场的行情等一概不知，对于自己的现状也到了较为麻木的状态。

对于上述案例社会工作者所需开展的服务是多层面的，既有以小强为对象的个案辅导，协助其改变行为方式；也可以针对小强家庭进行关系调整；还可以通过转介，让小强参与小组活动，增加小强人际交往机会；同时可以通过社区工作建立青少年就业支持网络。社会工作方法在青少年服务中的整合运用，已经成为青少年社会工作实践的经验之一①。

（二）社会资源的综合性决定了社会工作方法的整合性

青少年社会功能的社会性，反映在他们如何在社会环境中发挥其功能。社会工作者不仅要察看社会环境对于青少年发展的要求，也要看个人环境中的资源情况。资源是任何可以用于实现目标、解决问题、减缓困扰、完成人生任务或实现价值的东西。社会工作者十分重视青少年环境处境中可得到的资源和阻塞资源的障碍，社会工作者会根据需要，积极地整合各类资源，去促进青少年社会功能的改善与提高。

在上述案例中，社会工作者除了充分调动服务对象个人及其家庭的资源功能外，还要在社区层面开展各类资源动员活动，如走访职介部门、社区就业援助部门、青少年活动中心等，也要向有关政府部门建议创造更具支持性的青少年发展环境，如争取学校的支持等。以上这些正式或非正式的资源系统的整合，对于社会工作专业方法的综合运用提出了更高的要求。

（三）社会工作专业的通才要求决定了社会工作方法的整合性

由于现代社会的纷繁复杂，社会工作专业十分强调通才实务工作观，主张社会工作者在改善个人、群体和社区的生活质量及功能发挥时，要同时考虑个人和环境两方面的因素，并同时与个人和环境有关的方方面面打交道。这一基本前提促使社会工作专业朝着拥有全面性、综合性知识基础的方向发展，尊重多元价值体系，推崇拥有广博的专业技巧。

通才取向的社会工作为实现社会工作目标提供了一个现实途径。这一观点使社会工作脱离以个别对象或领域为着眼点的局限，转向对多重个人系统进行干预的广博范畴。通才取向的社会工作内涵十分丰富，考虑到个人问题与群体问题的相互作用，与多种多

---

① 费梅苹. 社区青少年社会工作方法与技巧研究［M］. 上海：华东理工大学出版社，2006：22～25.

样的系统一起工作。这些系统包括社会、社区、邻里、复杂的组织、正式群体、非正式群体、家庭和个人。目的是带来变革，最大限度地发挥社会功能。

社会工作的通才观及专业要求，带来的便是社会工作方法的整合性特征。

本章小结

青少年期是一个充满变化的时期，青少年社会工作必须充分尊重青少年的特点。青少年的成长不仅由其个人因素决定，更深受学校、家庭、社会环境的影响，所以从人与环境互动的视角多层面地开展工作，是青少年社会工作取得成效的关键。

发展性是青少年群体的本质性特征，青少年社会工作的根本目标是激发青少年自我发展、自我成长的潜能。由此，青少年社会工作的服务内容主要包括服务青少年成长发展、维护青少年合法权益、预防青少年违法犯罪等。青少年社会工作服务需要借助专业方法和技巧，通过协助青少年个体成长、改善其社会关系、提升其社会参与的能力，实现促进青少年健康发展的目标。社会工作方法的运用是一个整合和综合性的过程。

青少年社会工作是项极具挑战性的工作，社会工作价值取向，社会工作的本土化探索，都是目前青少年社会工作的重要议题。

第四章　老年社会工作

老年社会工作运用老年学的相关知识，以老年人及其相关人员和系统为工作对象，帮助老年人，特别是处境困难的老年人，改善社会环境，提高生活质量，使老年人有更好的社会适应能力。老年社会工作的对象既包括那些处境困难的老人，也包括一般的健康老人，很多时候老年人周围的人，如家庭成员、亲属、朋友、邻居、社区工作人员等也会成为老年社会工作的对象。更宏观地看，单位和服务组织也有可能成为老年社会工作的对象。无论是直接以老年人为工作对象，还是以外围人群或组织机构为工作对象，都是为了让老年人有更好的生命质量和生活质量。

第一节　老年人的特点及需要

我国老年工作以弘扬中华民族敬老、养老、助老的美德为宗旨，遵循独立、参与、照顾、自我实现、尊严的原则，促进“老有所养、老有所医、老有所学、老有所为、老有所乐”。在微观层面，老年社会工作的目的是要协助老年人解决因为年老而带来的角色转变，积极与社会保持联结，维持良好的日常生活功能。此外，社会工作者还在老年人遇到重大生活转变的时候，如住院、丧亲、入住养老机构、濒临死亡等，为老年人提供各种支持性服务。老年社会工作的重点是让老年人获得更好的社会支持，建立更好的社会支持网络和社会资源，应对好年龄渐长所带来的挑战，乐享晚年。在宏观层面，老年社会工作者还参与制定有关老年人的社会服务方案及相关政策，致力于建立一个不分年龄，人人共享的社会。

一、老年的界定

（一）老年的年龄界定

我国政府多以 60 周岁以上的公民为老年人。单以出生日期为标准界定的年龄常被称为日历年龄。但是我们也会发现，同样是 60 周岁的人，个体差异却很大。为了更好地区分同龄人的多方面差异，我们又从不同角度对年龄做了划分。

1. 生理年龄

生理年龄指的是按人的生理状态、生理功能以及反映这些状态和功能的生理指标确定的个体年龄。生理年龄常常是一个人日常功能发挥的最重要的影响因素。它在很大程度上决定了老年人的生活安排和生活方式。

2. 心理年龄

心理年龄指的是根据个体心理活动的程度来确定的个体年龄。人的一生会经历不同的心理时期，每个时期会有不同的特点。心理年龄在很大程度上决定了老年人的人格特点、情绪特点和处理问题的方式。

3. 社会年龄

社会年龄指的是根据一个人在与其他人交往中的角色作用来确定的个体年龄。社会年龄常常在很大程度上决定了个人所扮演的社会角色，直接影响个人的自我概念和自我价值感。如退休年龄便是一个社会年龄，会给老人的生活适应带来重大影响。

4. 生理、心理和社会年龄对开展老年社会工作的意义

不同角度的年龄界定提醒我们，不能简单地凭一个人的日历年龄判定他的功能状况，还应更全面地去看待老年人，这能帮助我们避免把头脑中的成见带到工作中。

（二）老年期的划分

按照国际标准划分，我国一般把 60 ~ 69 周岁的人称为低龄老人，70 ~ 79 周岁的人称为中龄老人，80 周岁以上的人称为高龄老人。不同年龄段的老年人在生理、心理、家庭环境、社会交往等方面大多有不一样的需求，对居住环境和服务的需求也不同。

二、老年人的特点

老年人处于人生的最后一个年龄阶段，老化是其最显著的特点，主要表现在 3 个方面。

（一）生理老化

一般认为，当人的各种器官达到成熟期后，会逐渐地丧失其功能，这种逐步丧失功能的现象就是老化。从生物学意义上讲，老年除了意味着生理年龄的增长，也喻示人体各功能器官渐渐失去自我新陈代谢的功能。身体感觉系统功能上的变化见表4 – 1。

表 4 – 1　　与年老有关的感觉系统的变化

系统	与年老有关的变化
视觉	通常会有老花眼。眼睛需要较多的光才能聚焦，并且对强光反应敏感。老年人区辨颜色的能力可能会下降。有些老人会出现白内障、青光眼或黄斑变性，一种渐进性的丧失中央视觉
听觉	听觉的灵敏度可能会减少 50% 以上，难以分辨不同的声音
味觉/嗅觉	嗅觉功能可能会严重受损，味觉功能会受缺乏嗅觉的影响，老年人可能难以闻出煤气、天然气、烟雾或变质的饭菜的气味
触觉	老年人可能会有较高的痛觉阈限，更可能发生低烧或高热

（二）心理老化

心理学意义上的老化是指老年人个人的感官变化的过程。包括知觉、智力、解决问题、理解过程、学习及再学习过程、内驱力以及情绪等方面能力的改变，并由此而产生的反应迟缓现象。

智力分为结晶智力和液态智力，结晶智力是人们知识和经验的结晶产物，是通过语言、文字的提炼和积累而成的智力。液态智力是指空间关系和形象思维在视觉、听觉及感知基础上形成的智力。它受制于各种感觉、运动等系统功能的影响。

实际上，老年人的结晶智力比年轻人还要多，是日常学习和生活积累的结果。然而，个人处理复杂问题的速度的确会随着年老而有所下降。老年人所处的运用认知技能的环境十分重要，老年人会在陌生的环境中很快丧失认知功能，诸如专门的老人设施或护理院，而在熟悉的环境中这种情况就不常见。

对许多老年人来说，记东西的能力并没有随着年老而有太多损伤，但处理形成记忆的信息的能力却有了改变。知觉速度下降，处理信息的速度要比年轻时慢。对老年人来说学东西有两点很重要，一是学的内容要贴近个人的生活，注重知识的实用性。二是有练习新行为的机会。比如学习使用手机等电子设备要贴近老人的日常生活。

感官功能的下降可能会影响老人的记忆力。听不清别人说什么或者视觉模糊，都会使老年人难以学习新资讯。老年人学习的速度比年轻人慢，太快呈现太多信息会让老年人的头脑处理不过来，因而也会影响记忆力。因此，在与老人沟通时要尽可能简明扼要。

（三）社会角色变化

角色理论认为当个体经历老化过程所带来的变化时，他们会丧失象征中年的社会角色和社会关系。例如他们会因为退休而失去职业角色，需接纳象征晚年的新社会角色和关系，如做祖父母。这一理论认为成功的老年人在很大程度上取决于对角色变化和角色丧失的调整适应。

三、老年人的需要

（一）经济保障

在传统社会中，“反哺式”的供养方式是老年人获得经济保障的最主要途径。而在现代发展社会中，养老退休金、老年社会保险金等则是老年人的经济保障后盾。老年人需要获得经济上的保障。

（二）健康维护

老年期是疾病多发期，健康维护是老年人最为关注和渴望满足的需求。老年人需要建立健康的生活方式，获得适宜的生活照顾，并得到康复服务。

（三）社会参与

老年人需要通过广泛参与社会生活，特别是深度参与社会生活各个方面来表达意愿，维护权益，发挥作用。因此，社会参与是老年人的重要需求。

（四）就业休闲

许多到了退休年龄的老年人仍有继续工作的愿望和需求，也有老年人期待不再劳作，享受晚年生活，因此丰富日常生活成为他们的新需求。

（五）婚姻家庭

伴侣和家庭支持系统对于老年人获得良好的生命质量和生活质量具有十分重要的意义。老年人有追求和维持美好的婚姻家庭生活的需求。

（六）居家安全

老年人需要安全宜居的家庭氛围和社会环境。

（七）善终安排

老年期属于人生最后一段旅程，老人希望能没有痛苦地、有尊严地安心离世。

（八）一条龙照顾服务

伴随老化过程，老人可能需要使用不同类型的照顾服务，需要服务能良好地整合，方便使用。

四、老年社会工作应注意的事项

（一）价值观问题

社会的价值观可能会影响社会工作者对待老年人的态度和行为。当今社会，年龄歧视依然存在，对伤残的、不能工作的、不能运用先进技术和丧失青春活力的老人常常会有贬损的看法，社会工作者要对年龄歧视问题保持敏感，防止把社会的不当价值观带入工作中。

（二）移情与工作倦怠问题

老年社会工作会直面许多老年人的人生问题，如疾病、伤残、死亡等，社会工作者会不由自主地想到自己的晚年，对处理这些问题感到焦虑、沉重。而个人以往与老年人打交道的经历，特别是跟家中老人的交往也可能会导致对老年服务对象抱有特殊的感情，出现反移情。这可能会表现为对老人特别不好，缺乏耐心和关怀，也可能表现为对老人过度保护，想要“拯救”老人。社会工作者对此要特别注意。此外，长期做有些服务对象的工作，如患老年痴呆症的服务对象的工作，可能会让人感到身心倦怠，觉得自己的工作没有价值。社会工作者应当敏锐地体察自己的情绪状态，及早发现工作耗竭的征兆，并采取应对措施。

第二节　老年社会工作的主要内容

一、老年社会工作服务内容

老年社会工作涵盖了范围广泛的各项服务。2016 年 1 月，民政部发布了《老年社会工作服务指南》（MZ/T 064—2016）推荐性行业标准。根据这一标准，老年社会工作服务包括 13 个方面的内容。

（一）救助服务

评估老年人，特别是空巢、高龄、失能、计划生育特殊家庭老年人基本物质生活条件和经济状况；协助符合条件的老年人申请政府最低生活保障、特困人员供养、受灾人员救助、医疗救助、住房救助、临时救助等社会救助；协助有需要的老年人获得单位和个人等社会力量的捐赠、帮扶和志愿服务；提供相应的心理疏导、能力提升、社会融入等服务。

（二）照顾安排服务

组织开展老年人能力评估，包括日常生活活动、精神状态、感知与沟通、社会参与等方面内容，为老年人建立照顾档案；协助有需要的老年人获得居家照顾和社区日间照料等服务；协助有需要的老年人申请机构养老服务；协调老年人的长期照护安排，特别是居家照顾、社区日间照料和机构照顾之间的衔接；协助照顾者提升照顾技能。

（三）适老化环境改造

帮助老年人，特别是失能、失智等有需要的老年人及家庭申请政府与社会资助，改造室内照明、防滑措施、安装浴室扶手等，减少老年人跌倒等意外风险。

（四）家庭辅导

协助老年人处理与配偶的关系；协助老年人处理与子女等的家庭内代际关系；提供老年人婚恋咨询和辅导。

（五）精神慰藉

识别老年人的认知和情绪问题，必要时协调专业人士进行认知和情绪问题的评估或诊断；为有需要的老年人提供心理辅导、情绪疏解、认知调节，帮助老年人摆脱抑郁、焦虑、孤独感等心理问题困扰；协助老年人获得家属及亲友的尊重、关怀和理解；帮助老年人适应角色转变，重新界定老年生活价值，认识人生意义，激发生活的信心和希望。

（六）危机干预

识别并评估老年人所面临的危机，包括危机的来源、危害程度、老年人应对危机的能力、以往应对方式及效果等；统筹制订危机干预计划，包括需要干预的问题或行为、可采用的策略、可获得的社会支持、危机介入小组的建立及分工、应急演练、信息沟通等；及时处理最迫切的问题，特别是自杀、伤及他人等可能危及生命安全的行为问题。必要时，协调其他专业力量的支援，对老年人进行身体约束或其他限制行为；进行危机干预的善后工作，包括对介入对象的回访、开展危机介入工作评估和小结、完善应急预案以预防同类危机的再发生等。

（七）社会支持网络建设

对老年人的社会支持网络进行评估，包括个人层面可给予支持的人数、类型、距离及所发挥的功能，以及社区层面老年人群的问题与需求、资源配置情况及需求满足情况；综合使用各种策略以强化老年人社会支持网络，包括个人增能与自助、家庭照顾者支持、邻里互助、志愿者链接、增强社区权能等；巩固社会支持网络成效，建立长效机制。

（八）社区参与

开展适合老年人的文化、体育、娱乐等各项活动，培养老年人兴趣团体，提升老年人的社会活跃度，丰富老年人的社会生活；组织老年人积极参与各项志愿服务，培育老年志愿者队伍，发展老年志愿服务团体；支持老年人参与社区协商，为社区发展出谋划策；拓展老年人沟通和社区参与的渠道，促进老年人群体的社会融合。

（九）老年教育

评估老年人兴趣爱好及教育需求；推动建立老年大学、老年学习社等多种类型的老年人学习机构和平台；开展有关健康教育、文化传统、安全防范、新兴媒介使用等方面的学习培训课程；鼓励和支持老年人组建各种学习交流组织，开展各种学习研讨活动，扩大老年人的社会交往范围；鼓励老年人将学习成果转化运用和传承，鼓励代际之间相互学习、增进理解。

（十）咨询服务

协调相关专业人士为老年人提供政策咨询、法律咨询、健康咨询、消费咨询等服务；完善老年人信息提供和问询解答的机制和流程。

（十一）权益保障

维护和保障老年人财产处置和婚姻自由的权益；发现并及时举报老年人受虐待、遗弃、疏于照顾等权益损害事项；开展社会宣传和公众教育，防止老年人受到歧视、侮辱和其他不公平、不合理对待；协助符合条件的老年人享受社区和机构的各项养老服务，获得老年人补贴和高龄津贴等。

（十二）政策倡导

研究、分析与老年人相关的法律法规及社会政策在制定和执行中的不完善与不合理内容，向相关职能部门提出政策完善建议；对社会公众进行教育、宣传，树立对老年人群体的客观、公正的社会评价。

（十三）老年临终关怀

开展生命教育，帮助老年人树立理性的生死观；协调医护人员做好临终期老年人的生活照料和痛症管理；密切关注老年人的情绪变化，提供相应的心理支持；协助老年人完成未了心愿及订立遗嘱、器官捐献等法律事务；协助老年人及家属、亲友和解和告别等事宜；协调为老年人提供精神层面的支持；为有需要的老年人及家属提供哀伤辅导服务。

在上述工作内容中，特别要关注一些可能会导致严重后果的紧迫、复杂问题的处理，其中包括认知和情绪问题、自杀问题、遭受虐待问题和善终问题。

二、老年人社会工作服务中的要点

（一）处理认知与情绪问题

抑郁症、痴呆症、谵妄和焦虑症是老年人最常见的四个认知和情绪问题。抑郁症主要影响老年人的情绪和情感。痴呆症影响老年人的认知和智力功能。谵妄类似痴呆症，但它发病突然，并且有生理方面的原因，这些生理方面的问题往往都可以逆转。焦虑症的典型特点是过度忧虑，有非理性的恐惧，并抱怨身体不适，但一般来说老年人可能只有焦虑行为，而并非焦虑症。

抑郁症如果不能及时得到治疗，就有可能导致老年人尝试自杀，以求解脱因长期悲哀和感到毫无价值带给自己的痛苦。如果不加以医治，谵妄也有可能导致老年人由于身体衰竭或疾病而死亡。长期焦虑会让老人自闭在家中，越来越加重其与社会的隔离和情感上与他人的隔膜。

老年社会工作者会处理老年人的一些认知和情绪方面的问题。在有些个案中，社会工作者帮助老年人消除产生情绪问题的因素。而在另外一些情况下，社会工作者要致力于改变老年人的认知，帮助老年人适应他无法改变的情形。

做这方面的工作要注意老年人对待介入的态度。老年人可能对认知和情绪问题有偏见，可能认为抑郁和焦虑是源于性格上的缺陷，而并不是对发生在生活中的一系列复杂的、艰难的生理、心理和社会生活事件的反应，这样老年人可能非常抵触配合社会工作者的工作。老年人很容易把不愉快的情绪转化成对身体不适的抱怨。因此，帮助老年人学会识别和接纳自己的各种情感状态也是介入工作中非常重要的组成部分。

（二）自杀问题

1. 自杀评估

自杀问题对于老年人群会有些特殊性。因为老年人不愿意说出自杀的想法，并且实际实施自杀的可能性要大得多。社会工作者需要意识到与老年人自杀有关的风险因素，并通过直接的、间接的和行为上的线索加以评估。在评估老年人的自杀风险时，可以从以下三方面进行评估：

（1）直接线索。老年人若直接说“我要了结自己”或者“有时我真想结束一切”，并不是随便说说引人关注，它是直接的线索，表明其正在考虑终止自己的生命。如果老年人有这类直接表达的话，那么就要进一步筛查其自杀倾向，包括老年人是否有具体的计划和实施计划的途径，如果有的话，那么就要马上采取行动。老年人正在考虑的自杀手段越致命，其实施方案的可能性就越大，完成自杀企图的风险就越高。

（2）间接线索。有时老年人会借用一些问题看所爱之人的反应，如“没了我你会过得好些”或者“这些日子我太麻烦人了”。这些话是直接要求肯定他们的生命有价值、他们对某人来说很重要。尽管家人和社会工作者可能觉得这样的话让人恼怒，但是这是老年人在绝望地呼救，要重视，不能视而不见。

（3）行为线索。有些老年人没有提供任何口头线索，他们决定结束自己的生命，并且不愿意和别人沟通。这些老年人常常会在行为上流露出一些倾向，这些应该被视为警示信号。国外学者提出下面一些线索表明老年人会有自杀倾向：企图自杀或者过去自杀过；储存药物；出人意料地留遗嘱或修改遗嘱；突然开始筹划葬礼安排；突然把贵重物品送人；非本人性格特点的不在意自己或不做家务；长期情绪焦灼动荡或抑郁却突然变得安稳、平和。

有上述其中任何一个行为本身并不一定表明就有自杀倾向。然而，当这些风险因素与直接或间接线索一起出现时，老年人实施自杀的风险就很高。社会工作者如果认为老年人的自杀风险高，就要咨询常接触老年人的人，获得老年人近期行为表现得更为完整的资料。

2. 干预措施

老年社会工作者在做显示出自杀倾向的老年人的工作时要担当先行预防者的角色，把工作聚焦在当前促使老年人决定终结生命的危机上。常见情况是有个相对而言微小的事件推动老年人作出了这一决定。设定一个极短时间内能够实现的目标，可能帮助老年人缓解感受到的压力。社会工作者首先要清除眼前的危险，如储存的药物；找人在老年人艰难的时候陪着他，或者联络医护人员让老年人住院接受进一步评估；与老年人做安全约定，让其答应在你下次来探望前不要自杀。社会工作者要注意，每次联络老年人都要重新确认老年人的这一承诺，这能帮助老年人平稳渡过危机阶段，直到长期问题也能着手解决时。同时，社会工作者也需要为老年人做简短的缅怀往事治疗，积极地跟老年人在一起找出其发挥过的长处和应对问题的技巧。

此外，要动员老年人外部环境中的资源，如家人和朋友的力量，这些支持对老年人非常重要。老年人常常在没有解决问题的办法和缺少社会支持时，会错误地认为自杀是一种选择。社会工作者积极制订行动方案，为看似无法应对的问题提供解决途径，及时为老年人提供社会支持，会给老年人带去生存下来的希望。

（三）虐待和疏于照顾问题

虐待老人指的是恶意对待老人，在身体、情感或心理及经济方面对老人采取非人道的做法。疏于照顾老人既包括主动以及被动地让老人得不到所需要的照顾，导致老人的身体、情绪或心理方面的健康衰退。

表 4－2 总结了老人最常见的受到恶意对待的类型、他人的恶意行为或老人自己的疏忽行为、受到各类恶意对待的症状以及与每一恶意对待类型相关的风险因素或情境。

表 4－2　恶意对待老人问题综合描述

恶意对待类型	恶意对待的行为表现	受到恶意对待的症状	高风险因素或情境
身体虐待	击打、体罚、推搡、冲撞、摇晃、掌击、烧烫和捏掐，不恰当地用药、限制人身自由或强迫进食	身体有擦伤、抽打伤痕、烧伤、烫伤、骨折或其他的由另外一个人造成的受伤，受伤很严重或不正常，不能归结为由摔跤或意外事故造成	老人的认知或身体有问题，老人对受伤非常警惕或紧张，照顾者拒绝让其他人见老人
性虐待	未经当事人同意发生性行为，各种类型的性攻击，包括强暴、非自愿地裸露身体或者拍摄色情图片	胸部或生殖器周围区域有擦伤、患无法解释原因的性传播疾病或感染、生殖器或肛门异常出血等	认知有问题或身体行动不便的老年妇女是有较高风险的人群，与认定的虐待人关系的性质不正常或与性有关
情感或心理上的虐待	用语言或非语言的方式让老人遭受精神上的痛苦，包括用言语攻击、威胁、恐吓或骚扰老人，还包括把老人当孩子对待或者有意断绝老人与他人的社会接触，以此为手段惩罚或控制老人	老人一直容易受激惹或持续退缩，受虐待人会表现出害怕、退缩、愤怒或咄咄逼人	老人和照顾者都有社会隔离，认定的施虐者常常对老人盛气凌人、敌对，生活中可能还有其他的虐待行为，如以凶狠态度或行为对待老年人

续表

恶意对待类型	恶意对待的行为表现	受到恶意对待的症状	高风险因素或情境
经济虐待	不恰当地使用老年人的经济资源、个人财产或其他有价物品，包括伪造支票或法律文件	突然改变在银行办事的方式，老人抱怨没钱，老人提到赢了竞赛或中彩，突然改变遗嘱	老人认知有问题。有大部分现金或值钱的东西放在家中，曾有过受愚弄或受致富诈骗的经历
他人疏于照顾	主动或被动地未尽责满足老人身心健康的需要，包括未能充分满足老人在饮食、住所、穿衣、医疗照顾和身体保护等方面的需求	尽管安排了照顾老人的相关服务，但老人的个人卫生差、褥疮没有得到护理治疗、水分摄取不足、营养不良，以及缺乏适当的看管，老人的居住条件不安全或不卫生	老人认知有问题或身体行动不便，老人的生活条件差而家中其他人的生活条件却看起来不错；照顾者酗酒、吸毒等损害了对老人的照顾
自我忽视	老人没能充分照顾自己又没有其他的照顾者。由于缺乏自我照顾，自我忽视会危及老人的身心健康	老人营养不良或严重脱水，有病却没有求治、个人卫生差，由于外表不洁可能会被他人疏远或排斥	老人认知有问题或身体行动不便，有明显的精神疾病，在独居或无家可归老人中比较常见。公安局、医院或其他场合的庇护所可能会接触到这类老人

从表4－2中可以看出，女性比男性有更高的受到虐待的风险。老人的年龄越大，就越容易成为虐待或疏于照顾的受害者。高龄老人、身体不好和认知有问题的老人更可能受到虐待或疏于照顾。

在处理老人遭恶意虐待问题时，社会工作的主要介入措施有以下几点：

（1）维护老人的合法权益，保护老人免受经济方面的剥夺。

（2）为不同境况中被虐待和被疏于照顾老人提供救助性服务。

（3）为不同境况中被虐待和被疏于照顾老人构建正式和非正式社会支持网络。

（4）作政策方面的倡导和舆论方面的呼吁，改变和调整被虐待和被疏于照顾老人的家庭和社区环境。

（四）丧亲问题

协助老人面对濒临死亡和丧亲的现实是老年人社会工作一个重要的内容，这方面的工作对社会工作者来说，是一个非常大的挑战。国外学者伊丽莎白·库布勒·罗斯研究发现：个人在接受自己不可避免的死亡或他人的死亡时，会经历一个由否认期—愤怒期—讨价还价期—抑郁期—接受期构成的心路历程。行将去世的老人在身体、心理、社会和精神方面有一些特定的需求。如害怕延长身体上的不适或痛苦；关心自己的身体形象和其他人对自己的观感；需要尽可能长地保持对自己生命的某种掌控感；需要跟家人和朋友保持接触，尽管此时他本人和家人、朋友常常相互都有退缩行为；需要有机会在一个安全的氛围里谈论即将到来的死亡；需要寻求生命的意义等。

依据上述情况，社会工作者在老人濒临死亡时要做的重要工作如下：首先，提供情感支持。协助老年人及其家人处理伴随濒临死亡而带来的多种复杂的情绪，敞开心扉，处理未了的事宜。其次，代表老人及其家人争取合理权益。老人及其家人可能会心绪不宁，社会工作者可以发挥重要作用，代表他们跟其他专业人员打交道，确保医护人员能敏锐地体察和理解老人及其家人的需要。再次，提供相关资料和信息。帮助老人及其家人得到有关病情、备选处置方案、预留治疗指示、临终关怀和支持性服务的相关资料和信息。社会工作者可以帮忙准备资料，让家庭了解他们应该清楚的事情，并把难以应付的挑战分解成更容易掌控的事宜。如果一个家庭正在考虑临终关怀服务，那么社会工作者就可以为其提供本地临终关怀组织的相关资料和信息，并细化作出这一选择的步骤。最后，做丧亲辅导。帮助老人及其家人把丧亲视为一个过程，一个长期的系列调整过程，在生活方式和态度上有所改变。老人及其家人可能也需要得到支持性服务方面的资料，帮助他们在所爱的人去世后重新组织自己的生活。这些支持性服务包括个人或家庭辅导、家务服务、技能培训、房屋修缮和维护、提供支持性小组、社会和娱乐性活动等。

（五）临终关怀服务

临终关怀服务主要包括：

（1）辅助医疗专业人员为老人（控制）减轻疼痛和症状的服务，包括音乐治疗、艺术治疗、宠物治疗、戏剧治疗等。按摩和做运动也常用来缓解临终者及其家庭照顾者身体上承受的压力。

（2）协助老人及其家人解决医疗费用方面的问题。

（3）提供丧亲后续服务。尽管照顾濒临死亡的亲人不容易，但是处理亲人离去后的哀伤也需要得到社会的支持和专业的协助。

第三节　老年社会工作的主要方法

一、老年人问题和需求评估的目的与方法

社会工作者所做的老年人评估的目的是要获取一些基本信息，并在此基础上识别出哪些支持性或康复性服务可以帮助老人保持独立的、满意的生活方式。

（一）评估的目的

评估有 4 个目的：一是识别老人的优势和不足；二是识别支持和维护现有功能的方法；三是识别恢复丧失功能的干预措施；四是识别替代丧失功能的支持性措施。

（二）评估方法

1. 评估内容和工具

社会工作者最常做的是老人的基础性评估，这类评估一般是综合性的，除了收集老人社会人口特征方面的资料外，通常会评估身体健康、心理和情绪方面的安康、社会功能、日常活动能力、经济状况和环境安全 5 个方面的状况。最常用的工具包括：日常生活能力量表（Activities of Daily Living，ADLs）、工具性日常生活能力量表（Instrumental

Activities of Daily Living，IADLs）、福尔斯坦简易精神状态检查（Folstein Mini – Mental Status Exam，MMSE）、老年抑郁量表（Geriatric Depression Scale，GDS）、肖水源的社会支持评定量表和老年人家居安全查对表等。

2. 评估注意事项

评估不是社会工作者单方面的事情，而是社会工作者与老年人合作共同完成的，是两者都有所贡献，对老年人充权的一个动态过程。社会工作者要通过与老年人的交流、通过与老年人相熟的人的交流，通过细致的观察评定出老人在身体、心理、精神、社会生活、日常生活能力、经济和家居环境等方面的功能状况。评估特别要注意以下几点：

（1）物理环境。评估环境应安静、整洁、光线明亮、空气清新、温度适宜。评估最好是在老年人的家中，或者是老年人自己熟悉的房间或空间里进行。社会工作者还要确定老人能得到辅助性的器具，如助听器、眼镜、假牙等，或者是步行器、拐杖之类的行走器械。

（2）平衡好老人自立与依赖他人的需要，防止老人不惜代价保持自立，让自身生活充满风险或生存、生活受到损害。

（3）关注最初提议做评估的人。在老年社会工作中，最早提议做评估和干预的人往往不是老年人自己，而是与其有接触的身边人。因此，评估时要特别注意最初提议做评估的人的看法和老人自己对待评估的态度。明确在评估中相关方的角色，有助于厘清以谁的目标为重以及如何信守服务对象自决原则。

（4）注意老年人群体的异质性。大多数老人都能非常积极地参与评估，对于自己的能力和需要有坦诚的、前瞻性的洞察力。但是有些老人在做评估的时候或许不大能掂量出或认识到自己的功能限制。这些情况要求社会工作者调整传统的问答评估方法，以适应评估中遇到的老人身体或认知方面的障碍，另外还要注意使用有助于沟通的辅助性工具。

（5）尊重老年人的隐私权。尊重个人的隐私是社会工作专业一个最重要的价值观。在大多数社会服务场所中，评估都要求服务对象透露一些自己生活中最为个人性的东西。社会工作者在做评估的时候一定要征得服务对象的知情同意，并注意在评估过程中维护服务对象的尊严。

二、老年个案工作方法

（一）老年个案工作的特点

老年个案工作除了一般性的方法外，在个案工作的各阶段还有些其他的要点需要关注。

1. 在接案阶段，与老人进行良好的沟通

社会工作者要在见老人前准备好一些辅助工具，如老花镜、助听器、纸、笔等，并鼓励老人在跟自己交流的时候使用这些辅助器械，要放慢谈话的节奏，给老人时间思考、处理信息。除了语言上的交流，社会工作者也要注意观察，以便发现老人没有谈出来的问题。要运用老年方面的知识，判定老人的问题是否紧急。

表 4－3　同有听力丧失问题老人沟通的小窍门

1. 面向老人，发音清晰
2. 站在光线好、背景噪声低的地方讲话
3. 慢慢讲，一字一句讲清楚
4. 别把手放嘴上，别吃东西或嚼口香糖
5. 运用面部表情或手势给老人提供有用的线索
6. 如果有必要的话，重新组织自己的表述
7. 有耐心，保持正面的、放松的态度
8. 询问老人怎样才能帮他更好地理解你
9. 如果是在公众场合讲话，使用麦克风

表 4－4　同有视力丧失问题老人沟通的小窍门

1. 询问什么方式能对老人有帮助
2. 进门的时候向老人通报自己的姓名
3. 告诉老人房间的布局并介绍屋子里的人
4. 沟通的时候总向着对方
5. 带老人熟悉新的环境
6. 移动东西的时候先让老人知道
7. 要离开的时候告诉老人
8. 让老人知道是否还有其他人仍留在房间里
9. 确定有足够的光线
10. 减少晃眼的光线或反射光
11. 避免视力受到过度刺激

2. 在预估阶段要特别注意老人身体、心理、社会方面的功能状况

老年人的身心状况常常是老人能否参与介入行动的晴雨表。身体上的限制也是下一步制订介入计划时要考虑的重要因素，因为它会影响老人的自由选择。综合性评估由于内容较多，比较耗费时间，在运用于老人群体的时候要作适当的调整。社会工作者可能要把预估分几次来做，或者中间让老人休息一下再接着进行。

3. 在制订计划阶段要充分吸收老人参与

在制订计划阶段要充分吸收老人参与，即便是身体孱弱的老人，也希望能尽量掌控自己的事情，如果能参与到制订计划中，这样老人就会更有动力配合工作，也有助于形成自我效能感。社会工作者要注意，除非老人失去了行为能力，否则不应让他人代为决定老人的事宜。请老人的家人、邻居、朋友等非正式社会支持系统的人参与制订计划也很重要，因为在执行计划阶段常常需要这些人的贡献。此外，干预计划还要平衡好老人独立生活与依赖他人两方面的需求，要有弹性，可以根据老年人的情况加以适当的

调整。

4. 在介入阶段要定期追踪进展情况

老年人可能会因为身体方面的原因，或者生活里有其他变故而难以落实制订好的计划。及时追踪可以根据变化的情况调整计划。此外，老人问题的处理常常涉及第三方或者更多方，一些老年服务对象自己可能难以做协调工作，需要社会工作者出面协助解决。

5. 在评估阶段要重视老人的主观评价

评估阶段的测量工具和指标要包括主客观两个方面，老年人的主观评价很重要。结案后的追踪对于开展老年人个案工作也十分重要。

（二）老年个案工作的注意事项

（1）营造适宜于跟老人沟通的环境。

（2）对有沟通障碍的老人应尽量多方求证老人的问题。

（3）老人重视文化传统，特别需要得到社会工作者的尊重。

（4）给老人自决权，尊重老人的选择。

（5）要有耐心，做好花较长时间处理个案的准备。

（三）老年个案管理

老年人的问题常常错综复杂，需要提供多种服务才能满足其需求，而满足这些需求常常需要跟不同的部门和人员打交道，作出统筹安排，才能获得最佳效果。因此，社会工作者在为老年人提供服务时常常要充当个案管理员的角色，除了直接给老年人提供服务外，还要为老年人做资源链接工作、多学科工作人员的协调配合工作。必要时，充当老人的代言人，倡导为其提供所需服务。在老年社会工作领域，个案管理方法应当成为一个重要的工作方法。

案例 4－1

赵奶奶 67 岁了，和 72 岁的老伴生活在一起。他们有四个女儿，二个儿子。其中有一儿一女已经去世，当下有两个女儿跟他们生活在同一个城市，有一个住在同一社区。老两口都能生活自理。但一次赵奶奶在家中不小心跌倒了，腿部骨折，住院一段时间后出院回家了。之后，赵奶奶和老伴的生活出现了很多困难。过去都是她做饭和料理家务，她出院后这一切都落在了老伴身上。赵奶奶回家后下床活动都有困难，天天躺在床上。白天常常打盹儿，晚上睡不着觉，时常需要老伴帮忙翻身。老伴白天手忙脚乱，晚上也休息不好，有时会冲她发火，两个人闹得很不愉快。此外，他们是从外地来和女儿一起生活的，医药费报销也成了他们很头疼的事，不知道这种突发情况该怎么解决。虽然在同一社区的女儿每天晚上下班后会过来看一下，但也解决不了这些问题。社会工作者在得知这一情况后，经过评估，确定赵奶奶和老伴主要有几个方面需要帮助：一是寻找合适的家政服务，减轻赵奶奶老伴的家务负担；二是指导赵奶奶的老伴和女儿更有效地照顾她，减轻照顾负担，比如购置防褥疮的气垫床等；三是促进赵奶奶和老伴作为照顾人和受照顾人的相互理解，促使他们共同想办法解决问题；四是协助赵奶奶解决异地看病医药费报销问题。通过和赵奶奶一家协商和落实相应的服务，赵奶奶顺利地获得了康复，在这个过程中促进了她与老伴的感情，让她感受到儿女的关心和社会的温暖。

三、老年小组工作方法

（一）老年小组工作的特点

尽管运用小组方法开展老年人社会工作有其优势，但是在这一人群中运用小组方法时仍有一些独特之处值得提醒。

（1）老年人与健康的儿童、青少年或年轻成人不同，他们有各种身体上的不便和知觉方面的限制，因此在开办小组的时候就要有相应的调整。如在空间安排和使用辅助器具上要作特别的考虑。

（2）在老年人小组中，带领者可能自始至终都要扮演一个比较积极的角色。小组带领者可能要投入额外的时间与小组成员建立个人关系，老人可能需要社会工作者的持续鼓励才能参加最初的小组聚会和以后的小组活动。

（3）老年人由于其身心健康状况，可能在小组中的表现比较被动，其头脑中可能都是个人问题，这使得老年人小组工作的节奏比年轻人的小组慢许多。对小组带领者来说，要学会欣赏成员点滴的进步。

在有些情形下，社会工作者不宜采用小组工作的方法。如，老年人身体状况不好，出行有实际困难；患有器质性疾病，思维混乱；有精神疾病；有严重行为问题，或正处于紧急的危机状况中等。

（二）老年小组工作的注意事项

1. 尊重自决权

最需要参加小组的老年人，可能是最不情愿加入小组的成员。拒绝加入小组可能是老年人保存自身精力的方法，他可能觉得由于疾病或情绪上的困扰，精力已经严重衰竭。还有些老年人不加入小组就是为了避免跟他人发生冲突，在院舍机构中尤其如此。也有些老人根本不想参加小组。对社会工作者来说，要尊重老人的自决权。

2. 平衡对小组和个人所负的责任

当老人在小组中的表现极大地干扰了小组的进程时，小组带领者需要注意平衡对整个小组的责任和对身为当事人的个别老年人的责任。小组带领者有责任权衡允许干扰小组的成员留在小组中可能会带来的损失或益处，作出符合伦理规范的选择。

3. 尊重保密权

对老年人来说，参加小组活动可能是新鲜事，不跟他人讲小组中发生的事情有可能是个挑战。所以，开办小组自始至终都必须强调保密的重要性。这不仅会营造小组中的安全感，而且可以避免对小组成员造成伤害。除非事关当事人及其周围人的福祉受到威胁，否则社会工作者要信守保密原则。

4. 干预小组动力，保护小组成员免受伤害

小组在工作进程中也可能会变得有破坏性，让老年人在情绪上感到极其焦灼不安，心理上受虐待。小组带领者要适时解决小组内的冲突，呵护成员，帮助成员在彼此身上发现力量并成为彼此的支持性治疗媒介。必要时可作出解散小组的决定。小组不应为了存在下去而无视对成员的责任。

四、老年社区工作方法

（一）老年社区工作的重点目标人群

1. 独居老人

独居老人由于缺乏近在咫尺的支持体系，所以降低其生活中的各种风险因素、做好应急准备工作十分重要。有关研究显示，独居老人首先对精神需求非常强烈；其次是健康医疗需求，特别是突发疾病时的救治；最后是对家务协助、生病时的照顾等也有较高需求。

2. 高龄老人

高龄老人随着年龄的增长，生活自理能力常常会下降，较大比例的老人不能完全自理，他们大多数都和家庭成员一起居住。高龄老人往往有生理、心理、社会、精神等方面的多重服务需求。高龄老人的照顾者也常常需要给予特别的关注，需要提供支持性服务。

3. 伤残老人

进入老年阶段，机体功能的下降、疾病、意外事故等成为导致老人伤残的重要因素。富于支持性的生活环境、康复服务、角色与心理的调适等会对这些老人有所助益。而早年就已伤残的老人进入老年后问题可能更为严重，这样的老人也常常有多重服务需求，需要提供个案管理服务。

4. 困难老人

这类老人包括经济贫困老人、因遭遇重大生活事件而面临生活转变的老人、失独老人以及因其他问题而陷入困境的老人。他们可能需要短期与长期服务，社会工作者需要提供从危机干预到日常照料、心理辅导等多方面的服务。

（二）老年社区工作方案

1. 目标

老年人社区工作方案的目标是通过统筹安排社区资源，为社区老人提供与其需求相匹配的优质服务，提高老人的生命质量和生活质量。

2. 类型

老年人社区工作方案常常包括3类服务：

（1）居家服务。居家服务主要是为老人提供各类围绕居家生活的支持性服务，尽可能延长老人在自己熟悉的家庭环境中生活的时间，同时通过适当的工作安排防范各种风险，保障老人的生活质量。

（2）社区服务中心服务。社区服务中心所提供的服务包括中心内的多种服务和延伸性服务。它的优势是可以为老人提供“一站式”服务，满足老人的多种需要；同时，又能将中心的服务辐射到整个社区，使社区资源在良好整合的基础上用于整个社区的老人。

（3）社区老人照顾机构服务。这类服务起到了让老人在熟悉的社区接受照顾的作用，便于老人继续运用自己的社会支持网络，有助于保持身心健康。入住社区老人服务机构中还能为家庭提供缓解服务，使家庭能在遇到紧急情况的时候得到支持，或者在长期的照顾工作中有机会暂时放下照顾责任，得到休息和调整。

3. 工作内容

老年人社区工作方案包括增进老人生命和生活质量的各项服务的规划与传输。它要对社区老人群体的需求作出恰当的评估，为老人提供涉及生活照顾、健康教育、志愿者工作、法律援助、精神健康、出行以及各类涉老信息方面的服务等。

4. 工作原则

老年人社区工作基本的原则包括：采用优势视角；充权；统筹规划；资源链接与整合。

五、老年人社区照顾

（一）老年人社区照顾的特点

社区照顾正在由服务导向型向需求导向型转变，即不是由机构根据自己的观点来决定提供什么样的服务，而是基于服务对象的需求来提供服务。提供优质的社区照顾需要了解本社区老年人的基本需求，包括群体性的需求和个体性的需求，基于对这些需求的了解再制订相应的服务方案，落实服务方案并追踪和评估服务的结果。

与微观层面的服务不同，社区照顾涉及宏观层面的需求评估。它要摸清所需特定社会服务的总量，并规划服务资源的使用。如估计社区老年人中风的比例，就可以计划和安排相应的服务方案。具体到设计服务方案时，要把老年人口层面的评估与个人层面的评估结合在一起。

基于评估结果制订的社区照顾方案通常都是综合性的，兼顾社区中不同状况的老年人的需要。除了照顾方案间的相互配合、相互衔接外，社区照顾方案的设计需要有明确的介入目的、介入对象、介入内容、预期介入效果、工作成效的评估方法等。需要强调的是，老年人的社区照顾方案尤其需要配套衔接。由于前面提到的身体老化带来的影响，许多老年人特别是高龄老人都在身体功能上受到一些局限，在服务使用的便捷性上需要特别关注。

（二）老年人社区照顾的服务内容

老年人社区照顾的服务内容通常包括：咨询与转介、志愿者服务、代际融合、老年教育、老年休闲娱乐、老年就业、收入保障、营养与餐饮、健康照顾与生活安康、心理健康、出行、住房、个案管理、居家照顾、照顾人支持等。

还需要说明的是，服务方案的落实常常是多方参与的。在社区照顾中，社会工作者不再扮演单一的服务提供者的角色，而是可以采用多种途径提供服务。如为老人所需的服务牵线搭桥，协调、购买和订购服务等。对于方案的绩效评估要力求多方参与，包括服务提供方的自评、服务接受者的他评、外请第三方的评估等。既要有客观指标，也要有主观指标。

六、老年人机构照顾

老年人会因为各种原因选择入住养老机构，如健康状况下降或遭遇了丧亲之痛等危机。入住养老机构是一个重要的人生转变，对老年人及其家人和照顾者而言这一转变可能成为带有压力和困扰的事件，需要调整适应。鉴于个人在转入长期照护设施时所承受的身心压力，早在1992年，北美护理诊断协会就将“重新安置压力综合征”确立为新的护理诊断疾病。重新安置压力综合征的主要特征有焦虑、恐惧、混乱增加、抑郁和孤独。因此，老年人入住养老院的适应问题受到很多的关注。

社会工作者在老年人机构照顾中的主要工作有：作需求评估；入住引导；协助入住者及其家庭运用社区资源解决入住机构带来的经济、法律、精神健康和其他方面的问题；制订机构的社会工作服务计划；协调各项社会服务方案；落实社会支持；个案管理；转介等。

（一）养老机构的类型

养老机构的类型通常按照老年人生活需要协助的程度来区分，从不需要任何协助的老年人的养老服务设施，直到需要24小时监护的老年人的服务机构。老年公寓属于不需要任何生活协助的老年人的服务机构，而临终关怀机构则大部分都是需要深度护理的老人的服务机构。在所有老年人服务中，机构照顾往往是老年人最后选择的服务方式。在老年人照顾机构中，社会工作者通常都是多学科照顾团队的一员，负责满足老人心理、社会和家庭方面的需求。包括：接收入院、实施心理－社会方面的评估与制订个性的照顾方案、提供信息和转介服务、帮助入住老人调整适应环境、帮助入住老人建立自己的组织并开展活动等。

（二）接受养老机构照顾的老年人的生活特点

社会工作者要特别注意，由于机构生活环境有别于一般性的社区环境，接受机构照顾的老年人生活可能会有以下特点：

（1）社会交往固定化，日常生活程序化。

（2）生活常由他人陪伴，个人自主空间减少。

（3）个人物品和个人隐私受限，常要与他人同住。

（4）与机构外的人接触常受限，丧失通常在院外扮演的角色和与院外人员的交往。

（5）常需依赖工作人员来得到身体照顾和情绪支持。

（6）因为缺少隐私和在机构中社会关系有限，因而可能会在他人面前掩饰自己对一些事情的想法和感受。

（7）可能会退出一些活动或远离一些场合，以适应养老机构和机构中的社会关系。

（8）可能会有意向工作人员挑衅，或不与他们合作以适应养老机构中的社会关系。

（9）可能在适应养老机构的环境后，失去返回社区、适应社区生活的信心。社会工作者要有意识地针对这些特点开展相应的服务，消除老人因接受机构照顾所产生的社会隔离和人际关系的疏离问题。

（三）社会工作者在机构照顾中扮演的角色

从工作流程的角度看，老年院舍中的社会工作者扮演的主要角色和工作内容可以总结为表4－5。

表 4-5　　养老机构照顾阶段与社会工作者的角色

养老机构照顾阶段	服务对象的反应	服务标的	社会工作者的工作和角色
申请和作决定	不情愿	辅导	辅导员
	焦虑、恐惧	研究和评估	研究和评估筛选者
	放弃	物理环境	为服务对象选配适当的机构
	拒绝	经济状况	评估者
	害怕与家人分离	家庭网络	调查者
	压抑	健康	辅导员
	失去自尊	自我照顾能力	
		生活方式	
		宗教信仰	
		教育水平	
等候期间	不踏实	检讨服务对象的情况	与服务对象保持联络的工作者
	焦虑	动员各种资源	检讨者
	暧昧		不断支持者
	愧疚感		
入院	接纳	让服务对象和家人做准备	提供充满温暖的氛围
	试探	让其家人和工作人员做准备	
	敏感		
	尝试重新安置		
住院	自决减少	个案会议	提供直接的个人和小组服务
	屈从性个人生活	满足居民的需要	与工作人员和社区机构合作
	丧失自尊	参与提供照顾和处置	
	孤独	与家庭和社区建立联系	
	失去隐私		
	依赖		
	失去个性		
出院和出院后的照顾	评估照顾状况	心情复杂	定期检讨
	对离开安全的、受保护的环境感到焦虑和恐惧	提供其他形式的备选照顾	为服务对象出院做心理准备
	担心打乱日常生活规律	向其他机构转介	计划出院后的照顾

续表

养老机构照顾阶段	服务对象的反应	服务标的	社会工作者的工作和角色
死亡或垂危	极其恐惧和焦虑	服务对象的社会和医疗需要	工作者对濒临死亡的感受和反应
	绝望	保持希望	鼓励服务对象接受现实
	否定和愤怒	保持服务对象的自主和自我抉择	帮助服务对象有尊严地生活
	压抑		
	放弃		
	讨价还价		

从表4－5可以看出，老年人在入住养老机构的过程中不同阶段会有不同的心理反应，需要社会工作者给予有针对性的服务。

在申请和作决定阶段，老人和家人常常会因为这一重要的生活转变所带来的不确定性而出现矛盾、彷徨、排斥、恐惧、担心等负面情绪。也会有些老年人感觉自己是家人的负担、包袱，虽然不情愿进养老机构，但是不表达自己的想法，任由他人代为决定，压抑自己。自己的事情被别人安排，失去参与和决定权，也会让他们感觉没有自尊。因此，对于这个阶段的老年服务对象，社会工作者需要帮助他们了解本机构的运作管理方式、对入住者的要求、现有居住者的情况和生活安排等，让他们了解入住的好处和限制并尽可能在知情的情况下作出决定。社会工作者可以安排他们参观养老机构，帮助老年人及其家人化解因为这一重要生活转变而出现的负面情绪，同时要初步评估老人是否适合入住养老机构，如果入住养老机构的话需要哪些相关服务，如果不适合养老机构的话，可以有哪些选择和安排。

在等候期间，老年人常会对将来的生活感觉不踏实，也会因入住可能带来的不确定性而焦虑，其家人也可能会因感觉放弃了老人而心生愧疚。社会工作者要与老年人及其家人保持联络，消除他们心中的疑惑和不良情绪，帮助他们了解入住养老机构不是单向过程，入住后仍有选择其他安排的机会，机构支持家人依然与老年人保持联系，关爱老年人。老年人在等候期间可能会有一些特殊照护需求，社会工作者要动员和协调资源予以满足。

在准备入住和入住初期阶段，老年人及其家人和社会工作者都有一系列的工作要做。小到要带些什么物品入住都可能是老人和家人细心准备的事情。社会工作者要帮助老人及其家人了解机构的规定和生活中的情形，让他们能更好地作出决定，为入住做好准备。老年人初入养老机构，面临新的环境，需要有一个调整适应期。他们需要感受到他人对自己的接纳和友好，需要了解机构可以使用的具体资源，逐步建立起新的生活方式和生活圈子。社会工作者要为老年人开展迎新服务，让他们初入养老机构就能感受到自己受期待、受欢迎，并为他们及时答疑解惑建立新的社会支持网络。对于确实不适应本机构生活的老人，社会工作者要对他们进行重新安置。

在养老机构入住一段时间后，老年人可能会有新的问题和需要。养老机构的生活常常时间性很强，非常有规律。对于固定的时间安排老人常常只能遵守，缺乏自主决定权，尤其是个性化的需求有时会得不到重视，因而会觉得没有自尊。所有的需求都由养老机构满足也逐渐使他们产生依赖感。一些机构或者实行封闭管理，或者远离居民区，容易导致老人产生社会疏离感和孤独感。不少老年人入住老人院后要与他人合住，也会让他们觉得缺乏隐私。社会工作者要推动老年人关心和参与机构的政策制定与运作，关注老人的个别需求并协助解决。社会工作者要强化老年人与家庭和社区的纽带，使老年人即便在机构养老，也不会陷入社会隔离的境况。

在出院和出院后的照顾阶段，老人常会有两种情形。一种情形是经过在养老机构的一段生活，已经能重回社区居家养老。另一种情形是，老年人在机构居住一段后，需要更多照护，而现有机构无法满足，需要转介。这两种情形下老年人都会有一些复杂的心理反应。前者，老年人既会高兴，也会担心，怕的是自己应付不了失去机构支持的生活以及很有规律的生活无法维持；后者，则会忧虑自己又向失能、失去自主靠近了一步，有很多恐惧。社会工作者的工作重点对于前者是协调安排社区居家养老服务并作追踪评估，后者则是帮助老人接纳自己并与老年人及其家人一起选择适当的转介机构。

在死亡和濒临死亡阶段，老年人常会承受身心方面的双重痛苦。社会工作者要了解临终者可能会有的恐惧、绝望、压抑等心理反应，了解临终者对于治疗的愿望，为老年人提供临终关怀服务，使老年人能有尊严地离世。社会工作者还要协助老人及其家人处理好医疗与后事安排、家人支持等方面的事宜。

本章小结

老年社会工作是运用社会工作的专业知识，以老年人及其相关人员和系统为工作对象，帮助老年人，特别是处境困难的老年人，改善社会功能，提高生活质量和生命质量，使老年人有更好的社会适应和福祉的活动。

老年社会工作涵盖了面向一般老年人和特殊老年人的系列服务，内容包括救助服务、照顾安排、适老化环境改造、家庭辅导、精神慰藉、危机干预、社会支持网络建设、社区参与、老年教育、咨询服务、权益保障、政策倡导、老年临终关怀等。身体健康方面的服务、认知与情绪问题的处理、精神问题的解决、社会支持网络的建立，以及特殊老年人问题的处理等。提供这些服务需要坚实的老年生理、心理和社会生活方面的知识。开展老年社会工作的方法包括作综合性的老年人需求评估，运用个案工作、小组工作、社区照顾和机构照顾方法等。运用这些方法需要特别考虑老年人的特点，在场所选择、环境布置、沟通交流、方案制订与实施等方面作出适宜的安排。

第五章　妇女社会工作

通过对本章的学习，理解妇女社会工作的概念、特点、工作目标和原则，深入认识妇女的特殊困难和发展问题，认识到贯彻男女平等基本国策和推动社会性别主流化的重要性，并掌握一些最基本的妇女社会工作的方法，以便更好地服务于妇女，推动性别平等、实现性别的公平正义。

第一节　妇女社会工作概述

一、妇女的需要和问题

妇女拥有与男性同样的权利和需要，同时又有独特的需求。但妇女的一般需要和特殊需要，总是因为性别问题而被忽视和无视。

（一）妇女的需要

1. 妇女生殖健康的需要

1994 年国际人口与发展会议将生殖健康定义为生殖系统及其功能和过程所涉及的一切事宜，包括身体、精神和社会等方面的健康状态，而不仅仅指没有疾病。由于妇女有着特殊的“四期”（经期、孕期、产期、哺乳期）生理特点，因此妇女健康和安全不仅关系到妇女自身的生存和发展，而且影响到子孙后代以及整个家庭和社会的总体健康水平。我国目前已基本形成了以《中华人民共和国宪法》为依据，以《中华人民共和国妇女权益保障法》为主体，包括《中华人民共和国劳动法》《女职工劳动保护规定》《女职工禁忌劳动范围的规定》《关于女职工生育待遇若干问题的通知》等法律法规在内的关于女性工作权利的法律保障体系，妇女“四期”特殊保护的需要得到了法律保障。

2. 保障妇女的权益和发展的需要

贯彻和落实《中华人民共和国宪法》《中华人民共和国妇女权益保障法》等一系列法律中涉及妇女权益的条例，是妇女社会工作的艰巨任务。全社会要维护妇女的特殊权益，促进妇女在就业、教育、参政、婚姻、家庭等方面获得平等的机会和发展权利，改善妇女的贫困状态，保护妇女不再遭受家庭暴力、性侵犯、被拐卖等威胁。

3. 贯彻男女平等基本国策，建立性别公正的政策、制度和社会环境的需要

呼吁全社会消除对妇女一切形式的歧视，贯彻落实男女平等的基本国策，倡导将社

会性别敏感意识纳入决策主流，为妇女创造一个良好的社会发展环境，是最根本的保护妇女权益的举措。

（二）妇女面临的问题

改革开放以来，妇女得到了更多的发展机会和空间，但是在发展中也存在一些问题。

1. 婚姻与家庭问题

突出的问题是离婚率不断上升，违法婚姻增多，重婚、姘居、婚外恋等现象严重地损害了妇女的家庭生活。此外，还存在单亲母亲家庭贫困化和社会福利保障缺乏的问题。

2. 针对妇女的暴力问题

针对妇女的暴力问题主要包括婚姻暴力、拐卖妇女、性暴力、性骚扰和性服务以及基于男孩偏好的强迫堕胎等，这不仅严重伤害了妇女的身心健康，而且对未成年子女的健康成长造成了不良影响，也不利于社会的安定。

3. 生殖健康问题

在生殖健康服务中，存在着性别不公平的问题，主要表现在以下 3 个方面：

（1）妇女的生殖健康容易受到危害。如妇女意外怀孕又得不到安全流产，她们就会处于健康和生命的双重危险之中；妇女易感染传染病和艾滋病病毒，这使得女性的健康甚至生命受到传染病的严重威胁；重男轻女的思想使得未能生育男婴的母亲遭受社会歧视；妇女的宫颈癌、乳腺癌的发病率较高。

（2）妇女缺乏生殖健康方面的知识，也意识不到获得生殖健康是自己的权利。

（3）流动妇女，尤其是在打工妹群体和一些从事商业性服务的妇女中，性疾病严重地威胁着她们的健康，她们往往被边缘化，极度缺乏生殖健康方面的保障。

4. 留守妇女和流动妇女问题

留守妇女承担着照顾家庭和耕种等几乎所有的工作，生活负担重、精神压力大，针对留守妇女实施的犯罪的数量也在上升。流动妇女的问题包括：工作权益受到侵害、工资低、工作不稳定，她们常常在外出创业与回乡生活之间困扰着，担负着与孩子长期分离（留守儿童）的精神压力，生殖健康的权利也得不到保障。

5. 就业问题

城镇妇女失业率高，女性在劳动力市场受到排斥，女性打工者很难享受到医疗服务（主要是生育健康、性传播疾病和艾滋病的预防）。女性收入比男性低，女性就业者集中在报酬比较低的领域。妇女就业的岗位有的是合同工、临时工，以及其他一些非正式部门提供的缺乏社会保障的工作形式，她们的劳动权益严重受损。

6. 贫困女性化问题

“贫困有张女性面孔”，说明了贫困人口中妇女的贫困尤为严重。这些年，国家实施脱贫攻坚战略和精准扶贫政策，基本上解决了妇女的绝对贫困问题。但贫困有多维度的表现，如健康状况差、文化教育水平低、权利缺失、休闲时间严重不足等，因教育和疾病返贫的现象也比较严重，解决妇女多维度的贫困问题任重道远。

7. 参政问题

妇女参政率高低是衡量妇女政治地位的最重要的指标。国家颁布了一系列法律法规来保障妇女的基本权益。但现实政治生活中，妇女参政仍旧存在“四多四少”，即：副职多，正职少；基层多，高层少；虚职多，实职少；辅助岗位多，核心岗位少的局面。妇女在参政中存在的问题得不到解决，性别平等和公正就很难实现，也势必会影响我国的可持续发展和政治民主化建设的进程。妇女问题的产生与社会变迁中资源分配不公甚至剥夺、性别歧视等直接相关。

8. 推动社会性别主流化问题

尽管男女平等成为基本国策，但它的贯彻和落实有一定的困难、社会性别也没有纳入决策主流，推动性别平等的工作任重道远。

二、妇女社会工作的内涵和特点

妇女社会工作就是回应上述妇女的需要和问题而出现的一个社会工作实务领域。

（一）妇女社会工作的内涵

妇女社会工作是以妇女为主要工作对象，一方面用社会性别视角以及应用社会工作专业价值理念和方法，在总结和提炼本土的妇女工作实践经验的基础上，着力解决妇女存在的特殊问题和发展问题，保障妇女的社会福利，维护妇女权益，促进妇女发展；另一方面推动社会性别视角的普及和纳入决策主流，实现性别平等的目标。这两方面相辅相成，构成中国妇女社会工作的核心内涵。

在妇女社会工作中，社会工作者主要和直接的工作对象为女性，但男性和女性是一组性别关系，妇女问题与男性直接相关，在实践中已经深刻地认识到，在解决妇女问题与推动男女平等的工作中，男性的参与和针对男性的工作是不可缺少的，因此这些年我们逐渐将男性也作为工作的对象。

（二）妇女社会工作的主要特点

1. 关注妇女的多样性

妇女社会工作的服务对象是妇女群体。妇女不是一个统一的整体，具有多样性，她们中间有民族、年龄、宗教信仰等的不同，也有打工妹、单亲母亲、贫困妇女、老年妇女等不同的群体，多样性决定了妇女需要和问题的差异性，也决定了服务内容和工作方法的多样性。因此，在工作中要遵守社会工作“个别化”的工作原则，尤其是针对妇女开展社会工作的时候，既要运用性别视角分析妇女问题，同时民族、国家、文化等视角也不可缺少。

2. 关注妇女的声音和经验

长期以来，在父权文化（如“男尊女卑”“男强女弱”）的影响下，妇女的声音和经验常常被忽视或者轻视，而尊重和倾听妇女的声音和经验是妇女社会工作的起点。

3. 理解妇女的现实处境

妇女的现实处境不应该仅仅归因于个人选择的结果，要看到她们的处境和社会改革、变迁、社会性别歧视以及社会资源缺乏等问题之间的内在联系。因此，了解妇女、理解她们的现实处境、接纳她们的生存选择等，都是社会工作者必须遵守的工作原则。

4. 两性生理差异不等于女性次于男性

男女两性的生理结构的差异不能构成“男尊女卑”“男强女弱”的社会评价基础。

5. 强调妇女个人问题的社会原因，即“个人的即政治的”

传统的社会工作将妇女问题个人化，忽视妇女在私人领域中受到的压迫问题，而性别视角的社会工作提出“个人的即政治的”口号，强调个人问题与整个社会环境之间的关系。打破了公私领域的划分，让妇女问题从个人问题上升为制度问题和社会问题。性别问题和妇女问题的根本解决需要全社会树立积极健康的妇女观，需要国家的法律和政策给予保障。

6. 注重本土妇女工作经验的总结和提炼

中国的妇女问题产生于中国这块土壤里，需要从中国社会的特质中找到解决问题的方法。在借鉴和参考西方专业社会工作理论和方法的同时，需要着力和用心对解决本土妇女问题的妇女工作经验进行总结和提炼。

三、妇女社会工作的目标和原则

开展妇女社会工作，需要遵循一些独特的目标和原则。

（一）妇女社会工作的目标

1. 直接目标

（1）缓解压力和宣泄情绪。

（2）让妇女重塑自信，提升对自我的认识。

（3）解决妇女的实际困难和需要。

2. 中间目标

（1）协助妇女重新界定妇女问题，认识到“个人的即政治的”。

（2）提升妇女的性别意识，促进自省、自信和自我认同。

（3）建立妇女的支持小组，减少她们的孤独感。

3. 最终目标

（1）重新建构权力关系。

（2）建立妇女网络与网络之间的连接。

（3）倡导和建立全社会性别公正和公平的意识和制度。

（二）妇女社会工作的原则

（1）承认妇女的多样性，注重与其一起工作时视角的多样性。

（2）尊重妇女作为独立的个体，而不是家庭角色的扮演者。

（3）了解、理解和接纳妇女的现实处境和她们的生存选择。

（4）妇女本身也是资源，她们有能力处理自己的问题。

（5）妇女是发展的主体，而不是客体。

（6）增加妇女的资源和选择的多样性。

（7）将个体与群体连接起来，促进妇女之间特别是具有类似经历的妇女之间的互助。

第二节　妇女社会工作的主要内容

妇女社会工作的主要内容是解决妇女面临的实际困难，维护妇女权益和关注妇女发展，倡导和促进性别平等和公正的机制建设。三者间相辅相成，彼此促进，密不可分。

一、妇女的婚姻、家庭工作

（一）婚姻和家庭关系调适

家庭问题，主要表现为夫妻关系、婆媳关系、亲子关系和教育等方面的问题，这些问题都与传统社会性别对妇女角色的定位紧密相关。在夫妻关系的调适中，突出的问题是因家务分工、经济支配、孩子教育等问题引发的矛盾以及婚外情等带来的婚姻的危机。而妇女在婚姻家庭生活中遇到的婆媳关系问题通常在孙辈教育、赡养老人、孝顺老人等方面，是社会性别问题在家庭中的反映。很多人将婆媳矛盾看成是婆媳个人的素质问题，这样的看法忽视了传统性别制度（从夫居、养儿防老）是导致婆媳容易产生矛盾的深层根源。此外，亲子关系问题也与母亲是照顾孩子的主要责任人直接相关。

1. 家庭工作的视角和原则

性别视角的家庭工作原则包括：

（1）尊重和接纳现实中家庭形式和婚姻形式的多样性。

（2）重新调整家庭权力，避免家庭暴力、冲突与资源分配不均。

（3）工作和家庭生活的协调与平衡。

（4）父亲的职责和母亲的职责同样重要，都需要训练。

（5）社会应该为家庭提供必要的资源和服务，减轻家庭的负担。

从性别视角来看家庭，社会工作者必须有性别平等的敏感度，关注妇女的经验，关心家庭中女性是否受到来自文化、社会、政治、经济等方面的外在影响，以及这些影响是否给妇女造成了压迫并导致她们在家庭中的不平等地位。因此，家庭教育的重点是教育女性在家庭生活中如何自我增权，如何争取自我更人性化的生活，以及教育其他成员如何尊重女性独特的个性和权利，而不仅仅成为家庭角色的扮演者。

2. 夫妻关系的调适

在夫妻关系的调适中，突出的问题是家务分工、经济支配、教育孩子等方面的矛盾，城市里的婚姻危机突出表现在夫妻一方的婚外情、重婚等。

3. 婆媳关系的调适

在传统的社会性别观念影响下，人们通常把婆媳问题归因为婆婆或媳妇个人的问题，这实际上是一个误区，对婆媳双方都不公平。这与我们的婚居制——男娶女嫁，随夫居有直接关系，如在广大的农村地区，媳妇在结婚后就成为婆家的人，与自己的原生家庭断裂，而养儿防老的具体养老责任，如照顾老人日常生活起居等的责任全落在媳妇身上，人们甚至将儿子不孝顺的罪名也落在媳妇身上，这些原因导致婆媳之间容易产生矛盾。因此，解决婆媳关系这个永久的问题要从根治性别制度入手。在社会学视角下，应遵循婆媳关系调适的原则有以下几方面：

（1）让媳妇认识到婆家和娘家都要平等对待，不要分亲疏远近。

（2）遵循包容和相互理解、将心比心等原则，在婆媳之间建立平等、尊重的关系。

（3）在婆媳关系的调适中，丈夫要发挥积极的调节器的作用。

（4）帮助婆婆认识与儿子和孙子女之间的关系、角色、权力的边界。

4. 亲子关系

由于传统的社会性别分工，母亲担负着重要的养育子女的任务。当孩子教育出现问题的时候，家庭和社会将责任归因于母亲角色的不当或者母亲素质不高，性别敏感性的妇女社会工作的重点不在指导女性当好一个母亲的技巧上，不是加重母亲的责任和负疚感，而是要强调父亲的参与和家人的配合，重视父亲在亲子关系、儿童教育中所承担的责任。

我国亲子关系中隔代教育问题突出。祖辈对孙辈的抚养和教育称为隔代教育。祖父母教养的优点是祖孙之间更容易发展亲密关系，祖辈的丰富人生经验可以传承，局限是祖辈溺爱孙辈，往往没有原则。处理的方法：一是祖辈家长和孩子的父母对孩子教育的思想认识应统一；二是两代人协商建立必要可行的家规，同时也要给孩子一定的自由度和独立性；三是年轻的父母首先要端正态度，不管多么忙，都要抽时间与孩子在一起，不要把对孩子的教育权、抚养权完全交给祖辈家长。

（二）针对单亲母亲家庭的服务

1. 单亲母亲家庭的界定和存在的问题

单亲母亲家庭是由丧偶或者离异以及其他一些原因导致的母亲和孩子一起组成的家庭。单亲母亲家庭常常面临的主要问题有：亲子关系和孩子教育、单亲母亲的贫困化、就业困难、再婚困难、社会对单亲母亲的歧视和偏见以及缺乏针对单亲母亲家庭的社会保障等问题。

2. 如何看待单亲母亲家庭

单亲母亲的问题不是单亲母亲个人的问题，而是社会福利不足、社会存在歧视等社会因素导致的问题。应当关注单亲母亲在应对问题时表现出来的能力和智慧，而不要把她们视为救助对象或者是可怜的弱者。单亲家庭的孩子出现的问题，不是由于单亲所致，其根源在于单亲家长以及社会对单亲家庭不恰当的认识与社会保障的缺乏等。

3. 对单亲母亲家庭的服务

首先，完善社会福利保障制度，对单亲母亲提供一定的社会福利保障。其次，充分发挥非正式支持的作用，社区、社会组织要针对单亲母亲家庭提供有效和专业的服务，如儿童教育、单亲母亲支持小组等，一方面切实解决单亲目前存在的现实困难，另一方面增强其与类似处境的妇女的相互支持，让单亲母亲家庭摆脱现实困境，提高生活质量。

二、针对妇女暴力行为的干预

暴力的范围包括拐卖妇女、婚姻暴力、性侵害（强奸、猥亵、性骚扰）、基于男孩偏好的强迫堕胎等。

（一）针对妇女的婚姻暴力

1. 婚姻暴力的概念

联合国《消除对妇女的暴力行为宣言》中，将“妇女的暴力行为”界定为：对妇女造成或可能造成身心方面或性方面的伤害或痛苦的任何基于性别的暴力行为，包括威胁进行这类行为、强迫或任意剥夺自由，而不论其发生在公共生活还是私人生活中。2016年3月1日实施的《中华人民共和国反家庭暴力法》中对“家庭暴力”界定为：行为人以殴打、捆绑、残害、强行限制人身自由或其他手段，给家庭成员的精神、身体等方面造成一定伤害后果的行为。

2. 婚姻暴力的特征

受虐妇女综合征：长期遭受婚姻暴力的妇女具有一些共同的特征，称之为“受虐妇女综合征”。其特征如下：

（1）低自尊：认为自己应该对施暴者的行为负责，有严重的罪恶感和心理压力，并带有身心疾病，相信除了自己外没有人能够帮助自己解决问题。

（2）暴力循环：婚姻暴力是有规律的，呈现出周期性循环发生的特征，分为愤怒情绪积蓄期、爆发期、道歉、宁静、爱、喘息期等不同阶段，有时也被人们称作“螺旋状”的暴力。每次暴力不仅有周期而且深度也不同。

（3）暴力正常化：长期和反复经受暴力的妇女，不是不愿反抗暴力，而是逐渐将暴力行为视为日常生活的一部分，将其正常化。她们被暴力控制了身心，否定自己的能力，不相信自己能够摆脱暴力等。

3. 对婚姻暴力的误区

（1）两口子打架是“家务事”“私事”“清官难断家务事”。

（2）是丈夫喝醉了酒或者在外面承受的压力太大所致。

（3）是暴力性格所致。

（4）是受害者的不当行为引起的。

上述这些都不是施暴者实施暴力的理由。对家庭暴力要零容忍。

4. 婚姻暴力带来的后果

（1）对妇女：身体上的直接伤害，心理上的恐惧、无助、自卑、人际交往障碍，性方面的伤害以及可能直接导致孕妇流产等。

（2）对孩子：目睹家庭暴力的孩子，外在可能会出现攻击性行为，内在的情绪可能会焦虑和害怕，长期在家庭暴力环境中长大的孩子在社会交往等方面可能会出现一些障碍。

（二）拐卖妇女

1. 拐卖妇女问题的界定

拐卖妇女是指以出卖为目的，涉及拐骗、绑架、收买、贩卖、接送、中转妇女等行为。

2. 对被拐卖妇女造成的危害

把妇女当成商品买卖，严重地损害了妇女的身心健康，同时给被拐妇女的家庭带来了深重的灾难，这种行为是对妇女人权的践踏和轻视，反映了男女两性之间权利不平等，是性别歧视的结果。

3. 介入策略

要从根本上治理拐卖妇女的问题，一方面需要修改和完善法律中涉及打击拐卖妇女犯罪行为的有关条文，加大打击犯罪行为的力度；另一方面需要在政府、社会、社区、家庭以及个人层面开展一系列的具有针对性的综合治理，以便更有效地改善被拐卖、拐骗妇女在拐出地和拐入地的生存与发展，有效地减少和遏制拐卖妇女现象的发生。但目前对这一问题的治理仅局限于公安打击、妇联救助上，公安机关解救被拐妇女后，当事人在整个事件过程中所遭受的心理创伤如何康复，如何开始新的生活，她的家人和社区如何对待她等，则需要运用社会工作的理念和方法进行后续的跟进服务，社会工作者应该在此领域中提供切实有效的服务。

（三）针对妇女的性暴力

1. 性暴力的定义

目前，针对妇女的性暴力成为比较严重的社会问题。世界卫生组织将性暴力定义为“无论当事人双方是何种关系，以及在何种情形下（包括但不限于在家里和工作中）任何人通过强迫手段使另一方与其发生任何形式的性行为、企图发生性行为、令人厌恶的性暗示或性骚扰、买卖行为或其他另行说明的行为”。当前，比较严重的是针对妇女的强奸、猥亵和性骚扰。

（1）强奸。最高人民法院、最高人民检察院、公安部《关于当前办理强奸案件中具体应用法律的若干问题的解答》定义，强奸罪是指以暴力、胁迫或者其他手段，违背女性的意志，强行与女性发生性交的行为。

（2）性骚扰。性骚扰的界定主要靠受害者的主观感知：有针对性的、违反个人主观意愿的、带有性意味的行为或者言辞。“性骚扰”的表现有两个方面：一是言语上，故意说下流语言挑逗；违背对方意愿，讲黄色笑话强迫别人听。二是行动上，故意触摸、碰撞、亲吻对方身体的性敏感部位；故意展示色情淫秽图片、广告等，让人难堪。

（3）猥亵。猥亵是指以刺激或者满足性欲为动机，用性交以外的方式对被害人实施的淫秽行为。客观上包括抠摸、舌舔、吮吸、亲吻、手淫、鸡奸等行为方式。猥亵罪指以暴力、威胁或者其他手段，违背男性、女性或者儿童的意志，强制猥亵男性、女性或者儿童，情节严重构成犯罪的。

2. 性暴力给女性带来的危害

（1）生理伤害：睡眠障碍，例如突然噩梦连连，难以熟睡，失眠；厌食或暴饮暴食；自我伤害；身体无故不适，例如行走别扭，常有下体疼痛的感觉；感染性病或者未婚怀孕。

（2）心理伤害：情绪过激或情绪抑郁，变得极端敏感或暴躁易怒；焦虑、抑郁、自杀倾向、进食困难；自责、内疚、自卑，影响人际关系；对人不信任，对被触及身体的反应异常强烈；神情恍惚，注意力难以集中，学业受影响明显；出现吃手指、啃指甲、尿床等类似幼儿的倒退行为，甚至出现身心发展迟缓的现象；害怕某些人或某些地方；突然出现与年龄发展阶段不相符的性知识。

（3）家庭方面的伤害：经受灾难性打击，经历五个阶段，包括震惊、否认（不相信）、愤怒、悲伤和决定解决；心理挣扎和情绪困扰（贞节观念导致的羞耻感，“面子创伤”，不知道如何处理，社会舆论的压力等）；现实困难（例如打官司、离婚、转学、经济困难等）；家庭关系（影响亲子、夫妻、亲友、邻里等社会关系）。

（4）对社会的危害：引起公众恐慌；对社会环境产生不信任感和不安全感。

（四）针对妇女暴力的干预原则和策略

1. 干预原则

（1）接纳受害妇女描述的问题而不是责怪她们。

（2）尊重受害妇女的人格独立，提升她们的自信心。

（3）关注受害妇女的安全。

（4）与受害妇女建立信任、真诚的专业关系。

（5）施暴者对其行为负责并终止暴力行为。

2. 干预策略

（1）促进相关立法以及完善相关法律；向有关机构及其领导者、决策者进行倡导、宣传、培训；开展国际以及政府和非政府组织间的合作；建立和完善对受暴妇女的社会救助机制；向大众进行重视妇女人权的宣传和教育，倡导社会构建尊重妇女的良好社会氛围。

（2）开展反对妇女暴力的综合干预行动，建立公检法司、城市、农村、医院、妇联、民间组织等综合行动计划，倡导立法综合干预模式。

（3）建立受暴妇女支持小组，鼓励小组成员主动参与反暴工作，唤醒社会的理解和关注。建立对施暴人的干预机制，不仅从法律上更要从思想认识上帮助他们学习如何尊重妇女，制止其暴力行为。

（4）为受暴妇女提供各种形式的服务。例如，为妇女提供心理辅导、法律咨询等热线，对受到性骚扰、性暴力、性侵害的妇女进行心理上的帮助，并且提供个案辅导。

三、对流动妇女和留守妇女的工作

中国城乡变迁和发展过程中，大量的农村女性和男性进入城市打工，出现了流动人口问题，导致农村出现了留守人口问题，妇女则是流动与留守大军中的重要群体。

（一）为流动妇女群体提供的服务

流动妇女群体集农村人、女性、被雇用者三种身份于一身，使得她们在流动打工生活中面临包括来自性别、阶层等的歧视和压迫，如工作中面临劳动报酬、社会保险、休息权等得不到保障的问题；情感和婚姻也面临极大的挑战，她们到了婚嫁和生育年龄要面对留在城市或者回到农村的困扰；没有定期的妇科体检，很少关注生殖健康。针对流动妇女人群要强调包括性别在内的社会平等，没有社会平等的大环境，只谈性别平等不能真正改善流动妇女的境况。

从宏观层面来说，要从国家大的战略布局中加大农业投入，改善农村的状况，建立完善的农村社会保障体系，在缩小城乡差距上下功夫，让妇女们在自己的家乡愉快工作。国家要完善社会保障制度，让流动妇女能够平等享受国家教育、医疗、就业、养老等资源，优化她们的生存和工作环境；将她们视为社区中的一分子，针对她们的需求开展有针对性的服务，开展丰富多彩的文娱活动，在劳累的工作之余有个空间放松自己；鼓励她们参与社区公益活动，促进其与本地居民的融合；对她们进行职业培训，拓宽就业途径；给她们的孩子开办各种夏令营、亲子班以及课外辅导班等，缓解她们无暇顾及孩子的压力。社会工作机构致力于建立她们之间的社会支持网络和互助系统，增强她们一起争取各种权益的能力，为她们链接资源，提供就业咨询和心理辅导等服务。

（二）为留守妇女提供的服务

留守妇女是指丈夫出去打工而自己留在家中承担农业生产并照顾孩子和家庭的农村妇女。由于丈夫在家庭中缺位，妇女们承担了所有的农活以及照顾孩子和家庭的责任，妇女的生活负担和精神负担加重。另外，由于夫妻长期分离，也导致夫妻感情和家庭出现危机，甚至针对留守妇女的性侵犯等犯罪案件不断增多。上述问题的根本原因是城乡二元结构以及传统性别制度的安排。

解决该问题，应将问题放到宏观的农村发展视野中，在政策上倡导关注农业女性化带来的农业问题。留守妇女成为新农村建设的重要力量，应对其提供农业技术的培训，提高其农业技术水平，同时用政策和资源改善留守妇女的精神生活，并为其创造提供安全的生活环境，减轻其生活负担，增加资源以减少她们的压力和困难。社会工作者要深入农村开展工作，建立妇女组织，增强她们之间的互助。在这方面，社会工作者可借鉴农村发展工作领域的丰富经验。

四、针对妇女生殖健康的工作

针对农村妇女、流动妇女和从事商业性服务的妇女的生殖健康服务是妇女社会工作的重要内容。

（一）妇女生殖健康的概念

生殖健康是指生殖系统及其功能和过程所涉及的一切事宜在身体、心理和社会方面的健康状态，而不是没有疾病或不适。其基本理念是：人们能够有和谐、满意而安全的性生活，有生育能力，有权获得卫生保健和生育健康的知识与信息，有权享有必要和良好的健康服务。

妇女的生殖健康除了上述内涵之外，还包括妇女对自己健康权利的认识、权利的行使和能力。妇女的生殖健康涉及其整个生命周期的完好和安全状态，包括享有生命安全的权利、在整个生命周期达到身心健康标准的权利、享受基本的卫生保健服务的权利以及有能力抵御各种传播性疾病的权利。

（二）问题的成因

妇女生殖健康存在的问题是由多种原因造成的。首先，社会将妇女的人类生产作为一种私人的事情，因而不能像其他的生产一样给予应有的重视；其次，将妇女当成传宗接代的生育工具，无视妇女作为人的权利；最后，社会为妇女生殖健康提供的资源有限，再加上人们包括妇女自身缺乏对生殖健康权利的认识等，这些因素导致妇女生殖健康问题的出现。

（三）干预的原则

1. 主体原则

妇女是生育的主体，而不是客体。妇女作为生育的主体，对生育有权利，对一切有损自己身心健康的生育要求和性生活有权利说“不”。

2. 参与原则

妇女主动参与健康计划的制订和实施，而不是被动的承受者。妇女作为主体应该参与到关于妇女生育健康的规划和实施中去，因为对妇女们来说一个好的健康计划应该由当事人参与，而不是被别人决定，并成为政策被动的承受者。

（四）干预策略

妇女生殖健康的干预是一项系统工程，涉及生物医学、社会文化、社会医疗体制等方面的工作，因此解决该问题也要多部门合作，综合治理，其主要服务策略如下。

1. 健全具有社会性别敏感性的妇女生殖健康的政策

在制定政策的时候首先要有社会敏感性，同样在执行的过程中也应该有社会性别敏感性。如计划生育政策中只规定应该计划生育，但没有明确强调男女应该有共同的责任，所以在实际操作过程中，计划生育的主要承担者变成女性，甚至有些地方在制定妇女发展纲要中，明确将女性计划生育的比例作为执行妇女发展纲要的检测指标之一。具有社会性别敏感性的生殖健康政策应该是男女共同承担生育健康的责任和风险，而不仅仅是女性。

2. 建立“以社区为基础，以妇女为中心”服务策略

依托社区，把生育健康工作内容直接落实到基层，落实到户和人；向妇女提供卫生保健的知识与信息，提高妇女控制自身健康的能力；让社区中的妇女骨干人物在生殖健康工作中发挥核心的作用；增能妇女，培育妇女自助服务的意识和能力，建立妇女互助的健康小组。

3. 建立妇女定期生殖健康检查的制度

国家政策严格规定妇女享有生殖健康检查的权利，应该有相应的财政预算和拨款加以落实，这项福利应该惠及所有应该检查的妇女。

五、针对妇女就业问题的工作

妇女就业问题涉及城市妇女和外出务工的流动妇女两部分人群。与城市人相比，外来务工的流动妇女群体是农村人；与男性打工者相比，她们是女性；与雇主相比，她们是被雇用者。这三种身份集于一身，使得她们在流动打工生活中面临复杂的生存和发展的问题。如来自性别的歧视和不平等的社会待遇，包括劳动报酬、社会保险、休息权等得不到应有的保障，女性在劳动市场受到排斥，只能从事一些低收入、没有劳动保障的工作等。在情感和婚姻方面，她们也面临极大的挑战，无论留在城市还是离开城市，往往会受到来自婚姻和家庭的困扰。此外，由于收入不稳定，她们无钱或者缺钱看病，这对她们的健康来说极其不利。

在就业方面，男女两性存在很大的差别。女性劳动者集中在报酬比较低的领域就业，而管理层或者技术要求比较高的位置一直都被男性占据着。由于妇女就业的岗位很多是临时工或者其他一些非正式部门提供的，缺乏必要的社会保障，她们的劳动权益受到严重损害，尤其是那些哺乳期的妇女，更需要社会保障。另外，女性打工者很难享受到医疗服务（主要是生育健康以及性传播疾病、艾滋病的预防）。这些严重影响到妇女的生存和发展。

针对妇女就业问题，一方面需要有针对性地进行技术培训，扩大就业岗位；另一方面也要呼吁政策和法律加强对就业的妇女在报酬、职业健康和福利等方面的保障。针对流动妇女人群更要强调包括性别平等在内的社会平等；没有社会平等的大环境，只谈性别平等不能真正改善流动妇女人群的生活境况。

六、针对妇女贫困的工作

（一）妇女贫困的定义

妇女贫困的特殊性、复杂性和动态发展性使其概念也多元化和复杂化，现有对妇女贫困的定义主要包括以下几种观点：一是物质视角定义的妇女贫困。从物质匮乏角度定义的妇女贫困主要是指妇女在收入、资产、社会保障方面以及妇女更难获得土地、信贷、资本、收入高的工作等方面而陷入贫困。二是人文视角定义的妇女贫困。具体表现为妇女在文化、权利、社会资本以及社会网络支持等方面的贫困。此外，已婚女性尤其是老年女性在信息来源、闲暇安排、活动范围、宗教信仰等方面存在精神贫困。三是其他视角定义的妇女贫困。主要是从健康、时间、婚姻等方面界定的妇女贫困。妇女尤其是已婚妇女在经济发展所提供的就业机会与社会性别分工所规定的家庭责任下，存在工作时间超时，得不到足够休息与闲暇的“时间贫困”。

（二）妇女贫困的类型

从区域看，妇女贫困主要包括城市及农村两类。一般认为农村贫困妇女分布于贫困家庭，低收入妇女、老年妇女以及贫困女童等构成农村贫困妇女的主体。同时，中国贫困的地域性、多元性决定了少数民族贫困妇女成为少数民族地区和国家妇女反贫困重点关注的群体。在城市，妇女是构成城市新贫困群体中各贫困层的多数，如失去稳定生计和福利的下岗失业女性、女性非正规就业人员、流动妇女、失地女农民、女户主单亲家庭等。从群体看，妇女贫困主要有八大来源：下岗失业人群、工作中的低收入者、流动妇女、失地女农民、女户主单亲家庭、艾滋病病毒感染者、老龄化中的妇女群体、受气候变化等灾害影响的新型贫困妇女。同时伴随社会转型，离婚妇女、农村留守妇女、移民妇女的贫困问题也引起了社会广泛关注。

（三）妇女贫困的特征

除个体性别差异外，妇女贫困具有多重特殊性：一是妇女的易受损害性和脱贫困难性。“贫困女性化”对妇女或女户主单亲家庭主要不是贫困发生率更高的问题，而在于贫困妇女所受到的严重剥夺以及她们和孩子摆脱贫困所面临的极大困难。贫困妇女在社会、经济和文化各方面均处于从属和特殊地位，在遭遇经济危机、自然灾害等社会重创时更为脆弱。社会结构、婚姻家庭、文化素质的约束，市场机制的重利性取向以及发展计划没有足够关注妇女问题，导致妇女更易陷入贫困并难以脱贫。二是妇女贫困的演化性和传递性。妇女物质贫困与人文贫困密切相关，一种贫困常常导致其他贫困现象的发生。农村城市妇女经济贫困以及政治参与的边缘化易使其陷入精神文化的贫困，且与婚姻、家庭解体密切相关。妇女贫困的传递性主要是对儿童的影响。三是妇女贫困的分散性和多样性。妇女贫困基本呈现了贫困人口“小集中、大分散”的特征；地域广阔和民族多样性也决定了贫困人群的分散和多元分层，即妇女贫困具有地域、年龄和身份归属上的分散性和多样性。四是妇女贫困的多重交叉脆弱性。一方面，贫困妇女在地域、年龄和身份归属上存在交叉重合，如少数民族妇女的贫困问题同时叠加了民族、妇女和贫困；另一方面，突发性疾病或自然灾害会在瞬间导致或加剧贫困妇女的脆弱性。五是妇女贫困的隐蔽性。这种隐蔽性既表现为主体对贫困的隐瞒，又表现在社会对妇女贫困的盲视。前者主要是受艾滋病感染或影响的妇女以及老年妇女等特殊群体，由于社会的歧视污名以及传统观念的影响而不得不处于隐蔽状态。对妇女贫困的盲视，主要是由于部分妇女文化水平较低和权利贫困的隐蔽性而进一步被社会忽视。

（四）妇女贫困的影响因素

妇女贫困的原因主要包括自然、家庭、社会等环境因素，客观社会结构因素以及个人主观因素等。同时，妇女致贫的因素经常重合叠加、相互作用，特别是多重脆弱交叉下的妇女贫困。

1. 环境因素

导致妇女贫困的环境因素主要有自然环境、制度环境、社会经济环境等。自然环境主要是生态环境恶劣、资源匮乏；制度环境则是社会政策运行环境的低支持度、政策低可行性、低可得性，农村经济环境和政策环境约束、社会支持不足所产生的积累效应以及非制度的文化、习俗等；社会经济环境中，国际金融危机与全球经济一体化、政治动荡、宗教与种族矛盾、传染性疾病、早孕早育与堕胎等，会进一步恶化女性的生存与发展环境。

2. 社会结构因素

个人由于性别原因在劳动力市场、社会分配体制、社会保障制度等结构性要素面前的有限选择是导致贫困的结构性因素，具体表现为土地政策、户籍制度、婚姻制度等社会制度缺乏对妇女的保护，造成妇女的边缘地位进而使其陷入贫困。农村经济改革政策、计划生育政策等在发挥正向功能的同时也加重了农村妇女的相对贫困，出现因超生受处罚致贫、返贫等，并使部分妇女儿童的健康受损等。

3. 个人主观因素

妇女在生理、个人资本以及思想意识方面的局限性是其致贫的主要因素。生理上健康状况欠佳、疾病影响等易使其陷入时间、健康等方面的贫困；较高的妇科病和性传播疾病增加了因感染疾病而陷入贫困的风险；由于教育培训、流动机会等资源分配的限制和约束，妇女自身人力资本不足也是致贫的主要原因；思想上缺乏性别平等意识，“贤内助”家庭照顾者的角色限制了女性谋生致富的途径；同时，部分贫困妇女存在集体观念淡薄、法律意识不强、发展意识不足、参政议政意识薄弱等落后思想也影响其脱贫。

（五）针对妇女贫困的脱贫工作

1. 政府的力量

来自国家的精准扶贫战略和乡村振兴战略等，举国家之力进行扶贫工作，极大程度改善了妇女的贫困程度，尤其是物质贫困状况。

2. 社会和民间组织的力量

社会和民间组织多年持续的努力，在一定程度上弥补了政府扶贫中的一些不足。如妇联和民间组织用小额贷款、农村综合发展等形式改善妇女的贫困状况。这些措施不仅增加了妇女的收入、改善了妇女的经济状况，更是从提升妇女的能力入手，增加妇女抵御市场风险的能力，提高妇女的综合素质等。

3. 社会工作参与扶贫工作

社会工作因其专业的理念尤其是社会性别视角的理念和方法，可以落实国家扶贫政策，精准识别贫困妇女以及精准实施扶贫，注重妇女贫困者的能力提升，搭建妇女支持系统，有效链接各种资源，开展社区综合发展，让贫困妇女参与社区发展，从根本上解决贫困问题。

七、维护妇女权益的工作

长期以来，维护妇女的合法权益是妇女工作的重要内容，是妇联组织存在的生命线，更是妇女社会工作的天职。

（一）维权内容

维护妇女合法权益，就是使宪法等各项法律赋予妇女的权益，在她们生活的方方面面得到充分的落实。中华人民共和国成立以来，我国基本形成了以《中华人民共和国宪法》为根据，以《中华人民共和国妇女权益保障法》为主体，包括《中华人民共和国婚姻法》《中华人民共和国继承法》《中华人民共和国劳动法》《中华人民共和国母婴保健法》《女职工劳动保护规定》等法律、行政法规和地方性法规在内的一整套保障妇女权益、促进妇女发展的法律体系。《中华人民共和国妇女权益保障法》中明确规定了要维护妇女的政治权利、文化教育权利、劳动权益、财产权益、人身权益、婚姻家庭权益、计划生育权益等。

（二）维权途径

社会工作者不是律师，其维护妇女权益的主要工作内容如下：

（1）向社会以及妇女们宣传各种维护妇女权益的法律知识。

（2）调查研究妇女权益状况，为健全和落实权益保障立法提供事实依据。

（3）提供服务，落实妇女权益，并研究妇女权益的落实状况。

（4）倡导、督促健全维护妇女权益的机制。

八、推进性别平等的工作

要让妇女得到平等的发展权利，实现妇女自身的解放，需要全社会树立尊重妇女权利并具有社会性别敏感意识的妇女观。

（一）宣传和贯彻马克思主义妇女观

马克思主义妇女观是指导中国妇女运动的重要思想来源。它是指运用辩证唯物主义和历史唯物主义的世界观和方法论，对妇女社会地位的演变、妇女的社会作用、妇女的权利以及妇女争取解放的途径等基本问题作出科学的分析和概括。其主要观点是：第一，妇女受压迫是人类一定历史发展阶段的社会现象。第二，妇女解放的程度是衡量人类普遍解放的天然尺度。第三，妇女参加社会劳动是妇女解放的一个重要的先决条件。第四，妇女解放是一个长期的历史过程。第五，妇女在创造人类文明、推动社会发展中具有伟大的作用。妇女和男性同样都是社会精神财富和物质财富的创造者，都是历史的创造者，不能忽视或者忽略妇女在历史发展中的作用。

（二）宣传男女平等的基本国策

男女平等是指男女两性在政治、经济、文化、社会和家庭生活等各方面享有平等的权利和机会。男女平等是妇女解放的重要目标，也是社会进步的一项重要指标，它是整个社会平等的一部分。男女平等国策的贯彻和执行就是社会性别主流化的过程。没有社会性别视角，很难落实男女平等。

（三）推动社会性别主流化的工作

1. 社会性别的含义

所谓社会性别是指在一个特定社会中形成的对有关男性和女性的群体特征、角色、活动及责任等的观念。社会性别是由后天社会建构而成，在个人的社会化中以及社会制度中得到传递和巩固，它是一种社会关系，同时也是一种权力关系。社会性别是在人们的社会化过程中形成的，通过接受教育，男性和女性分别学习如何按照社会关于不同性别的要求和观念来规范自己的行为，以符合社会对有关男人和女人角色的定型。社会性别社会化的过程深深影响了女孩和男孩以及女人和男人的行为、态度和技能。

传统的、定型的社会性别观念规定了男人和女人不同的发展路径，而且男性优越于女性的性别定型认识阻碍了妇女的发展。因此，打破传统的社会性别定型认识，重新反思和认识社会性别，这对妇女的发展、男女平等的实现都具有重要意义。

2. 社会性别分析和决策主流化

对任何领域的任何一个计划行动，包括立法、政策或项目计划等对女性和男性产生的影响进行分析，将性别分析纳入社会决策过程即是将性别问题纳入决策主流的过程。社会性别决策主流化是一个战略，把对女性和男性的关注、经历作为在政治、经济和社会等各领域中设计、执行、跟踪、评估政策和项目计划的不可分割的一部分来考虑，以使女性和男性能平等受益，逐渐消除性别不平等的现象，最终达到社会性别平等。

3. 推动社会性别分析和决策主流化的内容

强化性别意识、注重性别分析、维护性别公正、推动平等基础上的性别发展目标；采用为决策层、执行层、监察层和评估层提供性别意识训练、向政府宣扬社会性别观点的策略，通过自上而下、自下而上或者两者相结合的路径，使社会性别意识贯彻到社会公共政策之中，并使之上升到国家意识层面。

马克思主义妇女观是妇女解放的指导思想，男女平等是我们国家的一项根本性政策，而社会性别主流化是男女平等基本国策的具体策略和实施途径。

第三节　妇女社会工作的主要方法

在妇女社会工作中，同样适用社会工作的个案社会工作、小组社会工作、社区工作方法、社会工作行政、行动研究等基本方法。只是，在使用这些方法的时候，要具有社会性别敏感性，遵循妇女社会工作的实践原则。

一、妇女赋权的方法

赋权是指一个人感觉有一种自我控制的能力，尊重自己、充满自信，并且相信自己有能力改变现状。妇女赋权是通过社会工作者和妇女之间的共同合作，让妇女有能力认识到自身的真实处境，引发她们对形成这种境况的社会因素进行思考，寻找解决的途径，并且通过采取具体的行动来改善处境。

（一）赋权的目标

具体干预目标分为三个层次：一是个人层次，包括个人感觉到自己有能力去影响或者解决问题；二是人际层次，指的是增长个人和他人合作促成问题解决的能力；三是环境的层次，是指能够促进改善社会政策的能力。

（二）实施妇女赋权的原则

（1）鼓励和肯定。通过鼓励和肯定慢慢增进妇女的自信和能力，提升妇女自身的价值感。

（2）将妇女作为主体。社会工作者和妇女的关系是协同者和伙伴关系，让妇女们充分参与工作中，发挥妇女的创造力。

（3）意识觉醒。通过阅读、小组讨论、经验分享以及观看影片等方式观察和了解妇女的社会地位，为改变创造条件。

（4）权力分析。除了避免复制权力关系外，社会工作者还要与服务对象一起讨论两性之间的、家庭的以及日常生活中其他相关的权力关系，因为妇女群体的问题多与权力关系有关。

（5）倡导政策改变。集体发声，倡导政策的发展和改变。

案例 5 – 1

贫困单亲母亲支持小组

小王 40 岁，某城市居民。30 岁时，丈夫因车祸丧生，她一个人带着两个未成年的孩子，因照顾孩子无法承担加班加点的工作，所以收入不高且工作不稳定。社会工作者在社区开展义仓（居民自发为本社区有需要的人捐钱捐物）工作，小王成为定期接受义仓服务的人员。有一次，小王主动告诉社会工作者，其 16 岁的儿子有逃学和不回家的情况，并且儿子和她很少沟通，小王有点手足无措。加上年迈、多病的母亲也是孤身一人，和她住在一起，照顾老人的责任很重。社会工作者也了解到，社区还有几户也是单亲母亲。因此，使用赋权的视角，针对单亲母亲做了一些工作。

第一步：针对小王家庭开展工作

首先，解决小王的现实性需求，建立信任关系。社会工作者得到小王儿子的同意后，和他见面沟通，了解了孩子逃学是为了减轻妈妈的负担，想出去打工挣钱。社会工作者认为，改善这个家庭的经济状况是最首要的问题。经过辅导，孩子认识到能帮助家里最好的方法就是完成学业。

其次，社会工作者了解到小王的工作不稳定、收入不高，工作单位还离家较远，上下班的时间成本比较高，因此对接资源，在社区附近帮助小王找到比之前收入较高一点、相对稳定点的工作。同时，节省的时间可以照顾家庭，没有那么疲劳。

最后，动员小王多参与社区的活动，多认识一些邻居，让其开朗一些。

这个过程中，要不要换工作、是否参与社区活动等，都充分尊重小王的意见并由小王作主。

第二步：建立单亲母亲支持小组

社会工作者逐一走访其他的几户单亲母亲，发现因丧偶而单亲的只有两户，其他几户都是离婚而导致的单亲。尽管丧偶和离婚的单亲母亲对待单亲的心态不一样，但是她们有个共同点，就是无论成为单亲的时间多久，再婚都很难，也遇到一些生活中的困难，因此对建立单亲母亲支持小组表示支持和认同。

组建了单亲母亲支持小组之后，社会工作者和她们一起分析现实情况，让单亲母亲认识到，再婚难不只是个人的原因，它与社会性别文化中男人的婚姻观有很大关系。同时鼓励大家形成姐妹团体，相互支持和帮助。

小组关系建设的结果：小王的母亲得到两位小组成员的定时照顾，可以顺便做了中午饭送给小王母亲，这样小王可以安心工作。小王也更加积极主动地参与社区活动，成为社区骨干，得到群众的认可，提升了她的自信心和积极的生活态度。

第三步：链接资源

社会工作者联络社区其他资源，通过为孩子提供学习用品等支持，减轻了小王的开支。并写了专项调研报告，提出建议：对不够贫困标准的单亲家庭，政府的福利政策或者制度上应该根据具体情况提供支持和保障。

在小王的个案中，社会工作者自始至终贯穿了赋权的理念，并没有将小王视为救助对象，而是协助其解决了面临的急迫问题之后，将小王和类似处境的妇女们联结在一起，建立姐妹支持群，让小王参与社区工作，通过服务和主动的人际交往获得支持，从心理上不会觉得自己是被救助的一员。

二、性别视角的妇女社会工作方法

社会性别视角是一种看待性别关系的视角。运用社会工作方法结合社会性别视角，为妇女群体提供服务，就形成了具有性别视角的妇女社会工作的独特方法，这种方法有其特有的程序和步骤以及方法技巧。

（一）建立平等的协作关系

信任关系本身就有治疗的功效。建立信任、真诚、平等的合作关系，在妇女工作中具有非常重要的作用。信任关系建立的具体技巧包括：

（1）具有性别敏感性的倾听、反映感受和表达同感。

（2）接纳妇女的防卫和否认行为以及她们带来的问题，而不是责怪。

（3）鼓励表达个人化的故事和经验。

（4）肯定妇女在家庭中所承担责任的价值。

（5）尊重妇女的语言表达逻辑。

（6）社会工作者是促进者而非指导者，与服务对象建立的是一种双向的协同关系，即互惠互利、患难与共的关系；鼓励妇女用“自己的话”来描述自己的经验。

（二）协助妇女重新界定问题，提升意识

协助妇女重新界定问题的具体方法和技巧涉及以下 4 个方面：

（1）无论妇女带来的问题是什么，都不要将问题个人化，以减少妇女的自责。

（2）分析问题的成因。分析哪些问题是因为性别的刻板认识导致的，哪些问题是由于缺少支持和资源产生的，哪些问题是制度和政策层面的原因导致的，认清个人问题和社会原因之间的联系。

（3）协助妇女重新认识女性以及女性承担的角色，关注生育健康权利。

（4）寻找妇女问题中个人能力与资源、环境等之间的关系及原因，协助认清个人无

力感的具体形成过程。

（三）挖掘自身潜能，链接周围资源，解决面对的问题

每个人都具有能力，每种环境都具有资源。社会工作者在帮助妇女挖掘自身的能力、调动周围的资源时，可以借助以下5种常用的方法：

（1）协助妇女认清自己的性格、特长和优势。

（2）肯定妇女为解决问题而做过的努力以及取得的成绩，并且从中看到自己的能力和优势。

（3）协助妇女认清问题本身可能带来的机会和挑战。

（4）协助妇女从自己的生命故事的回顾中找到解决问题的动力和契机。

（5）协助妇女链接周围的资源，建立支持小组。

（四）协助相同处境的妇女建立支持小组

把相同处境的妇女组织起来，建立支持小组，需要注意以下几点。

1. 要兼顾妇女的两种需求

妇女有实用性性别需求和战略性性别需求两种需求。社会工作者需要以满足妇女实用性性别需求为基础，进一步启发妇女的思想意识朝向战略性性别需求满足的目标发展。例如，对单亲母亲来说，她们迫切需要一份相对稳定的工作，能够养家糊口，性别意识的教育等对她们来说不是最急需的，无论性别意识怎样，一切繁重家务和养家糊口的责任都在她们的身上。因此，社会工作者如果不去关注和解决她们的实用性性别需求，她们很难静下心来参加小组活动。

2. 时间和场地一定要根据妇女的情况而定

针对农村妇女和流动人口群体以及一些特殊需要的妇女群体而开展的妇女小组，包括单亲母亲小组等，小组活动的时间和场地需要根据妇女的情况而定，方便妇女的参加。因为单亲母亲通常在周末需要照顾家里的孩子，平时又要上班，开办小组时需要特别照顾到她们的实际需要。

3. 社会工作者和妇女的平等关系

前来参加小组的妇女本身就是在社会中受到排斥和轻视的一群人，因此社会工作者要警惕自己在小组中的身份以及由此带来的不平等，社会工作者需要关注自己的情绪和感受，将自己投入小组中，而不是把自己作为一个冷静的、领导小组活动的专家。

三、宣传教育、倡导和多部门合作的方法

很多时候，妇女的问题不是妇女个人的问题，涉及社会方方面面力量的联动，社会政策的改变、民众观念的转变等，因此，广泛进行宣传教育、政策倡导、多部门合作等方法是非常重要的解决问题的方法。

（一）宣传和教育的方法

妇女社会工作的宣传教育的内容，主要是关于社会性别观念和男女平等意识方面。工作方法包括：

（1）利用各种政策出台和修改的机会进行宣传和教育。如借助妇女权益保障法和婚姻法修订的机会，利用各种媒体对其基本内容进行宣传，加强人们对妇女权益的了解和

认识。

(2) 利用各种节假日作为推动和宣传先进妇女观的契机。如利用“三八”妇女节，在表彰“三八红旗手”的同时，宣传马克思主义妇女观和男女平等的基本国策。

(3) 利用突发性事件进行宣传和教育。

(4) 利用各种培训机会宣传性别意识。如在各级党校中，进行“男女平等国策”的宣讲，将男女平等的课程纳入党校课程体系中。

(5) 在社区，利用各种文艺团体，通过唱歌、戏剧等艺术形式把要宣传的内容表达出来。这是一种非常好的宣传教育形式。

案例 5 -2

某边远山区有一种丧葬习俗，亲人们要为去世的老人佩戴很长的孝布，孝布越长，表示老人对上一辈越孝，也表示子女们越孝。而在当地，孝布几乎都是妇女手工编织而成的。一个女性从 13 岁学会织布开始，在娘家和婆家都要手工编织很长的孝布。因此，妇女在繁重的农活和家务活之外，还要花很多的时间，甚至占用晚上的休息时间来织孝布。生活贫困的她们，还需要花很多钱来买线织布。一旦孝布用完之后，几乎就没有别的用途。某社会发展组织到该山区开展扶贫工作，了解到村民对改革孝布的迫切需要，因此开始了孝布改革的工作。该工作主要采用了宣传和教育的手法。

工作目标：减轻妇女的劳动负担和家庭的经济负担，倡导丧葬习俗的改革。

工作方法：

(1) 通过访谈和调查了解到很多孝顺老人和不孝顺老人的故事。

(2) 把这些故事编写成当地的民间小调和情景剧，通过文艺会演的形式表现出来，提升人们对孝顺概念的新思考。

(3) 从性别视角出发，在宣传中比较妇女用在编织孝布上的时间和花费以及长时间占用休息时间对妇女健康和生活质量的影响等。

(4) 利用村子老人去世的事件，做好孝布改革的示范，打消人们对孝布改革的种种顾虑。

(5) 与社区中的红白理事会以及村委会、村妇女主任等紧密合作，对实行了孝布改革的家庭进行奖励和鼓励，并在社区中树立起榜样。

(6) 孝布改革不是全部改掉他们使用孝布的习俗，而是将孝布改短，在保留传统风俗习惯的同时，减轻妇女的负担和家庭的经济开支。

(7) 进行社区综合干预，持续不断地宣传和教育村民关注老人健康，而不是把钱花在老人去世后的仪式上。

（二）倡导

倡导指的是为了确保社会公正，站在服务对象或者受助团体的立场上，直接从事代表、捍卫、支持受助个人或者团体的利益的活动过程。倡导的前提是妇女个人存在着困难和社会保障制度的缺乏以及政策和法律保障不力等。因此，倡导的目的就是改变政策、法律和制度。从微观上而言，倡导是为了要满足服务对象的需求；从宏观上来说，倡导就是采取游说、政策建议和运用媒体等方式进行政策建议。

（三）多部门合作

多部门合作通常是解决妇女问题的一个比较根本和切实可行的方法。因为妇女问题不是妇女个人的问题，因此，需要相关各部门相互配合和协作。

多部门合作集合了各个领域的参与者，整合多领域的智力和资源，包括政府部门、社会组织、媒体及妇女活动者等，干预手法呈现多样性、多角度，包括立法建议、行政干预、社会性别培训、法律援助、医疗救助、警察干预、社会工作介入、媒体呼吁、社会舆论干预等。多部门合作的参与对象和干预对象都是多样性的，合作方式也是多样性的，它不仅是对受害者的救助和对相关群体的干预，也会带动所有参与者乃至全社会改变观念，兼顾了预防和治疗两方面的内容。

本章小结

妇女社会工作关注：为妇女服务，解决妇女面临的实际困难，促进妇女发展，解决妇女在政治、经济、文化、婚姻家庭等方面的权益和发展问题；倡导男女平等基本国策和促进性别平等和公正的机制建设。这些关注有着内在的紧密逻辑，涉及解决问题的不同层面，从解决现实的困难入手，关注和解决问题产生的根源——制度和政策。

在解决妇女问题和性别平等的工作过程中，除了应用一般的社会工作理论和方法之外，妇女社会工作有其独特的方法，如妇女赋权、具有性别敏感视角的工作方法等。

第六章　残疾人社会工作

随着中国“两个一百年”奋斗目标的推进，残疾人社会工作的发展迎来了新的机遇和挑战。残疾人社会工作是残疾人社会福利事业的有机组成部分，围绕实现“全面建成小康社会，残疾人一个也不能少”的目标，努力开创新时代残疾人事业发展的新局面。2017 年 6 月国务院批复同意设立“残疾预防日”，将每年 8 月 25 日设立为“残疾预防日”，加上 1990 年 12 月认定“每年 5 月第三个星期日，为全国助残日”，残疾人福利事业进入了“助残”和“预防”相结合的高水平发展阶段。

第一节　残疾人社会工作概述

残疾人是一个人数众多、特性鲜明，有特殊困难的社会群体。残疾人不仅承受着自身生理、心理残障所造成的困难，而且往往遭受到因社会人文缺陷所带来的痛苦，平等参与社会还面临不少障碍。

一、残疾人的定义和残疾人的分类

残疾人是人类大家庭的成员，应尊重和保障残疾人的人权和人格尊严，使他们能以平等的地位和均等的机会充分参与社会生活，共享物质文明和精神文明成果。

（一）残疾的定义

在传统的语境中，“残”代表着因伤致残，一般泛指因外伤性损害导致肢体或器官缺损或功能丧失；“疾”则泛指区别于健全人的“常态”而形成的在生理和心理上的“病态”。随着残疾人权利运动的推进，人们逐渐认识到“残疾是人类多样性的表现”，残疾人在追求“有意义的生活方式”上与“健全人”完全一样。这迫使人们去反思传统的残疾观和社会给残疾人所造成的障碍。

1990 年颁布、2008 年 4 月修订的《中华人民共和国残疾人保障法》中第二条对残疾人的定义：“残疾人是指在心理、生理、人体结构上，某种组织、功能丧失或者不正常，全部或者部分丧失以正常方式从事某种活动能力的人。残疾人包括视力残疾、听力残疾、言语残疾、肢体残疾、智力残疾、精神残疾、多重残疾和其他残疾的人。残疾标准由国务院规定。”这个定义在范围上更显完整，基本上概括了残疾人的基本特征，对残疾人的理解上不仅包含了身体上的缺陷而带来的器官的丧失或者功能的不正常，而且也包含了心理上的功能障碍而带来的精神和智力层面的残疾。在残疾人的分类上主要包括六大类，有些残疾人有两种甚至两种以上的残疾，就属于综合性多重残疾。这个定义在法律层面的确立，对残疾人的范围界定也显得更加宽泛，把更多的残障人士纳入残疾人范围，从而使他们能获得更多、更好的社会保护，有利于残疾人全面融入社会。

在国际上，国际的学者大多数从机能障碍、能力低下、社会不利三个方面整体评价伤残后果。1982 年联合国《关于残疾人的世界行动纲领》指出，残疾人是由于心理上、生理上或人体结构上某种组织或功能的任何异常或丧失的缺陷导致缺乏作为健全人以正常方式从事某种正常活动能力的人；与其相应的障碍是指某人由于缺陷或残疾而处于某种不利地位，以致限制或阻碍该人发挥按其年龄、性别、社会与文化等因素应能发挥的正常功能。

（二）残疾人的分类

根据我国第六次人口普查及第二次全国残疾人抽样调查，我国残疾人分为视力残疾、听力残疾。相对于发达国家而言，我国的残疾人口占总人口的比例相对偏低。随着我国社会经济发展水平和残疾人福利保护水平的提升，将会使更多的人能够有机会享有残疾人社会福利。

表 6－1　　中国残疾人类别构成分布表

类别	人数（万人）	百分比（%）
①视力残疾	1263	14.86
②听力残疾	2054	24.16
③言语残疾	130	1.53
④肢体残疾	2472	29.07
⑤智力残疾	568	6.68
⑥精神残疾	629	7.40
⑦多重残疾	1386	16.30

二、残疾人的需求及其面临的问题

残疾人经常会因无法获得公平发展机会和资源分配而处于相对困难地位。维护残疾人的生存权、发展权和平等参与政治、经济和社会生活的权利，体现了人类文明和社会进步。联合国《关于残疾人的世界行动纲领》的宗旨是要推行有关残疾预防和康复的有效措施，以实现两大主要目标：使残疾人得以“充分参与”社会生活和发展，并享有“平等地位”，即具有与全体公民同等的机会，平等分享因社会和经济发展而改善的生活条件。我国政府在残疾人权利保障上已取得了很大的成效，充分发挥了政府、企业、社会组织和公民的作用，努力构建残疾人社会保障体系和社会服务体系。

（一）残疾人权利和基本需求

《残疾人权利公约》是确保残疾人享有与“健全人”同等权利，在获得同等机会情况下为社会作出积极贡献的国际公约。公约涵盖了残疾人应享有的各项权利，诸如享有平等、不受歧视和在法律面前获得平等的权利，享有健康、就业、受教育和无障碍环境的权利，享有参与政治和文化生活的权利等。根据《中华人民共和国残疾人保障法》和《关于加快推进残疾人社会保障体系和社会服务体系建设的指导意见》规定，残疾人的权益和基本需求主要包含康复权、教育权、劳动权、文化生活权、社会福利权和环境友好权。

1. 残疾人康复权

残疾人康复权是其获得良好生活质量的前提条件，也是残疾人“独立生活”的重要保证。残疾人康复水平的差异性直接决定了其未来生活质量的差异性。各级政府和部门要为残疾人康复创造条件，完善社会化康复服务网络，逐步实现残疾人“人人享有康复服务”的目标，对贫困残疾人实施康复救助。

2. 残疾人教育权

残疾人教育权是实现其就业和社会参与的重要保障，不仅保障残疾人接受教育的平等机会，而且要保障残疾人接受教育过程的平等性，全面推进“全纳”教育。完善残疾人教育服务体系，不断提高残疾人受教育水平。2017 年，融合教育首次写进《残疾人教育条例》。完善以特殊教育学校为骨干、随班就读和特教班为主体的残疾儿童少年义务教育体系，加快发展以职业教育为主的高级中等以上教育。

3. 残疾人劳动权

残疾人劳动权是社会参与的最重要方面，能够充分展现残疾人“自我生命意义”和“奉献社会”的功能。由于残疾人有自身的特殊身心障碍，需要特殊的就业保护政策，整个社会要为残疾人劳动就业创造条件，以促进残疾人的各种就业形式的发展，推动残疾人扶贫开发政策与各项社会保障政策的有效衔接。

4. 残疾人文化生活权

残疾人的文化生活权是残疾人拥有平等参与各种文化、体育和娱乐的权利。一方面丰富残疾人的精神文化生活是残疾人权益保障的重要内容；另一方面通过残疾人文化生活权的确认来展现残疾人积极向上的生活状态，构建残疾人和健全人之间共融共享的文化。

5. 残疾人社会福利权

残疾人社会福利权是指享有各种社会保障和社会福利的权利，尤其是在出现“即时性”困难时能获得有效的社会帮助，主要包括残疾人社会保险、社会救助、社会供养和公共服务等内容。

6. 残疾人环境友好权

残疾人环境友好权是指残疾人享有平等社会生活无障碍的权利。消除社会性环境中阻碍残疾人参与的“物化”因素。加快推进无障碍建设，方便残疾人生活，主要包括物理环境（各类建筑物、道路和交通设施等）的无障碍、信息交流环境无障碍、公共服务无障碍和政治参与无障碍等。逐步推进残疾人家居环境无障碍建设和改造。

（二）残疾人面临的主要问题

残疾人在生理、心理等方面的缺陷并不必然会构成其在社会参与上的障碍，实际上障碍的形成及其程度是受到残疾人与其生活环境之间关系“亲和度”所决定的，当残疾人遭遇到在物质、精神、社会等层面的阻碍，无法利用其他人可以利用的各种社会系统时就会产生障碍。

1. 物质层面的困难

（1）经济困难。残疾人及其家庭收入少开支大，残疾人本人因身心障碍及其家庭成员因长期照顾等原因在就业领域处于不利状态，这直接影响其家庭的收入；同时残疾人长期需要治疗和康复，无疑又增加了家庭的开支。

（2）住房困难。我国保障性住房在房屋总量中占比相对较少，针对残疾人及其家庭的无障碍的保障性住房更加稀缺，由于残疾人存在各种行动性障碍，大多数需要与家庭长期照顾者共同居住，居住空间相对狭小，居住环境舒适性比较差。

（3）医疗困难。不仅残疾人就医本身有许多特殊困难，例如聋哑人就医就很难表达自己的病情，肢体残疾人就医有很多行动不便，而且当作为残疾人的家庭照顾者就医时，残疾人则因缺乏帮助和照顾，其内心的焦虑和无能感十分强烈。在农村地区，不少残疾人家庭还存在“因病致贫”或“因病返贫”等现象。

2. 精神层面的困难

主要是指残疾人在心理上的压力感。现实中“污名化”的残疾文化对残疾人及其家庭带来巨大的精神压力，导致残疾人及其家庭成员情感变化和心理负担，并在社会支持系统等方面陷入困境，尤其是残疾人家庭的长期照顾者在“污名化”的社会环境中常常体验着孤独感、焦虑感和无奈感等。

3. 社会交往的困难

首先是参与机会的缺乏，残疾人及其家庭成员在物质层面和精神层面的特殊直接导致其社会交往的困境，不仅社会参与机会少，而且有时候只能放弃参与机会，尤其是精神性疾病的康复者和家庭成员，受世俗性的社会偏见的影响，导致其封闭的生活方式的形成。其次是婚姻恋爱困难，残疾人及其家庭成员都会受到影响。

三、残疾人社会工作的定义及其特点

残疾人社会工作“专业化”发展始于20 世纪60 年代，其标志性事件有两件：一是联合国发布了《智力迟钝者权利宣言》和《残疾人权利宣言》等纲领性文件；二是1981 年创立了残疾人的世界性组织“残疾人国际”，倡导“平等、参与、共享”的残疾人工作新理念。

（一）残疾人社会工作定义

残疾人社会工作不同于一般的残疾人服务，专指在社会福利制度框架下，社会工作者秉承利他主义的宗旨，运用社会工作专业知识和方法，帮助残疾人进行能力建设并克服自身缺陷的局限性，构建社会性支持系统并克服各种环境障碍，使得残疾人能够全面融入社会生活并提升人类社会整体生活质量的活动。残疾人社会工作的方法在微观层面包含残疾人服务的个案工作和小组工作，在宏观层面则包含残疾人的社区工作和社会政策等。残疾人社会工作的领域涉及面广，在残疾人医疗、康复、就业、教育、文化、体育、维权、社会救助、辅助用品等方面都需要社会工作的专业服务，这是对残疾人“全人和全程”的人性化和柔性化服务。

残疾人社会工作与医务社会工作有重叠也有区别。残疾人社会工作的主要对象是各种残障人士及其家庭成员，医务社会工作的主要对象是各类病患及其家庭成员。显然，医务社会工作中包含部分在疾病期的残疾人，而其他残疾人则不属于医务社会工作的范围。当然，医务社会工作更多体现“医疗”，而残疾人社会工作则更多注重“康复”。两者虽然在心理疏导、人际关系调适等方面有相同之处，但残疾人社会工作更多地注重为残疾人提供提升学习、就业能力和机会等，以协助残疾人平等地参与社会生活。可以这样说，医务社会工作在服务目标上注重使残疾人摆脱病痛而恢复健康，而残疾人社会工作则更注重使残疾人全面康复和融入社会。

（二）残疾人社会工作的特点

残疾人社会工作的目标是尊重残疾人的公民权利，促进残疾人平等的社会参与，实现残疾人体面工作和尊严生活，推动残疾人树立“自尊、自信、自强、自立”观念，构建“残疾人友好”的社会。

1. 理论视角的特殊性

残疾人社会工作在我国还处于不断探索阶段，残疾人社会工作的理论视角主要包括残疾发生的社会代价理论、残疾康复的社区照顾理论和残疾融合的社会网络理论。

（1）社会代价理论。该理论认为残疾的发生是人类创造物质文明和精神文明必然付出的代价。无论是从人的自然属性还是社会属性来看，残疾伤残都与人类社会共存。人类发明了火药、枪炮和现代化的武器都使人类认识自然和改造自然的能力加强，但是人与人之间的残酷战争也造成了空前之多的疾病和残疾，很多军人残疾实际上是为了“保家卫国”；人类发明了汽车、飞机和高铁等交通工具，使得人类的外出通行能力大大加强，但是交通速率的加快直接导致交通事故的增加，人类的伤残大幅度增加；文化体育运动的开展，丰富了人们的日常生活，但也出现了许多失误和难以预料的意外事件；工业、矿业和现代化的工厂建立，造就了多彩的物质世界，但也造成了大量的工伤、矿难和职业病等，甚至带来了环境污染，产生“血铅”儿童和先天性残疾婴儿等。就残疾的发生来看，必然是社会问题和个人问题的综合，后天性残疾肯定有社会性原因，即使先天性残疾，也有很大的社会性原因。例如环境污染、不安全的食品和劳动强度过大等都会导致新生儿的残疾。残疾人问题绝对不是残疾人个人的责任，必然要运用社会的力量来解决。

（2）社区照顾理论。20 世纪中期以来，在西方残疾人社会工作中出现了“反院舍化”的社区照顾理论。美国的一些社会学家和社会工作者关注长期居住在养老院、康复医院等机构接受专业服务的残疾人和老年人，探求院舍化管理和服务质量之间的关系。美国社会学家戈夫曼深入研究了居住在庇护中心的精神疾病康复者，发现了一些精神疾病的康复者处于“不良人际关系”的困境中。一是不良同伴关系，精神疾病的康复者长期集中居住在一起往往会形成具有强烈刺激性的互动关系，不利于“正能量”的传递。二是不良的关护关系，庇护中心的管理人员、医护人员等长期面对精神性疾病患者容易出现“职业倦怠”状态，对精神疾病的康复者持消极、冷漠的态度，并且对精神疾病患者采取半封闭严格管制措施等，直接导致医护人员和病患之间关系变得隔阂、紧张甚至出现对立状态，这在某种程度上不仅不利于精神疾病患者康复，反而会加重患者的病情。老年人或残疾人因长期住医院或老人院而带来的各种不良后果，会使得服务对象慢慢对自己的能力产生丧失感而对提供的各种服务产生依赖感，并渐渐失去了重新适应和融入社会的动力和能力。

因此，社区照顾理论的倡导者指出："院舍化"的照顾是一种昂贵且效果不好的模式，社区照顾模式有利于促进服务对象回归社会。残疾人社会工作领域的社区照顾理论强调：残疾人是社会上的特殊群体，他们需要通过社区照顾（正式服务和非正式服务的结合）在社区内"独立生活"，即通过整合各种社会资源为残疾人提供"适合性"的支持，在社区中实现残疾人自我最大的独立性和自我控制能力的发挥。

（3）社会网络理论。该理论从系统论角度来分析人与人之间的关系，强调社会工作者与服务对象之间应该建立良好的互动关系。所谓社会网络是指一群人之间关系结构及他们之间存在的交换关系和特定角色，这种联系的整体性则可以来解释这群人的社会行为。社会网络和社会支持还是有所不同，社会网络主要指非正式的社会支持，社会网络是对正式社会支持系统的一种有效补充。对残疾人来说，社会网络中的父母、亲朋好友、互助小组和社区中邻里关系等，能够在"关键时刻"提供心理及情绪上的支持，协助应对日常生活中的小问题，提供物质性的经济援助，并提供一定的技术性服务和咨询意见等。同时，残疾人置身于社会网络中，感受到"亲和性"的社会网络，就能感受到自信和对外在环境的控制感增加，从而形成积极的心理状态，社会网络直接发挥保护性和预防性相结合的社会功能。当然，社会工作者要深入残疾人的生活情境去发现其社会网络中的"重要他人"，并不断拓展个体之间自愿联结、群体之间的互助、邻里之间的互爱等社会网络。

2. 残疾人社会工作功能发挥的特殊性

残疾人社会工作者必须坚持"同一个世界，同在蓝天下"的人道主义精神，要突破因对残疾人的"偏见"而形成的"健全和残疾"的二元分化，加快残疾人全面融入社会。

（1）微观层面。主要是针对残疾人个体的服务。一是对残疾人提供直接的物质性帮助。从社会工作专业服务的角度来看，给予有需要、有困难的残疾人物质性帮助是一种间接服务。社会工作者通过整合各种社会性资源，甚至改变资源配置的路径，与政府、社会组织、社会工作服务机构和慈善性机构紧密合作，为残疾人争取各种社会福利和社会服务项目等。二是为残疾人提供能力建设的支持服务。残疾人群体陷入现实困境中，有些并不是因为经济的困难，而是自身社会期望角色和人际支持系统不足或缺失。社会工作者不仅要为残疾人提供心理认知的咨询服务，还要帮助残疾人提升适应社会环境的能力，例如在残疾人服务体系中推进家庭环境的无障碍设施改造工程，实现残疾人社会工作的"助人自助"。

（2）中观层面。主要涉及残疾人社会工作的组织发展层面。一是推动残疾人组织和为残疾人服务的社会组织的发育。通过这些组织来协同政府搭建残疾人的基本公共服务输送平台，政府向社会组织购买残疾人服务，提升服务的经济效益和社会效益；通过这些组织为残疾人搭建在"利益分配"和"权益维护"中组织话语权的平台，扩大残疾人群体民主协商空间，增加其利益诉求的表达渠道，防止出现个体化和非理性化"信访"的事件；通过这些组织为残疾人搭建社会参与的组织平台，为残疾人融入社会、创造财富、实现人生价值而提供组织支持。二是推动社区性残疾人社会支持系统的发育，这是动用社区资源的创新性服务方式。残疾人合法权益的损害大多发生在社区，维护残疾人的合法权益的落脚点也在社区，通过在社区对残疾人赋权和增能，在社区营造志愿者支持系统来推动残疾人在社区“独立生活”。推进残疾人社区融合，社区发展和社区服务都有利于形成良好的社区治理共同体。

（3）宏观层面。主要涉及政府的相关政策和社会文化方面的变迁。一是推进残疾人社会政策的变迁。残疾人的生活质量高低，体现了社会的公平公正程度，也体现了社会的文明程度。维护残疾人的合法权益是政府和全社会的责任。“残疾人问题”实质上是社会性因素占主导性地位，例如在偏远贫困的农村地区老年人因白内障而形成失明问题，表面上看是家庭经济贫困，实际上主要是城乡基本医疗公共服务的不均衡性。这是政策性的差异化带来的问题，也是国家反贫困战略落实的问题。通过残疾人社会工作，自下而上来推动残疾人社会政策变迁和完善，发挥积极预防性功能，防止各种残疾人问题产生和相应利益矛盾冲突，在制度和政策领域促进社会进步。二是增加社会资本，形成“亲和力”的残疾人文化。残疾人社会工作以服务对象的需求为本，致力于在残疾人与健全人、残疾人和社会组织、残疾人和政府之间建立相互支持的关系，不仅增加了对残疾人的保障和能力建设，而且进一步提升了人际信任和社会资本，推动构建一个充满“爱和关怀”的社会。

3. 实务前提的特殊性

残疾人是人类社会中一个较大群体，由于其自身缺陷和社会环境阻碍，常常无法获得平等发展机会，使其在社会生活中处于相对弱势地位。由于服务对象的特殊性也直接导致了残疾人社会工作实务前提的特殊性：一是残疾人社会工作服务更加注重残疾病患应该得到长期的照料，无论是在康复机构还是在社区，残疾人与其他病人相比，往往需要更长期的治疗。二是残疾人社会工作服务更注重社会资源的整合，更重要的是激发残疾人及其家庭成员的潜能。强调多部门协作和不同专业人士的共同努力，尤其是社会工作者和工程技术成员（残疾人的辅具开发）。三是残疾人社会工作更加注重服务对象的优势和能力，强调潜能的发挥。

四、中国残疾人社会工作的发展

20 世纪 80 年代，随着我国残疾人事业的蓬勃发展和社会工作事业的发展，残疾人社会工作也得到了快速发展。1988 年 10 月，中国残联创办了“中国康复研究中心”，这是集医疗、教育和研究为一体的残疾人服务中心，其中社会康复工作由专业社会工作者实施，在中国康复中心设有专门的社会工作部。这种示范性的做法对推动残疾人社会工作的发展起到了良好的作用。同时，在部分地区，开始在残疾人服务中导入专业社会工作服务，为本土化的残疾人社会工作奠定了基础。

第二节　残疾人社会工作的主要内容

随着社会的发展，人们对残疾及残疾人问题的理解也在悄悄地发生变化。以前人们往往把残疾人问题的根源归之于“残疾本身”，但目前除少数重性精神疾病患者或智力残疾严重的儿童之外，所有的残疾人都能接受适当的、免费的公共教育，所有的公立学校为残疾人的入学创造条件，这使得人们对残疾人特殊教育理解也发生了很大的变化。

一、残疾人服务的发展

（一）残疾社会工作服务理念变迁

传统的个体模型把残疾界定为残疾者个人的问题，与社会无关，相应的责任都是归属个体，个体应该为了社会的整体利益而改变。例如，20 世纪前在西方占主导地位的医学理论分析框架把残疾看作是“功能丧失”，即无法独立和有效地完成他人所能完成活动的能力，残疾人则是偏离“常模”（标准）的人。这种来自医学模型的残疾标签具有消极的负面影响，从而导致残疾人（尤其是精神残疾人）的自尊丧失。

社会模型开始成为主流模型。社会模型强调在多元化的社会中，“标准和隔离”是丧失“人性”的表现，不是个体患有残疾，而是社会环境导致了残疾，社会应为了适应个体的需要而改变。这个社会环境包括人为环境、社会价值观、社会机构、社会个体和残疾人文化等。例如，社会建构模型就认为：“残疾人问题是一种社会的客观存在，应该将这个问题归于社会，残疾问题不是由残疾人的个人无能造成的，而是社会本身无法为残疾人提供充分有效的服务，也无法确保残疾人的需要在社会组织中得到足够的重视。”因此，根据社会建构的理论框架，“残疾完全是社会强加给残疾人的，这种强加包括从个体的偏见到制度性的歧视，从公共建筑的障碍到交通系统的限制，从隔离式的教育到排斥性的工作安排”①。那么，在社会公共政策的制定上就必须要认识到残疾人的需要和特点，注重挖掘残疾人的潜能，应该看到残疾人潜能的发挥会大大超出人们的想象。

这种主导性理论的变化，促使人们来反思和理解传统的残疾人观念存在的四大误区。

1. 防止把导致残疾的原因归于个体的生理性因素或道德层面的缺失

自从有人类，就有残疾人。残疾的原因可能是遗传和疾病，也可能是自然灾害、战争和意外事故，还可能是环境污染和科技水平限制等。在残疾人致残的原因分析上应该坚持社会原因分析为主导。

2. 防止把残疾人个体的问题“普世化”

当某个残疾人遇到困难时容易简单地判断是由于残疾所引起的。其实，残疾人的个体差异是非常大的，当人们把困难的核心界定为残疾的时候，因为残疾的事实是客观存在的，那就意味着直接否认了残疾人克服困难的可能性，也就否认了作为人具有改变自身现状的潜能，直接否认了残疾人的权利。

3. 防止把残疾人简单地看作是社会的“受害者”

“残疾人问题”的主要原因是外部障碍（无论是政策还是环境等），使得残疾人处于“不利”的社会境遇中，无法发挥正常作用。残疾人权利的实现和能力的发挥需要消除

---

① Oliver. M. . Social Work, Disabled People, and Disabling Environments. London: Jessica Kingsley, 1991, P30 – 31.

外部的障碍，政府也应该在立法上制定对残疾人的保障政策，推进发展残疾人事业。要认识到，残疾对于个体的发展而言，既是一种挑战也是一种机遇。

4. 防止把残疾人看作“理所当然”需要帮助和社会支持的人

历史上，残疾人经常被处于与世隔绝的状态。在现代社会中，残疾人与健全人一样，具备良好的社会适应能力，能够发展替代性需要并且相对独立地使用社会性资源。当然，这并不否认残疾人需要给予特别的帮助，关键问题是要评估残疾人需要“什么”帮助以及在“什么”处境下需要帮助。社会赋予残疾人以同等的发展机会才是最重要的，社会帮助的目标不是要让残疾人“依赖”社会，而是建构残疾人的新“能力体系”。“我们把人放在首位，把残疾放在第二位。残疾者首先是人。”① 发展残疾人事业，就是要实现残疾人的“平等、参与和共享”。

（二）残疾人社会工作服务模式变迁

国际残疾人社会工作的发展越来越朝着专业化和职业化方向发展，残疾人社会工作的发展正在经历从“医学治疗模式”向“社会康复模式”的转变。近 20 多年来联合国一直倡导这种模式的转型。

1. 残疾人社会工作理论层面的转型

残疾人社会工作就是要把理论知识、实务技能和自我洞察力相结合，但在这样的结合中，理论知识恰恰占据最重要的地位。

（1）在致残原因的理论分析上，从个人责任理论转向社会责任理论。个人责任理论的前提隐含了“健全人”和“残疾人”的对立，在同等生活状态下，大多数人是正常的，而少数人致残，其责任只能在个人或家庭，一个人患有残疾只能是个人和家庭的不幸或悲剧。社会责任理论则强调无论先天性残疾还是后天性残疾都是社会因素造成的，例如近亲结婚而生出智障儿，表面上是先天性的，实际上是父母知识的缺乏，也是社会性因素造成的。

（2）在残疾现象的理论分析上，从社会标签理论向社会照顾理论转变。标签理论是美国社会学家贝克提出，强调困难群体的偏差行为是强势群体“妄加”标签的结果，而直接导致困难群体逐渐游离在主流社会之外。很显然，这种标签理论运用于残疾人社会政策中，会给残疾人和社会带来双重损失。社会照顾理论则强调，专业社会工作者与服务对象建立信任的专业关系，关键是把所谓的“不正常”的群体或行为看作是“正常化”的，要寻找这类群体或行为在“当下生活情境”中的合理性，社会工作者应该以服务对象的需要为出发点。社会照顾的理论就是在文化价值层面要坚持多元化，防止出现价值观的“侵入”现象，注重服务对象自我潜能的激发。

2. 残疾人社会工作方法层面的转型

这主要表现为残疾人社会工作方法背后理念分析和工作方法直接介入模式的理论分析。

（1）在工作方法的理念分析上，残疾人社会工作正在实现由供养理论向回归社会理

---

① Juliet Rothman. 残疾人社会工作［M］. 曾守锤，张坤，译. 华东理工大学出版社，2008：180.

论的转变。供养理论的理论基础是从残疾人的生存“首位权”出发的，主要注重经济和物质层面的供养，而相对忽视精神和社会层面的满足。回归社会理论是“去机构化”运动的代表性理论，强调专业工作者和残疾人服务对象的互动，强调服务对象社会关系的重建，要增加服务对象的“能力”。回归社会理论和增能赋权理论在理论层面是相通的。

（2）在直接介入模式的理论分析上，由单一的个案模式向综合服务模式转变。个案模式比较注重个体和家庭关系的介入，而综合服务模式则更多从社会系统的角度来反思对残疾人合法权益的保护问题。这也是社区康复理念得以流行的重要原因之一。

二、残疾人社会工作的主要内容

残疾人社会工作的主要内容包含努力维护残疾人的合法权益及积极改善残疾人的生活质量两大方面。

（一）本土化视野下的残疾人社会工作服务

面对国际化残疾人社会工作新的发展趋势，毫无疑问，我国应该从自身残疾人事业的特色出发，积极发展本土化的残疾人社会工作，把本土化和国际化有机结合起来。

1. 确立残疾人社会工作的新理念

把残疾人社会工作纳入公共服务体系，建构多元中心治理机制下的新型残疾人社会工作。多元中心不仅要实现残疾人社会工作主体的多元化（包括政府、非政府组织），还要有一定的市场性企业等；并且要实现残疾人社会工作资源来源的多元化，政府发挥主导作用，其他社会组织发挥辅助性作用，从各自的优势出发筹集资源。这些资源不仅包括人力、财力、物力资源，更重要的是社会资本。在残疾人社会工作发展中，要正确处理政府、非营利性组织、残疾人服务对象、残疾人社会工作等多元要素之间的关系。

2. 进一步完善残疾人社会工作的法律地位和法律框架

残疾人社会工作的发展离不开非政府的民间残疾人服务组织的发育，在法律的框架中赋予这些组织以合乎其社会身份的法律地位，特别是对民间“草根性”的组织身份的法律确认。那么现有的法律框架还需要不断完善，这就牵涉到法律和社会政策相关的配套。例如，国家税收政策中对民间捐助的优惠规定和民间组织的社会募捐的法律规定等。

3. 实现残疾人工作机制的创新，构建网格化的服务模式

残疾人服务内容和形式多样化，要更加有效地满足残疾人的需求，网格化的服务模式构建就显得十分关键。要建立“横向到边，纵向到底”的工作网络，形成“多级”的网络服务体系。残疾人的社会服务机构和残疾人的社区服务是重点工作，要把残疾人社会工作纳入社区建设的总体规划，加强基础建设、打造残疾人社会工作的服务平台，创造社会各界共同参与的社会化残疾人社会工作的新局面。

4. 加强对残疾人社会工作专业服务组织和人才队伍建设

在发展残疾人社会工作事业进程中，对专业社会工作者要“外引人才和内部培养相结合”，对于志愿者则要加强“奉献”和“激励”的统一性。在专业服务机构和专业人才的培育上，要加大培训、认证制度的建设。虽然全国社会工作者职业水平考试在社会工作人才队伍建设上迈出了一大步，但是对专业的残疾人社会工作者来说，还需要更专

业的培训和认证制度。

5. 构建全社会“友善”的残疾人价值观

其一，残疾人社会工作的特点就是以残疾人的能力建设为手段，激发残疾人的社会参与度和融入度。其二，要大力发展农村残疾人社会工作，坚持城乡统筹的发展战略。农村残疾人社会工作应该更加注重“社区资产”，构建残疾人新的社会支持系统。其三，残疾人社会工作要推动全社会对残疾人服务的广泛参与，单纯政府的行动并不能真正提升残疾人的主体性社会地位，还需要全社会营造“友善”残疾文化，社会对残疾人具有“接纳”的义务和责任。

（二）政策层面：保障残疾人合法权益的政策体系

1. 残疾人社会保护政策体系建设

社会保护是由政府、各类社会组织建立起保护性制度和措施，以避免或减少社会困难群体在快速社会变迁（包含政治、经济、社会、文化等方面的制度性和结构性变化）过程中所遭受到的利益损害，通过“社会补偿”的方式来降低“社会损害”，通过预防性和治疗性两种手段来达到目标。

2. 残疾人的民生权利和人身权利的法律确认和保障

1954 年的《中华人民共和国宪法》和现行宪法第四十五条都明确规定：“国家和社会帮助安排盲、聋、哑和其他有残疾的公民的劳动、生活和教育。”在 1990 年颁布、2008 年修订的《中华人民共和国残疾人保障法》中对保障残疾人的各项社会平等权利都作出了明确的规定，残疾人的公民权利和人格尊严受法律保护，禁止歧视、侮辱和侵害残疾人。民法通则、民事诉讼法、律师法、劳动法、教育法、婚姻法和继承法等 40 多部重要法律中都有关于残疾人权利的具体规定。残疾人教育方面的社会政策，在 1951 年 10 月中央政务院下发的《政务院关于改革学制的决定》，1994 年国务院专门颁布的《中华人民共和国残疾人教育条例》中，明确了国家和社会对帮助残疾人接受教育的责任和义务。残疾人就业方面的社会政策，2007 年国务院发布了《中华人民共和国残疾人就业条例》，对保障和促进残疾人就业的责任和措施作出了具体规定。

3. 实施发展残疾人事业的国家规划

自 1991 年开始，残疾人事业被纳入国民经济和社会发展总体规划，细化残疾人事业发展的工作任务和责任清单。2010 年国务院正式发布《关于加快推进残疾人社会保障体系和社会服务体系建设的指导意见》，提出了八大指导原则和两个阶段的任务目标，成为现阶段我国残疾人事业发展中的纲领性文件。八大原则为：“坚持以人为本，促进残疾人全面发展；坚持残疾人‘两个体系’建设与经济社会发展水平相适应，保基本、广覆盖、多层次、可持续；坚持将残疾人‘两个体系’纳入国家总体社会保障和公共服务体系，并予以优先发展；坚持政府主导与社会参与相结合，重点保障与特殊扶助相结合，一般性制度安排与专项制度安排相结合；坚持统筹兼顾，把解决当前突出问题与完善制度体系相结合；坚持资源共享，充分依靠现有公共服务体系和保障制度为残疾人服务；坚持分类指导，促进城乡区域均衡发展；加强残疾人社会保障和服务政策理论研究，建立健全法律法规和基本制度，构建残疾人‘两个体系’建设的长效机制。”

还有许多省、市、县根据法律规定，结合本地实际情况出台了一系列残疾人的社会救助、社会优惠和社会照顾方面的社会政策。例如，司法部和中国残联先后联合发布了《关于做好残疾人法律援助工作的通知》。

（三）服务层面：残疾人康复服务

由于残疾人社会工作具有很大的特殊性，其工作内容和范围显然要比其他类型的社会工作广泛许多，与残疾人的社会权利相对应，主要包括残疾人康复服务、就业服务、教育服务、婚姻家庭服务和社会预防服务等。中国香港社会工作学者江绍康认为，残疾人社会工作可以划分为三大部分：第一，康复工作。包括：预防残疾，暴力、贫困、意外、不良生活方式等是造成缺陷和残疾的主要原因；复健，即狭义的康复，旨在使有缺陷的人在生理、心理和社会功能上都能达到最佳程度；均等机会，包括社会调查、社会立法及政策和自助组织发育。第二，增能工作。使得残疾人获得能力行使自由的权利；消除无力或无助感、疏离感以及无从自主感。第三，社区康复。它将有关残疾的知识、预防方法、康复技能等普及基层健康工作人员、残疾人及其家属等，调动一切资源帮助残疾人康复和参与社会活动。

1. 教育康复及其主要内容

残疾人教育康复在国内的定义中是指狭义上的残疾人特殊教育，并非是国际上流行的残疾人的“全纳教育”。教育康复是针对在社区或机构中的婴幼儿、学龄前儿童和学龄期的青少年以及部分成年人，其重点是从出生到学龄前的残疾婴幼儿和少年儿童的早期干预，以及义务教育阶段后的与职业康复和就业安置等相关的教育工作。

很明显，残疾人社会工作者和特殊教育的老师发挥的作用是不同的。残疾人社会工作在教育康复中的主要内容如下：

（1）针对残疾人群体。首先，开展人与环境互动的教育，要认知自己的残疾、认识日常生活的环境、认识自己的心理状态；通过社会工作的个案、小组和社区等方法提供专业化重点服务，使得残疾人的身心与环境达到和谐，积极应对残疾及其残疾的生活状态。其次，针对不同残疾提供差异化的“补偿性”功能的训练，不仅学习基础性科学文化知识、劳动技能和职业技能训练，更重要的是为他们结合身心发展提供各种培训。在整个的个性化服务中，要相信服务对象，与服务对象“在一起”工作，激发残疾人在服务过程中的主体性，从而达到教育康复、心理康复和功能康复的“三位一体”。

（2）针对残疾人父母、监护人或家属等。残疾人的家庭照顾者是残疾人教育康复中的“关键人”之一。首先，要给予家庭照顾者以及家庭成员以心理支持，缓解精神压力。在对待残疾人的问题上，有正反两种现象都是不妥当的，一种是歧视和忽视，另一种是过度的呵护和保护，对这两种不正确的做法要进行社区矫治。其次，普及相关的残疾人教育康复的相关知识，同时提升照顾者的康复技巧。最后，帮助构建社区型社会支持系统，提升社区志愿者的服务质量。

（3）针对社会组织、残疾人服务组织和各类爱心人士。残疾人社会工作服务是系统工程，但是科学化的助人活动仅靠爱心还是不够的，因为科学化与专业化紧密相连。虽然，目前有很多社会组织、残疾人服务组织和爱心人士从事残疾人服务，但大多数还是用比较传统和经验化的方式，这种方式还无法理解残疾人社会工作“独立生活”的理念。在残疾人教育康复的过程中，也要加大对从事残疾人服务的组织、志愿者团队和爱心人士的宣传、教育和培训，提升服务于残疾人的专业知识和技能。

2. 职业康复及其主要内容

职业康复是指通过一系列措施，稳定且合理地解决残疾人的就业问题，主要是提供职业服务，如职业咨询、职业评估、职业指导、职业训练和有选择的安置工作。如果说教育康复重点是提升残疾人融入社会的能力和素质，那么职业康复重点就是实现残疾人助人自助和奉献社会的价值。1983 年国际劳工组织通过的《残疾人职业康复和就业公约》指出职业康复目标是：为了使得残疾人获得、保持适当的职业并得到提升，从而促进他们参与或重新参与社会。国际劳工组织在 1985 年《残疾人职业康复的基本原则》（第三版）中明确规定了职业康复的主要内容包括以下 6 个方面：掌握残疾人的身体、心理和职业能力状况；就残疾人职业培训和就业的可能性进行指导；提供必要的适应性培训、心理功能的调整以及正规的职业培训；引导从事适当的职业；提供需要特殊安置的就业机会；残疾人就业后的跟踪服务。

职业康复是残疾人融入社会的最有效途径，是一种集合“治疗－康复－发展”三种功能的方法。通过就业残疾人不仅奠定了自身独立的经济地位，实现自身的发展，同时通过劳动也使得某些已经丧失生理性能力器官得到某种程度恢复；更重要的是，就业过程能够增强残疾人的成就感和自信心，能够帮助残疾人建立与健全人之间新的社会支持，加快融入社会生活。

3. 社区康复及其主要内容

这是现代“生物－心理－社会”模式在残疾人康复领域发展的必然结果，在社区中运用社会康复的理念来推动残疾人社会工作。社会康复的理念是帮助残疾人全面康复，实现回归社会生活的主流。社区康复就是依托于城乡社区，充分利用各种社区资源（包括政府、企业、社会组织、社会工作者、社区居民、残疾人及其家庭等），在医疗、职业、教育和社会等康复领域为残疾人提供方便、经济、有效和可行的“全面康复”服务，促进残疾人在社会生活和家庭生活中重塑自我，积极参与社区公共事务，并建立“亲和性”高的残疾人社区文化。目前在上海、浙江等地区社区针对精神性残疾和智力残疾开设的“工疗站”也是社区康复的一种新方法。

残疾人社区康复的主要内容如下：

（1）开展残疾的预防工作。社区是残疾预防和宣传的最重要场所，社区康复要与初级卫生保健工作共建、共享、共担当，推进残疾人社区康复工作。残疾预防是指在发生伤病残之前，预防其发生或发生后减轻其功能障碍程度。我国初步建立了三级预防体系：一级预防是指预防致残性伤害和残疾的发生，通过实施免疫接种、围产期保健、预防性咨询及保健、减少暴力、预防交通意外、加强公共场所安全、避免引发伤病的危险因素或危险源、指导健康的生活方式、提倡合理行为及精神卫生、安全防护照顾等措施。二级预防是指防止伤害后出现残疾，通过实施残疾早期筛查、定期健康检查、控制危险因素、改变不良生活方式、预防并发症、早期医疗干预、早期康复治疗等措施。三级预防是指防治残疾后出现残障，通过实施康复功能训练、假肢矫形器及辅助功能用品用具、康复咨询、支持性医疗及护理、必要的矫形替代性及补偿性手术等措施。

（2）开展康复评定和建档工作。在社区中针对残疾人运用客观、科学的方法开展功能障碍性质、部位、范围、程度、发展趋势和转归等作出全面评定。评定的方法主要有：肌力评定、运动功能评定、日常生活能力评定、认知功能评定、心理功能评定、社会交往功能评定、职业技能评定等。同时，在社区建立残疾人服务档案，根据残疾人的特征、发展趋势和潜能开发可能性，提供适当性的社区康复方案。

（3）开展具体的康复服务。社区康复的内容是多样化的，就是要整合社区中的各种资源，通过各种康复性治疗，最大限度地恢复残疾人所丧失的功能。社区康复是集教育康复、职业康复和医疗康复等功能，实施“治疗－康复－服务”整合性服务。

第三节　残疾人社会工作的主要方法

残疾人社会工作实务在我国的开展涉及残联、医疗、公共卫生、教育、公共安全、民政、人力资源和社会保障、劳动、文化和体育等许多部门，也涉及儿童、青少年、老年、妇女等各类人群。虽然，残疾人社会工作实务必然涉及社会工作的三大基本方法和通用过程模式等，根据残疾人社会工作的特点，这里主要从个案管理、社会融入和就业权实现三个方面来分析。

一、残疾人社会工作服务的个案管理

残疾人社会工作服务坚持以残疾人为本，以残疾人的服务需求为本。由于残疾人群体往往自身存在着很多生存困难，需要多种专业团队的合作才能发挥功能，需要在社会工作主导下，整合多元化的支持系统，运用不同的专业知识和技巧，帮助残疾人及其家庭增强其在经济、政治、文化和社会领域的影响力。因此，在残疾人社会工作服务中，经常运用个案管理的方法。

（一）残疾人需求评估的特殊性

对残疾人需求的评估重要的不是对残疾的等级评估，不是去评估残疾，而是首先把维护残疾人的权利放在首位，把残疾放在第二位。应该看到，服务对象来寻找社会工作者的帮助，其动机和原因是多种多样的，残疾可能是也可能不是他们需求帮助的主要原因。作为专业的社会工作者，要全面考虑服务对象的需求，绝不能凭自己的价值观来作判断，以服务对象为本，就是要全面接纳残疾人自己对问题的感知和需求。

1. 理解残疾人及其家庭的内心感知

残疾和障碍的发生在心理状态上会出现：一是暂时性震惊状态；二是否认状态，产生沮丧、怀疑等情绪和心理体验，并在心理上出现“被剥夺感”和“依赖感”；三是焦虑和恐惧的状态，感觉到自己对很多东西慢慢失去控制，例如有些车祸的残疾人经过康复训练腿部功能恢复，但是由于心理上还有障碍导致病患无法站起来；四是出现愤怒和沮丧状态，这往往会陷入无助感，甚至出现攻击性行为和戏剧化行为；五是走向认同状态，接受残疾的事实，慢慢适应残疾相伴的生活方式。残疾人家庭基本上表现出刻意逃避、怕别人嘲笑，再到积极回应、关注和参与各种活动。当然，残疾人及其家庭的心理感知还会出现“波动和反复”。社会工作者要真诚地接纳残疾人的这种“负性”的心理感知，深入残疾人生存环境之中，看到其行为产生的合理性，并慢慢成为残疾人及其家庭的“聆听者和陪伴者”。

2. 消除社会上对残疾人的错误理解

健全人与残疾人的沟通经常会产生不适感，甚至会出现沟通障碍，认为残疾人有暴力倾向。例如，有些残疾人会用“大喊大叫或砸东西”等行为来表达情绪，但这并不表明他们会有意伤害别人，而是沟通能力比一般人弱些；还有人会错误地认为残疾人永远是“寄生虫”，但科学研究表明80%的残疾人只要经过适当的教育和培训都是可以独立生活的。社会工作者需要通过社区宣传消除社会基于对残疾人的误解而形成的“社会隔离和社会排斥”，架起社区与残疾人之间的沟通桥梁，促进残疾人的社会融入。

（二）残疾人专业关系建立的特殊性

通常在残疾人社会工作中，专业关系的建立是关键，与其他领域相比，残疾人社会工作专业关系的建立难度更大。

1. 专业关系就是信任关系

专业关系建立的基础是社会工作者与残疾人之间的信任关系的建立，这种信任关系的建立取决于两个方面：服务对象相信社会工作者有解决问题的能力，社会工作者相信服务对象具有改变的潜能。残疾人会怀疑社会工作者能否理解残疾以及残疾人的能力，因此社会工作者和服务对象之间应建立“信念联系”。社会工作者要区分同感和同情，相信服务对象和社会工作者的付出是具有价值的信念。同感是社会工作者基于残疾人的权利的理解，敏感地感知服务对象的内心情感并且把这种理解传递给服务对象，表达出“我可以设身处地地理解你的感受”；同情则表达的是一种“居高临下”的价值态度，传达的意义是“我知道你现在的感受”，缺少了一种主体间的平等性，更加要放弃怜悯。社会工作者应该关注残疾个人体验的独特性，而不应该是“预设的”相同性。

2. 专业关系的建立是一个过程

社会工作者对服务对象要有耐心，鼓励案主在沟通和行动中维护自身的利益。同时，社会工作者面对中重度肢体、精神分裂症的残疾者或临终病人时，因准备不充分而产生恐惧等心理，社会工作者要具备良好的自我觉察和自我反思的能力。

（三）残疾人个案管理工作模式的主要步骤

个案管理的残疾人社会工作服务是专门提供给那些正处于多种问题，且需要多种专业的助人者同时介入服务对象的，一种既分工又合作的协同服务。残疾服务对象可能会有一系列的服务需求，包含医疗护理、个人护理、交通困境解决、教育培训、职业恢复、日常娱乐、住房改造、营养支持等，这些服务逐个解决时就变得不完整，服务周期也会大大拉长而变得不经济。个案管理就是要把这种不连贯变成持续协调性的服务，有服务对象主导模型和服务提供者主导模型两种。

1. 个案管理的特点

一是通过社会工作者的服务，整合各种专业人士的力量和资源为某个或某种残疾人提供全面性的服务；二是增强残疾人获取资源并运用资源网络的能力，提升对社会环境的适应能力。个案管理能够大幅度提升服务效率，社会工作者的角色是“资源整合者、价值倡导者、服务咨询者”。

2. 主要工作步骤

（1）建立关系。这是接案的阶段，收集服务对象的基础资料和相关问题，处理社会工作者和服务对象之间的角色期望，使得服务对象从潜在服务对象成为现实服务对象，并签订服务契约。

（2）评估阶段。界定残疾人服务对象需要解决的具体问题的优先顺序；分析解决这些问题中应该使用的可用资源，确定具体的工作目标，确定服务对象所需的专业的助人者，探讨服务对象使用资源所存在的障碍，服务对象的内在障碍和外部环境的外在障碍，还有最严重的是因残疾而带来的恒久性功能丧失，以致无法与专业的助人者进行有效的沟通或参与社会活动。

（3）制订服务方案。这是一个理性思考的过程，由评估转化为具体行动方案，也是服务对象和社会工作者共同行动的必然结果。首先由服务对象与社会工作者分头设定各自的目标并对其进行优先顺序排列；其次共同选择达到目标的方法，即介入的策略，以达成服务对象的改变；最后是确定评估成果的时间和程序，可以借助一些评估量表（服务计划表、治疗计划表等）。

（4）获得整合性的资源。在现实的环境中采取介入行动以克服资源链接上的障碍。链接外在资源的策略有链接、协商和倡导；内在资源则注重找出服务对象内在障碍的本质，发现对抗内在障碍的内在资源，能够发动内在资源的过往经验，在此基础上形成行动。例如，通过对残疾人心理咨询的方式使服务对象使用资源的能力大大加强。

（5）整合实施。在社会工作者主导下，组织参与该服务对象的专业助人者取得对“共同性目标”的认同，并按照约定或任务达成顺序化等工作方法推进整合实施过程。

（6）结束阶段。当服务对象能够获得资源并有效使用的时候，残疾人社会工作者的“助人自助”目标初步达到。结束阶段的残疾人社会工作者回到主导型角色，评估服务绩效、巩固服务对象的变化，处理服务跟踪的事务。

为确保有品质的个案管理，有些价值原则贯穿服务过程始终，例如优势视角，要看到服务对象的潜能，让服务对象和社会工作者共同决定，防止价值观的侵入。运用专业知识和技巧，强调专业团队的合作，微观临床性的工作技巧的运用等。

二、促进残疾人社会融入的方法

残疾人权利保障和残疾人康复的最终目标是残疾人能够平等地参与社会生活，融入社会，实现与健全人之间的和谐。当然，残疾人的社会融入是一个不断发展和不断提升的过程。

（一）残疾人社会参与的特殊性

残疾人的社会参与是指残疾人经过“医疗－康复－服务”之后，通过科学的评估，在政府和社会的支持下，重新回归家庭生活并平等参与社会活动。残疾人的社会参与不仅可以在康复机构，更主要是在社区。残疾人社会参与的内容是全方位的：政治参与，即通过行使政治权利，提升残疾人的社会地位，形成完整的社会保护政策体系；经济参与，即加大就业支持力度，提升残疾人的就业能力和就业机会，使其在经济生活中不受歧视，实现经济独立；文化参与，即组织各种残疾人的文化体育等活动，推动“理解、尊重、关心和帮助”残疾人的文化氛围，并消除社会上对残疾人的污名化标签；社会参与，即公平享受基本公共服务，在家庭、社区和公共领域构建无障碍设施体系。

残疾人由于残疾本身对其社会参与带来了一定的限制，同时对残疾人的社会性偏见和社会歧视导致很多残疾人游离在主流社会之外。残疾人往往被认为缺少劳动能力、没有健康的体魄等，这种标签直接导致了残疾人社会参与的障碍。实际上，残疾人的社会参与与残疾康复是相辅相成的，参与度越高，康复度越高，反之亦然。

（二）残疾人社会融入的目标和主要措施

残疾人社会工作不仅要保障残疾人的合法权益，也要扩展残疾人的社会支持网络。残疾人社会支持网络包括正式支持网络和非正式支持网络两种，其中正式支持网络包括：政府的基本公共服务、城乡社区的服务体系、残疾人社会组织和其他社会组织；非正式支持网络包括：家庭、邻里和亲朋好友、志愿者服务等。残疾人社会康复的主要目标包括：第一，最大限度提高残疾人的生理功能，使残疾人功能的丧失降低到最低限度，并防止可能增加的损伤，提升残疾人面对困难处境的自我处理和自我照顾的能力。第二，最大限度提升残疾人的社会适应能力，使残疾人学会向他人倾诉和沟通的能力，以获得充分的情感支持。第三，最大限度提升残疾人的职业技能，发挥其潜能力，走向“助人自助”，实现其社会价值和个人价值的统一。

加大残疾人的社会参与，推进残疾人的社会融入。主要内容包括：第一，残疾人社会参与现状的评估，通过4R指标来分析，即角色（Roles）、关系（Relationship）、反应（Reaction）、资源（Resources）。第二，对残疾人社会参与的能力进行评估，综合身体、心理和社会适应性等方面的指标来测量。第三，确定残疾人社会参与基于社会康复理论的基本原则。

残疾人社会康复的具体措施有以下几点：第一，残疾人平等公民权的确认，协助政府部门制定法律、法规和政策保护残疾人的合法权益，使其拥有公平享有改革开放积极成果的权利。第二，残疾人生存权保障，构建适合残疾人生存的必需条件，尤其是在住房、食物和婚姻家庭方面的公平待遇。第三，残疾人发展权的实现，使残疾人公平接受教育和培训的机会，提升残疾人的生活自理能力、就业能力和社会参与能力。第四，残疾人经济权益保障，帮助残疾人实现经济自立或提高其经济自立能力，保障其在经济生活中不受歧视；对于不能实现经济自立的残疾人，帮助其获得社会性经济保障。第五，残疾人政治权利的保障，鼓励和促进残疾人以各种方式参与社会政治生活，包括选举和被选举权利。第六，残疾人文化权益的保障，组织残疾人和健全人一起参与社会文化、体育和娱乐活动，支持和推进残疾人的社团活动，形成全社会理解、尊重、关心和帮助残疾人的良好社会氛围。第七，残疾人生活安全的保障，消除残疾人在家庭、社区和社会上的物理性障碍，使其能够公平享受基本的公共设施的服务。第八，形成“残疾人友好社会”，大力提倡人道主义精神，消除对残疾人的社会歧视和偏见，激励残疾人形成自强自立精神。

三、促进残疾人就业权利实现的方法

残疾人权利运动通过积极的社会角色的榜样树立、基本人权的法律确认、全社会的支持等来帮助残疾人形成和创造积极的自我认同。当残疾人对自己的残疾产生一种自我控制感的时候，当残疾人认识到残疾与积极自我认同相融合所具有的巨大发展潜能时，当残疾人发现身患残疾同样能够创造有意义的生活价值时，残疾人就能形成自豪感和自尊感。

（一）残疾人就业的支持性资源

就业是一个人在社会上安身立命之本，但是残疾人的失业率远远高于健全人，残疾程度往往与贫困程度呈正相关关系。因此，残疾人社会工作的重要内容之一就是帮助残疾人实现就业，推动职业康复体系的形成，完善就业保护政策，反对对残疾人就业领域的社会歧视。

残疾人就业的支持性资源包括：第一，政府部门，对残疾人福利企业事业组织和城乡残疾人个体劳动者实行税收减免政策；对适合残疾人生产的产品，优先安排残疾人福利企业生产；政府部门下达职工招录、聘用指标，应当保留一定数额的残疾人用人指标，不达标的则要求缴纳“残疾人就业保障金”。当然，政府还可以出台一些单项的促进残疾人就业的收入支持计划，如社会保险费补助、贫困家庭补助等。第二，企事业单位，不仅要加大力度聘用残疾员工，并且应该在完全公平的工作场所对残疾人的需求采取特殊照顾，这是企业社会责任的具体表现。第三，残疾人社会组织和其他社会组织，激发社会主体的活力，做政府部门和市场部门“做不好”“不能做”的事情，推动政府购买社会组织服务制度建设，大力推进各种服务残疾人的项目，例如残疾人职业康复的服务项目。第四，社区各类志愿服务，社会化的志愿服务受惠最多的就是残疾人、老年人等特殊群体，应充分利用社区各类志愿服务力量帮助残疾人融入社会、实现就业。

（二）残疾人职业康复的流程管理

残疾人就业的市场化路径以分散就业为主导，一部分就业能力强的残疾人直接进入商业性机构和政府部门等职业场所，与健全人站在“同一条起跑线上”。残疾人就业社会福利活动路径是以相对集中就业为主导，一部分就业能力较强的进入福利企业，这是具有中国特色的“社会企业”，还有一部分就业能力比较弱的就进入过渡性就业场所——庇护工场。目前我国的企业社会工作才刚开始，融合残疾人社会工作和企业社会工作的实务还相对较少。

职业康复的流程包括：第一，职业咨询。面对“就业难”的困境，残疾和障碍对残疾人的个体职业活动产生了影响和限制，求职道路上最容易感到孤军奋战，残疾人的职业咨询就显得更加重要。因此，社会工作者在接案后应针对每个残疾人自身特征和就业情况等相关问题进行综合性分析并提出相应的解决方案。第二，职业评估。是指通过各种测试手段和方法对残疾人所进行的一系列的客观评估、心理测试以及性格分析，涉及身体、心理和职业适应性三个方面，从而对残疾人的兴趣、个性、价值观、态度、身体、学习和工作能力等作出科学评定。职业评估通过职业评定活动为残疾人的职业生涯规划提供科学的依据。第三，职业培训。这是残疾人就业前和上岗前的针对性培训，是帮助残疾人实现有效就业的措施，由社会工作者和职业指导师等专业成员共同协作实施。就业前培训是让残疾人接受特定职业的相关基础知识和技能培训，并形成从事该职业活动所必需的能力和态度，具有比较广的适用性。上岗前培训是让残疾人接受即将从事的工作岗位所必需的知识和技能的培训，以便适应实际的工作和环境。第四，就业指导。根据残疾人个案的实际情况，提供劳动市场、就业方向等信息以及具体就业指导意见和建议，以及根据残疾人进入职业工作领域中所出现的问题提供跟踪性指导服务。

职业康复是残疾人融入社会的最有效途径，是一种集合了“治疗－康复－发展”三种功能的方法。通过就业残疾人不仅奠定了自身独立的经济地位，实现自身的发展，同时通过劳动也使得某些已经丧失生理性能力的器官得到某种程度恢复。更重要的是，就业过程能够增强残疾人的成就感和自信心，能够帮助残疾人建立与健全人之间新的社会支持，使残疾人更快融入社会生活。

本章小结

残疾是人类社会固有的现象。残疾人社会工作是社会工作者根据残疾人的需求，帮助他们解决具体问题所开展的社会福利服务性质的工作，其核心和主要内容是康复社会工作，其目标是协助残疾人实现权利和社会融入。社会工作者通过在各种服务机构和社区里对残疾人实施全面康复的系统性服务，达到改善残疾人的生存状态和生活质量、帮助他们重新参与社会生活的目的。这种专业化的实务性工作与其他社会工作一样，都根据社会工作基本理论和遵循社会工作的伦理思想，使用个案工作、小组工作、社区工作等工具和手段，利用各种专业技巧为残疾人提供服务。残疾人社会工作实务必须与其他领域和专业的服务互相支持，才能为残疾人事业的发展作出贡献。

第七章　矫正社会工作

矫正社会工作是社会工作实务的重要领域之一，因服务对象的特殊性而使其具有很多不同于其他领域的独特内容与方法。学习本章内容，是为了使矫正社会工作者能够掌握这一工作领域的基本概念、理论、方法和价值观，以便更有效地开展矫正社会工作专业的服务活动。

第一节　矫正社会工作概述

一、矫正社会工作的概念及其功能

矫正社会工作是社会工作实务的特殊领域，在这一领域从事服务的人员，首先需要了解矫正社会工作的基本概念及其功能。

（一）矫正社会工作的概念

1. 矫正的原意及司法含义

矫正，也称矫治，原是医学上的专门用语，意指通过手术或药物治疗，使身体部位的形状或机能方面发生畸变的患者得到康复，以重新过上和正常人一样生活的过程。如矫正口吃、矫正牙齿、矫正斜视、矫正脊柱等。将“矫正”概念引入社会领域，成为司法方面的专门用语，意指国家司法机关和工作人员通过各种措施和手段，使犯罪者或具有犯罪倾向的违法人员得到思想上、心理上和行为上的矫正治疗，从而重新融入社会，成为其中正常成员的过程。

2. 矫正社会工作的定义

矫正社会工作在一些国家和地区也称感化工作（如我国香港地区），它是司法矫正体系中非常重要的组成部分，是社会工作实务的一个重要领域。矫正社会工作是指将社会工作实施于司法矫正体系中，是专业人员在社会工作专业价值观指引下，运用社会工作的理论、知识、方法和技术，为犯罪者或具有犯罪倾向的违法人员（如吸毒者），在审判、监禁、社区矫正、刑释或强制戒毒期间，提供思想教育、心理辅导、行为纠正、信息咨询、就业培训、生活照顾以及社会环境改善等方面服务，使其消除违法犯罪心理结构，修正行为模式，适应社会生活的一种社会福利服务活动。

（二）矫正社会工作的功能与作用

根据个人与社会二因素的犯罪原因理论，矫正社会工作的功能与作用也应该从个人和社会两个角度入手进行分析。

1. 针对罪犯的功能与作用

矫正社会工作针对罪犯的功能与作用主要包括：

（1）监管功能。矫正制度即刑罚执行制度，矫正社会工作者是刑罚执行团队中的一员。在一些国家或地区的立法和司法实践中，矫正社会工作者（如美国的缓刑官、我国香港地区的感化主任等）被法律授予依法对非监禁罪犯实施监管的职责。对非监禁罪犯实施监管，一是通过限制一定程度自由的办法（如定期汇报、不可随意离开居住地等规定）对犯罪行为作一定补偿；二是通过监管预防其再犯罪。

（2）矫正功能。犯罪行为的实施有个人因素的影响。个人因素包括生理因素、心理因素、思想观念、行为特征、生活方式等。矫正社会工作者通过运用专业的理论、知识、方法和技巧，使犯罪者或具有犯罪倾向的违法人员得到生理上、心理上、思想上和行为上的矫正治疗，从而重新融入社会，成为正常成员。

（3）服务功能。矫正社会工作从本质上讲是在司法体系中的社会福利服务，其服务对象是社会特殊群体——罪犯或违法人员。矫正社会工作的服务贯穿整个刑事司法过程。其内容涵盖生活照料、经济支持、疾病医治、心理辅导、就学就业指导、家庭关系调适等。服务手段包括直接的专业服务、转介性的间接服务等。

2. 针对社会环境的功能与作用

矫正社会工作针对社会环境的功能与作用主要包括：

（1）营造有利于服务对象更新改造的家庭和社区环境。许多研究表明，一些人之所以犯罪，是因为其生活的家庭及其周围的社区环境恶劣，存在许多不利于人健康成长的影响因素，如监护缺失、家人酗酒、家庭教育方式失当、邻里失和、毒品泛滥、赌博盛行、偷盗猖獗等。这些现象的存在，不利于服务对象的更新改造。矫正社会工作者的工作重心，除了针对罪犯个人的监管、教育和服务外，还应着眼于营造有利于罪犯更新改造以及预防犯罪的健康和睦的家庭和社区环境。

（2）促进刑罚制度朝人性化、科学化方向发展。现代世界各国的刑法观念和刑罚制度大多朝着非刑罚化、非监禁化的方向发展。矫正社会工作制度既是这一发展趋势的产物，又是进一步推进这一变革的动力。矫正社会工作本着人道主义精神，运用科学的理论和方法，从事更新改造罪犯和改善社会环境的活动，用有力的事实向世人表明，人性化、科学化的刑罚制度比威慑至上的严刑峻法更有利于罪犯的改造和社会的安全。

二、服务对象的特点及需要

矫正社会工作是社会工作专业中一个较为特殊的领域，其特殊性表现在它的服务对象具有其他领域服务对象所不具有的特点和需要。

（一）服务对象的特点

1. 具有冲动好斗的人格特征

有学者认为，一般罪犯具有共同的基本人格特征，即高外倾性、高神经质、低掩饰性，表现为外向好动、好进攻、情绪不稳、喜怒无常、易激动，对各种刺激产生强烈的反应，常产生缺乏理智、刻板的反应，行为冲动，缺乏同情心，对人抱有敌意，不关心人，喜欢古怪不平常的事，不顾安危，喜恶作剧，适应环境不良。这种人格特征的外在表现形式虽然会因为罪犯被判处刑罚而有所收敛或掩饰，但其基本的特质却不会轻易地改变。因此，在矫正过程中，服务对象往往表现得敏感、神经质、情绪不稳、反应过度、对人对事多疑、偏激等。

2. 具有自卑消沉的心理特征

服务对象因为处在被监管、被处罚的境地，其积极的人生动机和动力往往潜藏在心灵深处，而消极悲观、自暴自弃、得过且过、患得患失等心理特征往往占据主导地位，在待人接物处世方面，他们往往表现得自我评价低、自卑感强、依赖心强、拨一拨动一动、缺乏主动进取精神。矫正社会工作的目标，就是要引导服务对象摆脱消极的心理影响，促使其重建积极的人生态度。

3. 具有与社会严重脱节的社会特征

许多罪犯之所以犯罪，是因为其社会化进程受阻，社会功能严重缺失。一旦被判定有罪并被处以刑罚，由于刑罚措施本身具有的隔绝功能，加之社会的歧视和排斥，以及罪犯的自我封闭，服务对象往往处于与社会严重脱节的境况。这种社会特征不利于服务对象社会功能的修复和重建。

4. 具有困难重重的生活特征

罪犯一旦被判定有罪并处以刑罚，其自身和家庭遭受的冲击和改变是十分巨大的：家庭可能因此而解体；婚姻可能因此而结束；亲友可能因此而背弃；学业可能因此而中断；工作可能因此而丧失；健康可能因此而恶化；财产可能因此而化为乌有；社会地位可能因此而一落千丈。无论是在监狱服刑，还是在社区接受矫正，服务对象都会面临困难重重的生活压力。

（二）服务对象的需要

1. 基本生存条件的保障需要

服务对象面临困难重重的生活压力，为其提供基本生存的条件，既是基本人权的体现，也是对其实施矫正计划措施的前提。基本生存条件包括：维持基本生活所需的经济收入或低保救助；维持基本生活所需的住房条件；维持身体健康的卫生医疗待遇等。

2. 教育、就业权益的保障需要

矫正社会工作的目标是帮助服务对象能够通过自身能力来维持其基本生存条件，因此，教育、就业权益的保障显得尤为重要，要通过帮助其接受较好的教育，以及实现有效就业，实现帮助其自新、自强、自立的目标。

3. 正常家庭生活的需要

家庭是人们生活的基本场所，也是人们得到生命滋养的源泉。父母慈爱、子女孝顺、夫妻恩爱、兄弟和睦的家庭生活对于每个人而言都十分珍贵和向往，矫正服务对象也不例外。有的服务对象可能就是因为其原生家庭缺乏爱和关怀，才导致人格缺陷从而犯罪；有的正常的家庭生活却因为其成员的违法犯罪，从而陷入骨肉分离、支离破碎的境地。因此，矫正社会工作者要鼓励和协助服务对象构建和恢复正常的家庭生活，这既是为了满足服务对象对于正常家庭生活的需求，也是为了创造良好家庭环境促进服务对象更顺利转变。

4. 再社会化的服务需要

矫正社会工作通过矫正计划措施的实施，促进服务对象恢复和重建其严重缺失的社会功能，成为社会正常的成员。社会工作者要在专业价值观指引下，运用社会工作的理论、知识和方法、技术，为服务对象及其家人，在审判、监禁、社区矫正、刑释或强制戒毒期间，提供思想教育、心理辅导、行为纠正、信息咨询、就业培训、生活照顾以及社会环境改善等方面的服务，使罪犯消除犯罪心理结构，修正行为模式，适应社会生活。

三、矫正社会工作的特点

矫正社会工作与其他领域的社会工作实务相比较，既有共性，又有其独特的个性特征，表现如下。

（一）特殊性：为社会特殊群体提供的福利服务

社会工作的重点服务对象是社会困难人群，如儿童、老人、残疾人等。矫正社会工作的服务对象是罪犯或具有犯罪危险性的违法人员，这些人过去的行为对社会和他人的利益造成了损害，从这个角度讲，他们是社会安全和公众利益的危害者，具有以强凌弱、弱肉强食、称霸一方、威慑四邻的特点，似乎是社会强者的象征。而实际上，这些人之所以违法犯罪，很重要的原因是其社会化过程的阻断或弱化造成社会适应能力的降低甚至消失。他们无法通过社会公众所认可的途径和方法来维持其在社会中的正常生活。所以从这一角度讲，他们是社会的弱者。尤其是当他们的行为被社会判定为违法或犯罪，受到社会的制裁和惩处时，其社会地位更处于与社会主流背离的不利层面，是社会的一个特殊的群体。所以说，矫正社会工作是为特殊群体提供的社会福利服务。

（二）复杂性：强制性监管与人性化服务交织相伴

在许多社会工作实务领域如老年社会工作、残疾人社会工作中，社会工作者与服务对象的关系建立，都要以服务对象的自愿为前提，社会工作者无权强行要求别人接受服务。但是在矫正社会工作领域中，服务对象是被司法机关判为有罪并处以刑罚的受刑者，或是被公安机关处以强制戒毒的违法者，对这些服务对象提供的矫正服务具有强制性特征，不以服务对象的主观意愿为前提。当然，即便是强制性的矫正服务，也要体现社会工作人性化的本质特征，要尊重服务对象的人格和尊严，要相信并创造条件促使服务对象改变。所以说，矫正社会工作是强制性监管和人性化服务交织相伴的实务领域。

（三）长期性：服务期限与刑罚执行期限基本一致

在其他社会工作实务领域中，社会工作者与服务对象关系建立的期限，以服务目标的基本达到为原则，因此，服务期限可长可短并不确定，有的需要几周时间，有的需要几个月时间，超过半年或一年的案例也有，但是比较少见。而矫正社会工作实务中，社会工作者与服务对象的关系建立，以服务对象的服刑期限为参照，一般与刑罚或强制性措施的执行期限相一致，往往会有半年、一年，甚至几年的时间。

（四）专业性：法律专业与社会工作专业相结合

矫正社会工作是将社会工作实施于司法矫正体系中的一项实务活动，而对违法犯罪人员的矫正又是个复杂的、长期的、系统的工程，因此需要由各方面的专业人士共同合作才能达到目的。在矫正社会工作领域中，法律专业和社会工作专业是两个最基础和重要的专业。矫正社会工作者一方面需要学习掌握社会工作的系统理论知识和方法技巧，必须是一名合格的社会工作者；另一方面需要学习和了解相关的法律知识，熟悉了解对于各类违法犯罪人员施以惩处和监管的规定。

四、矫正社会工作的起源与发展

（一）矫正社会工作的起源

据考证，现代矫正社会工作起源于美国，其创始人是一位美国家居波士顿的名为约翰·奥古斯特斯（John Augustus）的制鞋匠。

1785 年奥古斯特斯出生时，美国取得独立战争的胜利还不久。当时，殖民地统治时期残酷对待犯人的刑罚（如鞭挞、截割、手枷等）虽然还普遍存在于各个监狱中，但要求人道地对待犯人的呼声已时有所闻。1841 年，“华盛顿全民禁酒协会”在波士顿成立，奥古斯特斯参加协会并成为其中最热心的成员之一。他常常到监狱去探望囚犯，对那些因酗酒而被判刑者深表怜悯，屡次恳请法官对此类犯事者暂缓处分，由其保释出狱进行感化教育。在历时数周的保释期间，奥古斯特斯运用个案工作的辅导方法改善受保者个人及其周围的环境状况，等这些人返回法庭重受审判时，一般都会因为行为大有改观而获得宽大处分。

从 1841 年开创这项工作到 1859 年去世前的 18 年中，奥古斯特斯总共保释的人犯近 2000 名。奥古斯特斯认为，自己的工作如果能使1/10的人犯有改善也是值得的，因为把一个人从错误中扭转过来等于把他从死亡中拯救出来一样。

当时，虽然有人对奥古斯特斯的行为不理解甚至怀疑和反对，但他毕竟开创了一个全新的工作领域，他的伟大精神和光辉业绩为后人所称颂，他也因此获得了“感化工作之父”“世界上第一位伟大的观护人”的美誉。

（二）世界一些国家矫正社会工作制度的建立和发展

奥古斯特斯逝世 20 年后，美国马萨诸塞州制定了一项法案，授权波士顿市设置专任矫正社会工作者（观护人）一名，让其参与法院刑事管辖权的审议，调查犯罪嫌疑人、判决犯、轻罪犯及接受“观护处分”者替代刑罚的建议工作。10 年后，该项制度延伸到州高等法院，马萨诸塞州因此形成美国第一个以州为范围的矫正社会工作。其后，密苏里州、佛蒙特州、伊利诺伊州、新泽西州等陆续制定了类似的法律。到 1925 年，美国《联邦观护法案》在国会通过，美国全国范围内的矫正社会工作制度由此得以建立。

英国早在 1887 年就已制定了《初犯法》。该法确立了“感化精神”，但其适用范围十分狭小。1907 年通过的《感化犯人法》第一次在全国范围内认可感化犯人制度并制定了具体措施。该法案规定：“由一个由有关机构指派并于必要时在公共基金下支薪的观护人员全体来代表法院负责被判以感化处分的人在释放后的监督、咨询、协助以及与之交往等有关事宜。”由此，改变了英国以往以志愿方式为基础开办感化矫正服务的发展方向，确立了由法院任命的专职人员以公共服务方式推进的矫正社会工作格局。1925 年英国制定《刑事裁判法》，规定按各承审法院的管辖范围设立“司法裁判区”，每一个司法裁判区设立一个“感化委员会”，专门负责辖区内矫正社会工作者的任命、薪给支付和其他一切行政事务，从而在体制上保证了矫正社会工作的进一步开展。

日本的矫正社会工作是在吸收了美、英经验的基础上于第二次世界大战后建立发展起来的。1947年和1949年，日本分别制定了《恩赦法》和《犯罪者预防更生法》，由此开始了有关预防和感化矫正罪犯的法律建设新时期。形成了一个多层次的法规网络体系。在组织架构和机构设置上，既有更生保护委员会、保护观察所等国家机关，又有更生保护会、兄姐会等民间团体；既有刑务所、少年院、妇女辅导院等司法矫正机构，又有商谈所、教养院等儿童福利机构。在矫正措施上，既有日益社会化的设施内处遇，又有如更生保护、保护观察、中间处遇等设施外处遇。在人员配置上，既有由国家支付薪水的专职工作人员，又有如保护司这样不领工资的志愿者。日本在借鉴别国经验基础上发展起来的适合本国情况的矫正工作制度，是当代资本主义国家中最成功、最有效的。

（三）我国矫正社会工作制度的建立与发展

1. 我国香港和台湾地区矫正社会工作制度

我国香港地区矫正社会工作主要借鉴英国的经验。20世纪30年代，感化制度从英国引入香港地区，对罪犯的判刑除了考虑其罪行的性质和程度外，还增加了对其背景的考量。从1938年在监狱署下增设感化部，到1948年成立社会局，奠定了社会局承担感化工作的基础。1950年香港地区设立“首席感化主任”职务，使得矫正社会工作得以正式开展，逐渐地为不同年龄的犯人提供辅导。20世纪80年代中期起，“社区为本”的精神被引入司法矫正领域，香港地区进一步确立起一套用“社会服务令”等非监禁形式对罪犯进行矫正的制度体系。

台湾地区1962年制定了相关规定，首创少年观护制度，开启了台湾地区矫正社会工作的先河。1981年起在各地方法院检查处配置观护人，执行对假释、缓刑后交付保护管束的成年人的辅导监督工作。

2. 我国内地的社区矫正制度

（1）社区矫正的含义

所谓“社区矫正”，是指与在监狱执行的“监狱矫正”相对的行刑方式，它将符合社区矫正条件的罪犯置于社区内，由专门国家机关在相关社会组织以及社会志愿者的协助下，在判决、裁定或决定确定的期限内，矫正其犯罪心理和行为恶习，并促进其顺利回归社会。

（2）社区矫正制度在我国内地的推行

2002年8月，上海市启动社区矫正试点工作。2004年8月，社区矫正模式推广到整个上海市。

2003年6月，北京市开展罪犯社区矫正试点工作。2004年5月，试点工作范围又扩大到西城等9个区（县）。

2003年7月，最高人民法院、最高人民检察院、公安部、司法部联合发出《关于开展社区矫正试点工作的通知》，并确定在北京、天津、上海、江苏、浙江、山东6个省、直辖市范围内开展社区矫正的试点工作。

2004年8月，河北、内蒙古、黑龙江、安徽、湖北、湖南、广东、广西、海南、四川、贵州、重庆12个省（自治区、直辖市）被列为第二批试点省份开展社区矫正工作。社区矫正工作的试点规模和范围已经扩大到全国一半以上的省（自治区、直辖市）。

2009年10月21日，最高人民法院、最高人民检察院、公安部、司法部联合召开了全国社区矫正工作会议，部署在全国全面试行社区矫正工作。

为进一步规范社区矫正工作，加强和创新特殊人群管理，根据中央关于深化司法体制和工作机制改革的总体部署，在深入调研论证和广泛征求意见的基础上，最高人民法院、最高人民检察院、公安部、司法部于2012年1月10日联合发布了《社区矫正实施办法》。

2014年11月20日，司法部、中央综治办、教育部、民政部、财政部、人力资源和社会保障部联合出台《关于组织社会力量参与社区矫正工作的意见》，对进一步鼓励引导社会力量参与社区矫正工作，进一步解决好社区服刑人员就业、就学和社会救助、社会保险等问题作出整体部署。

2019年12月28日，十三届全国人大常委会第十五次会议表决通过了《中华人民共和国社区矫正法》，这是我国首次就社区矫正工作进行专门立法。《中华人民共和国社区矫正法》规定，国家鼓励、支持企业事业单位、社会组织、志愿者等社会力量依法参与社区矫正工作；居民委员会、村民委员会可以引导志愿者和社区群众，利用社区资源，采取多种形式，对有特殊困难的社区矫正对象进行必要的教育帮扶；社区矫正机构可以通过公开择优购买社区矫正社会工作服务或者其他社会服务，为社区矫正对象在教育、心理辅导、职业技能培训、社会关系改善等方面提供必要的帮扶。

3. 禁毒社会工作在中国的发展

20世纪80年代以来，随着国内毒品形势的日益严峻，党和政府高度重视禁毒工作，并作出了巨大的努力。1990年12月，全国人民代表大会常务委员会制定并通过了《关于禁毒的决定》；1995年1月，国务院发布了《强制戒毒办法》；2007年12月，第十届全国人民代表大会常务委员会第三十一次会议通过了《中华人民共和国禁毒法》；2011年6月，国务院第160次常务会议通过了《戒毒条例》，从而使我国的禁毒工作走上了依法禁毒戒毒的发展道路。

2017年1月20日，国家禁毒委员会办公室、中央社会治安综合治理委员会办公室、公安部、教育部、国家卫生和计划生育委员会、民政部、司法部、财政部、人力资源和社会保障部、中华全国总工会、中国共产主义青年团中央委员会、中华全国妇女联合会联合发布《关于加强禁毒社会工作者队伍建设的意见》，为社会工作介入禁毒领域提供了法律依据。

第二节　矫正社会工作的主要内容

矫正社会工作也称司法社会工作，是司法矫正体系中的社会福利服务。在我国的司法实践中，社会工作服务的内容主要包括对于涉罪成年人的服务，对于涉罪未成年人的司法保护，以及对于涉毒人员的服务。有关对于涉罪未成年人司法保护的内容，在本教材第三章中已经论述，不再赘述。本节主要论述社会工作对于涉罪成年人的服务，以及对于涉毒人员的服务。

一、对于涉罪成年人的服务内容

对于涉罪成年人的服务内容主要包括司法判决前的服务、监禁场所中的服务、社区矫正中的服务以及刑满释放后的服务四个方面。

（一）司法判决前的社会工作

司法判决前社会工作的服务对象主要包括犯罪嫌疑人及其亲友。

1. 针对犯罪嫌疑人的社会工作介入

社会工作介入司法过程，自司法判决前的案件审理阶段就已经开始。这时社会工作者的主要服务对象是已被拘押或保释的、尚未被判定有罪的犯罪嫌疑人。

矫正社会工作者在案件审理过程中的主要工作职责是通过与受助者（犯罪嫌疑人）及其家属和周围社区的接触了解，写出一份有关犯罪嫌疑人背景的审前调查报告并提交法庭作审判参考。

审前调查报告制度的核心，是指法院在刑事案件判决前，由专门机构对犯罪嫌疑人的犯罪背景、一贯表现等进行专门调查，并对其社会危险性和再犯可能性进行调查评估，提出适用监禁刑或非监禁刑的建议，形成调查与评估报告提交法院，供法院量刑时参考的一种制度。矫正社会工作者的调查报告所提供的犯罪嫌疑人的社会背景和性格特征等资料有助于法庭作出适用何种刑罚处置的判定，有利于罪犯的改过自新。例如，许多免予处罚、缓刑、社会服务等判决都是法庭在充分考虑矫正社会工作者的建议基础上作出的。这就是矫正社会工作者在司法审判前为罪犯（犯罪嫌疑人）提供的服务。

判决前的调查报告包括 3 个部分：

（1）犯罪事实的记录。其中，犯罪嫌疑人自己对关于犯罪的供述和辩解，以及警察或被害人的陈述等都要加以记载。

（2）前科。要求对以前被逮捕及犯罪情况的详尽说明及评价。

（3）本人的生活史。记载家庭、受教育、工作经历、身体精神状况、宗教、兴趣、社会活动、服役、财产状况等。

社会工作者要客观准确地写出报告，除了与犯罪嫌疑人交谈外，还要对与其相关的许多人（如家人、邻居、同学、同事、朋友、警察、受害人等）进行广泛交谈。

2. 针对犯罪嫌疑人亲友的社会工作介入

犯罪嫌疑人被拘押或被保释等待审判期间，其家人亲友会因此受到冲击和拖累，尤其是犯罪嫌疑人家中有年迈的父母和年幼子女的，其生活会因事件的发生而陷入困境。矫正社会工作者此时的工作介入主要是针对这些陷入困境的犯罪嫌疑人的家人提供帮助：

（1）为家庭成员提供心理、情绪方面的辅导服务和家庭关系的调适服务，目的是协助家庭成员将事件造成的负面影响降到最低限度。

（2）依据当地的相关法律法规，为犯罪嫌疑人的家人寻找社会资源以维持生计，如帮助申请社会救济、帮助寻找暂时性工作等。

（3）为失去依靠的家庭成员提供生活照料，如为失依儿童寻找替代家庭或收养机构，与学校老师联系以关注学龄儿童学业，挖掘社区资源为老年人提供志愿服务等。

（二）监禁场所中的社会工作

对违法犯罪人员实施监禁的场所包括戒毒所、看管所及监狱等。事实上，这里所说的监禁场所主要是指监狱。社会工作者为在监狱服刑人员提供的服务主要是调动违法犯罪人员自身的潜能以及社会资源，引导其向积极的方向转化，以达到改过自新、回归社会的目的。在监禁场所中，矫正社会工作者所能提供的专业服务主要如下。

1. 协助服刑人员适应监禁场所生活

（1）帮助服刑人员熟悉监狱环境。矫正社会工作者对于刚刚进入监狱（尤其是初次进入监狱）服刑的人员提供的服务主要是协助他们适应监禁场所的生活，减少或消除对法院判决和监禁生活的抗拒，痛下决心改过自新。具体内容包括向服刑人员介绍监狱的环境、作息制度、监管措施、奖惩办法等。

（2）协助服刑人员戒除不健康的生活习惯。矫正社会工作者要帮助初入监禁场所的“瘾君子”戒除酒瘾、毒瘾，以使其更好地遵守监禁场所的规定。

（3）协助服刑人员解决生活困难。矫正社会工作者可以在法律允许的范围内，帮助服刑人员得到经济和医疗方面的帮助，如换季衣被的添置、疾病医治等，条件许可的还可协助服刑人员申请保外就医。

（4）预防服刑人员间犯罪观念和行为的交叉感染。矫正社会工作者一方面可以依据判决文书及心理、行为测评结果，配合监管人员对服刑人员进行严格的分类管理；另一方面，要提醒新近入监服刑人员善交狱友，保持行为端正，预防犯罪思想观念和行为的交叉感染。

2. 为在监服刑人员提供专业咨询服务

（1）公民教育。通过公民的权利、义务教育和公民的行为规范教育，帮助服刑人员逐步了解并习得合法公民的基本素养。

（2）心理、情绪辅导。通过心理咨询、情绪辅导等方式，改变服刑人员偏差扭曲的心理结构和敏感过激的情绪反应。

（3）职业技能训练。通过专门知识技能的培训，使得服刑人员掌握一门或多门职业技能，使其出狱后可以用社会认可的方式和途径谋生。

（4）人际交往意识与能力提升。通过自我认知能力训练、人际沟通能力训练、人与社会相互关系知识的学习等，提升服刑人员人际交往的意识和能力。

3. 帮助在监服刑人员加强与社会的联系

（1）帮助服刑人员了解外面社会的变化。邀请知名社会人士，如学者、官员、文艺工作者、体育工作者到监狱开讲座、作报告，开展文艺演出和体育比赛，使在监服刑人员了解外面世界的信息，避免因监狱封闭的环境而造成服刑人员社会化过程阻断现象的发生。

（2）帮助服刑人员加强与其家庭的联系。通过开通电话、组织家属探访、走访服刑人员家庭、倡导放假制度等方式，尽可能保持和加强服刑人员与其家庭的联系，利用家庭的有利资源促进服刑人员的正面转化。

（3）帮助服刑人员构建支持性社会网络。如动员社会志愿人士与在监服刑人员建立结对帮教关系，用真情感化在监服刑罪犯，同时也为其日后重返社会构建良好的社会网络。

（三）社区矫正中的社会工作

1. 缓刑、假释、监外执行人员的监督管理和教育帮扶

缓刑是为使被判处短期自由刑或罪行轻微的犯罪人免受入狱监禁的惩罚而设立的一种社区型的刑罚措施；假释是未达到刑期届满前的释放处分，是设施内处置向设施外处置的转变；监外执行是对某些在监服刑人员因特殊原因（如年老体弱、重病、怀孕）而暂予监外执行的措施。这几种刑罚措施都附有监督管理的规定，要求缓刑、假释和监外执行人员在观护期内遵守规定，不得违反。

2. 院舍训练的组织管理

院舍服务是社会工作领域中一种重要的服务模式。通过向受助者提供住院或寄宿等训练机会，使受助者掌握正常生活的技能，从而顺利回归社会。矫正社会工作领域中的院舍训练通常是为违法犯罪人员尤其是违法犯罪青少年而设置的，在不同国家和地区有不同的名称，但一般不外乎中途家庭、寄养家庭、教养院、感化院等。

3. 社会服务计划的执行

社会服务也称社区服务或社区劳役，是近年来西方国家较为盛行的一种替代短期自由刑的非监禁化的社会处遇措施，是通过判定罪犯在社区中的社会福利机构从事规定时间的无偿劳动或服务，以此赎罪悔过的刑罚措施。在我国社区矫正工作中，组织矫正对象参加社区公益劳动，也具有社区服务或社区劳役的性质，但我国社区公益劳动制度并不是一种独立的刑罚措施或刑种。

社会服务计划的益处是通过从事公益劳动和服务培养罪犯的劳动习惯和社会责任感，使其在服务过程中学会生产、生活技能以增强就业能力，在社会交往中学会处理人际关系的本领以增强社会适应能力。这种处遇方式最大限度地避免了监禁刑罚造成的隔绝和恶习的交叉感染。在社会服务计划的实施中，社会工作者及志愿者的督促和引导是成功的重要因素。

4. 为社区服刑人员提供社会服务

社会工作者应在解决社区服刑人员就业、就学和社会救助、社会保险等问题方面发挥积极作用。

（1）促进就业。社会工作者可协助符合条件的社区服刑人员申请享受相关就业扶持政策，帮助其接受公共就业服务机构提供的职业指导和职业介绍等服务。

（2）帮助接受教育。对于未完成义务教育的未成年社区服刑人员，社会工作者应当协助联系相关部门，协调并督促其法定监护人，帮助其接受义务教育。对于非义务教育阶段有就学意愿的社区服刑人员，社会工作者应积极协调。

（3）做好基本生活救助。协助基本生活暂时出现严重困难、确实需要救助的社区服刑人员申请临时救助。

（4）落实社会保险。帮助社区服刑人员按规定享受基本医疗保险等有关医疗保障失业保险政策。

（四）刑满释放后的社会工作

刑满释放人员虽已不是罪犯，但也不同于社会中的正常人群。尤其是刚从监狱获释的人员，往往缺乏社会适应能力，又受到社会歧视、家庭拒绝、同伴疏远、就业困难、学习中断等多重压力和困扰。这部分人能否顺利度过刑满释放后的最初阶段，对于今后的生活及社会安定关系重大。

1. 提供住宿场所

为暂时不被家庭接纳或无家可归的刑释人员解决安身问题，同时在住宿中提供监管和辅导服务，帮助刑释人员顺利完成由监禁环境向开放社会的过渡。

2. 提供就业、就学辅导

寻找工作或继续求学是刑释人员回归社会的重要途径和手段。社会工作服务机构和人员在这方面的服务包括对刑释人员进行工作技能培训、帮助联系介绍职业、帮助联系就学学校等，同时还要通过辅导帮助其养成工作和学习的意识和习惯。

3. 提供生活辅导和医疗保健转介服务

刑释人员中有相当部分人员具有不良生活习惯，社会工作者的职责也包括为其提供生活辅导和医疗保健转介服务，帮助其养成良好的生活习惯。

4. 提供物质援助

刑释人员往往缺乏生活工作的物质条件，为帮助其尽快建立起正常的生活、工作秩序，社会工作者应挖掘和利用社会资源对其进行物质援助。

二、针对涉毒人员的社会工作介入

（一）提供戒毒康复服务

（1）调查了解戒毒康复人员行动趋向、生活状况、社会关系、现实表现等情况，开展戒毒康复人员心理社会需求评估。

（2）为戒毒康复人员提供心理咨询和心理疏导、认知行为治疗、家庭关系辅导、自我管理能力和社会交往能力提升等专业服务。

（3）帮助戒毒康复人员调适社区及社会关系，营造有利于戒毒康复的社会环境。

（4）开展有利于戒毒康复人员社会功能修复的其他专业服务。

（二）开展帮扶救助服务

（1）为戒毒康复人员链接生活、就学、就业、医疗和戒毒药物维持治疗等方面的政府资源与社会资源。

（2）组织其他专业力量和志愿者为戒毒康复人员及其家庭提供服务，协助解决生活困难，提升生计发展能力，改善社会支持网络，促进社会融入。

（三）参与禁毒宣传教育

参与组织禁毒宣传活动，普及毒品预防和艾滋病防治等相关知识，宣传禁毒政策和工作成效，增强公民禁毒意识，提高公民自觉抵制毒品的能力。倡导禁毒社会工作理念，降低并消除社会歧视与排斥。

（四）协助开展有关禁毒管理事务

（1）协助开展吸毒人员排查摸底工作。

（2）协助建立相关档案资料，做好工作台账，对工作对象的戒毒康复情况进行定期评估。

（3）协助做好强制隔离戒毒人员出所衔接，督促、帮助社区戒毒、社区康复人员和戒毒药物维持治疗人员履行协议，努力减少现实危害。

（4）发现社区戒毒社区康复人员拒绝报到或严重违反协议的、参加戒毒药物维持治疗人员严重违反治疗规定的，向乡镇（街道）禁毒工作机构报告，协助收集提供有关材料。

第三节　矫正社会工作的主要方法

社会工作的方法可以运用到矫正领域的整个系统中，包括司法判决前的服务；监狱矫正中的服务；社区矫正中的服务；以及刑满释放后的服务等。此外，针对戒毒人员，也可以运用社会工作的方法提供服务。矫正社会工作最主要的服务场域和最大量的工作范围在社区中。本节着重介绍的矫正社会工作的主要方法，是指在社区矫正中的社会工作专业方法。

根据矫正社会工作者在开展工作时所涉及的服务对象的特点和问题性质、实施计划所要实现的目标，以及其周围环境的不同状况，可以把矫正社会工作的方法分为直接方法和间接方法两大类型。

直接方法是指针对服务对象本人或其家庭而采用的方法，一般有个案工作方法和小组工作方法；间接方法是指针对服务对象周围环境所采用的方法，一般有社区工作方法和社会工作行政、社会工作研究方法等。

一、个案工作方法在社区矫正中的运用

（一）个案工作方法在社区矫正中的伦理原则

依据中华人民共和国民政部颁布施行的《社会工作方法 个案工作》行业标准，个案工作运用于社区矫正领域，也要遵循专业服务的伦理原则，具体包括以下内容。

1. 维护服务对象利益优先原则

应以服务对象为中心，从服务对象的特点和利益出发提供服务，最大限度保障服务对象利益。

2. 个别化原则

应尊重服务对象的差异性，重视服务对象的独特性，了解服务对象个性化的需要，差别化、针对性地开展服务。

3. 接纳原则

应了解和理解服务对象的想法、感受与行为，不应因服务对象的年龄、性别、民族、宗教、态度、行为、生理及心理状况等歧视或拒绝服务。

4. 非评判原则

应与服务对象讨论其想法、感受与行为，而不应随意评价、指责和批判服务对象。

5. 服务对象自决原则

应相信服务对象有成长和改变的能力，应鼓励和支持服务对象在具备自决条件并充分知情的情况下作出选择和决定。

6. 保密原则

应对服务对象信息保守秘密，未经允许，不应透露服务对象信息；需要提供信息时，应告知服务对象，并与相关组织共同采取相应措施。

（二）个案工作方法运用中应注意的问题

社区矫正对象具有与其他领域服务对象不同的特点，因此，在个案工作方法运用于社区矫正的服务对象时，要注意以下几个方面的问题。

1. 要重视和善于与服务对象建立良好的专业关系

社区矫正工作的服务对象与其他社会工作实务领域（如婚姻家庭社会工作、残疾人社会工作等）的工作对象不同，一般不是通过主动求助的途径来到工作者面前的，因此

他们中的很多人具有被动、不配合，甚至抗拒的心理和行为特点。矫正社会工作者要采取更为主动的姿态去和服务对象建立关系，这是矫正工作是否成功的第一步。

但是在有些矫正社会工作者看来，与矫正对象的关系能否维持，决定权不在对方而在自己，在法律规定的矫正期内，无论服务对象愿意与否，他（矫正对象）都必须按照我（社区矫正工作者）的要求去行动，因此，他们并不重视和善于与服务对象良好专业关系的建立，在工作过程中，不依照矫正社会工作的专业价值理念，用接纳、尊重、平等和不批判的态度来对待服务对象，而是用一种居高临下的、强势的姿态来处理关系，这种做法很难达到矫正的目的。

案例 7－1

张某曾是一私营企业的总经理，因犯诈骗罪被判处有期徒刑 12 年，剥夺政治权利 3 年。在监狱服刑 10 年后，张某获减刑出狱，作为被剥夺政治权利的人员，要在社区接受 3 年矫正。张某对剥权期间的社区监管认识不足、配合不力，被认为是个抗拒监管的“刺儿头”。

矫正社会工作者 S 接手张某的矫正任务后，认真阅读了张某的有关档案材料，并做了充分的准备。在第一次见面时，S 主动与张某握手。坐下后，S 没有例行公事式地询问张某的姓名、年龄、犯罪事实、在监狱中的表现等基本情况，也不是照本宣科式地告知监管纪律、矫正计划安排等，而是关切地询问张某：“刚才我握你的手觉得很凉，你的身体是不是有什么不适?”

张某在 10 年的监狱生活中，得了严重的风湿病和心脏病，刚过 40 岁的年龄，看上去有50 多岁的样子。出狱后，因为身体原因，一直找不到合适的工作，看病又要花钱，正处于十分烦恼的困境。刚出狱时，矫正社会工作者并不关注张某的困难，只是一味地要求他端正态度，服从监管，使他十分窝火，但是因为身份地位的原因，张某只能把火窝在心里，在行动上则是消极应付。

矫正社会工作者 S 的第一个动作、第一句问话让张某受到很大震动，这是 10 年来他很少受到过的礼遇和关怀。心理上的防卫机制被打破，张某一下子变得爱说话了。在不知不觉中，他向矫正社会工作者 S 讲了在监狱中的生活和在社区中的遭遇，谈了自己的困难处境以及今后的打算，最后还表示希望能够经常与矫正社会工作者 S 谈话聊天。

在上述案例中，矫正社会工作者 S 在第一次见面之前做了充分的准备，对张某的情况有了大致的了解，见面时的握手和问候是基于社会工作基本价值观之上的感情的自然流露，并不是预先设计好的“表演”。这种平等、关怀的情感表达显然为张某所感受，使他一贯应付甚至抗拒的态度有了很大的改变。这是因为，在过去长期的监狱生活中，张某与监管人员始终维持着“下”与“上”或“从命”与“管教”的关系，从来没有奢望过平等和尊重。因此，出狱后，张某还是用 10 年监狱生活的经验来处理与矫正社会工作者的关系。却不料，矫正社会工作者 S 的行为打破了张某对社区矫正工作关系的预设，他也渴望能够获得更受尊重的地位和待遇。可见，良好工作关系的建立，并不纯粹是一种工作技巧，更是社会工作专业价值观的魅力体现。

2. 要有重点分步骤地制订矫正工作计划

社区矫正是一个长期的工作过程，矫正社会工作者需要协助服务对象解决许多复杂和艰难的问题，诸如服刑态度的端正问题、矫正计划安排的配合问题、心理和行为方式的改变问题、学习和工作的安排问题、基本生活的保障问题、身体疾病的治疗问题、家庭关系的调适问题、社会交往的恢复问题、重新犯罪的预防问题等。所有这些问题很难在一个短时期内全部解决，所以矫正社会工作者必须引导服务对象共同参与，有重点分步骤地制订矫正工作计划，逐步实现矫正工作的最终目标。

案例 7 – 1 中的矫正对象张某，出狱后面对的问题一大堆：严重的风湿病和心脏病需要花钱治疗；判刑后主动要求与妻子离婚，并把房子留给了妻子儿子，出狱后只能与年迈的母亲和兄嫂挤住一处；几次求职被拒，生活靠母亲微薄的退休金，在家中感到抬不起头来；长期没有与儿子共同生活，父子间的交流缺乏感情基础；妻子有意与其复婚，张某也希望一家人共同生活，但又怨恨当初妻子真的同意离婚，心情十分矛盾；过去的商界朋友有意与他联络，也想帮助他解决一些经济上的困难，但他看着过去财力和经营不如他的人超过自己，自尊心让他不愿接受别人的“施舍”；对自己过去的犯罪事实有一定认识和悔过，但认为已经入狱 10 年作出了补偿，对剥夺政治权利期间的社区矫正监管措施有抵触想法；等等。

了解张某的上述困难和想法后，矫正社会工作者 S 引导张某一起分析，什么是当前最迫切需要解决的问题。最后确定的第一阶段工作计划包括 3 项任务：第一，按照社区矫正制度要求，定时定点汇报思想和生活动向，参加社区公益劳动；第二，申请最低生活保障金和医疗优惠待遇；第三，尽快寻找合适工作取得适当经济收入。至于其他的住房问题、婚姻家庭问题、社会交往问题等，留待将来经济状况稍有好转后再逐步解决。

接下来的工作中，矫正社会工作者 S 的工作着重点是：通过宣传社区矫正制度的意义及措施安排，使张某提高认识，服从监管；通过整合社区资源，帮助张某了解国家的福利政策，主动申请和获得最低生活保障和医疗保障；帮助张某端正就业观念，克服不切实际的就业期望，通过自主创业的途径解决就业难问题。由于工作计划有重点分步骤，切合矫正对象的实际，所以得到矫正对象的支持和配合，取得良好的效果。

3. 要着眼于服务对象的潜能发掘和自己解决问题，切忌包办代替

被判处不同刑罚的罪犯，由于“标签化”的自我认同，他们一般比较自卑和消极，加之社会对罪犯的歧视和恐惧，服务对象通过正常途径获得社会资源的机会比较贫乏和困难。矫正社会工作者的工作目标之一是帮助服务对象获得应有的社会资源，以利于他们重新回归社会，成为正常的社会成员。但是，“帮助”获得并不是“包办代替”，矫正工作计划的目标是帮助服务对象恢复或重建通过正常途径获得社会资源的意识与能力，因为社区矫正过程终究有结束的时候，矫正社会工作者不可能包办代替一辈子，社区矫正的工作成果，最终要以是否重建社会功能作为衡量标准。

4. 要妥善处理为案主保密的原则与维护社会安全的关系

为案主保密的原则是社会工作专业价值观的重要体现，即便是罪犯或违法者这样特殊的服务对象，他们也有与生俱来的尊严，也有权利保全自己的隐私和不受外人干扰的生活空间。矫正社会工作者被法律赋予了监管矫正对象的权力，但是，他也不能违背社

会工作专业价值观所要求的伦理守则，也不能将矫正对象的基本资料随意公开，不能将在工作过程中了解到的服务对象的想法和打算随意地告诉别人。矫正社会工作者有义务为服务对象保密。

但是，社区矫正工作的对象是被判处刑罚的罪犯，他们的思想和行为，以及他们的社会交往往往隐含着对他人和社会造成新的危害的可能性。当社区矫正工作者了解到服务对象的思想和行为，以及社会交往中的这种危害可能性时，就不能借口保密而对此不闻不问，而是要及时把矫正对象的思想和行为动态报告有关部门和人员，要采取措施及时制止危害的发生。

案例 7－2

小 L 因为讲“哥们儿义气”参与一起群殴致人伤害事件而被判处缓刑，在社区接受矫正，矫正社会工作者 M 负责小 L 的个案。

在一次例行的汇报交谈中，M 了解到小 L 过去的哥们儿又来找他，要求他再参与对另一团伙的报复寻仇行动。小 L 因为哥们儿“情义难却”很难拒绝，但他又有改过自新的想法，所以陷入十分矛盾的境况。

矫正社会工作者 M 没有囿于保密原则的束缚而将这件事情隐瞒下来，而是妥善地采取措施进行处理：一方面，他与小 L 进行深入交谈，帮小 L 分析再参与团伙行动的后果，鼓励小 L 逐渐与原来的哥们儿疏远关系；另一方面，M 将可能发生的群殴事件向自己机构的领导做了汇报，又由机构领导出面与相关部门协调采取行动，制止了群殴事件的发生。

在上述案例中，遵从社会工作的保密原则，是为了保护矫正对象的隐私权，也是为了与之建立良好的专业关系，其最终目的是为了保护包括矫正对象在内的社会大众的根本利益。当保密原则的规定与社会大众的利益发生冲突的时候，上述矫正社会工作者采取的行动是正确的，因为，如果他囿于保密原则的束缚而将可能发生群殴事件的信息隐瞒下来，除了产生严重的社会后果之外，最可能受到伤害的，就是小 L。因此，M 将事情报告给机构领导和相关部门，符合为矫正对象争取最大权益的原则。

二、小组工作方法在社区矫正中的运用

服务对象的背景各不相同，问题也千差万别，所以要用个别化的原则去对待和处理。但是，服务对象毕竟还会面对一些共同的问题，其矫正过程的阶段性心理特征和行为反应还会有一定的规律性，因此，强调小组过程和小组动力去影响服务对象态度和行为的小组工作的方法也是社区矫正工作中经常运用的直接介入手段。

（一）小组工作的不同模式

依据中华人民共和国民政部颁布施行的《社会工作方法 小组工作》行业标准，小组工作根据其目标和功能，可以分为以下不同模式。

1. 社会目标模式

以培养小组组员的社会责任感，实现社会整合，推动社会变迁为主要目标；

应激发小组组员的社会意识，增强民主参与的行动力；

社会工作者应主要扮演影响者的角色。

2. 互惠模式

应关注小组组员、小组和社会环境之间的关系，通过他们的相互开放和相互影响，以增强个人和社会的功能；

应促进小组组员间的互动，形成相互支持；

社会工作者应主要扮演协调者和使能者的角色。

3. 治疗模式

应以解决个人问题作为小组工作的主要目标；

应重视小组过程与个人治疗目标的一致；

社会工作者应主要扮演治疗者和专家的角色。

4. 发展模式

应以促进小组组员和小组的共同成长为主要目标；

应注重为小组组员提供成长发展的机会；

社会工作者应主要扮演使能者的角色。

（二）小组工作方法运用中应注意的问题

1. 要针对服务对象带有共性的问题和困惑设计小组活动的主题

矫正社会工作者所负责帮教的服务对象可能有很大的差异性，例如年龄、性别、性格、文化程度、职业状况、家庭背景、犯罪性质、刑罚类型等，因此，我们提倡用个别化的原则来实施矫正。但是，作为被判处刑罚的服务对象，他们的处境、困难和面对的问题，肯定带有许多共同的性质，适合于用小组工作的方法来处理。

在社区矫正中，针对服务对象面临的共同问题而开展的小组层面的活动主题的设计包括以下几种：

（1）针对服务对象返回社区初期普遍存在的自卑、消沉、缺乏生活信心等问题，可以设计并实施以建立健康自我观，重塑自信为主题的小组辅导项目。

（2）针对服务对象参加矫正管理制度安排的日常活动（如定期汇报制度，社区公益劳动制度等）与学习、工作之间时间冲突的问题，可以设计并实施以科学安排时间、妥善处理冲突为主题的小组辅导项目。

（3）针对服务对象与过去不良团伙有千丝万缕联系、缺乏健康社会支持网络的现象，可以设计并实施以交真朋友、走自新路为主题的小组辅导项目。

（4）针对服务对象家庭环境不良以及家庭成员间缺乏有效互动等问题，可以设计并实施以改善家庭环境、加强有效互动沟通为主题的小组辅导项目。

（5）针对服务对象就学难、就业难、婚姻生活难等现实困难，可以设计并实施以立创业志、走自强路、重塑自我、拥抱生活为主题的小组辅导项目。

（6）针对服务对象缺乏社会责任心和成就感的问题，可以设计并实施以“我为社区添砖瓦”“我是社会有用人”为主题的小组辅导项目等。

2. 要从服务对象的特点出发选择小组工作实施模式

小组工作的实施模式是小组工作过程中的理论架构，是为解决现实问题而提出的一种概念化的设计。在社区矫正工作领域，应选择以治疗为主的模式。治疗性小组工作模式也称为临床模式，其关注的中心是怎样运用小组工作来改变人的功能丧失与行为偏差，协助个人社会功能的恢复与行为的矫治。小组在这里是治疗环境，也是治疗工具。矫正社会工作者在治疗模式中的角色主要是教育者、领导者、临床诊断者和治疗者，他必须有足够的能力去诊断成员的需要，安排治疗计划及控制小组的发展。从治疗模式的上述特征以及社区矫正工作对象的特点，以及矫正社会工作者与矫正对象的关系看，治疗模式应该在社区矫正工作中被广泛运用。

3. 小组活动的时间安排宜与矫正工作的制度要求相结合

社区服务对象因为要在社会上重新做人，所以面对的社会压力很大。他们既要参加社区矫正工作制度安排的一些活动（如定期汇报思想和生活动态，参加社区公益劳动等），又要继续工作、学习和家庭生活，在时间上会有很大的限制和冲突。矫正社会工作者在设计并实施小组辅导项目时，在时间安排上应该尽量与矫正工作制度的要求相结合，不要轻易增加时间以加大矫正对象的压力。例如，可以利用规定的汇报思想和生活动态的时间开展小组活动；可以利用参加社区公益劳动的时间开展集体辅导。

4. 要善于从矫正对象中发现和培育小组工作的领导

从小组工作的角度看，小组领导具有双重含义：一是领导者，即带领、引导和推动与实施小组活动的主体；二是过程，即计划、组织、激励和控制小组工作的过程。在这个过程中，一个小组成员对其他成员发挥正面的影响力，以帮助完成小组任务，实现小组的目标，维持小组良好的工作秩序以及使小组适应环境。

小组工作中的领导者既可以由矫正社会工作者担任，也可以由小组成员担任。在社区矫正工作领域，由于矫正社会工作者被法律赋予监管的权力，在与矫正对象的关系处理中，往往处于主导的地位，所以在小组工作过程中，也往往由矫正社会工作者担当小组的领导。但是，这种关系格局并不排斥由矫正对象来担当小组领导。在面对相同问题和困惑的小组成员中，能够比其他成员有更正确思想观念和行为的人，往往有对别人更大的影响力，能够更有利于小组任务的完成和目标的实现。所以，在矫正对象中发现和培养小组领导者的意义非常大。

由矫正对象担当小组领导并不等于把小组交给他来带领，这里的领导是就过程含义上来理解的，即善于发现和培育小组成员中的积极因素，让这种因素在小组过程中发挥正面的影响作用。

三、社区工作方法在社区矫正中的运用

社区工作是以社区为对象的社会工作介入手法。它通过组织社区成员参与集体行动去界定社区需要，合力解决社区问题，改善生活环境及生活质量；在参与的过程中，让社区成员建立对社区的归属感，培养自助、互助与自决的精神，加强他们在社区参与及影响决策方面的能力和意识，发挥其潜能，以构建更加公平、公正、民主及和谐的社会。在社区矫正工作领域，运用社区工作方法，应该注意以下几个方面的问题。

（一）进行综合治理，以改善矫正对象的生活环境

矫正对象过去之所以犯罪，除了其自身的原因外，外部社会环境的影响也是不可忽视的因素，如贫穷、失业、人口混杂、社会风气不良等。在这样的社区居住生活，矫正对象迫于生活压力或难以抵制周围的诱惑而重新犯罪的可能性极大。要实现社区矫正的目标，除了针对矫正对象个人的直接介入外，还应该整合社区资源进行综合治理，以改

善矫正对象的生活环境。

（二）开展社区教育，培育社区居民接纳、尊重矫正对象的意识和习惯

社区矫正的功能发挥要靠社区居民的共同参与以形成有利于罪犯改过自新的社会氛围。但是，由于矫正对象过去的行为造成对社会和他人的伤害，社区居民对矫正对象还有戒备、恐惧、防范、排斥等情绪以及行为，这是很正常的反应。但是这些反应对于矫正对象而言，却是融入社区成为正常社会成员的障碍。矫正社会工作者的一个重要的工作任务，就是通过社区教育的途径，改变居民对矫正对象的偏见，培育社区居民接纳、尊重矫正对象的意识和习惯，使矫正对象顺利回归社会。

案例 7－3

2002 年 4 月 28 日，39 岁的赵新（化名）与邻居发生纠纷，争执斗殴中，他持刀将对方砍伤。2003 年 6 月，区法院以故意伤害罪判处他拘役 6 个月，缓刑 6 个月。7 月 1 日，市社区矫正试点全面展开，赵新被列入其中，成为社区矫正对象。

7 月 20 日，赵新第一次参加社区组织的公益劳动，居委会主任让他去打扫楼道卫生。他想，干活儿时一定有警察和司法所的人监督着，就一边扫一边偷偷回头看。结果他发现不但没人看着他，居委会主任还跟他一起干，他心里感到既踏实又安慰，一口气一直干到了中午，还生怕自己干的不达标。

不过，并不是所有人都像居委会、司法所干部、民警等人那样友善地对他。有人甚至觉得怎么把一个砍人的人放到社会上了。赵新说，他刚开始参加公益劳动时，常有街坊邻居在背后指指点点地说他。每逢这时，他心里总是很难过，他多么希望周围的人给他一个友善的眼神，因为他想改好啊！

可没过多久，他在劳动时见到街坊四邻，对方都主动向他打招呼，还说："你是社区志愿者吧。"这可让赵新愣住了。后来他才知道，原来是细心的民警注意到这个问题，私下里找街坊四邻做了工作。大家的友善、关心释放了他心中的压力。

6 个月后，赵新顺利完成社区矫正项目、成为全市第一例解除矫正的社区矫正对象。当记者采访他时，赵新的第一句话是"社区矫正给了我重生"。

在上述案例中，安排矫正对象参加社区公益劳动，是目前社区矫正工作的惯常做法。但是参加劳动的目的并非仅仅是惩罚和补偿。更重要的是要在安排劳动时考虑到思想帮教和心理矫正的功能发挥。上述案例中的社区居委会成员和民警通过细致的工作，使矫正对象在劳动中感受到居民的友善和关心，这对于放下心中的包袱，积极配合矫正计划的实施，具有不可忽视的正面作用。

（三）挖掘社区志愿力量，共同参与社区矫正工作

社区矫正工作的工作主体是专职的社会工作者，但是因为专职工作者人手少、任务重、工作复杂，因此还需要大量志愿工作者参与。矫正社会工作者在社区层面上的一个重要任务，就是挖掘社区志愿力量，共同参与社区矫正工作。

四、社会工作行政在社区矫正中的运用

社会工作行政也称社会行政，它是将社会政策变为社会服务的活动。在社区矫正领

域，可以从宏观和微观两个角度发挥社会工作行政的作用。

从宏观上讲，社会工作行政与政府的社区矫正政策实施相联系，即把社区矫正的政策法规变成社区矫正的服务活动。这种政策变动过程应该是双向的：将社区矫正的政策法规变成具体的针对矫正对象的社会服务；又将服务经验上升到理论层面以影响政策法规的修订。

从微观上讲，社会工作行政与社会服务机构从事的服务活动相联系，即通过加强对社区矫正服务机构内部管理的途径，以提高社区矫正的实施效果。这种内部管理的程序和内容包括规划、组织、人事管理、领导、督导训练、预算、公共关系、报告、评估和研究。

五、社会工作研究在社区矫正中的运用

社会工作研究是获取知识和发现事实的过程。在此过程中，社会工作及其他领域的理论和实务工作者使用社会研究方法，收集和分析与社会工作有关的资料，以协助实现社会工作目标。

社区矫正是一个注重理论与实际紧密结合的、涉及面广、政策性强、讲求操作的社会工作实务领域，综合了众多专业学科（如社会学、政治学、刑事法学、心理学、管理学等）的理论、知识和方法，其健康发展，需要加强这些理论、知识和方法的研究。

社区矫正在我国又是一个新兴的社会工作实务领域，其中的许多问题，如社区矫正的哲学基础、社区矫正的价值理念、社区矫正的理论依据、社区矫正的适用范围、社区矫正的责任主体、社区矫正的工作队伍、社区矫正的工作制度、社区矫正的项目实施、社区矫正的绩效评估、社区矫正的经费保障问题等，都需要我们逐个研究解决。

本章小结

矫正社会工作产生于美、英等西方国家，近年来在我国一些城市和地区有长足的发展。矫正社会工作是指将社会工作实施于司法矫正体系中，是专业人员或志愿人士在社会工作专业价值观指引下，运用社会工作的理论、知识、方法和技术，为犯罪者或具有犯罪倾向的严重违法人员（如吸毒者），在审判、监禁、社区矫正、刑释或强制戒毒期间，提供思想教育、心理辅导、行为纠正、信息咨询、就业培训、生活照顾以及社会环境改善等方面服务，使其消除违法犯罪心理结构，修正行为模式，适应社会生活的一种福利服务活动。其性质是社会福利服务。

矫正社会工作以人道主义为其哲学基础，吸收心理学、社会学、法学等学科的先进理论和方法，形成具有自身独特价值理念和理论、方法的社会工作实务领域，在审判、监禁、社区矫正、刑释以及社区戒毒等各个环节中，为违法犯罪人员提供专业的服务，可以起到促进矫正对象改善、优化社会环境的作用。

第八章　优抚安置社会工作

优抚安置社会工作属于军队社会工作的范畴。在中国，虽然近现代意义上的优抚安置社会工作开展较晚，但历代兵制中与军队社会工作中的优抚安置有关的服务早已显现端倪。中华人民共和国成立以来，尤其是党的十六届三中全会作出“建设一支宏大的社会工作人才队伍”决策部署以来，优抚安置领域的实务工作者积极学习、借鉴和运用社会工作的专业知识、技能和方法，推进社会工作与优抚安置工作融合发展，探索有中国特色的优抚安置社会工作模式，把党和国家的关怀和温暖送给“最可爱的人”，有力地服务了国防和军队现代化建设事业。

第一节　优抚安置社会工作概述

本节在界定优抚安置工作的基础上，对不同服务场域的优抚安置社会工作的含义进行了明晰，对优抚安置社会工作服务对象的特点和需要做了概括。

一、优抚安置社会工作的含义

（一）优抚安置工作的界定

优抚安置工作是我国军民在长期的革命、建设、改革实践中逐步形成并发展起来的一项传统的、政治性很强的工作，对于加强国防和军队建设、推动经济社会发展、维护政治安全稳定具有重要意义，历来受到党和国家的高度重视。它是国家依据法定的形式对现役军人、退役军人及其家属提供优待、抚恤和安置，以确保其生活水平不低于所在地平均生活水平的一项“补偿性社会保障制度”。

1. 优待

优待一般是指国家、社会对优抚对象在政治上、经济上给予优先、优厚待遇的制度。优抚安置工作中的优待是指对现役军人、退役军人、军队文职人员及其家属等对象，在经济、政治、社会等方面给予物质照顾和优先优惠待遇，主要包括发放优待金，以及在医疗、交通、参观游览、教育、住房等方面给予优待。

2. 抚恤

抚恤一般是指国家对因公伤残人员、因公死亡以及病故人员家属所采取的一种物质抚慰形式。优抚安置工作中的抚恤是指对现役军人、伤病残退役军人、烈士遗属、因公牺牲军人遗属、病故军人遗属等优抚对象给予的精神抚慰和物质照顾待遇，主要包括死亡抚恤和残疾抚恤两类。

3. 安置

安置一般是指对特定对象或生产、生活有困难者的扶持、帮助或就业安排。优抚安置工作中的安置主要是指对军队转业干部、复员干部、退役士兵、军队离退休干部、军队退休士官、军队退休志愿兵、无军籍退休退职职工的安置，主要包括落实政治待遇和生活待遇。

（二）优抚安置社会工作的界定及分类

1. 优抚安置社会工作的界定

优抚安置社会工作是军队社会工作的重要组成部分，它是在优抚安置领域，综合运用社会工作的专业知识、技能和方法，以优抚安置社会工作服务对象及其相关人员和系统为工作对象，协助有需要的优抚安置社会工作服务对象，整合社会资源，协调社会关系，预防和解决问题，恢复和改善社会功能，使优抚安置社会工作服务对象有更好的社会适应和福祉的活动。这里的优抚安置领域主要是指退役军人事务管理部门和服务保障机构，具体包括各级退役军人事务部门、退役军人服务中心（站）、优抚医院、光荣院、烈士纪念建筑物保护单位、军供站、军队离退休干部休养所。

2. 优抚安置社会工作的分类

依托不同的服务载体，优抚安置社会工作主要包括优抚医院社会工作、光荣院社会工作、军转复退军人安置社会工作、军休社会工作、烈士褒扬社会工作和军供社会工作。

（1）优抚医院社会工作。优抚医院社会工作属于医务社会工作的范畴，是指社会工作者将社会工作的知识、技术、态度及价值应用于优抚医院工作当中，从生理－心理－社会层面评估并处理服务对象的问题，以医疗团队一员的身份共同协助服务对象及其家属排除医疗过程中的障碍，尤其侧重对于服务对象因社会或环境紧张而导致的社会功能缺失和社会关系失败的干预，以使服务对象早日痊愈、达到身心平衡，并使因伤病残而产生的各种社会问题得以妥善解决。

（2）光荣院社会工作。光荣院社会工作属于老年社会工作的范畴，是指社会工作者运用社会工作的专业知识，以孤老和生活不能自理的优抚对象及其相关人员和系统为工作对象，帮助孤老和生活不能自理的优抚对象，改善社会功能，增进社会福祉、提高生活质量。

（3）军转复退军人安置社会工作。军转复退军人安置社会工作是指社会工作者将社会工作的知识、技巧、态度以及价值观应用于军转复退军人安置工作中，协助军转干部和复员退伍军人实现角色转变，更好地适应环境，顺利地度过军地转化的过渡期。

（4）军休社会工作。军休社会工作是在接收安置和服务管理领域，运用社会工作的专业知识、技巧、态度及价值观，以移交政府安置的军队离退休干部（以下简称军休干部）及其相关人员和系统为工作对象，以影响军休干部发挥正常角色功能的生理、心理、社会因素为切入点，帮助军休干部改善社会功能，提高生活质量，增强社会适应，增进社会福祉。

（5）烈士褒扬社会工作。烈士褒扬社会工作是指社会工作者运用社会工作的专业理论、方法和技巧，去推行与参观凭吊人群、烈士遗属、工作人员和系统有关的社会政策或措施，大力弘扬英烈精神的工作过程。

(6) 军供社会工作。军供社会工作主要是指社会工作者将社会工作的知识、技术、态度与价值应用于军供保障工作当中，从生理 - 心理 - 社会层面评估并处理服务对象及相关系统的问题，尤其侧重对于服务对象因角色转变或环境紧张而导致的社会功能缺失，协助服务对象达到身心平衡，促进服务对象与环境相互协调和适应。

二、优抚安置社会工作服务对象的特点及需要

(一) 优抚安置社会工作服务对象的特点

优抚安置社会工作的服务对象是为军队和国防建设作出或正在作出贡献和牺牲的特殊群体，是国家和社会的有功之臣，地位突出，特点鲜明。

1. 覆盖范围广

服务对象分布在社会各个领域。当中既有正在献身国防的现役军人，退出现役需要安置的干部士兵，回到地方休养的军休干部，需要照顾的伤病残军人、复员退伍军人患者、孤老优抚对象，又有需要优待抚恤的军属和烈属，几乎涵盖了各个年龄层次的人群。

2. 军队情结深

这个群体当中多数人具有较长的军旅生涯经历，有着根深蒂固的军队情结。这种情结并非一朝一夕形成的，而是长期累积的，不是某个人或者某些人独有的，而是具有群体性的，很容易在集体行动或者某些特定的时间、场合被呼唤出来。正是因为这种情结，外加军队和地方截然不同的工作和生活环境，使得他们在军地转化的过程中面临很大的社会适应压力和很强的情绪诉求。

3. 需要层次多

服务对象构成的复杂性决定了服务对象的需要几乎涵盖了有关人类需要的七个层次：生理需要（健康维护、治疗康复）；安全需要（生活保障、居家安全、后事安排）；归属与爱的需要（婚姻家庭、社会交往、社会适应）；尊重的需要（社会承认）；认知的需要（接受教育、角色适应）；审美的需要（追求秩序、体现美感）；自我实现的需要（职业发展、社会参与）。其中，比较突出的需要是社会再适应、危机应对、心理补偿、精神慰藉、社会尊重和社会支持。在实际工作中，这些需要往往融合在服务对象的日常生活中，以一种“未分化”的状态呈现。

4. 问题压力重

服务对象群体的问题主要包括：角色转化、心理失衡、社会地位维护、社会隔离、就业困难、生活困窘、医疗保障、合法权益维护等问题。这里需要说明的是，不同优抚安置社会工作服务对象的问题的侧重点不同，比如，伤病残军人有着较高的康复诉求、待安置的退役军人有着较高的工作诉求、孤老优抚对象有着较高的情感诉求、在乡老复员退伍军人有着较强的生活保障诉求、生活基本无忧的军休干部有着较强的参与诉求等，同时，具体到服务对象，有些问题常常相互交织在一起，在做具体工作时需要具体分析。

(二) 优抚安置社会工作服务对象的需要

烈士褒扬和军供社会工作服务对象流动性大、服务时间短暂，难以形成相对固定的

工作关系，故不具体分析服务对象的需要和问题。

1. 优抚医院社会工作服务对象的需要

（1）优抚医院社会工作服务对象的界定。主要包括伤病残军人、带病回乡复员退伍军人、患严重精神病的复员退伍军人。其中，荣誉军人康复医院的服务对象必须是特等、一等残障军人中具有下列条件之一者：因伤残后遗症需要经常医疗处置的；生活需人经常护理，回乡安置不便照顾的；独身一人，无依无靠，不便回乡安置的。复员军人慢性病医院的服务对象是：患有严重慢性病的带病回乡的复员军人；患有严重慢性病的在乡革命残疾军人；在部队立有三等功以上、病情特别严重的带病回乡的退伍军人。复员退伍军人精神病院的服务对象必须是带病回乡的复员、退伍军人中的严重精神病患者。

（2）优抚医院社会工作服务对象的需要。主要包括：①治疗康复需要。无论是慢性病患者、残疾军人还是精神病患者，身体、心理或精神方面的治疗和康复都是其最迫切的需要。②基本生存需要。由于抚恤补助标准低，在农村安置的复员退伍军人慢性病患者的基本生存需要非常紧迫。③家庭生活需要。由于生理、心理等诸多方面的原因，多数服务对象都没有成家。但他们对幸福家庭生活的渴望，往往超出一般常人的想象。④社会交往需要。多数服务对象长年累月居住在优抚医院，直至老死，作为社会的一员，他们也非常渴望与他人交往，渴望参与社会活动，渴望被社会接纳。⑤社会尊重需要。由于社会主义市场经济的发展、国防观念淡化等原因，优抚对象享有的社会尊重不如以前，社会地位下降，相对剥夺感增强。

2. 光荣院社会工作服务对象的需要

（1）光荣院社会工作服务对象的界定。主要是指：老年、残疾或者未满 16 周岁的烈士遗属、因公牺牲军人遗属、病故军人遗属和进入老年的残疾军人、复员军人、退伍军人，无法定赡养人、扶养人、抚养人或者法定赡养人、扶养人、抚养人无赡养、扶养、抚养能力且享受国家定期抚恤补助待遇的，可以申请享受光荣院集中供养待遇。他们大多为孤老优抚对象。

（2）光荣院社会工作服务对象的需要。主要包括：①婚姻家庭的需要。幸福美满的家庭生活是所有人追求的目标，孤老优抚对象对美好的婚姻家庭尤为向往，情感方面的需求尤为强烈。②健康维护的需要。老年期是疾病多发期，健康维护是孤老和生活不能自理的优抚对象最为关注和渴望满足的需要。③社会参与的需要。孤老优抚对象非常渴望与他人交往，渴望获得亲情与温暖，渴望发挥自己的作用。④社会尊重的需要。常年相对封闭的院舍生活加深了一些孤老和生活不能自理的优抚对象“被社会遗弃了”的感觉，他们非常渴望得到别人的尊敬、重视和赞赏。

3. 军转复退军人安置社会工作服务对象的需要

（1）军转复退军人安置社会工作服务对象的界定。主要包括军队转业干部、复员干部、退役士兵。根据《军队转业干部安置暂行办法》，军队转业干部是指退出现役作转业安置的军官和文职干部。根据《军人抚恤优待条例》，复员退伍军人包括复员军人和退伍军人。其中：复员军人，是指 1954 年 10 月 31 日开始试行义务兵役制以前参加中国工农红军、东北抗日联军、中国共产党领导的脱产游击队、八路军、新四军、解放军、中国人民志愿军等，持有复员、退伍军人证件或组织批准复员的人员，在乡的红军失散人员也按复员军人对待。退伍军人，是指1954年11月1日开始试行义务兵役制以后参加中国人民解放军，持有退伍或复员军人证件的人员。复员干部是一个相对特殊的群体，根据《进一步做好军队复员干部安置工作的通知》，军队干部复员对象是指符合退出现役条件且本人自愿要求复员或者刑满释放、劳动教养、被开除党籍等不宜安排转业又不具备退休条件的军队干部。

（2）军转复退军人安置社会工作服务对象的需要。主要包括：①就业创业权益保障的需要。当前军转复退军人的需要聚焦在就业创业方面。随着与军转复退军人安置密切相关的各项改革逐步深入，政府可控安置就业创业的空间越来越小、渠道越来越窄，造成了军转复退军人待分配时间越来越长、在岗时间越来越短、安置后的上岗率越来越低、上岗后的福利待遇保障越来越难。②社会再适应的心理调适需要。大部分服务对象处于军地转化的过渡期，普遍感到社会再适应的压力，存在诸如焦虑、愤怒、抑郁一类的不良情绪。

4. 军休社会工作服务对象的需要

（1）军休社会工作服务对象的界定。主要包括移交政府安置的军休干部：抗日战争时期入伍的营职以下军队离休干部；解放战争时期入伍的团职以下军队离休干部；中华人民共和国成立后入伍的师职以下军队退休干部；军队退休士官和退休志愿兵。移交政府安置的军队无军籍离休干部和无军籍退休退职职工实行分散安置，由各地街道、乡镇服务管理，故应纳入社区社会工作服务范畴，未在本章讨论之列。

（2）军休社会工作服务对象的需要。主要包括：①军队情结的需要。军休干部是一个相对特殊的社会群体，具有明显的排他性。离退休前他们都是在军队服役几十年的军人，离退休后身心不可避免地留有革命大熔炉锻炼的印记，习惯于几十年军旅生涯所形成的“供给制”思维特点和“制式化”行为规范，具有鲜明的政治倾向性、特殊的荣誉自豪感、较强的社会参与性和组织依赖性。②社会尊重的需要。军休干部是一个政治上相对强势、生活上相对优势的群体，离退休后更渴望得到社会的尊重。③健康维护的需要。多数军休干部患有不同程度的疾病，对医疗保障需求高。④多元养老的需要。军休干部群体中，空巢老人多，独居老人不少，对家庭养老、居家社区养老和机构养老的需求不断增强。⑤社会参与的需要。军休干部具有丰厚的政治优势、经验优势、智慧优势，“离休不离志、退休不褪色”，社会参与意识强。

第二节　优抚安置社会工作的主要内容

一、优抚医院社会工作的内容

优抚医院社会工作主要是为病患服务对象提供社会服务，预防和减轻他们因伤、病、残所带来的种种社交和情绪上的困扰，协助服务对象及其家庭处理因伤、病、残而出现的情绪、经济、康复、出院安置以及其他适应方面的问题，促进医疗过程顺利进行，增强服务对象的自我照顾能力，回归社区，融入社会，增加社会资本，促进社会和谐稳定。

（一）总体内容

1. 协助处置服务对象及其家庭的问题

（1）参与入院时的评估，疏导因伤、病、残而引起的心理及情绪方面的问题。

（2）协助处理不良的家庭关系，促进服务对象与其家庭沟通，加强互相支持。

（3）增强对病情或医疗程序的了解与适应，可联合医护人员，采取讲座方式，对有关伤、病、残所引起的心理、生理、社会影响开展宣传教育。

（4）手术或特别治疗之前及之后的心理辅导。

（5）纠正不当的行为，如已婚荣誉军人不愿回原籍安置，因婚姻家庭引发的一些问题；复员退伍军人慢性病患者短期重复住院率高或不愿出院的问题。

（6）增进与医护人员的沟通，建立适当关系。

（7）对遭遇紧急或突发事件的服务对象进行危机介入。

2. 协助增强服务对象对医院环境的适应

（1）解释医院的有关规定。

（2）帮助服务对象善于运用医院的设备，充分利用医院提供的医疗、康复服务，尽量预防伤、病、残的加重和复发。

3. 协助处理服务对象与医疗系统的关系

（1）提供相关的医疗资讯。

（2）协助及联络医疗团队的各专业同人，为服务对象提供包括生理、心理方面的全面性诊疗。

（3）协助服务对象及其家庭运用有关的社会资源。

（4）提供相关的医疗及福利的电话咨询。

（5）个案处理及转介。

（6）疏导医疗纠纷，妥善处理服务对象及其家属的投诉，进行相关的医务纠纷调解，营造良好的就医环境，构建和谐的医患关系。

4. 出院及跟进服务

（1）与医护人员一起商讨病情，做好出院评估、制订离院计划；尤其要做好离院前的适应性方面工作。

（2）教导家庭照顾服务对象。

（3）协助家庭与服务对象一起设计跟进及检讨方案。

（4）运用居家照顾及社会康复护理等公营或志愿者服务。

5. 其他方面

（1）研究工作，提供医院管理和发展方面的政策建议。

（2）检讨优抚医院社会工作的运作过程。

（3）评估服务设施的使用情况。

（4）发展教育、支援、自助及治疗等个案、小组、社区服务，为服务对象提供更多与他人及外界接触的机会。

（5）协调及促进医疗团队成员的支援网络、加强员工的心理辅导及沟通技巧方面的知识培训，帮助他们增强与服务对象及其家庭进行沟通及辅导的能力。

（6）参与社区健康计划的有关活动。

（7）对工作人员和志愿者的服务进行专业方面的推进和督导。

（8）参与医院内有关活动的策划。活动要符合服务对象的能力和特殊需要，例如精神病患者的训练活动要简单，既要满足培养他们自立生活的要求，又要在他们的认知能力范围内。

（9）协调社会资源，整合社会网络，鼓励社会参与，提高社会地位。

（二）特别内容

（1）复员军人慢性病医院社会工作主要包括常规社会工作服务，突出议题是：协助复员军人慢性病患者形成良好的应对慢性病和失能的生活方式，协助融入社会环境，辨别和安排社会资源以协助患者离开医院或入住其他机构。

（2）荣誉军人康复医院社会工作与康复社会工作（或残疾人社会工作）紧密相关，突出议题是：协助退役伤病残军人，充分发挥其应有的潜能，克服环境障碍，以达到其社会生活适应功能。

（3）复员退伍军人精神病院社会工作属于精神病理社会工作（或心理卫生社会工作），它是最深入的社会工作治疗的一种，同时包括环境的调适服务工作和心理治疗与个案管理工作。

二、光荣院社会工作的内容

光荣院社会工作是运用社会工作个案、小组、社区等直接服务方法与社会行政、研究、督导等间接服务方法，去推行与孤老和生活不能自理的优抚对象生理或心理健康有关的社会政策或措施的一种工作过程。其目的是协助孤老和生活不能自理的优抚对象维持身心健康，保障老年生活各项必需的福利服务，使他们过上正常、安全的生活。

（一）主要内容

（1）做好服务对象入住前的评估和准备工作。

（2）协助服务对象适应光荣院的新生活，发展积极的人际关系。

（3）为服务对象提供个案心理辅导，如运用怀旧、生命回顾方面的技巧，帮助服务对象重塑自我，找回生命的意义。

（4）通过策划、组织一些简单易学的活动，增进服务对象群体之间的交流，促进互帮互助。

（5）协助服务对象提高自我管理和自我服务的能力，充分发挥个人的潜能。

（6）鼓励服务对象参与力所能及的院舍活动。

（7）引导服务对象正确看待死亡，减少焦虑和恐惧。

（8）利用社区或社会资源为服务对象服务。

（9）推动志愿服务并对志愿服务进行督导。

（10）促进光荣院专业服务的发展和专业质量的提高。

（11）影响社会及环境的决策。

（12）其他。由于光荣院存在自然减员，符合收养条件的优抚对象不断减少，为充分利用现有的基础设施、设备和人员，有些光荣院开始了接收社会老人的探索，如何推进孤老优抚对象与社会老人的融合成为社会工作者面临的一个新课题。

（二）特别内容

1. 疏于照顾问题

在光荣院中最常发生3种隐蔽性疏于照顾：一是服务对象丧失基本日常活动的选择权。诸如强迫服务对象按机构的需要而不是个人的需要进餐、洗澡和就寝。二是隔离。有攻击性的服务对象受到排斥，不能参加社会或娱乐性活动，因为他们的行为不符合群体活动的标准，棘手的服务对象不是被吸纳到小组中参加时事小组或娱乐小组的活动，而是可能被罚待在自己的房间里或者被推到电视机前。三是“贴标签”。某个服务对象被认为是“刺儿头”后，工作人员就不会尽力了解为什么这个人跟他人作对或有攻击性，不会尝试解决“这类人”的问题，因为这些人是找麻烦的人，这样一来就使得这些人的要求满足被忽视。如果服务对象被视为“老好人”，工作人员可能会重视这种“老好人”所出现的“异常”行为，会想办法做些什么来消除这样的行为。这种区别对待既加重了服务对象的行为问题，也强化了机构用强硬措施或隔离方法对付被贴了标签的服务对象的做法。社会工作者的角色是对服务对象疏于照顾的迹象保持警惕，运用自己的专业知识和训练识别可能会遇到这一问题的高风险服务对象，充当“代言人”，给行政管理人员提供建议。这里需要强调的是，在筹划避免服务对象受伤害的干预策略时，做服务对象和工作人员双方的工作十分重要。给予双方情感上的支持，介绍支持性服务，缓解工作人员承受的负担，以及在环境上作些调整，都是重要的步骤，可以解决造成疏于照顾问题的成因。

2. 药物滥用与药物依赖问题的预防

在光荣院，不少服务对象有多拿药、藏药、“比着吃药”的现象。服务对象的药物滥用和药物依赖分为两类，第一类是服用违禁药物，第二类是滥用处方药，最常见的是后一种。服务对象滥用药物的情况大多发生在治疗抑郁症、焦虑症、慢性病引起的病痛和失眠症的时候。针对这些病痛所开的抗抑郁类药物、镇静剂、镇痛剂和安眠药属于精神调节类药物，对中枢神经系统有直接的化学作用，会改变情绪状态或感觉状态。这类药物中，某些能造成生理上切实的药物依赖，另一些会造成心理上的依赖。持续服用或误用这些药物会导致服务对象和药物间形成不健康的关系。依赖处方药是一个隐性过程。社会工作者要发挥重要作用，把检查服务对象的服药情况纳入评估工作，使之成为固定工作的一部分。要与医护人员携手工作，教育服务对象，防止因不当用药造成致命后果。

3. 性与亲密关系的处理

不管身心健康状况如何，性与亲密关系都是人们心理社会功能的一个重要组成部分。身体患病或缺少伴侣可能会改变性表达的方式，但是对亲密关系和与他人保持联系的需要在整个生命周期中都是至关重要的。由于孤老优抚对象的特殊性，光荣院的工作人员倾向于避免与他们讨论性和亲密关系。如何敏锐地察觉和体恤老人在性和亲密关系方面的需要，对社会工作者来说是一个特殊的挑战。社会工作者应该组织尽可能多的社交联谊活动，以满足老人对归属与爱的需要。当他们成家的需要不太现实或不可能时，工作人员和朋友可以通过拥抱给老人更多身体上的关爱，满足老人对情感的需要。

三、军转复退军人安置社会工作的内容

军转复退军人安置社会工作涉及面广，新老问题交织、具有复杂性和多面性，社会工作者所承担的责任往往超出了其权力范围和可以利用的资源范围，难以改变现状。因此，军转复退军人安置社会工作主要是在贯彻落实政策的同时，充分发挥社会工作行政的作用，积极获取社会资源，协助服务对象发挥社会功能、增强自我能力、实现角色转变、从容应对新的工作和生活环境。

（一）主要内容

（1）协助服务对象适应新工作和新生活，顺利度过军地转化的过渡期。

（2）协助服务对象充分利用和发掘自身和外部的正式和非正式社会支持网络，为他们更快融入社会、更好发挥作用创造条件。

（3）加强协调沟通，推进党委集中统一领导、退役军人事务部门牵头协调、相关部门支持配合、社会力量有序参与的安置格局形成。

（4）协助做好思想政治和信访接待工作，倾听心声、舒缓情绪、提供慰藉，维护服务对象的合法权益。

（5）协助搭建信息咨询平台，为服务对象就业创业铺路搭桥。

（6）积极推进社会政策的良性改变。

（二）特别内容

社会再适应。人的一生是一个不断适应环境的过程。军转复退军人群体在个体的生命历程中经历了与其他社会成员极为不同的组织化经历，这种组织化的烙印不仅锻造了这些个体独特的人生特质，也影响着这些个体“再适应”社会的心路历程。军转复退军人在既往的军营生活中形成了相对固定的工作、生活和人际交往模式，由军营到地方，已有的定式发生了变化，在截然不同的新环境中，如何尽快地适应角色转变，开启新的生活和工作，是军转复退军人群体面临的难题，也是社会工作者介入的重点。

四、军休社会工作的内容

军休社会工作主要是协助军休干部实现角色转变、减少对生活和环境的负面感受、顺利度过军地转化的过渡期；促进军休干部充分发掘和利用资源、更好地发挥其社会功能，建立并发展积极的社会关系，实现“六个老有”（老有所养、老有所医、老有所教、老有所学、老有所为、老有所乐）的目标；促进社会政策的良性改变，推进接收安置工作稳步进展，促进服务管理水平整体提高。军休社会工作的内容嵌入接收安置和服务管理的各环节中，主要如下。

1. 接收安置前

（1）收集、分析列入交接计划的军休干部的相关资料，做好待移交军休干部需求的预评估和问题的预诊断。

（2）协助待移交军休干部了解移交地方后的相关政策。

2. 接收安置中

（1）协调移交部队解决遗留问题，配合做好交接过程中军休干部的思想工作。

（2）审核军休干部档案时，及时发现可能存在的问题，做好评估和诊断。

（3）利用上门“家访”机会，开展有针对性的个案工作。

（4）利用移交部队、军休服务管理机构、军休干部“三见面”机会，做好群体性的政策解答和心理疏导。

（5）协调相关部门为军休干部办理医疗、落户、组织关系、档案移交等方面的手续。

3. 接收安置后

（1）积极引导军休干部进行平民化角色转换，做好心理补偿和精神慰藉，帮助适应移交安置后的新生活，发展新的人际关系，树立积极健康的休养观，推进融入社区和社会，提高幸福指数。

（2）协助有关部门落实军休干部的政治待遇和生活待遇，依法维护军休干部的合法权益，在政策规定范围内实现军休干部利益最大化，实现“老有所养”。

（3）协助策划、组织形式多样的文体活动，积极培育自发性文体组织，丰富精神文化生活，实现“老有所乐”。

（4）协助做好军休干部医疗保障工作，实现“老有所医”。

（5）协助推进军休社区建设，整合社区资源，拓展服务内容，拓宽服务领域，推进服务管理社会化，便捷军休干部居家生活。

（6）协助军休干部发挥自身综合优势，力所能及地发挥余热，实现“老有所教”“老有所为”。同时，协助开办老年大学，帮助军休干部学习新知识，实现“老有所学”。

（7）做好高危军休干部的临终关怀工作，引导正确面对生命的终点。

（8）培训工作人员，促进专业服务的发展和服务质量的提高；协助做好工作人员的情绪疏导和压力释放工作。

（9）推动志愿服务，训练、组织、督导志愿者。

（10）协助促进社会政策的良性改变，推进军休干部同步享受地方离退休干部待遇、同步享受经济社会发展成果，推进实现服务标准化、管理规范化、利益均等化、保障一体化。

五、烈士褒扬社会工作的内容

烈士褒扬社会工作主要是运用社会工作的专业知识，协助烈属做好悲伤辅导和心理疏导；倡导完善相关政策，协调落实相关待遇，疏解相关矛盾纠纷；策划有针对性的社会宣传，扩大社会影响，弘扬英烈精神。烈士褒扬社会工作的主要内容包括：

（1）引导讲解员和参观群众，加强阵地宣传，开展群体性的心理辅导。

（2）策划有针对性的宣传纪念活动，弘扬红色传统，传承红色基因。

（3）协助烈士遗物史料的收集，挖掘红色资源。

（4）协调烈属与陵园的纠纷，做烈属的暖心人。

（5）协助做好前来扫墓的烈属及亲朋的精神抚慰工作，帮助走出心理阴影。

（6）协助完善解说词，针对不同人群凸显宣传教育重点。

（7）推动志愿服务并对志愿服务进行督导。

（8）推动完善相关政策，协助做好宣传解释工作。

六、军供社会工作的内容

军供社会工作主要是运用社会工作的专业知识、方法和技巧，及时发现、预防、解决过往部队以及军供保障单位内部职工的社会问题；协调社会关系、整合社会资源，落实好军供保障任务。军供社会工作的主要内容包括：

（1）及时发现过往部队中存在的生理、心理问题，配合部队做好预防、解决和转介。

（2）动员社会力量，整合社会资源，完成好军供保障任务。

（3）协调组建工作人员支援网络，加强工作人员的心理辅导及沟通技巧，协助工作人员进行压力释放、情绪疏导和问题解决。

（4）开展研究工作，提供军供站管理和发展方面的政策建议。

第三节　优抚安置社会工作的主要方法

优抚安置工作与社会工作之间有着天生的亲缘性。社会工作的方法在优抚安置领域有非常广阔的应用空间，针对不同的优抚安置社会工作服务人群又有着不同的切入点和着重点。

一、优抚医院社会工作的主要方法

案例 8－1

小张，1990 年出生，2010 年入伍，家有父母和两个姐姐，均在乡务农。2017 年，小张在一次为部队运输军用物资任务途中，遭遇大雨，遮盖车顶保护物资时遭遇高压电，致使其四肢失去了三肢，仅存的右手也只剩下三根手指。2018 年，小张退役，移交政府安置，入住地方荣誉军人康复医院，由国家集中供养。入院以来，小张情绪不稳，自我排斥，抵触他人。家人出于经济因素考虑，一直未曾探视。2018 年底，小张想回家与亲人过个团圆年。在 2 名工作人员的护送下，小张回到了久别的村庄，但家人听说小张回来后“怕惹上麻烦”，闭门拒绝小张进屋。回到医院后，年轻的小张思虑后半生不得不在医院的轮椅上孤独度过，顿觉万念俱灰，拒绝治疗康复、开始绝食轻生，后虽经工作人员多次做工作，情绪依旧极度低落。如何让小张跨越人生的障碍、重新找到生命的意义，就成了优抚医院社会工作的重要任务。

（一）介入重点：危机干预

危机是指人类个体或群体无法利用现有资源和惯常应对机制加以处理的事件和遭遇，一般包括三个相互联系的因素：一是压力性的或危险性的事件；二是个体对事件的认识；三是个体的应对机制和克服危机的能力。危机并非突如其来，而是一个过程（如图 8－1 所示），其焦点在于人们如何对突发性危险事件作出反应。

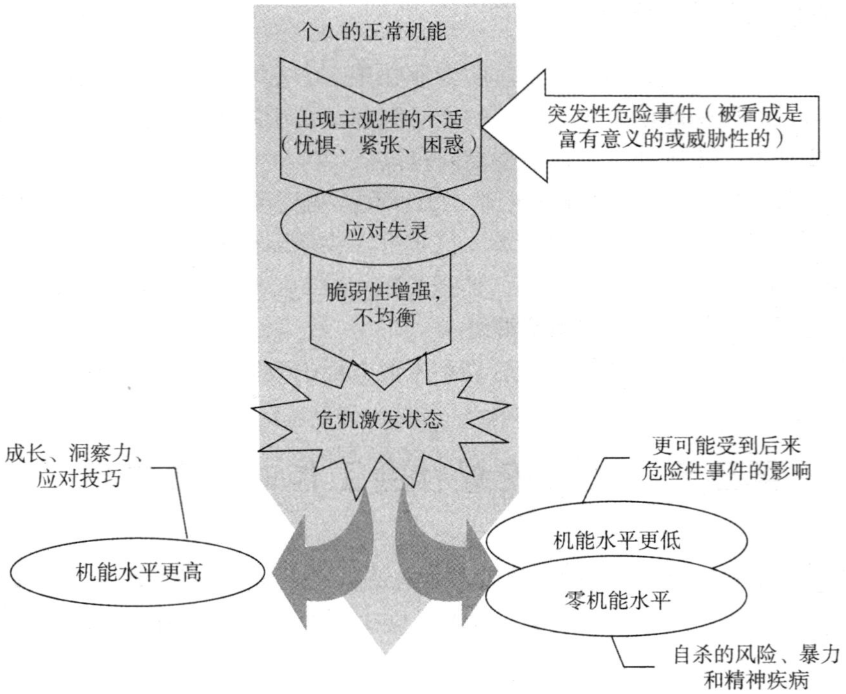

图8－1　危机模型

资料来源：Caplan（1965），Roberts（2000），Kanel（2003），Parad（1965a）.

危机干预模式是一种短期干预的方法，强调在有限的时间内（一般仅持续1～6周）为服务对象提供支持性服务，强调处理紧急而非长期问题，强调挖掘服务对象的优势、资源和应对机制以克服面临的发展性、意外性或者存在性危机，旨在通过提高服务对象的应对水平、信心和解决问题的能力，帮助服务对象返回到平衡稳定状态。危机干预模式适用于人格稳定和面临暂时困境或挫折的人，以及家庭、婚姻、儿童问题、蓄意自伤、自杀或意外伤害等情况。

优抚医院服务对象大多是因在部队服役期间遭遇突发伤残或者罹患重病导致“失能”，回到地方后，很多人需要在医院的病床上孤独度过一生。如何应对突发的人生变故？如何面对漫漫的人生之路？需要运用危机干预协助渡过人生的“关口”。

（二）介入策略

针对小张这样的服务对象，危机干预主要包括以下相互联系的七个阶段。

1. 开展评估

全面评估造成危机的生理－心理－社会因素，关注服务对象的情感－认知－行为反应，了解服务对象能够获取的支持和资源，重点获悉服务对象对自身、他人或社会的伤害史，做好致命性杀伤力评估。值得注意的是，在任何时候，服务对象有伤人或者自伤的危险需要就医的，应本着生命第一的原则马上联系急救或联系警方确保服务对象的安全。开展评估时，可以参照“一般生活满意度量表”。

表 8 – 1　一般生活满意度量表

（Generalized Contentment Scale，GOS）

姓名：__________　　　　日期__________

这份问卷是用来测量你对你的生活和周边环境的感受。这不是测验，故答案没有对错。请你尽量认真、尽量准确地回答每一个题目，并在每个题目边上写上代表以下答案的数字。

1 = 从来不如此

2 = 非常少如此

3 = 少量时间如此

4 = 有时如此

5 = 相当多时间如此

6 = 大部分时间如此

7 = 时刻如此

1. ______在生活中我做任何事都感到无能为力
2. ______我感到沮丧
3. ______我考虑结束生命
4. ______我时时心情极差
5. ______我容易自虐
6. ______对于那些我必须做的事情，我会不知从何入手
7. ______我变得非常郁闷
8. ______遇到难事，我感到总可以找到能帮忙的人
9. ______我觉得自己前途一片光明
10. ______我感到心情低落
11. ______我觉得我的存在有必要
12. ______我感到其他人理解我
13. ______我喜欢积极和忙碌
14. ______我觉得要是没有我，别人会过得更好
15. ______我喜欢和别人在一起
16. ______我觉得作决定是一件容易的事情
17. ______我觉得处处受制
18. ______我感到极其孤独
19. ______我容易变得心烦意乱
20. ______我觉得没有人真正关心我
21. ______我的生活充满生气
22. ______我觉得有人的确关心我
23. ______我的乐趣很多
24. ______早上我感觉很好
25. ______我感到自己无药可救

资料来源：Leon H. Ginsberg（2013）.

2. 建立关系

对于处于危机中，尤其是对生活失去信心的服务对象，可能不会主动求助，社会工作者应熟练运用沟通与谈话技巧，主动出击，积极拉近与服务对象的距离，迅速与其建立良好互信的专业关系，协助服务对象敞开心扉。这一阶段社会工作者应该运用人本主义的视角，保持冷静和平静，对服务对象表现出无条件的积极关注、真诚和同理关怀。

3. 聚焦问题

造成服务对象危机的原因多样、问题多元，社会工作者采取的步骤主要包括：

（1）问题扫描。社会工作者可以运用头脑风暴法，鼓励服务对象自由地讨论他们的担忧和问题，共同确定困难和问题清单。

（2）问题细节。社会工作者可以运用“5W＋1H”（Who、When、Where、What、Why，How），以开放式问题鼓励服务对象详细阐述危机问题和突发事件、充分表达人生经历和过往故事。

（3）优先问题。社会工作者与服务对象一起仔细审视问题清单，按照优先顺序排列，然后选择一两个问题（不超过三个）作为一起工作的重点。选择优先问题时要考虑的因素主要包括：①问题的紧迫性和特殊性；②不解决的后果；③成功解决的可能性；④社会工作者和机构解决问题的能力；⑤服务对象解决问题的动机。在问题呈现的过程中，社会工作者应将焦点限定在与危机相联系的紧迫性问题上，快速作出危险性判断。

4. 稳定情绪

在梳理问题的同时，要有效稳定服务对象的情绪，帮助宣泄由危机带来的紧张，协助远离危险、远离导致自杀等极端性的情绪反应。这一阶段，服务对象尤为需要他们的经历、感情和情绪获得认可和支持，社会工作者可以通过运用积极的倾听技巧，给予服务对象鼓励性的、认可性的、反应性的示意。

5. 制订方案

通过询问，着力呈现、辨识、建构服务对象现有的优势、资源和应对技巧，充分发挥服务对象的能动性，与其一起寻求减轻紧急状况和问题的可取之策和应对机制。社会工作者要清楚：介入的目的旨在处理那些与危机有关的问题，尽可能降低危机造成的危害，避免不良影响的扩大，而非完全解决所有问题；介入的关键是帮助服务对象修改其意识中和潜意识中存在的问题，故应与服务对象一起探讨可行性方案、一起订立服务计划，鼓励服务对象自决。在制订方案的环节，限定目标尤为重要。限定目标可以使用SMART方法，即具体性（Specific）、可测量性（Measurable）、可实现性（Achievable）、现实性（Realistic）、时间性（Timely）。

6. 实施计划

在具体介入的过程中，尤其要注重：

（1）输入希望，提供精神支持与宣泄渠道，让迷茫、无助的服务对象重燃对生活的渴望、人生的希望。

（2）提供支持，加强资源链接，积极联络亲属，充分利用服务对象自身拥有的资源，协助解决当前问题，共同努力克服危机。

（3）恢复自尊，了解服务对象对自己的看法，协助重塑自信、自我增能，并在其改变的过程中给予适度激励，以乐观的精神感染服务对象，在整个服务过程中尽可能地传递正能量。

(4) 培养自主能力，帮助服务对象恢复和发展功能、减少依赖、增强自主、克服危机。

7. 后续跟进

社会工作者应该在最初的危机干预结束后，适时结案，并通过电话、邮件、微信等媒介或实地回访跟进服务等方式，确保危机情况得到解决，帮助恢复生活态度、努力促进其身心健康和人际交往。

二、光荣院社会工作的主要方法

案例 8-2

除夕夜，躺在床上的赵老正在收看文艺晚会，电视里一曲《常回家看看》，深深地刺痛了老人的心，“家都没有了，还回什么家，看什么看?”孤身一人的赵老已年逾90，抗战时期入伍，1990 年入住光荣院，有两个侄子在农村，但家境困窘难以提供日常照顾，平时很少联系。两年前赵老因中风导致卧床，行动不便，视力、听力的退化让他失去安全感。近期赵老越来越虚弱，自己感觉“人生的大限”就要到了，内心非常沮丧、焦虑、无助和恐惧。虽然工作人员对他关怀备至，但由于不能完全感同身受，因而不能给他所需要的支持，而且赵老性格内向，不愿与人交流，常常自我陷入曾经战火纷飞的年代，情绪困扰日益严重。目前，光荣院里住着 40 多位孤老，清一色男性，平均年龄 81 岁。一般来说，他们会在光荣院里度过人生的最后历程，每每“送走”身边的同伴，这群老人久久难以平复那份不舍与忧伤。

(一) 介入重点

死亡并不是突如其来的事，大多数人思考这一问题已有很长时间。但工作人员“一般不碰这个话题”，当孤老优抚对象想谈论自己的死亡和对死亡的感受时，工作人员更可能好心地把他们的忧虑推到一边，说些诸如“你的身体硬朗着呢”“你的日子还长着呢”“你能长命百岁”之类的安慰话；当有其他同伴离世时，工作人员也是好心地让他们回避。实际上，直接面对死亡和濒临死亡的现实是光荣院社会工作不可逃避的一部分。

对于案例中赵老这样进入耄耋之年的孤老优抚对象来说，生活的意义和存在的价值感对于他们来说尤为重要，其人生的主要任务是实现自我整合、避免自我绝望，核心议题是有能力处理并接受人生中发生的所有事情，把这些人生事件当成是令生命有意义的东西。社会工作者的主要角色是作为“陪伴者”——帮助孤老优抚对象个体做好生命回顾、协助群体做好哀伤辅导，陪伴他们走完人生最后的旅程。

(二) 介入策略

1. 人生回顾

(1) 社会工作者可以运用人生回顾干预措施为赵老提供回顾一生经历的机会，帮助处理“未了事宜”，找到跟自己及他人和解、获得心灵安宁的方法，从而重新认识生活、接纳自己，达到身、心、灵的和谐。介入的具体步骤包括：

①建立良好的信任关系。本着尊重、接纳、同理、保密的理念，耐心倾听赵老现在的感受、面临的困惑和问题，鼓励他充分表达自己的想法和情绪。

②回顾人生经历。采用逆序回顾干预方式进行人生整合：一是引导赵老珍惜现在生活的重要性，包括欣赏时间的珍贵，以及真实地活在离开部队后的当下，“学习享受活着”；二是引导赵老找到往事的意义，重温旧时欢乐时光，肯定人生中积极经历，以曾经的军旅生涯经历来建构生命的价值；三是引导赵老直面自己的局限，坦然放下、接纳生活中好的一面和不好的一面，接受自己独特的人生；四是引导赵老重新激活疏离的人际关系（比如甚少联系的侄子），寻求与自己、与他人的和解；五是引导赵老“拓展个人爱和同情的圈子”，力所能及地关怀他人、服务社会。

③制作人生回顾手册。社会工作者可将谈话记录整理成册，并通过设置老照片、精彩片段回顾、心灵空间、祝福传递等板块，协助梳理曾经的军旅生涯——“立功”、记录过往人生感悟——“立言”、肯定个人良好品质——“立德”，协助留下个人精神遗产，帮助传承生命的价值。社会工作者要引导服务对象把人生回顾过程看成是寻求当下生命意义的方法。

（2）在人生回顾的过程中，社会工作者要善于“积极倾听”：

①积极倾听的指导原则可以用 SOLER 表示。S（Squarely）：座位与服务对象成直角，采用一种表示参与的相对而坐的位置；O（Open posture）：采取一种开放的姿势，手臂交叉和腿部交叉表示参与意愿较少或者让他人接近的可能性较小，开放的姿势隐含着你开放地对待服务对象及其所说的话。L（Lean）：记住身体要不时地向对方倾斜，这是增强你与服务对象沟通的一种姿势。E（Eye Contact）：保持良好的眼神接触，这是一种表达方式，表示“我和你在一起，我很感兴趣，我想听你要说什么”。R（Relaxed）：尝试保持相对放松，放松意味着两件事：一是没有神经质地坐立不安或是露出注意力分散的面部表情；二是很自在地去运用你的身体，作为与人接触和表达的工具。

②积极倾听的具体过程包括三个步骤：一是邀请。借助身体姿势、面部表情和声音，表明正准备听服务对象说话。通常，可以用提问题的方式来引导服务对象表达自己，比如“最近过得怎样？”二是聆听。当服务对象回应你的问话时，社会工作者可以借助观察、鼓励等方式予以接收并回应，通常不要打断服务对象的叙述。不仅要仔细倾听服务对象怎样叙述当下的问题，而且要认真倾听他们如何讲述过往的军旅生涯。在聆听的过程中，要允许沉默、倾听沉默，沉默可能是在思考、在回忆、在等待回应，也可能是表达不满。三是回应。在服务对象倾诉的过程当中，可以用“嗯、对、没错”等语气词予以“口头”跟随，或者以点头、投以关注的眼神、将身体向服务对象稍微倾斜、握住服务对象的手等方式予以“行为”肯定，用“您的意思是……”等简短的复述予以“释义、澄清、面质、反映、概括”。服务对象讲述自己人生经历所用的语言可能有许多精神方面的比喻，也能借此洞察他们在精神方面深藏的未能解决的冲突，比如详细回忆曾经经历的战争点点滴滴隐含着对战友的深深怀念，一件件展示的军功章和证书隐含着对部队的深深不舍。

2. 哀伤辅导

在光荣院这样一个相对封闭的院舍，老人最难以承受的是送走身边的同辈群体成员。社会工作者可根据实际情况，开展小组工作：

（1）在服务对象临终前，组织有相同或相似遭遇的成员进行交流，建立相互支持网络，策划一些处境游戏，给每名成员设身处地的感受机会，让服务对象感觉到并不是只有自己才经历这样的痛苦，在体味彼此内心最深处感觉与需要的同时，分享经验、分担痛苦、相互扶持、减轻孤独、做好准备、积极应对，组员合力让即将离世者“善终”。

（2）在服务对象离世后，可采用理性情绪治疗法，协助同辈群体对“创伤性丧失”作出适当的情绪反应，及时调整不良的情绪困扰，减轻未被解决的哀伤压力造成的潜在影响，协助接受丧失、经历哀痛、处理依附情结、度过哀伤时期、逐渐恢复功能，尽早重新开始正常生活。社会工作者可以采用一些小组工作技巧：①在小组中分享逝者的故事以及死亡时的情境；②在小组内分享逝者的照片和生命回顾手册；③在小组内留出专门的时间表达失去同伴的感受；④学习放松方法和身体健康锻炼的方法；⑤谈谈他们对死亡和来生的看法。

三、军转复退军人安置社会工作的主要方法

（一）介入重点

铁打的营盘，流水的兵。我国是个兵员大国，每年有大量军人退出现役。从军营到地方、由高度组织化到相对自主性，军队转业干部和复员退伍军人面临着心理、生理、社会多个层面的冲击，需要重新适应工作与生活的转变。社会工作者可以参照福尔摩斯及雷奇（Holmes & Rahe）的“社会再适应量表（SRRS）”对复员退伍军人的压力程度进行评估。

2011 年出台的《退役士兵安置条例》，突出强调退役士兵就业自主性，鼓励自主择业、自谋职业和自主创业；2018 年颁布的《关于促进新时代退役军人就业创业工作的意见》具体提出 32 字要求：政府推动、政策优先，市场导向、需求牵引，自愿选择、自主作为，社会支持、多方参与，退役军人的就业市场化成为时代发展的必然选择。当不再拥有国家行政命令的庇护、依靠自身竞争力立足就业市场时，既无学历优势又无专业特长的退役军人将如何度过从军队到地方的转化期，顺利完成告别军旅生涯、选择新职业、从业准备、稳定就业的全过程，是社会各界关注的焦点，社会再适应就成为社会工作介入的重点。

（二）介入策略

1. 开展个案辅导

个案介入旨在增强服务对象的自我能力，以应对新工作和新生活的压力。社会工作者主要担当同行者的角色，陪同服务对象走出困境，迈过职业转向的特殊时期。

（1）具体过程包括：①协助服务对象做好压力预防。社会工作者应力图获得接收安置单位全面而翔实的资讯，并准确地向服务对象描述。这种对预期的引导和现实的展望，是一剂心理上的预防针。②协助服务对象做好减压工作。出于种种原因，部分服务对象不愿意向他人讲述自己所承受的压力。社会工作者应该帮助服务对象说出隐情，并协助认清其中的危险信号，从而预防这一类压力的产生。③协助服务对象构建社会支持网络，加强与同辈群体的联系，积极获取家庭、社区、正式与非正式组织资源，顺利度过军地转化的过渡期。

（2）介入方法包括：始终以尊重、关注和接纳的方式与服务对象进行沟通，适时予

以安慰、鼓励、承认，同时要在现实的基础上表达出对服务对象的信心、肯定和赞许，疏导情绪，使服务对象消除焦虑，减少内疚，化解不满，增强自信，以从容、积极的心态应对新工作和新生活。

2. 开展小组辅导

小组介入旨在帮助面对同类问题或共同需求的组员，建立同辈群体支援网络，推进社会再适应。介入步骤包括：

（1）小组初期：心态调适。社会工作者作为一个引导者，主要是帮助组员通过寻找组内的共同点来拉近关系、建立认同，从而调整彼此的心态。具体内容包括：让组员分享各自当前的生活、精神状态及对退役的看法；邀请既往军转复退军人中的佼佼者为大家分析这个时期的特殊性，分享度过这个关键期的经验方法。

（2）小组中期：环境探知。这一阶段主要是让军转复退军人增加对个体和所处环境的了解，从而有针对性地进行改善提升，在此基础上，帮助组员更好地进行职业选择和准备。具体内容包括：为组员进行职业生涯规划，带领组员进行自我职业性格分析；介绍当前的社会大背景和就业环境，重点介绍退役军人安置制度改革以及应对措施，促进理念转变、能力提升。技巧上，可以通过播放影视数据、现场讲授、小组讨论等方式，让组员更加明确当前的形势、把握现有的机会，正确评价自己，更新观念，调整心态，树立与市场经济相适应的择业观和就业观，尝试进行职业选择。

（3）小组末期：职业准备。职业准备内容丰富，主要是心理准备和知识技能两方面。社会工作者的重心是方式的传授与方向的引导。具体内容包括：为组员介绍就业信息查询途径、就业咨询网站，链接职业培训资源，让他们可以接受更为全面系统、有针对性的职业教育；邀请职业介绍师为组员讲授择业技巧，包括简历设计、笔试方法、面试技巧等方面；开展组内角色扮演，通过组员之间的演练，了解自我、认识现实、寻找差距、寻求突破，完善组员的职业准备工作；借助高科技新媒介，协助建立 QQ 群、微信群等“网络群”，加强同辈群体支持，促进信息分享、情感沟通、问题解决。

四、军休社会工作的主要方法

案例 8－3

李老，1933 年出生，1950 年入伍，1952 年入党。1951 年参加抗美援朝作战，立一等功一次；服役期间立三等功两次。1990 年在正师职岗位退休，2000 年安置在某地方军队离退休干部休养所。李老的老伴是地方退休干部，两人育有一儿一女，均不在二老身边，平时主要靠电话联系。尽管夫妇俩均患有多种老年常见病，但对于子女找个保姆的建议，两人都不愿接受。自从移交地方安置以来，李老一直闷闷不乐，心里的“结”很难打开，觉得自己为部队工作了大半辈子，老了没用了，被当作“包袱”“扔”了出来，有一种强烈的被抛弃感和失落感。平时，李老很少下楼，也从未踏出过驻地社区的大门，状态好的时候就翻翻泛黄的老照片、看看曾经的军功章，沉浸在曾经的辉煌岁月中；状态不好的时候，一个人躺在床上絮絮叨叨、自言自语，强调自己生是部队的人、死是部队的鬼，抱怨自己曾经的手下由“兵小鬼混成了军级干部”、留在了部队干休所……如何打开李老这些移交地方安置的军休干部的“心结”是军休社会工作的重点。

（一）介入重点：认知和情绪问题的处理

军休干部移交政府安置是重新回归社会，实际上是一个由在职到离职、由军队到地方、由军人到老百姓的社会角色转变过程和“再社会化”过程。对于戎马一生的军休干部来说，军转民的手续可以在短时间里办结，但根深蒂固的“军队情结”深深影响着他们的休养生活，他们有意无意地“抗拒”“延缓”着这种“再社会化”，呈现出一定的角色失调、心理失衡和行为失范。对个人身份、地位的敏感、焦虑、紧张和无奈是当前军休干部普遍的心态特征，强烈的怀旧感、被抛弃感是大多数军休干部的心理感受。随着社会地位发生的相对变动，尽管军休干部基本生活无忧，但他们将自己的利益得失与军队和地方管理的离退休干部等“同辈群体”进行对比时，依然会有强烈的相对剥夺感，攀比和失衡犹如一枚硬币的两面如影随形地相伴在部分军休干部的晚年生活中。他们往往将自己的这些不良情绪归结于环境事件——由军队到地方，认为军队把“财富”当成了“包袱”、普遍“带着情绪在生活”。如何协助他们识别自己的非理性信念、重建理性认知、改变负面情绪、树立积极健康的休养观、接受组织安排的现实、主动融入社区和社会，是社会工作者的介入重点。

1. 干预的技巧

（1）认知重构。社会工作者与服务对象一道将错误的或非理性的认知变为可接受的、准确的认知来降低当前问题。该干预方法可能只是简单的讨论支持。社会工作者可以这样开始：“你为什么觉得自己是被当作包袱扔了出来？”

（2）放松技巧。社会工作者教给服务对象放松技巧，特别是当出现焦虑或压力的时候可以使用。该技巧的过程是放松从头到脚指头的肌肉。社会工作者可以建议服务对象结束会谈后，一天练习一两次，每次 10 ~ 15 分钟。

（3）社交技能训练。社会工作者和服务对象可以通过建立简短的任务来帮助达到目标，在会面中不断练习新的社交技巧。社会工作者可以先作出示范，然后由服务对象跟着练习，建议会面结束后不断练习这种新的行为，并向社会工作者回馈是如何使用这种新的技能。

（4）问题解决技巧。社会工作者与服务对象一起找出问题解决方法。这个过程包括：确认目标或问题答案、建立达到目标的任务、完成任务和达到目标的进展报告。

（5）系统脱敏。让服务对象暴露在唤起焦虑的情境中，同时也面临产生焦虑的行为。目的是将有问题的焦虑的情境与愉快的舒适的行为联系起来。

（6）模仿和角色扮演。社会工作者模仿一种特别的行为，然后与服务对象共同完成这一行为。具体的方法包括看视频、参加小组或者观察。

2. 语言运用的技巧

（1）合作的语言。社会工作者应该持有这样的理念，即服务对象是自身问题的专家。社会工作者可以这样询问：“你今天想有哪些改变？”而不是“我可以帮到你什么吗？”

（2）所有权的语言。社会工作者给予服务对象应有的信任，鼓励服务对象多运用词语“我”，相信服务对象可以运用自身的优势与力量来促成生活中的改变，而不是相信改变只可以借助外力发生。社会工作者在表述时多使用“你今天来到这里，想要完成什么呢？”而不是“什么问题让你来到这里？”

（3）可能性的语言。社会工作者应当为服务对象创造一个充满可能性的环境，而不是重重阻碍的环境。在与服务对象沟通时，可能需要将服务对象的负面语言或描述重构为积极的可以被服务对象接受的语言。如服务对象说“我老了，不中用了，被部队当作包袱甩了出来”，社会工作者可以将这种话语重构为“革命和建设时期你们作出了卓越贡献，为了减轻部队负担、增强部队战斗力，你们积极响应党和国家号召，毅然到了地方，你们无愧于革命老兵的称号，永远是党和国家的宝贵财富”。

（4）解决方法的语言。聚焦于解决方法，表明服务对象在注意、澄清、丰富和加强他们的优势、能力、资源和潜能。询问服务对象过去解决问题的经历，能够为服务对象面对未来提供宝贵的经验与技巧。

（5）说明与澄清的语言。鼓励服务对象详细说明并澄清状况，可以让社会工作者与服务对象全面了解过去的故事，发现支持或反对现有信念系统的证据。

（二）介入策略

在处理服务对象认知和情绪问题的同时，还要积极推进军民融合、军地融合，多视角多层面满足服务对象的需要，协助建构幸福晚年。

1. 微观层面，推进军休老人与社会老人融合

（1）与服务对象分析当下的情境，引导服务对象明白，不是个人遭遇的事件（由军队到地方）而是个人的非理性信念（“被部队抛弃了”）造成了情绪和行为上的困扰，让他们认识到非理性信念对当前和今后生活的负面影响，引导加强“自我反思”、树立一种豁达的人生态度，提升“自我认同”、完成“自我整合”。

（2）与服务对象分享所在军队离退休干部休养所的设施设备、文体活动、人群特点等基本知识，协助服务对象尽快适应军队离退休干部休养所的新生活，减少对生活和环境的负面感受，发展新的人际关系，树立积极健康的休养观。

（3）协助构建社会支持系统，发挥服务对象本人、家庭、邻里自助互助等支持网络优势，协助走出自我、走出庭院，融入社区、融入社会。

2. 中观层面，推进军休社区与驻地社区融合

（1）社会工作者可以发挥服务对象的政治优势、经验优势、红色资源优势，挖掘内在潜能，推进力所能及地参与社会、服务社会，与驻地周边院校学生和单位员工分享革命光荣传统，提升“社会认同”。

（2）社会工作者可以发挥资源链接优势，借助社区服务网络体系，引进社会服务资源，提高社会服务介入度，拓宽服务领域，丰富服务内容，提高服务水平，推进服务对象同等同步享受地方惠民政策、同等同步享受国家经济发展和社会进步成果，提高幸福指数。

3. 宏观层面，推进军队保障与地方保障融合

（1）推进军地管理体制“一体化”，突破军队和地方各自分管一部分军队离退休干部的二元体制，推进建立起军地一体、上下联动、关系顺畅、责任明晰的管理体制。

（2）推进军地政策体系“一体化”，针对市场经济体制完善和军队保障社会化改革深化过程中出台的新政策、新规定、新制度，加大政策评估、政策调整和政策创制力度，推进建立与市场经济相衔接、与国防建设相适应、与法律规范相协调、与优良传统

相承接的军休干部安置管理工作政策法规体系。

（3）推进军地社会保障“一体化”，推动军队管理的军休干部和移交政府安置的军休干部之间、不同时间移交政府安置的军休干部之间、移交政府安置的军休干部与地方同职级离退休干部之间利益均等，推动军休干部安置保障与国家社会保障接轨，实现军地社会保障“无缝衔接”。

本章小结

优抚安置社会工作是社会工作专业实务的一个重要领域。优抚安置社会工作按照不同的服务载体可分为优抚医院社会工作、光荣院社会工作、军转复退军人安置社会工作、军休社会工作、烈士褒扬社会工作、军供社会工作。优抚安置社会工作服务对象覆盖范围广、军队情结深、需要层次多、问题压力重。针对不同服务场域中服务对象的特点和需要，优抚安置社会工作除了运用通用的社会工作方法，还可以采取有针对性的介入方法和介入策略实施有针对性的服务，比如伤病残退役军人的危机干预治疗、孤老优抚对象的人生回顾与哀伤辅导、军转复退军人的社会再适应引导、军休干部群体的认知和情绪问题处理，从而形成各具特色的社会工作服务模式，在因应服务对象的问题、回应服务对象的需要、推进社会工作与优抚安置工作融合发展方面作积极探索。

第九章　社会救助社会工作

社会救助社会工作是指依据社会救助法规和政策，面向生活困难的个人、家庭和群体，展开以济贫、解困、扶危、增能为主要内容的社会工作专业活动。社会救助社会工作是重要的社会工作领域之一。

第一节　社会救助社会工作概述

虽然社会救助和社会工作有着不同的概念、体系和内涵，但两者的关联性非常紧密。社会工作以“助人”为核心理念，早期的助人实践活动基本都是围绕救助开展的，积累了丰富的救助经验；而社会救助须以社会工作为依托，才能达到应有的救助效果。社会救助社会工作从属于社会救助、服务于社会救助、致力于通过为救助对象提供专业服务，来提升社会救助质量。

一、社会救助的概念与内容

（一）社会救助概念

社会救助是指在社会成员因个人原因、自然原因或社会原因致使基本生活难以维持时，由政府和社会为其提供基本物质保障的救助制度。社会救助是社会保障体系的重要组成部分，是受到宪法保障的基本公民权利之一。

社会救助以家庭经济状况调查为基础，由政府和社会为陷入贫困的城乡困难家庭提供直接的物质救助和服务，帮助其解决基本的生存问题。社会救助是一个动态的、涉及多个领域的复杂概念。

（二）社会救助的内容

社会救助的内涵随着社会的发展而不断变化，涉及经济、文化、政治、社会等多个领域，是一个复杂的、综合的制度体系。同时，它又是一个由管理体制与运行机制、资金筹集与资金管理、实施行动与动态管理等组合起来的运行过程。我国的社会救助体系主要包括最低生活保障、特困人员救助供养、受灾人员救助、医疗救助、教育救助、住房救助、就业救助、临时救助等内容。

1. 最低生活保障

最低生活保障是由政府提供的一种收入补充型救助制度。国家对共同生活的家庭成员人均收入低于当地最低生活保障标准，且符合当地最低生活保障家庭财产状况规定的家庭，给予最低生活保障，使之家庭人均收入达到当地低保标准。户籍状况、家庭收入和家庭财产是认定最低生活保障对象的三个基本条件。一般情况下，持有城市户口的居民，可申请城市低保；持有农村户口的居民，可申请农村低保。在城乡低保标准一体化的地区，不再区分城乡低保。

2. 特困人员供养

国家对无劳动能力、无生活来源且无法定赡养、抚养、扶养义务人，或者其法定赡养、抚养、扶养义务人无赡养、抚养、扶养能力的老年人、残疾人以及未满16周岁的未成年人，给予特困人员供养。根据《国务院关于进一步健全特困人员救助供养制度的意见》，原城市“三无”人员救助和农村五保供养统一为特困人员救助供养制度。供养内容主要包括：

（1）提供基本生活条件。

（2）对生活不能自理的给予照料。

（3）提供疾病治疗。

（4）办理丧葬事宜。

供养形式分为在家分散供养和在当地的供养服务机构集中供养。具备生活自理能力的，鼓励其在家分散供养；完全或者部分丧失生活自理能力的，优先为其提供集中供养服务。

3. 受灾人员救助

受灾人员救助是指国家对遇到自然灾害致使基本生活受到严重影响的社会成员提供一定的物质帮助，使之维持基本生活水平，并逐步恢复和提高生产、生活能力的一项救助制度。受灾人员救助内容主要包括为受灾人员提供必要的食品、饮用水、衣被、取暖、临时住所、医疗防疫等。自然灾害危险消除后，政府还应当及时核实居民住房恢复重建补助对象，并给予资金、物资等救助。此类救助具有突发性、应急性等特点。

4. 医疗救助

医疗救助是指国家通过提供资金、政策上的支持，帮助贫困人群获得基本医疗卫生服务、改善健康状况的一种制度。医疗救助能够帮助贫困群体满足基本医疗服务和健康需求，从而避免疾病的困扰。医疗救助分为两种形式：一是资助城乡困难家庭成员参加居民基本医疗保险；二是给予城乡困难家庭成员直接的医疗费用补助。对需要急救但身份不明或者无力支付急救费用的急重危伤病患者给予救助的疾病应急救助制度，属于医疗救助范畴，符合规定的急救费用由疾病应急救助基金支付。

5. 教育救助

国家对在义务教育阶段就学的最低生活保障家庭成员、特困供养人员，给予教育救助；对在高中教育（含中等职业教育）、普通高等教育阶段就学的最低生活保障家庭成员、特困供养人员，以及不能入学接受义务教育的残疾儿童，根据实际情况给予适当教育救助。国家通过教育救助的方式保障贫困家庭学生的基本学习、生活需求，帮助他们完成学业。根据不同教育阶段的需求，教育救助的内容主要包括减免相关费用、发放助学金、给予生活补助、安排勤工助学等。一些地区或学校给贫困学生发放学习用品、校服，或提供免费午餐等，也属于教育救助范畴。

6. 住房救助

住房救助是指国家对符合规定标准的住房困难的最低生活保障家庭、分散供养的特困人员、农村建档立卡贫困户给予住房方面的帮助，满足其基本住房需求。住房救助的形式在城镇主要是配租公共租赁住房、发放住房租赁补贴，在农村主要是开展危房改造等。

7. 就业救助

就业救助是指国家对最低生活保障家庭中有劳动能力并处于失业状态的成员，通过贷款贴息、社会保险补贴、岗位补贴、培训补贴、费用减免、公益岗位安置等办法，帮助其实现就业。如果低保家庭有劳动能力的成员均处于失业状态，政府应当采取有针对性的措施，确保该家庭至少有一人就业。

8. 临时救助

临时救助是指国家对遭遇突发事件、意外伤害、重大疾病或其他特殊原因导致基本生活陷入困境，其他社会救助制度暂时无法覆盖或救助之后基本生活暂时仍有严重困难的家庭或个人给予的应急性、过渡性救助。临时救助采取发放救助金、发放实物或者提供转介服务 3 种方式。生活无着的流浪、乞讨人员救助属于临时救助范畴。

二、社会救助的工作原则

（一）兜底线

社会救助是最后一道民生兜底保障安全网。当其他社会保障制度实施后仍不能维持公民基本生活时，就需要社会救助给予最后帮助，守住基本民生保障底线。救助对象的受助资格在贫困事实或急难情形经过法定程序认定后即可获得。社会救助依照救助对象的申请并经过法定程序审核批准后实施，具有无偿性。

（二）保基本

对于陷入困境的社会成员来说，需要政府和社会不间断的支持和帮助才能彻底改变境遇，提高生存能力，改善自身生活质量。对于政府来说，在充满风险和变动的现代社会，必须拥有足够的、与救助需求相适应的财力保障，才能使社会救助行为持续进行，并且更加科学和人性化。因此，社会救助给予的应当是最基本的生活保障，既要尽力而为，又要量力而行，并且不断提高科学性和人性化。

（三）救急难

“急”和“难”是社会救助最显著的特点，也充分体现了社会救助的急迫性和重要性。当一个人的生命和生活处于危机时刻时，社会救助要在第一时间给予最直接、最有效的物质帮助，保全生命，保障基本生活。救急难同时也表明，在社会救助中要坚持社会工作伦理，将服务对象的生命安全作为服务的第一要义。

（四）促发展

社会救助不能是简单的给予、消极的救助，而应当注重激发救助对象摆脱贫困的内生动力，促进其自我发展能力。既要救助，也要扶志、扶智。这就需要在社会救助实践中更多引入社会工作专业服务，帮助救助对象链接资源、提升能力，更好融入社会。

三、社会救助对象的主要需求

甄别和发现服务对象的需求是开展社会工作的前提。随着社会的发展，服务对象的需求越来越多元化、个性化，除了物质和经济方面的需求外，心理、社会、情感、文化等方面的需求也在不断增强。

根据马斯洛的需求理论分析，人类的需求从低到高分成生理需求、安全需求、社交需求、尊重需求和自我实现需求五个层面。社会救助社会工作服务对象的需求在这五个层面上均有体现。

（一）生理需求

这是救助对象最基本也是最迫切的需求。社会救助的对象大多数是社会困难群体，他们的衣食住行等部分生理需求主要靠政府或者社会给予帮助，以保障他们的基本生活。当某个地区遭遇自然灾害、某个家庭突遇祸端，或者某名儿童身患急症、丧亲失依的时候，这些救助对象首先需要的是食品、饮用水、衣被、医疗、住宿等应急救助，以满足基本生理需要。

（二）安全需求

安全需求主要包括救助对象的人身安全、健康保障、财产安全等方面的需求。如为受灾人员提供取暖、临时住所、医疗防疫等救助，确保服务对象的安全和健康。

（三）社交需求

社交需求也就是爱和归属感的情感需求。当救助对象的生理和安全需求得到满足后，其情感方面的需求也不容忽视。因为一个人或者一个家庭面临严重困难的时候，来自家人、邻里和社会的亲情和友情尤为重要，能支持处于困境中的个人和家庭获得自信和力量。

（四）尊重需求

尊重需求既有来自内部的自我尊重，也有来自外部社会环境的尊重和认可。尊重需求的满足可以让一个人充满自信、信任他人和社会，而且能够体现出自身的价值和意义。如社会工作者为社区低保家庭的孩子创造丰富多彩的暑期活动，鼓励孩子们参与社区志愿活动，展示和嘉奖孩子们的成果，从而让每一个孩子都有一种参与社会的成就感，满足其尊重需求。

（五）自我实现需求

自我实现需求就是进一步地发挥个人潜能，追求更高的人生境界。由于受客观条件的限制，处于困难地位的社会成员，其自我实现需要社会充分的重视、理解和支持。残障人士希望突破身体的限制过上正常生活，贫困学子希望对社会有所贡献，每一名社会成员的价值都应该得到尊重和体现。尤其是面对救助对象时，社会工作者要鼓励他们正视自己的潜能，勇于挑战极限，用自我实现的内驱力改变命运。

四、社会救助社会工作的定义与特点

（一）定义

社会救助社会工作是指在社会救助领域，社会工作者根据社会救助的性质与特点，以社会工作价值理念为指导，以社会工作的专业理论为依据，采用社会工作专业方法与技巧，为社会救助对象提供专业服务的过程。这个过程包括物质方面的社会救助、精神层面的内在提升以及救助对象的社会功能恢复。

（二）主要特点

1. 救助对象的多样性

社会救助的服务对象范围广泛，有贫困无依的老人和儿童，有暂时找不到工作的失业人员，有残疾人、重症病人等特殊人员，有因为突发事件而使生活暂时陷入困境的家庭，还有因自然灾害导致的受灾人员等。

2. 救助类型的复杂性

针对不同救助服务对象的特殊情况，社会救助社会工作所能提供的救助服务期限、救助服务形式以及救助服务数量差异很大，内容丰富，种类多样。

3. 工作过程的持续性

社会救助社会工作的过程具有持续性特征。其服务过程不仅要协助政府经办机构为救助对象发放救助款物，及时了解并帮助解决贫困群众的生存困难，使他们脱离困境，而且还要设法逐步增强他们生活的能力和战胜贫困的信心。这是一个持续性的服务过程。

4. 工作方法的融合性

依据救助服务对象的不同、贫困类型的不同以及贫困产生原因的不同，社会救助社会工作所采取的工作模式是不一样的。如果服务对象是一名因为身体残疾而导致贫困的母亲，社会工作者可以采取针对个体的微观工作方法；如果是遭遇自然灾害导致贫困的社区，社会工作者就要运用团体或者社区重建的方法；如果服务对象是流浪儿童，社会工作者就需要考虑运用危机干预、心理辅导、行为矫治和教育培训等方法。社会工作者在提供救助服务的过程中要强调各种专业方法的融合运用。

5. 工作依据的政策性

社会救助制度体系比较复杂，除了《社会救助暂行办法》外，国务院还制定了一系列具体落实的规范性文件，各地也依据当地实际制定了相应的政策规定。社会工作者在参与社会救助过程中，需要认真分析服务对象的贫困状况、致贫的原因以及可能获得的救助类型等，这些都必须以相应的法规政策为依据。如服务对象分别是城乡低保对象、特困供养人员或者流浪乞讨儿童等，就需要依据不同的救助政策协助其申请相应的社会救助项目，有针对性地解决服务对象的困难和问题。

五、社会救助社会工作的主要功能

社会工作者在参与救助过程中既要依据有关社会政策对困难群体进行及时救助，又要采用社会工作的专业方法，实现物质救助与精神救助的结合，充分发挥社会救助社会工作的作用。

（一）协助服务对象申请适合的救助项目

社会救助政策类型多，涉及项目广，内容非常丰富。服务对象对于申请救助的程序和拟申请的救助类型、项目不一定充分了解，或者限于能力和认识，不知道自身应享有的救助权利以及国家相应的救助政策。要想为救助服务对象提供这方面的帮助，社会工作者首先要熟悉社会救助的项目、内容和程序，对相关法规政策有清晰的了解，然后才能帮助服务对象正确分析自身的状况，对照政策作出是否符合申请要求的判断，最后在政策范围内按程序申请合适的救助项目。

（二）协助服务对象提升反贫困的能力

社会救助对象大多是老、弱、孤、病、残、贫的群体，其中绝大部分丧失劳动能力，依靠自身力量难以改善生活状况；还有一部分有劳动能力，但就业条件差；也有一部分只是暂时性贫困。对不同的救助服务对象，社会工作者就有必要帮助他们制定最适合的反贫困策略，增强其自身脱贫能力的培养和塑造。除了协助其获得国家政策范围内的救助外，社会工作者还要帮助贫困家庭和个人发掘社会资源，提高生存能力，培养工作技能，改善生活质量，通过自身努力彻底摆脱贫困。

（三）促进服务对象的社会融合与社会支持

生活贫困或者遭遇不幸的个人或家庭缺乏参与社会活动的机会和资源，被排斥在正常的社会交往之外，在社会生活中往往被边缘化。社会工作者需要为救助服务对象创造机会参与社会活动，增进他们与其他居民的交流，扩大他们的交往范围，帮助他们积极融入正常的社会生活中。如社会工作者可以鼓励社区中的低保对象参与社区的文体活动和志愿活动，帮助他们参加社区的各种居民组织，增加互相了解，为社区发展献计献策，增强他们的自信心，提升他们社区参与的意识，从而让困难家庭融入社区、融入社会。

（四）疏导和解决服务对象的心理困扰

因为无法抗拒或无力改变的原因而陷入生存困境的个人和家庭，在精神和心理层面都会受到不同程度的伤害，他们可能会封闭自己、缺乏信心，或者抱怨命运以及社会不公。社会工作者在实施救助服务过程中，要及时发现服务对象的这些心理特征，并运用社会工作的专业知识和方法及时介入和进行干预。如通过开展个案工作或者家庭治疗，帮助服务对象正确面对生活的挫折，正确认识现实，摆脱心理困扰。

第二节 社会救助社会工作的主要内容

依据2014年2月国务院颁布的《社会救助暂行办法》，社会救助体系主要包括最低生活保障、特困人员供养、受灾人员救助、医疗救助、教育救助、住房救助、就业救助和临时救助8项救助制度。根据具体的社会救助内容，社会工作者要积极参与救助，体现专业素质，为服务对象提供与救助内容相契合的专业服务。

一、最低生活保障中的服务内容

（一）对象识别

对象识别就是最低生活保障制度的目标瞄准机制。一般来说，社会工作者主要通过家庭经济状况调查的方式，了解困难群众的家庭经济状况，并对照当地的最低生活保障标准，选择最需要或者最贫困的人群作为救助服务对象。《社会救助暂行办法》规定："县级以上地方各级人民政府可以将社会救助中的具体服务事项通过委托、承包、采购等方式，向社会力量购买服务。"据此社会工作者可以通过承接服务的方式参与低保工作。在北京、广州等地，一些政府部门、街道办事处或社区向社会工作机构购买服务，由专业社会工作者承担入户调查、邻里访问、信息核查等工作，协助政府准确识别救助对象。在这个过程中，专业社会工作者能深入了解低保家庭的实际生活状况，确保把真正困难的群众纳入低保，并督促低保资金的落实和社会化发放。同时，通过专业社会工作者的救助服务，还可以帮助解决贫困家庭心理和精神上的一些困难，做到物质救助和精神救助的结合。

（二）协助申请低保

最低生活保障制度有一套严格的申请审批程序。在申请过程中，社会工作者可以帮助救助对象了解申请程序和申请方法。首先要帮助申请人判断是否具备申请的条件；其次要以家庭为单位，帮助户主向户籍所在地的乡镇人民政府（街道办事处）提出书面申请，并按要求如实提交所需的材料；最后可以协助申请人接受乡镇人民政府（街道办事处）和社区村（居）委会开展的入户调查、社区评议等活动，并如实反映掌握的有关情况。社会工作者熟悉社会救助政策和程序，可以帮助困难群众根据自身的实际状况，提前判断是否符合低保条件。低保政策处于不断调整完善中，社会工作者需要不断学习，及时掌握低保政策的新变化，以协助困难群众申请到低保。例如，根据2015年中国残联、民政部等部门制定的《关于加强残疾人社会救助工作的意见》，生活困难、靠家庭供养且无法单独立户的成年无业重度残疾人，经个人申请，可按照单人户纳入最低生活保障范围。

（三）提供心理支持

申请最低生活保障的家庭或者收入微薄，或者家庭成员身患重病、身体残疾等，或者没有劳动能力、不具备劳动条件，自身无法获取足够的收入，生存和生活压力巨大，心理上感到压抑，精神上易于焦虑。社会工作者可以通过专业的方法给予及时的心理疏导和支持，帮助他们舒缓压力，宣泄情绪。

（四）调节家庭关系

良好的家庭关系对于家庭成员的发展以及改变生活状况有着积极的影响。生活处于贫困状况时，家庭成员的心态和家庭关系都会受到一定的影响。社会工作者在协助服务对象申请低保的过程中，需要全面了解和分析其家庭结构和关系，及时发现问题，适时调节家庭关系，帮助改善家庭生态环境。

（五）开展能力建设

能力建设包括学习能力、专业技能以及社会能力等。在生活压力之下，救助对象的就业意愿比较强烈，但是文化素质低，缺乏知识和技能，没有求职信息和技巧等，这些因素严重制约了救助对象再就业和增加收入的机会。对有劳动能力的低保对象而言，需要社会工作者积极开展能力建设，以帮助其改善生活质量，摆脱贫困状态。如可以通过多种形式和渠道的职业技能培训，转变就业观念，帮助救助对象提高操作技能、增强创业能力以及适应市场的能力等。

（六）促进社会融入

在社区层面，低保家庭对于社区的依赖程度较高，生活范围主要局限在社区内部，人际圈子同质性高，家庭支持不够。社会工作者要为低保对象创造参与社区活动的机会，鼓励他们参与社区的公益和文娱活动，帮助他们建立和其他社区居民的联系，互帮互助，承担一定的责任和义务，增强他们的成员感、归属感和自信心。社会工作者要积极帮助困难群体修复社会关系，建立社会支持网络，尤其是邻里支持。俗话说远亲不如近邻，在社区中邻里的守望相助，对于困难群体来说是心灵上的莫大安慰。在有些社区，社会工作者帮助建立邻里互帮小组。有困难的家庭和其他家庭结成互帮互助的对子，彼此提携相助。如低保家庭的孤寡老人帮助双职工家庭看护放学后的孩子；双职工家庭帮助照料老人的日常生活，当老人处于紧急情况时给予及时帮助等。

二、特困人员供养中的服务内容

（一）提供基本生活条件

特困人员没有生活来源，没有劳动能力，也没有法定赡养人、抚养人、扶养人可以依靠。对于这部分群体首先要为他们提供基本的生活条件，改善其生存状况。这里的基本生活条件主要包括住房、食物、衣被以及出行等。

（二）提供日常生活照料

很多特困人员生活不能自理，或者不能完全自理，这就需要通过救助供养政策为他们提供日常生活所需要的照料服务。如个人卫生的洗漱整理、居住环境的洒扫整饬、每日三餐的按时供给以及其他照料服务等。特别需要指出的是，当季节变换时，要及时看护和照顾特困人员，以防发生意外和危险。

（三）提供疾病治疗

社会工作者应当建立特困人员的健康档案，跟踪了解他们的身体健康状况，对于所患疾病实时监控、动态管理，定时进行康复和救治。联系社区医院或者专门医疗机构为特困人员定期体检。一般性的体检以及小的疾病，可以通过设立在供养机构的医务室给予治疗；需要到当地医疗机构住院治疗的，还要及时联系医疗保险和医疗救助部门，协调解决治疗费用问题。

（四）办理丧葬事宜

当特困人员身故之后，应当积极联系殡葬管理部门和户籍所在地的村（居）民委员会，帮助处理丧葬事宜。如果当地有惠民殡葬政策，应当确保亡故的特困供养人员能够享受到。

三、医疗救助中的服务内容

（一）协助申请救助

城乡贫困人口中，因病致贫、因病返贫的比例相当高。因为医疗费用昂贵，许多人生病后不去就医或者推迟就医，结果导致小病酿成大病，或病情更加严重，进一步加重了家庭的经济负担。医疗救助就是为了帮助城乡贫困人口解决基本医疗服务问题，减轻病人的经济压力。目前，医疗救助主要覆盖最低生活保障家庭成员、特困供养人员、农村建档立卡贫困人口以及县级以上人民政府规定的其他特殊困难人员。有些地方已将医疗救助的覆盖范围扩大到低收入家庭中的老年人、残疾人以及重病患者等。社会工作者需要给救助对象讲解医疗救助的政策、标准和方式，协助救助对象准备所需材料，帮助他们申请获取医疗救助。

（二）改善救治环境

在救助对象救治过程中，社会工作者可以帮助救助对象了解医疗机构的诊疗程序，熟悉治疗过程以及了解治疗效果。积极与医务人员沟通，介绍救助对象的具体情况，寻找较为合适的治疗手段和方法。

（三）协调医疗资源

社会工作者一方面要连接医疗保险经办部门，通过医疗救助为城乡贫困群众参加居民基本医疗保险提供资助，并帮助患者通过医疗保险经办机构报销相应的医疗费用；另一方面要连接医疗机构和民政部门，帮助符合条件的患者准备各种材料，及时就医和诊治，并协助救助对象获得医疗救助。此外，还要帮助救助对象了解治疗和康复的资源，寻找当地医院以及社区医院的资源，使得救助对象在医院能得到及时的治疗，回到社区能继续治疗和康复。

（四）强化社会支持

救助对象身患疾病需要治疗，除了没有经济收入之外，有的还缺乏家庭成员的支持和关爱。在医疗救助过程中，社会工作者需要动员志愿者和社区邻里共同帮助救助对象，增强他们战胜疾病的信心，给予他们必要的关爱和支持，协助救助对象早日走出病痛，恢复正常生活。

四、住房救助中的服务内容

（一）协助申请住房救助

住房救助的对象是符合规定标准的住房困难的最低生活保障家庭、分散供养的特困人员以及农村建档立卡贫困户。社会工作者要注意把握住这一政策要点，根据当地的基本住房保障标准和救助标准，协助住房困难群众准确评估自己的家庭收入、财产状况以及住房状况，并作出是否符合救助条件的判断。如果评估后认为符合救助条件，社会工作者应当帮助住房困难群众准备相关材料，协助其及时提出申请，以便县级人民政府住房保障部门及时给予住房保障。

（二）宣传讲解政策

住房救助主要有配租公共租赁房、发放住房租赁补贴、农村危房改造等方式，不同家庭情况涉及的救助政策有所不同。社会工作者需要协助申请人理解住房救助的相关政策，明了当地的救助标准，准确把握救助申请的相关程序。同时，要帮助申请人正确对待和接受申请结果。

五、教育救助中的服务内容

案例 9－1

大学生中的贫困学生是一个较为特殊的群体。调查发现，家庭贫困给这些学生的精神、心理、学业、就业、人际交往等都带来不少负面的影响，对个人成长及社会发展都很不利。针对这个群体，某高校开展了以“助力青春”为主题的综合救助活动，侧重绿色救助、心理健康、能力培养三个方面。这些活动由学生工作处、团委、勤工俭学办公室、学校心理咨询室、社会工作系联合开展。通过实施教育救助的具体措施，达到教育救助的目的。系列活动由社会工作专业的老师和同学直接介入，运用专业知识，并结合学校社会工作、青少年社会工作的内容，灵活运用心理咨询、个案辅导、小组工作等方法，使得这次活动取得了很大的成功。

从上述案例中可以看出，教育救助的具体方式可以有以下几种。

（一）提供教育机会

国家对在义务教育阶段就学的最低生活保障家庭成员、特困供养人员给予教育救助；同时为在高中（含中等职业教育）、普通高等教育阶段就学的这部分人员，以及不能入学的残疾儿童提供适当的教育救助。社会工作者要了解救助对象的家庭情况，及时摸清潜在救助对象对教育救助的需求，帮助申请政府提供的教育救助，使处于贫困状态的儿童和青少年能够获得接受教育的机会。这是改变家庭和个人命运的机会，也是促进儿童和青少年健康发展的途径。

（二）提供教育补助

我国的教育资助体系共分五个层次，即“奖、贷、助、补、减”。所有这些措施，困难家庭的大、中专学生都可以享受。所谓奖，即学校设立奖学金支持家庭困难且学习成绩优秀的学生。所谓贷，即金融机构针对高校困难学生开展的各种助学贷款。所谓助，即政府通过学校发放助学金，同时学校设立勤工俭学岗位，困难学生可以通过工作获得一些收入。所谓补，即政府每年拨出一定的专款和高校从所收学费中提取一定比例的资金用于对困难学生的生活补助。所谓减，即针对不同专业和经济困难程度不同的学生减少或者免收学费。教育救助根据不同教育阶段需求，采取减免相关费用、发放助学金、给予生活补助、安排勤工助学等方式，保障教育救助对象的基本学习和生活需求。在为贫困大学生提供生活救助的同时，社会工作者还可以安排他们参与勤工俭学，在改善生活的同时锻炼能力、提高生活技能。案例 9 - 1 所显示的“助力青春”活动就是鼓励大学生通过参与学校的勤工俭学活动，提高社会实践能力。

（三）心理能力建设

在儿童和青少年接受教育救助的过程中，社会工作者要关注他们的心理能力建设，给予积极正向的支持，鼓励青少年参与社区和学校的社团活动，多与同辈群体交往；引导青少年多用优势视角看待自己的生活境遇，在生活中获得成长。

六、就业救助中的服务内容

（一）转变就业观念

国家对于最低生活保障家庭中有劳动能力并处于失业状态的成员给予就业救助。就业救助的形式主要包括贷款贴息、社会保险补贴、岗位补贴、培训补贴、费用减免、公益岗位安置等。为了促进救助对象积极就业，社会工作者要帮助他们转变就业观念，积极参与就业培训，获取就业信息，通过就业改变生活状态。

（二）自我认知调整

受自身能力和知识技能所限，以及社会资源缺乏，救助对象在参与就业过程中可能会遇到挫折和挑战，出现不能及时就业或者就业岗位不能完全符合自己的就业意愿等问题。社会工作者要协助救助对象认真分析就业形势和自身的优势与不足，调整自己的认知和心态，以更加务实和乐观的心态积极就业。

（三）职业技能培训

社会工作者要帮助就业救助的申请者按照当地公共就业服务机构免费提供的就业岗

位、职业介绍、职业指导等信息，积极参加就业培训。通过参加技能培训，提高自身的能力，掌握一定的就业知识和技能，提高自己的素质和就业竞争力。

（四）链接就业资源

社会工作者应积极为救助对象寻找就业信息，协调就业资源，争取培训机会，向社会用人单位积极推荐，维护救助对象的就业权益。社会工作者要协助救助对象了解劳动力市场的现状以及就业形势，避免他们产生不恰当的就业期望，鼓励申请者积极接受新岗位，勇于面对新挑战。同时，针对困难群体工作技能和知识水平较低的现实情况，社会工作者应当在当地劳动就业管理部门的帮助下，在社区努力开发保洁、保安、绿化、家政服务、日常维修等公益岗位，促进社区就业。这样既有利于社区服务的发展，也能够增加困难群体的收入，提升他们的自信心。

七、临时救助中的服务内容

（一）危机干预

临时救助的对象是遭遇火灾、交通事故等意外事件，家庭成员突发重大疾病导致基本生活暂时出现严重困难的家庭，或者因为生活必需品支出突然增加超出家庭承受能力，导致基本生活暂时出现严重困难的最低生活保障家庭，以及遭遇其他特殊困难的家庭。申请临时救助的情形具有突发性、急难性、临时性特点，需要立即进行危机干预，否则就有可能造成无法挽回的损失或无法改变的严重后果。社会工作者面对申请临时救助的人员，要积极采取危机干预措施，真正救急解难，确保服务对象的生命安全。

（二）外展服务

社会工作机构或者社会工作者要积极开展外展服务，对于生活陷入困境、无力改变自身状态的人员要给予及时的帮助。如对于生活无着的流浪乞讨人员，要了解其需求，并及时提供临时的食宿、衣物、疾病治疗等，或者协助他们返回原籍。外展服务是社会救助社会工作的重要内容，一般包括街头救助和全天候救助两种。街头救助是指借助救助巡逻车和救助亭对街头的流浪乞讨人员实施救助。全天候救助是指各个地区的救助站24小时开放接待流浪乞讨或其他需要急难救助的人员。在广州等地，社会工作者向流浪乞讨人员派发“救助指引卡”，与城管人员合作劝助，并且动员市民和大学生志愿者劝导、指引流浪乞讨人员到救助站接受救助，就属于外展服务。

（三）机构救助

专业社工机构或者社会工作者要向在街头流浪乞讨的人员告知如何向救助管理机构求助。如果是残疾人、未成年人、老年人或者行动不便的人员，还要引导、护送他们到当地的救助管理机构；对于有突发疾病的人员，要立即通知急救机构进行救治，确保生命安全。

机构救助包括基本生活安置以及行为思想引导与矫正。流浪乞讨人员没有基本的生活条件，生存缺乏保障。救助机构首先要做的就是合理安排其生活。除了物质上的救助，还要开展教育，对其行为和心理进行疏导，消除其懒惰和依赖社会的想法，纠正偏差行为，帮助其分析自身的长处和弱点，鼓励他们独立自强，走出困境。

机构救助对于社会工作服务的要求正在变得清晰和具体。救助管理机构社会工作服务流程包括：入站接待、甄别及评估、个案工作分配、个案跟进服务、其他在站服务、离站评估及辅导、回访跟进服务等环节。社会工作者在每个环节中的工作内容和工作重点都十分明了、清楚。

八、受灾人员救助中的服务内容

（一）协助安置受灾人员

自然灾害发生后，政府灾害救助应急机构应当根据情况紧急程度，疏散、转移和安置受灾人员，并及时为受灾人员提供必要的食品、饮用水、衣被、取暖、临时住所、医疗防疫等应急救助。社会工作机构和专业人员应当积极参与疏散、转移和安置等工作，并随时开展针对受灾人员的危机干预工作。

（二）及时开展危机干预

大灾过后，灾区群众目睹家园坍塌，遭遇丧亲之痛，会出现应急反应，表现出震惊、恐慌、无助、焦虑、紧张、悲伤、抑郁等情绪，在行为上可能会出现行为失常、焦躁不安、冷静、冷漠、退缩等。对于灾后处于危机状态的个人、家庭和社区，社会工作机构和专业人员要尽快介入，在有限的时间内提供支持性的服务，使受灾人员能迅速降低心理上的恼怒、悲伤等情绪，逐步恢复社会功能和生活功能。

（三）修复社会支持系统

自然灾害发生后，受灾地区的社会结构和社会功能受到严重破坏。家庭破碎、邻里失踪、社区被毁、村庄消失，正常的生活秩序和社会交往完全被打乱，社会生活突然陷入无序混乱状态。社会工作机构和专业人员要积极运用社会工作的专业方法，通过团体工作以及社区发展的方式为受灾人员重建和修复社会关系，加强社会支持系统的力量。

（四）社区重建与发展

受灾人员救助的长期目标应该是重建社区和发展社区。社区重建就是要组织和动员全体社区成员参与，集体行动，寻找和利用资源，自助自救，解决社区问题，促进社区早日重建并更好地发展。社会工作机构、社会工作者要和社区成员一起，多方整合资源为困难群众解决生活难题，组织和参与恢复重建工作，开展社区活动，复建邻里关系。社会工作机构要积极征求社区成员的看法并积极向政府提出建设性的意见。在汶川大地震灾害发生后，社会工作者积极介入灾后社区重建，运用社会工作的专业方法，摸索出不少行之有效的工作经验。

案例 9－2

“巷巷会”与“社区互助网络”

在安置点建设初期，受灾群众对于政府都有一种等、靠、要的依赖倾向。在碰到比如安全、卫生、板房漏水等具体问题而管委会又没有能力解决的时候，社区冲突就容易发生。为此社会工作者在走访调查的基础上，组织两排紧邻的、门对门的居民在弄堂之间座谈，共同协商和研究解决这些具体问题的办法，促进邻里之间的熟识以及自决和自我管理机制的建立。这个形式受到居民的欢迎。后来这种弄堂会按照四川当地民众的习惯改称“巷巷会”，并且迅速推广到许多巷子和其他安置点。居民还在协商的基础上，给自己的巷子起了富有特色的名字。以此为契机，在社会工作者的指导下，各个安置点又逐步建立起老人、青年、妇女的互助网络和志愿服务网络。

在这个案例中，社会工作者运用了小组和社区的工作方法，结合安置点的具体情况，鼓励居民参与社区管理，帮助居民建立社区互助网络。具体来说，灾后社区重建的内容主要有三项：

1. 开展社区人居环境重建。评估社区房屋、公共设施、生命线工程的重建需求；组织受灾群众参与重建活动；征集受灾群众意见，向地方政府提出社区重建规划建议；协助地方政府监督重建工程建设进展。

2. 恢复社会生活秩序。协助重建社区管理组织系统，以及社区的医疗、教学、文化娱乐、基本生活物资供给等社会服务系统；组织策划专题活动，重建邻里关系；参与社会救助活动，安排困难群众基本生活。

3. 复苏社区的经济秩序。帮助受灾企业开展恢复重建，恢复生产和经营活动，组织策划专题活动。引导社会投资，通过职业培训，促进居民就业。社会工作者可以根据受灾群众的需求，设计职业培训内容，开放社区岗位，引入外地援助项目，帮助居民解决生活难题。

在2008年四川汶川大地震后，灾区的社会工作服务队分别开展了许多社会工作项目，如广州社会工作队开展的“映秀母亲互助项目”、上海浦东社会工作服务队在都江堰开展的“火凤凰”计划、深圳社会工作服务队在甘肃文县开展的“家园重建援助计划”等服务项目。这些项目将当地的人力、物力资源整合起来，推动了当地群众的就业，解决了很多受灾人员的生计问题。

从内容上看，社会救助社会工作主要依据8项社会救助制度展开。在社会救助具体实施过程中，社会工作机构和专业社会工作者要依据社会救助的政策和原则，恪守社会工作的价值和伦理，运用社会工作的专业知识和方法，为社会救助对象提供资源链接、社会融入、能力提升以及心理疏导等服务，改善社会救助的效果，提高社会救助对象的生活质量。

第三节　社会救助社会工作的主要方法

社会救助社会工作的主要方法就是在社会救助的过程中，运用社会工作专业方法和技巧，从服务对象的需求评估入手，开展危机干预和心理疏导，并通过个案与团体工作，帮助救助对象复建社会关系，恢复社会功能，同时积极参与社区重建和社区发展工作。

一、评估

评估是社会救助社会工作开展的基础。评估主要通过科学的收集、分析信息，掌握救助对象的个人能力、资源、社会关系等基本情况，来决定如何及时、准确地判断并解决救助对象遇到的问题，满足救助对象的服务需求。社会工作者要了解评估的特点，明确评估信息的来源，掌握评估的工具并熟悉评估的程序。

（一）评估的主要特点

1. 保持连续性

评估是救助工作的开始并持续整个救助过程。在救助之初，通过评估可以了解救助对象的需求，提出初步解决的方案。救助工作开始以后，评估依然要继续。因为在救助过程中会有新的信息和问题涌现出来，同时救助对象的需求和问题也可能发生变化，所以社会工作者要坚持持续的评估，通过评估适时调整救助工作的内容和步骤，推动救助工作有序进行。

案例 9－3

北京某社会工作机构开展针对老旧社区贫困家庭的专业服务。社会工作者小王负责一户贫困家庭的评估。这个家庭共有四口人，姥爷、姥姥、女儿、外孙子。姥爷是下岗工人，目前在一家商店做临时工，身体有残疾；姥姥退休了，患有多种疾病；女儿是单亲妈妈且没有工作，不得已带着儿子和父母一起居住；外孙子马上要上高中了。一家四口的主要收入是靠姥姥的退休金和姥爷临时工的收入。小王通过评估发现，这个家庭主要面临的困难有：①生活困难，一家人的生活就靠微薄的退休金和临时工收入，入不敷出，难以为继；②住房拥挤，一家四口人挤住在只有 20 多平方米的平房里，两位老人休息不好，孩子无法学习，非常不方便；③就医困难，老人看病花销大，有病不敢看；④缺乏教育经费，外孙子学习不错，但是上高中的学费以及未来上大学的学费都是问题。根据评估情况，小王和机构其他社会工作者一起为这户家庭提供帮助。在工作过程中，小王还发现这户家庭中的女儿之所以不能就业是由于她缺乏就业培训和就业信息，同时小王还发现，处在初三阶段的外孙子因为不能理解父母离异，和母亲之间出现严重的冲突，影响了学习成绩。小王在工作过程中，一直关注和评估整个家庭的需求和问题，并及时调整工作方案，确保服务对象得到及时的帮助。

2. 救助对象的参与

社会工作者对救助对象的评估不是单向的，不是社会工作者自己观察和收集资料的过程，而是需要救助对象积极参与。社会工作者在和救助对象的互动过程中，通过聊天、讨论、小组、访问、观察等方式获取信息，并就所得到的信息和救助对象一起讨论，询问他们的回应。这种评估是将救助对象放在其所在的生活情境中来评估，这样的评估所发现的需求和问题才是真实的，工作起来才有方向。

案例 9－3 中，社会工作者小王对这个家庭中四名成员都做了深入的访谈，倾听了他们的感想和对生活的感受。也就是在深入谈话过程中，小王才发现了单亲妈妈在就业过程中遇到的障碍以及缺乏自信的问题，同时了解到上初三的孩子内心的茫然和焦虑，并据此制定出帮助策略。

3. 动态推进，全面了解

评估一开始都是观察救助对象的生活情境，了解其生活经历，通过对这些信息的收集和整理，从中发现需求和问题，并且和服务对象一起分析所处情境之中的主要问题及其原因。评估随着工作的开展不断深入，是一个动态的连续过程。同时，社会工作者要将自己的观察以及救助对象个人陈述结合起来分析，这样才能全面了解救助对象及其家庭的生活状况和需求。

案例9－3中，社会工作者小王通过自己的观察和深入访谈了解了这个家庭的人口结构、家庭关系、亲子关系、经济状况等。但是他的评估不仅限于这些问题，而是通过全面的了解给出了更客观真实的评估报告。

4. 合理利用知识和经验

救助对象及其家庭的需求和存在问题有很大差异性。社会工作者评估的时候不能只凭借自己的个人经验和常识，如看到贫困的空巢老人，就感觉是儿女不孝，或者老人性格孤僻等。这种简单的原因分析是不利于评估的。社会工作者要以知识为依据，如人类行为与社会环境中的有关个人成长、家庭关系、精神健康的知识为依据来观察和评估。

案例9－3中，社会工作者小王一直从事社会救助社会工作，服务贫困家庭。但是每接触一个新的服务对象，他都会有意识地“倒空”自己，不会凭借以往类似的经验过早得出结论。同时，小王的专业知识基础很扎实，有利于他通过专业的视角透过生活的表象看到问题的实质。

（二）如何获得评估信息

1. 直接询问

同救助对象直接的交谈和沟通是社会工作者获得评估信息的主要来源。社会工作者可以从与他们的交谈中了解到救助对象对目前状况的描述、自己和家人的感受、自己能够克服困难的资源和途径、家里贫困的原因等信息。救助对象有时候因为性格、情绪、个人认知水平等因素的影响不能完整表达，或者会出现错误的判断等，社会工作者需要多方了解才能掌握真相。

2. 家庭探访

家庭探访是有效了解救助对象真实生活状况的重要方法。社会工作者可以很直接和直观地观察到救助对象的生活情境以及家庭成员之间的互动交流，如家居生活、家里的空间大小、周边邻里关系和社区环境、家具摆设等；同时还可以与其他重要的家庭成员沟通了解他们的想法和感受。

案例9－3中，社会工作者小王到贫困家庭中去家访，他看到在狭窄的平房里居住着三代人，睡觉、学习、吃饭都在一起；没有一件像样的家具，因为也没地方摆放；孩子的学习资料堆在餐桌上，老人的药品放在床头。小王通过家庭探访了解到了这户家庭的实际生活状况，对于评估和制订工作方案有直接的影响。

3. 间接了解

为了更全面地了解救助对象的真实状况，社会工作者还要多方走访他们的朋友、亲戚、邻居、老师、同学、同事等，间接获取与救助对象相关联的信息。社会工作者要学会判断间接的信息真实性，确定信息的准确性。同时，要注意遵守社会工作的伦理守则，保守秘密，这样才能得到更真实、更完整的信息。

4. 观察身体语言

在交谈过程中，社会工作者要善于观察救助对象的身体语言，例如站立的姿势、对话中眼神的交流、手脚的动作、着装风格、语音语调等。通过这些线索有助于发现救助对象行为、思想上的一些特点，同时能够预估救助对象遇到问题的重要性以及对于他们的影响程度等。

案例 9－3 中，社会工作者小王深入了解救助对象家庭的时候，他发现姥姥面色憔悴，满脸愁容，说话的时候不停地叹气、摇头。很明显感受到老人对于家庭生活困窘的无奈，对于女儿的工作和外孙子学习的担心。

5. 使用量表

量表是社会工作者经常使用的工具之一。一些社会工作者在和救助对象交流之前就会先使用基本资料的表格，了解救助对象的姓名、家庭地址、通信方式、家庭结构、婚姻状况、问题描述等。有时候社会工作者也使用一些专业量表，例如人际关系量表、婚姻满意度量表、个人问题清单等。社会工作者使用量表的时候要注意信度和效度，给出科学的解释。

（三）评估的程序

社会救助社会工作主要是面向前来寻求救助以及得到救助的个人和家庭，当然也包括社会工作者在外展过程中遇到的需要救助的潜在服务对象。一般来说，评估有以下几个步骤。

1. 了解服务对象的现状以及服务需求

社会工作者遇到前来寻求救助的服务对象时，要充分了解服务对象的生活现状、遇到的具体问题以及提出的服务需求。社会工作者要判断他是否真的有需求或者真正的问题是什么？有时候来寻求救助的人并不一定是真正有需要的人，如为父母申请临时救助的子女，或者为贫困儿童申请救助的志愿者等。案例 9－3 中，主动找到社会工作者小王寻求帮助的是这个家庭中的姥姥，老人并不是为自己寻求救助，而是请小王帮助没有工作的女儿找到工作。小王通过沟通和走访了解到服务对象的真正需求以及谁是真正的服务对象。他发现这个家庭处于贫困状态，家庭成员对于服务的需求包括教育、医疗、就业等多项内容，而不仅仅是就业。

2. 根据救助政策评估救助对象的申请资格

社会工作者从事社会救助社会工作的法律依据主要是《社会救助暂行办法》、国务院制定的有关社会救助的规范性文件以及当地出台的相关社会救助政策。社会工作者要根据每项社会救助政策的资格要求和准入条件，来评估服务对象是否有资格申请救助或者获得专业服务。

3. 评估社会工作者所在机构和救助对象所在社区的资源

社会救助社会工作既需要政策，又需要资源。社会工作机构以及社区所拥有的资源会直接影响专业服务和救助的质量。以案例 9－3 为例，这个贫困家庭的需求是多样化的，老人的疾病医治、女儿的就业培训和就业渠道、外孙子的学费问题和情绪问题等，都需要一一解决。社会工作者小王初步评估了一下，认为目前自己和机构没有掌握太多的就业渠道，这就需要联系其他机构共同帮助这名失业的单亲妈妈。

需要注意的是，社会工作者在开展评估过程中，如果发现自己和机构的能力、人员、资源不能满足服务对象的需求，则需要根据转介的原则将服务对象介绍给其他有条件的社会工作机构或社会工作者，继续为服务对象提供帮助。

（四）评估的重点

社会工作者评估的重点是发现服务对象的问题和需求，同时也要更全面地了解服务对象生活情境中的各种信息。一般来说，以下内容可以帮助社会工作者了解服务对象遇到的问题。

1. 服务对象关注什么、问题是什么

每个人对影响自己生活的重大事情都非常关注，社会工作者要主动了解服务对象的关注点以及表现出来的主要问题。

2. 相关的法律法规是什么

社会工作者询问服务对象相关问题的时候，就要考虑相关联的法律和政策。例如贫困家庭申请最低生活保障的政策、申请教育救助的政策、申请医疗救助的政策、申请住房救助的政策等。

3. 服务对象的健康或者安全问题的迫切性如何

社会工作者评估的时候，要高度关注服务对象的健康或者安全是否受到影响？所处的环境是否有风险？如果服务对象的健康和安全存在危险，社会工作者要尽快介入，提出救助方案，确保服务对象的安全。例如自然灾害发生后，社会工作者介入救助时必须首先关注服务对象的生命安全、健康状况，并给予紧急救助。

4. 服务对象发生问题的原因、时间、地点、过程

服务对象的贫困问题、失业问题、教育问题、住房问题产生的原因是什么？是什么时间发生的？具体发生的地点和场所在哪儿？这个过程中还有哪些重要的人或事情？这些都需要通过评估了解到。

5. 问题对服务对象的影响以及服务对象的反应

疾病困扰、失业压力、遭遇灾害、生活无助等问题对服务对象的影响是怎样的？如何表现的？服务对象及其家庭想过哪些办法解决问题？效果如何？社会工作者要了解问题对于服务对象的影响有哪些，同时还要了解服务对象在困境之中的反应，是积极抗争还是消极忍受？

6. 服务对象及其家庭拥有的解决问题的方法、能力和资源

社会工作者需要运用优势视角来分析服务对象及其家庭，因为每个人都有自己生存的方法和技巧，这些在生活中遭遇困难和灾难的人同样也具备这样的方法和能力。社会工作者要帮助服务对象增能，提高抗逆力。例如在汶川地震后，社会工作者鼓励和组织当地村民利用废墟上的砖瓦、木板、油毡自己搭建临时住房，不等不靠，自助自救。组织当地具有刺绣手艺的少数民族妇女组成刺绣小组，互相支持，走出失去家人孩子之痛。

二、危机干预

当自然灾害发生或者社会成员遭遇突发性意外伤害事件时，社会成员的心灵都会遭受巨大的创伤，因亲人伤亡、财产损失、生活失序等而产生迷茫绝望的情绪。在这种情况下，社会工作机构或者专业人员要给予应急援助，开展及时的危机干预，帮助人们在短时间内减轻压力、恢复平衡，解除症状、修补功能，并预防情况进一步恶化。从事社会救助社会工作的专业人员要了解危机的定义和阶段，掌握危机干预的步骤。

案例 9－4

2008 年汶川地震发生后，某中学房屋坍塌，近半数的学生被掩埋丧生，逃生出来的老师和学生面对废墟，不能接受这个严酷的事实。老师、同学或者掩面痛哭，或者呆坐沉默。某社工机构和社会工作者进入学校后，开展了危机介入工作，他们帮助师生宣泄情感，疏导情绪，开展心理辅导。其中有一个名叫小林的男同学，他的哥哥和妹妹都在地震中丧生，他情绪特别低落，整日徘徊在教学楼废墟旁边，说要和哥哥妹妹一起回家。社会工作者小李注意到小林的行为后，就主动接近他、陪伴他，通过慢慢接触和交谈，了解了小林目前的情绪和心理状态。

（一）危机的定义和阶段

类似案例 9－4 中的地震等自然灾害以及现代社会中频发的意外事件、突发重大疾病等都是典型的危机情境。此外，失业、死亡、离婚、家暴、儿童虐待、犯罪等也属于危机情境。在这些情境中，因超出个人应对能力，社会成员陷入无法忍受的困境。遇到这种情形，社会工作者要迅速作出反应，减少服务对象的不良情绪，帮助其恢复平衡。一般来说，社会工作者要在 1～2 个月内主动开展密集的支持工作。这个工作期限的长短与危机事件的严重性、服务对象个人承受压力的能力、来自社会的支持和资源等因素都有关系。

一般来说，人们遭遇危机后的反应可分成 3 个阶段：

（1）初始的紧张和惊吓。人们可能会否认有这种危机事件的发生，并且用平常处理紧急问题的技巧来降低紧张情绪，但是这不仅不能减轻问题带来的紧张情绪，反而有可能加剧紧张。

（2）个人或者家庭出现严重的紧张情绪，如混乱、无助、沮丧、焦虑，情绪反应的程度和事件本身的性质以及个人的反应和承受能力有直接关联。

（3）个人或者家庭采用不同的反应策略并观察这些策略是否有效。如果没有起作用，那么紧张以及焦虑的情绪会持续放大并互相影响。

（二）危机干预的步骤

危机干预前先要进行评估，评估的重点是危机的重要性、服务对象的情绪状态、情绪的可变动性、选择与应急的机制、支持系统与其他可用资源。在社会工作实务过程中，危机干预一般分 6 个步骤。

1. 定义危机中的问题

在危机情境中，社会工作者需要迅速了解危机对服务对象的影响以及服务对象遭遇问题的严重性。要耐心倾听服务对象谈论问题和事件的严重性以及影响，这不仅可以疏解其情绪，而且有很好的治疗效果。同时，社会工作者也可以通过服务对象的表达来评估问题的危害性。在案例 9－4 中，社会工作者用“讲故事”的方法鼓励老师和同学说出自己的经历和感受，鼓励小林同学讲述自己和哥哥妹妹一起上学的事情。通过这些方式，使社会工作者能准确地把握服务对象的问题，作出正确的预估。

2. 确保服务对象的生命安全

社会工作者开展救助的时候，最主要和最需优先考虑的是要确保服务对象的安全，包括降低服务对象自己以及对他人身体和心理可能存在的潜在伤害。因为每个人对压力和危机的反应能力是不一样的，所以会有不同的应急创伤。有的人心理压力大容易崩溃，可能有自杀的潜在危险。这些是社会工作者在工作中尤其要关注的问题。案例 9－4 中，社会工作者关注受到创伤的老师和同学们的应急反应的差异性。有些同学身体和情绪的反应剧烈，行为失常，他们就应当成为社会工作者高度关注的对象。

3. 提供持续性支持

在危机干预过程中，社会工作者面对救助对象时要注意提供持续性的支持。因为危机干预的时间段是有限的，在干预时间内，社会工作者要密切关注服务对象的情绪、心理和行为的变化，给予多方面的、较为密集的支持，确保工作的延续性。案例 9－4 中，社会工作者进驻学校和老师同学们吃住在一起，通过各种方式组织老师同学开展团体活动、个案辅导，在震后的一段时间内为学校师生提供了密集的持续性的支持服务，陪伴他们走过了最痛苦的阶段。

4. 检验各种可能的选择

社会工作者应当和救助对象一起共同讨论哪些是比较适合情境的、可以采取的方法。讨论的时候要多考虑情境中有哪些人关心服务对象，服务对象过去用来应对危机情境的各种资源等。在讨论的方式上，要采用正向的、建设性的思考方式，降低服务对象的压力和焦虑。

5. 制订方案

社会工作者要与服务对象一起制订工作方案。处在同一情境中的服务对象的问题可能是不同的，所以要制订适合每个服务对象及其家庭的个别化的方案。在制订方案的过程中，需要服务对象认可采用什么样的措施才能帮助他恢复状态，而且方案一定要优先考虑服务对象的安全。

6. 达成共识

社会工作者要充分考虑危机情境下服务对象对环境的把控能力，并与服务对象一起达成共识，共同完成方案，恢复服务对象危机前的功能性表现。

社会工作者完成上述 6 个步骤后，还可以采用预期性辅导的方式，与服务对象一起讨论未来可能存在的压力，协助他们应对未来可能出现的危机。同时，社会工作者要向服务对象表明，即使危机干预阶段工作结束了，如果服务对象遇到困难需要帮助，依然可以得到自己和机构的帮助。

三、社区为本的综合性救助方法

社区为本的社会救助社会工作方法具有 3 个特点：一是符合《社会救助暂行办法》和相关社会救助政策；二是综合运用了社会工作的专业方法和技巧；三是依托社区组织，立足社区现状，直接为需要救助的社区居民提供服务。

案例 9－5

东岗社区是一个建立时间比较早的老旧社区。社区里老人多，贫困家庭多，下岗失业居民多。社会工作者小张来到这个社区工作，很快就认识了前来申请低保的居民老赵。老赵曾经是工厂的工人，工作认真，获得过不少奖励。企业改制后，夫妻双方都下岗了。妻子身体残疾，孩子正在上大学，花费很大，家庭生活比较困难，夫妻之间经常吵架，影响了孩子的成长和学习。老赵家长期不交清洁费，且到社区申请低保时态度相当蛮横。

小张分析了老赵的家庭情况，认为老赵符合申请低保的条件，帮助老赵一家成功申请到了低保。但是小张发现，老赵本人一直想找一份工作，然而对工作挑剔，要求的薪水较高。小张多次给他介绍工作，不是对方相不中他，就是他对工作不满意。可是小张并没有放弃，他多次与老赵交流，帮助老赵一起分析自身条件和面临的就业压力，让他降低就业要求。在居委会和协管员的共同努力、积极配合下，小张终于帮助老赵在酒店找到了一份保洁工作，使其家庭经济状况有所好转。同时，小张为老赵的妻子联系了一家社区的康复机构，有专门的工作人员上门指导康复。一年后，老赵退出了低保，还特意到居委会表示感谢。

小张以老赵为例，联系了几个和老赵情况类似的困难家庭定期举行小组活动，大家商量如何重新就业，如何改变自己和家庭的生活状况。小张还为这些困难群众进行了一些面试技巧的培训，介绍国家的就业政策等。同时，小张在社区的宣传栏里发布关于社区再就业的信息、政策，鼓励居民积极关注社区活动。

小张和街道办事处积极沟通，并且与社区里的商场联系，和邻近的一家物业公司协商，在社区的一块空地上划定了临时停车场，让这些下岗职工成为停车管理员。这样一来，小区停车秩序好了，下岗人员也有了一份收入。

在这个案例中，社会工作者主要的服务对象是社区内以下岗失业家庭为主的困难群体，主要的工作目标是帮助生活有困难的居民和家庭摆脱困境，加强社区困难居民的能力建设。在开展工作的过程中，社会工作者综合运用了个案、小组和社区的工作方法。

（一）针对个人开展的个案工作

社会工作者小张通过协调、沟通等方法帮助解决老赵家里的经济困难，消除他的就业障碍，协助他改善与家庭成员之间的关系，使他面临的难题得到化解。本案例中，社会工作者采用的个案工作有这样几个特点：一是社会工作者直接助人；二是服务对象是有需要的个人以及家庭；三是社会工作者采用一对一、面对面的服务方式；四是帮助服务对象适应外部环境；五是以帮助服务对象解决现实问题、提高自身能力为工作目标。

（二）针对困难群体的小组工作

在本案例中，老赵及其家庭是社区低保人群中的一个缩影。为了鼓励更多的家庭走出困境，社会工作者小张采用了小组工作方法。

小组工作的服务对象不是一个人，而是某一个群体。小组工作是社会工作方法之一，通过面对面的互动，借助小组活动增强个人的社会功能，帮助组员利用小组来解决个人在社会和心理方面存在的困扰，预防问题的产生，防止问题的进一步恶化。在本案例中，社会工作者小张专门为生活困难的低保家庭开展小组活动，建立了一个发展性、支持性的小组。通过小组活动，困难居民之间增进了了解，互相分享工作和生活经验，彼此支持，提高了再就业的信心和能力，为摆脱贫困提供了动力和资源。

（三）注重社区能力提升的社区工作

本案例的社区是一个老旧社区，居民普遍收入少，生活水平低，下岗职工多，低收入群体多，低保家庭多。社会工作者小张了解了老赵以及其他居民的需求后，敏锐地发现了这个社区的真实需求，开展了面向社区居民、提升社区反贫困能力的工作，包括为整个社区的居民提供服务，争取居民集体权益，鼓励社区居民广泛参与，改善社区环境和经济条件，提高居民的整体素质和能力，创造适合居民生活成长的社区环境等。在这个过程中，社会工作者小张注重居民个人发展与社区发展相结合，倡导居民自助互助，确定符合社区情况的目标，提升社区的能力。

社会工作者运用评估了解服务对象的现实情况和需求，通过危机干预帮助服务对象脱离生命危险，立足社区开展综合性的社会救助。这些专业方法能够帮助社会工作者更好地开展社会救助工作，给予服务对象更有力的帮助。

本章小结

社会救助是指社会成员因个人原因、自然原因或社会原因致使其基本生活难以维持时，由政府和社会为其提供基本物质保障的救助制度。社会救助的基本方针是兜底线、保基本、救急难、促发展。社会救助的基本工作程序是：确定社会救助标准、受理社会救助申请、审查申请人及其家庭收入及财产状况、救助审批、救助款物发放、动态管理和日常服务等。

社会救助社会工作是指在社会救助领域，社会工作者根据社会救助的性质与特点，以社会工作价值理念为指导，以社会工作的专业理论为依据，采用社会工作专业方法与技巧，为救助对象提供专业服务的过程。社会救助社会工作的主要特点是：救助对象的多样性、救助类型的复杂性、工作过程的持续性、工作方法的融合性、工作依据的政策性。

社会救助的主要内容包括最低生活保障、特困人员供养、受灾人员救助、医疗救助、教育救助、住房救助、就业救助和临时救助 8 项内容。根据具体的社会救助内容，社会工作者要积极参与救助，体现专业素质，为服务对象提供与救助内容相契合的专业服务。

社会救助社会工作要综合运用社会工作专业方法和技巧，从服务对象的需求评估入手，开展应急工作和危机干预，并通过个案与团体工作，帮助救助对象复建社会关系，恢复社会功能，同时积极开展社区为本的综合性社会救助。

第十章　家庭社会工作

家庭社会工作是以家庭作为受助单位而开展的社会工作服务活动，其目的是改善家庭的社会功能。本章将围绕家庭社会工作展开讨论，首先简要概述家庭社会工作的基本内涵、主要特征和理论假设，然后进一步介绍家庭社会工作的主要内容以及常用的主要方法。

第一节　家庭社会工作概述

家庭社会工作是社会工作的重要专业实践领域之一，它不仅关系到人们不同成长阶段的发展，而且影响着人们社会化的进程。家庭社会工作有着自己的基本假设和服务要求，它与家庭治疗既有联系又有区别。

一、家庭社会工作的定义

（一）家庭社会工作的基本内涵

1. 家庭社会工作的基本含义

由于家庭的类型很多，而且家庭遇到的困难也千差万别，要给家庭社会工作一个清晰的定义并不容易。所谓家庭社会工作，是指运用社会工作的专业理论和方法帮助家庭解决面临的困难，更好发挥家庭的社会功能，以满足所有家庭成员的发展和情感需要的专业服务活动。在这个定义中，需要注意以下3点：

（1）家庭社会工作是运用社会工作的专业理论和方法而开展的专业服务活动。它不同于其他助人活动（如心理咨询、护理法律等），需要运用社会工作的专业理论知识、方法和技巧。例如，家庭系统的概念、家庭周期和增能的观点等，社会工作者如果运用这些社会工作特有的理论知识和方法帮助有需要的家庭，才能在服务活动中体现出社会工作的专业特性。

（2）家庭社会工作的目的是帮助有需要的家庭更好地发挥家庭的社会功能。家庭社会工作不仅仅关注那些处于危机当中或者社会困难的家庭解决其面临的困难，同时也关注其他有需要的家庭，帮助他们更好地发挥社会功能，以满足家庭成员的成长发展以及各种情感的需要。因此，家庭社会工作的服务焦点既可以是帮助家庭克服面临的困难，治疗修补取向的；也可以是协助家庭发挥家庭成员的潜能，成长发展取向的。

（3）家庭社会工作关注整个家庭成员的需要。它不同于个人的服务，只注重个人的成长需要，而是以整个家庭作为服务关注的焦点，提升整个家庭的社会功能。当然，对于整个家庭也有不同的理解，主要包括两种不同的看法：一种是把家庭作为一个整体视为服务活动开展的对象。家庭中的任何一名成员都只是整个家庭的一部分，只有当他们一起组成一个家庭整体时，才能成为服务活动关注的焦点，服务活动始终围绕着整个家庭而展开；另一种是把家庭作为服务活动开展的场景或者活动单位。这样，社会工作者既可以把个人放在家庭场景中开展专业服务活动，称这样的专业服务为家庭社会工作，如亲子教育等，就不一定涉及所有家庭成员。社会工作者也可以把家庭作为活动的单位，将它放在更大的社区场景中来规划专业服务活动的开展，这样的专业服务也称为家庭社会工作，如家庭心理健康教育等，就是帮助家庭在社区中建立和扩展有效的社会支持网络。因此，家庭社会工作是一种以家庭作为服务帮助对象的各种服务活动的总称。根据对家庭概念的不同理解，社会工作者可以把家庭社会工作细分为3种常见类型：以家庭作为背景的专业服务活动、以家庭作为对象的专业服务活动以及以家庭作为活动单位的专业服务活动。

2. 家庭社会工作的基本特征

尽管不同类型的家庭社会工作具有不同的服务活动形式，但是它们都有一些共同的基本特征：

（1）针对家庭的日常生活和沟通交流方式进行干预。虽然家庭社会工作有时会在辅导室中进行，但更多的时候却是直接在受助的家庭中展开，尤其是对于深陷危机中的家庭来说，这样的直接在受助家庭中开展专业服务的方式更能保证社会工作者接近家庭的自然生活环境，了解家庭成员的实际需要，并且针对受助家庭的互动交流方式以及日常生活安排开展服务介入活动。

（2）协助家庭成员改善家庭困扰产生的环境因素。家庭既是家庭成员改变的条件，也是家庭成员困扰产生的来源。家庭社会工作为社会工作者提供直接接触家庭生活环境的机会，让社会工作者能够直接走进受助的家庭生活中，面对家庭困扰产生的生活环境，发掘家庭成员改变的生活条件，协助家庭成员寻找积极有效的改变措施，改变家庭环境的影响，让家庭环境更好地满足家庭成员的成长需要。

（3）为家庭成员提供直接、具体的支持和帮助。在受助的家庭中开展社会工作服务活动，社会工作者就可以根据家庭成员的实际需要设计服务活动计划，按照服务计划的要求开展各项服务活动，评估服务活动的效果，并且根据受助家庭成员需要的变化及时调整服务计划，让服务活动能够促进家庭成员的发展，为家庭成员的发展提供直接、具体的支持。

总之，家庭社会工作不同于围绕着个人而开展的社会工作，它以整个家庭为服务对象，有着自己独特的服务要求，包括针对家庭的日常生活和沟通交流方式进行干预、协助家庭成员改善家庭困扰产生的环境因素以及为家庭成员提供直接、具体的支持和帮助等。

3. 家庭社会工作的基本功能

显然，就一般家庭而言，只有当家庭的发展遇到障碍时，家庭成员才会寻找专业的帮助，包括家庭社会工作者的支持。尤其是当这样的困扰妨碍了家庭成员日常生活的安排时，像家庭社会工作这样的专业服务就成为帮助家庭恢复正常社会功能不可缺少的部分。当然，家庭社会工作不仅仅服务处于危机困扰中的家庭，它还可以服务于其他发展要求的家庭。根据家庭社会工作对家庭改变所发挥的作用，它主要具有以下 3 个方面的功能：

（1）增强家庭改变的能力，帮助家庭成员做好改变的准备。无论是遇到危机希望解决面临的困难的家庭，还是寻求潜能发展、希望提高生活水平的家庭，都可以在社会工作者的协助和支持下为未来的生活状况的改善做好准备。

（2）结合家庭的治疗和支持，为家庭维持有效的家庭功能提供保障。社会工作者在协助家庭克服面临的困难时，还需要为家庭提供必要的支持；让服务成效能够在平时发挥作用；而在为家庭提供必要的支持时，又需要协助家庭寻找解决困扰的方法，避免家庭危机再度出现，因此将家庭的治疗和支持结合起来，才能为家庭维持有效的家庭功能提供保障。

（3）促进家庭功能的改善，巩固家庭成员有效、满意的日常生活方式。家庭社会工作不仅仅局限于保证家庭能够维持有效的家庭功能，同时还需要与受助家庭成员一起改善家庭的功能，更好地满足家庭成员成长发展的需要，并且根据家庭成员的要求维护家庭成员有效、满意的日常生活方式。

简而言之，家庭社会工作包括 3 个方面的基本功能，即在社会工作者协助下，帮助家庭成员做好改变的准备、保证家庭维持有效的家庭功能以及维护家庭成员有效、满意的日常生活方式。

（二）家庭社会工作与家庭治疗的关系

提起家庭社会工作，很容易让人想起家庭治疗，这两个概念既有联系又有区别，很容易混淆起来。

1. 家庭社会工作与家庭治疗的主要区别

家庭社会工作与家庭治疗的区别主要体现在以下 4 个方面：

（1）起源不同。家庭社会工作的产生要比家庭治疗早，它源于社会工作初期的美国慈善组织运动中的“友好访问者”活动，已有 100 多年的历史。可以说，社会工作的创始人玛丽·里士满既是一位个案工作的创作者也是一位家庭社会工作的先驱，她首先要求社会工作者同时对服务对象及其家庭成员的历史和现状进行系统考察，把家庭作为理解个人成长需要的重要单位。而家庭治疗则是系统理论产生后把心理治疗从个人延伸到家庭的尝试和实践，时兴于 20 世纪六七十年代，只有五六十年的历史。

（2）关注焦点不同。与家庭治疗相比，家庭社会工作关注的焦点更为广泛，既包括家庭成员之间的沟通交流，也包括家庭成员在不同层面的互动交流，例如家庭成员个人与家庭的互动交流、家庭与社区的互动交流等；而家庭治疗的焦点主要集中在家庭本身的结构和互动关系。因此，家庭治疗通常以整个家庭作为关注的焦点，而家庭社会工作就更为宽泛，它的关注焦点既可以是家庭中的个人，也可以是家庭中的次系统，如亲子关系等，甚至可以是家庭与家庭之间的互动关系。

（3）工作理念不同。家庭社会工作更为强调“人在情境中”的服务理念，注重在受助家庭的自然生活场景中开展专业服务。这样的方式不仅能够让社会工作者更容易接近受助家庭的实际生活，了解家庭成员的真实需要，而且能够帮助社会工作者把受助家庭的环境因素作为服务介入的重要方面来考察。而家庭治疗更为注重家庭系统的服务理念，关注家庭成员之间的互动方式和结构。因此，家庭社会工作更倾向在受助家庭的自然生活场景中开展服务；而家庭治疗更多地在离开家庭自然生活场景的辅导室中进行。

（4）专业关系不同。在家庭的自然生活场景中开展专业服务，这要求社会工作者与受助家庭建立良好的合作关系。通常，这样的良好合作关系的建立超出了一般意义上的“专业合作关系”，包含很多情感方面的交流。如果缺乏这些情感方面的交流，社会工作者就无法深入受助家庭的自然生活场景中开展专业服务，而这一要求在家庭治疗中并不突出。

2. 家庭社会工作与家庭治疗的联系

以上的比较是把家庭社会工作和家庭治疗作为理想的服务模式进行对比的，实际上，在日常的专业服务活动中家庭社会工作和家庭治疗之间的界限并没有那么清晰，而且两者往往融汇在一起使用。无论在服务的方法和技巧上还是在服务的理念和原则上，两者相互影响、相互借用。家庭社会工作与家庭治疗的联系主要表现在以下3个方面：

（1）服务领域的相互影响。虽然细分起来家庭社会工作与家庭治疗的服务领域存在一些差别，但两者都以家庭作为帮助的对象，服务内容存在交叉和重叠，很容易出现相互替代的现象。

（2）服务模式的相互影响。尽管家庭治疗比家庭社会工作出现得晚，但家庭治疗的服务模式、方法和技巧却比家庭社会工作发展得快，而且影响也比家庭社会工作大。很多社会工作者学习家庭治疗的服务模式、方法和技巧，并把它们运用于家庭社会工作的服务项目中。因此，在实际服务活动中，家庭社会工作与家庭治疗的界限并不是那么清晰的。

（3）工作人员的相互影响。家庭社会工作与家庭治疗的相互影响还表现在工作人员的相互交叉上，不少社会工作者学习家庭治疗的方法和技巧在辅导室里从事专业服务活动，同时也有不少家庭治疗师走出辅导室在受助家庭的自然生活环境中开展各种服务活动。

可见，家庭社会工作与家庭治疗既相互区别又相互关联，但是要在实际服务中明确区分家庭社会工作与家庭治疗的界限并不容易。不过明确家庭社会工作的基本要求还是非常有意义的，能够让社会工作者了解自己的位置和作用，并且在开展家庭服务活动中把握家庭社会工作的核心要求和基本内涵。

（三）家庭与家庭社会工作

社会工作者之所以关注在家庭的自然生活场景中开展专业服务活动，是因为有这样的共识：家庭是社会成员获得基本需要并且学习社会行为的重要场所，在家庭中孩子学习基本的生活技能和知识，并且为家庭之外的生活做好准备，家庭功能的正常发挥就能保证社会的正常运行。因此，了解家庭的定义、家庭的基本类型等对于开展家庭社会工作来说是十分必要的。但是，要给家庭一个清晰的界定却非常困难，家庭的结构和功能会随着社会环境的改变而改变。例如，核心家庭在现代社会中已成为主要的家庭类型，而多代的联合家庭却慢慢减少。此外，不同文化对界定谁是家庭成员谁不是家庭成员也有明显的差别。

不同的学者对家庭有不同的理解和界定，但这些有关家庭的定义中都包含了一些基本的要求：一是家庭是依靠血缘、婚姻或者法律联系起来的一群人；二是家庭成员拥有共同分享的历史和未来；三是家庭成员之间存在深厚的情感联系。简而言之，家庭就是一群通过血缘、婚姻或者法律联系起来，并且拥有共同历史和未来以及深厚感情联系的人。

根据家庭的结构特征可以把现代生活中的家庭分为：核心家庭、主干家庭、联合家庭、领养家庭、寄养家庭和单亲家庭等。核心家庭是指由一对夫妻以及未婚子女组成的家庭；主干家庭是由父母亲和一对已婚子女组成的家庭；联合家庭则包括父母亲和多对已婚子女组成的家庭；领养家庭则是通过法律长久收养子女的家庭；在寄养家庭中，父母亲暂时托管和抚养未成年的子女；单亲家庭则是由父亲或者母亲一方与未成年子女一起生活的家庭。

案例 10－1

阿美今年32岁，离婚后独自一人来到城市打工，把女儿留在了农村。因为怕耽误孩子的学习，阿美在城市找到一份稳定的工作后，把8岁的女儿带到了城市。可是不久阿美就发现，女儿除了不适应城市的学习生活外，还有一些令人讨厌的行为习惯，如随地乱扔东西、不整理自己的学习用具等。母女俩经常为此发生口角，争吵之后女儿总是喊着要回家乡，这让阿美感到很苦恼。班主任老师很关心阿美女儿的学习，时常进行家访，而且有时还利用自己的休息时间给孩子补课，只是最近有了身孕，精力有些顾不过来。

案例10－1中，阿美的家庭就属于单亲家庭，因为只有母亲阿美和未成年的女儿一起生活。当然，一个家庭可以同时属于两个或者两个以上的不同类型的家庭。像一个领养的家庭，同时也可以是联合家庭。另外需要关注的是，随着家庭成员的成长，家庭的结构也会发生变化。例如核心家庭的子女长大成家之后，如果继续与父母亲生活在一起，核心家庭就会转变成主干家庭或者联合家庭。

家庭结构的转变不是简单的结构的变化，同时意味着家庭成员之间互动交流关系的转变，以及家庭成员的需要的改变。作为社会工作者，需要将家庭结构的改变与家庭成员互动关系的转变以及家庭成员需要的变化联系起来，并且将这些变化放在家庭的自然生活场景中考察。

值得社会工作者特别关注的是，社会工作者自身对家庭的看法和认识。由于社会工作者也生活在家庭中，也有自己的家庭生活经验。这些家庭生活的经验就构成了社会工作者对家庭认识和看法的基础，影响社会工作者对受助家庭成员需要的理解以及对服务活动计划的规划和执行。例如，如果社会工作者认为一个完整的家庭应包括父亲、母亲和孩子的话，这样的看法就会影响社会工作者对阿美以及她女儿需要的理解，在需要评估以及服务活动计划制订的时候就会特别关注丈夫和父亲的角色。因此，社会工作者在开展家庭服务时，同时要对自己的家庭生活经验保持警觉，这样才有可能避免自身的主观偏见，了解受助家庭成员的真实需要。

二、家庭社会工作的基本假设

（一）提供以家庭为基础的支持

家庭社会工作有一些基本的假设，这些基本假设为家庭社会工作的开展提供基本的服务框架。社会工作者只有正确了解和把握这些基本的假设，才能保证专业服务活动的顺利开展。

首先，家庭社会工作的基本假设是为家庭成员提供以家庭为基础的支持。因为在社会工作者看来，家庭是家庭成员生活的基本生活场所，涉及家庭成员生活的各个方面，为家庭成员的健康成长提供必不可少的支持；家庭也是孩子学习基本生活技能和知识的重要场所，帮助孩子学习基本的人际沟通技巧和生活原则，提升孩子的社会适应能力；而且家庭生活的改善离不开家庭成员的投入和参与。只有以家庭为基础为家庭成员建立和提供必要的支持，才能满足家庭成员的基本需要，真正改善家庭成员的生活状况。这也意味着，社会工作者在服务家庭时，需要具有把家庭作为一个整体的服务理念，不能将家庭简化为家庭成员的相加。

（二）坚持以家庭为中心的理念

社会工作者认为，家庭是家庭成员成长的重要场所，尤其是对于孩子来说，家庭是影响其健康成长的重要因素。运用以家庭为中心的视角就能把受助家庭成员放在家庭的自然生活环境中考察，了解家庭成员与家庭环境之间的相互影响过程，从而更为准确掌握家庭成员的需要；某个家庭成员遇到困扰，不仅与个别家庭成员相关联，往往同时与整个家庭成员之间的互动交流密切相关。只有把遇到困扰的家庭成员放到整个家庭的互动关系中去理解，才能真正了解受助家庭成员的要求。例如，当我们想了解阿美 8 岁女儿面临的学习困境时，不仅需要分析农村生活与城市生活的差异，同时还需要关注母女之间的沟通交流方式。此外，运用家庭为中心的视角能够让社会工作者在关注受助家庭成员面临的困难的同时，了解受助家庭成员与其他家庭成员在互动交流中形成的相互支持关系，充分运用家庭的资源推动受助家庭成员改变。

（三）采取危机介入的策略

家庭成员常常在日常生活出现危机时，才会主动寻找专业人员的帮助。此时社会工作者才有可能与家庭成员建立必要的信任合作关系。对于家庭成员来说，危机既是妨碍家庭日常生活顺利进行的障碍，同时也是家庭生活改善的重要契机。因为只有在这个时候，家庭成员才愿意关注相互之间的沟通交流方式，反思和调整自己的生活。对于社会工作者而言，把握危机介入的时机，能够保证顺利走进家庭成员的日常生活中，并且结合危机在家庭成员的日常生活中寻找危机解决的方式，对家庭成员的日常生活产生直接的影响。当然，采取危机介入的策略并不意味着社会工作者仅仅关注危机的解决，而是首先关注危机的解决，并且通过危机的解决过程进一步开展危机预防的服务活动，将短期的目标和长期的目标结合起来，更有效地发挥社会工作的作用。

（四）运用生态视角

家庭成员生活在家庭中，而家庭又受到周围社会环境的影响。运用生态视角不仅要求社会工作者把受助家庭成员放在家庭环境中考察，同时也要把家庭放在更大的社会环境中去理解。尤其是对于处于困难的家庭来说，社会环境的影响非常突出，而且家庭环境的影响又常常与周围环境的影响交错在一起。例如，阿美与女儿之间的矛盾和冲突，既与母女之间的沟通交流相关，阿美不喜欢女儿的一些行为习惯；同时也与城乡生活方式以及教育水平的差异密切相连。如果不运用生态视角理解母女俩之间的冲突，就很难了解发生冲突的真正原因，当然服务介入活动也就很难有效。另外，生态视角还特别强调社会环境中重要他人的影响。像阿美案例中，班主任老师就是解决阿美母女俩之间冲突和改善家庭关系的重要他人。

第二节 家庭社会工作的主要内容

一、家庭社会工作的一些重要概念和理论

（一）家庭系统理论

家庭系统理论是家庭社会工作中运用最广也最受欢迎的理论，它已成为很多家庭社会工作服务模式的理论基础，为家庭社会工作提供评估和服务干预的需求基本框架。家庭系统理论有 3 个基本的观点。

1. 家庭成员的问题是整个家庭不良的沟通交流方式导致的

所有的家庭都是一个社会系统，家庭成员之间相互依赖、相互影响。因此，不能把家庭的问题归结为某个或者某些家庭成员的问题，而应把问题放在整个家庭的处境中，理解家庭成员之间的互动交流方式以及这样的方式如何产生和维持问题的具体过程。

2. 家庭所面临的危机既是机会，也是挑战

一旦某个家庭成员出现“问题”时，不仅这个家庭成员需要调整自己的行为和沟通交流方式，对“问题”作出回应；同时这个问题也会影响家庭中的其他成员，要求其他家庭成员也作出相应的调整。如果家庭成员仍旧运用以往无效的“问题”解决方式，就会加深“问题”；相反如果家庭成员能够运用“问题”提供的机会调整相互之间原有的沟通交流方式，就能为“问题”的解决提供新的机会。

3. 因“问题”而导致的家庭功能的失调能够有效解决

如果家庭出现了“问题”，通常这些“问题”会被理解成某个或者某些家庭成员的“问题”，其他家庭成员就会花费很多时间和精力责备那些有“问题”的家庭成员。这样，整个家庭的沟通交流方式就会转向相互指责、相互抱怨的不良循环中。如果社会工作者能够让所有家庭成员看到“问题”不仅关系到那些有“问题”的家庭成员，而且也与其他家庭成员沟通交流方式有关联，并且设法打断这样的沟通交流方式，帮助家庭成员从相互责备的互动循环方式中摆脱出来，就能有效解决家庭功能的失调。

家庭系统理论的核心概念是家庭系统，而要正确理解家庭系统概念，就需要进一步把握家庭系统概念的 6 个核心要素：

（1）家庭作为一个整体大于各部分之和。家庭不是家庭成员的简单相加，而是具有作为一个整体的运行规则。

（2）家庭系统努力维持改变与稳定之间的平衡。家庭系统既处于不断改变中，又处于稳定的寻求中，需要维持两者的平衡。

（3）家庭系统中每一名成员的改变都会影响所有其他家庭成员。家庭系统是一个整体，成员之间是相互影响的，其中任何一名成员改变都会影响其他成员。

（4）家庭成员的行为遵循相互影响的循环因果的原则。家庭系统遵循的是一种循环影响的原则，即 A 影响 B，B 同时也在影响 A。

（5）每个家庭系统既包含很多次系统，又归属于更大的社会系统。系统与系统之间是相互关联的，家庭也一样，它是更大的系统的组成部分，如社区就由很多家庭组成，而家庭本身又包含更小的次系统，如夫妻、亲子等。

（6）家庭系统依据已经建立的规则运行。一旦家庭系统建立了运行规则，就会按照已经建立起来的规则运行。

显然，家庭系统理论的核心是从整个家庭系统入手来理解家庭成员遭遇的问题以及寻求问题解决的过程，它为社会工作者提供了理解整个家庭运行规则的服务框架，让社会工作者避免陷入用单个家庭成员的理解替代整个家庭理解的困境。以本章案例 10－1 为例，当阿美向社会工作者求助时，社会工作者需要做到 3 个转变：①转变从个人角度理解问题的观点。把阿美 8 岁女儿不适应城市学习生活和一些令人讨厌的行为习惯看作是整个家庭遭遇的困难，这样，了解阿美与女儿的沟通方式就显得非常必要。②转变看待问题的角度。把阿美整个家庭遭遇的困难看作是机遇，正是有了这个机遇，阿美和女儿才有了改变的动力和愿望。③转变家庭沟通的方式。通过共同改变目标的寻找转变阿美对待女儿的态度，变责备女儿为协助女儿，与女儿一起面对生活中遭遇的问题。

（二）家庭生命周期理论

家庭也像人一样有一个成长、发展的自然变化过程，这就是家庭生命周期理论的核心观点。家庭生命周期理论强调，家庭成员的互动交流关系以及需要会随着家庭的发展在不同阶段呈现出不同的特征，每一家庭发展阶段都有不同的任务和要求需要家庭成员去面对，让家庭成员感受到一定的压力。因此，在家庭发展比较脆弱的阶段就容易出现问题，如第一个孩子出生、孩子开始上学等，家庭生命周期理论为社会工作者正确评估家庭成员在不同家庭发展阶段的需要提供基本的逻辑框架，也为社会工作者协助家庭成员解决不同发展阶段的问题提供必要的指导。

根据家庭成员之间的互动关系和面临的任务，可以把家庭生命周期分为 8 个阶段：家庭组成阶段、学龄前子女家庭阶段、学龄子女家庭阶段、青少年家庭阶段、子女独立家庭阶段、家庭调整阶段、中年夫妇家庭阶段以及老年人家庭阶段。当然，每个阶段家庭成员面临的任务和要求是不同的，具体见表 10－1。

表 10－1　　家庭生命周期

家庭发展阶段	名　称	任务和要求
一	家庭组成阶段	1. 脱离原生家庭 2. 组建新的家庭 3. 形成夫妻角色的分工和规则
二	学龄前子女家庭阶段	1. 学习父亲和母亲的角色 2. 调整夫妻的角色

续表

家庭发展阶段	名　称	任务和要求
三	学龄子女家庭阶段	1. 培养子女的独立性 2. 对学校等新机构和新社会成员保持更大的开放性 3. 接纳家庭角色的变化
四	青少年家庭阶段	1. 调整家庭界限满足青少年的独立要求 2. 适应家庭成员对个人自主性的新要求
五	子女独立家庭阶段	1. 为子女独立生活做准备 2. 接纳和促进子女自立的要求
六	家庭调整阶段	1. 重新调整夫妻的角色 2. 学习把子女作为成人对待
七	中年夫妇家庭阶段	适应新的、不以子女为中心的角色的要求
八	老年人家庭阶段	1. 学习与成人子女以及孙子女沟通交流 2. 学习应对衰老带来的困难 3. 维持生活的尊严、意义和独立

注：本表参考 Collins, D., Jordan, C. & Coleman, H. (2ed Eds.). An Introduction to Family Social Work. USA, CA: Thomson Boobs/Cole. 2006: 187.

值得注意的是，这样的家庭生命周期阶段的划分是以普通标准家庭为例的，并没有考虑不同结构类型的家庭，也没有考虑文化、社会等因素的影响。因此，社会工作者在运用时，需要注意它的限制。这里介绍家庭生命周期理论只是为社会工作者提供基本的参考框架。

依据家庭生命周期理论，像本章案例 10－1，阿美家庭就属于学龄子女家庭阶段，阿美女儿遭遇的问题就需要放在整个家庭生命周期来考察。这样，社会工作者在帮助阿美家庭克服生活中面临的问题时，就需要把当下问题的解决与这一家庭生命周期阶段需要培养的女儿的独立性、女儿在学校交往的开放性以及接纳家庭角色变化的目标联系起来，促进整个家庭的成长和进步，避免陷入“头疼医头，脚疼医脚”的困境中。

（三）结构式家庭治疗模式和萨提亚家庭治疗模式

家庭治疗模式众多，其中最为基础而且广受欢迎的有结构式家庭治疗模式和萨提亚家庭治疗模式。结构式家庭治疗模式是由米纽秦（S. Minuchin）提出的，它假设家庭的动力和组织方式与家庭成员的问题密切相关，通过家庭动力和组织方式的改变来解决家庭成员的问题。其核心概念包括：家庭系统，即家庭是由家庭成员相互影响过程中形成的组织化的系统；家庭结构，即家庭系统中存在边界、责任和权力结构；病态家庭结构，即家庭系统的失衡就会出现病态的家庭结构；家庭生命周期，即家庭也有一个发展变化的生命周期。结构式家庭治疗模式要求社会工作者进入受助家庭后，关注家庭结构的认识和把握，通过病态家庭结构的调适，恢复家庭的正常功能。

萨提亚家庭治疗模式是由美国著名的家庭治疗师弗吉尼亚·萨提亚（Virginia Satir）总结提出的，这一理论假设主要包括对人的理解、对困难的理解和对家庭的理解，它相信：人是拥有快乐生活的各种能力和资源的；导致人出现问题的原因是其错误的应对方式；对每个人来说家庭都是非常重要的。萨提亚家庭治疗模式要求社会工作者在治疗过程中不是关注家庭成员的病症表现，而是注重考察家庭成员的困难应对方式，通过改善家庭成员的沟通方式和家庭规则，提高家庭成员的自尊和自我价值感。

二、家庭社会工作的基本内容

家庭社会工作的内容涉及很广，不同的学者对此有不同的划分。这里，我们将以家庭社会工作的服务焦点和目标作为划分的标准，对家庭社会工作的基本内容进行分类，它主要包括两类：改善亲子关系的服务和改善夫妻关系的服务。

（一）改善亲子关系的服务

改善亲子关系的服务是以父母亲和子女关系的改善为服务焦点，并且以增进亲子之间的沟通交流和家庭社会功能为目标而开展的各项社会工作专业服务活动。常见的有家庭行为学习、家庭照顾技巧训练以及家庭心理健康教育等。

1. 家庭行为学习

家庭行为学习是根据行为学习理论的原理，对家庭中的年轻子女在成长过程中遇到的行为问题进行干预的服务。它假设孩子在家庭生命周期不同阶段有不同的学习任务，如孩子在学龄阶段就需要与不同的同龄伙伴交流，学习新的行为；同样，孩子在青春期则向往更多的自由空间，也需要学习新的行为。当然，孩子的行为学习与家庭中的其他人员的互动交流方式是紧密相连的，尤其是与父母亲之间的沟通交流，是影响孩子行为学习的重要因素。家庭行为学习要求社会工作者首先与父母亲建立良好的合作关系，指导父母亲在孩子作出适当的行为时给予奖励；而当孩子作出不当行为时，则给予惩罚，帮助父母亲学会如何指导孩子学习新的行为方式，改善父母亲与孩子之间的沟通交流状况。

2. 家庭照顾技巧训练

家庭照顾技巧训练也是根据行为学习理论的原理设计的，不过它不是针对家庭中的年轻子女，而是家庭中的父母亲，尤其是那些在与孩子沟通交流中感到困难的家长。它要求社会工作者首先明确父母亲在和孩子沟通交流中的具体问题，把问题变成可以观察、测量的行为表现，如称赞孩子进步的次数等；然后，设计和尝试新的行为，测试新的行为带来的效果，并且根据行为的效果坚持或者调整新的行为。这样，就能帮助父母亲学习更有效的方式与孩子互动，增进父母亲与孩子之间的沟通交流。

3. 家庭心理健康教育

家庭心理健康教育是将家庭教育、技能训练和社会支持等方式综合一体的服务活动，它最初运用于精神疾病患者的家庭，后来扩展到涉及其他健康问题的家庭，如肺结核疾病患者家庭、学习情绪控制与管理的家庭等。它要求社会工作者为家庭成员提供专门的教育，让家庭成员掌握有关问题的必要知识，并且对家庭成员进行沟通技能和问题解决技能等方面的训练，改善家庭成员之间以及与社区之间的沟通交流；同时把拥有类似经验的个人和家庭连接起来，扩展受助家庭成员的社会支持。家庭心理健康教育的目的是为受助家庭提供必要的知识，并且增强受助家庭成员的沟通交流能力、解决问题的能力和社会支持。

（二）改善夫妻关系的服务

如果家庭社会工作服务活动的焦点集中在家庭夫妻关系的改善上，这样的服务活动就属于改善夫妻关系的服务。像婚姻辅导、家庭暴力的干预等都是常见的改善夫妻关系的服务活动。婚姻辅导，顾名思义，就是针对夫妻的婚姻状况而开展的服务活动，涉及夫妻角色的界定、扮演以及相互之间沟通交流方式的改善等。由于婚姻辅导涉及的内容很多，不同的问题可以采取不同的方法。例如，关注夫妻角色学习的，就可以运用行为学习理论作为指导；如果注重夫妻沟通交流方式改善的，就可以运用家庭系统理论；如果强调夫妻平等关系的，可以采用性别视角。

家庭暴力的干预是针对家庭中的暴力现象而开展的服务活动，通常涉及妇女、儿童权益的保护，如妇女权益的法律援助、妇女平等意识的提升等。此外，还包括对家庭施暴者的心理辅导等内容，如男性控制愤怒小组等，帮助家庭施暴者学习控制自己的情绪，改善冲突处理的方式。

改善亲子关系服务的重点是关注家庭生活中的纵向关系，而改善夫妻关系服务的重点则是关注家庭生活中的横向关系。在实际生活中，家庭纵向关系的改善和横向关系的改善常常交错在一起，相互影响。

三、我国开展的家庭服务

由于我国专业社会工作起步比较晚，家庭社会工作的专业化程度并不高，但是针对具体的实际情况，我国也开展了不同形式的家庭服务。依据这些家庭服务关注的焦点和目标，我国的家庭服务分为 3 种不同类型：家庭的救助和帮扶、改善亲子关系的服务和改善夫妻关系的服务等。

（一）家庭的救助和帮扶

家庭的救助和帮扶是以整个家庭作为帮助的对象，其目的是为了保障整个家庭的基本生活水平。例如，对于家庭收入低于城市最低生活水平保障线的家庭，政府给予一定数额的经济补助和相关的优惠。此外，因生活变故或者意外灾害引发的特殊困难，政府也会向困难家庭发放救济金，提高困难家庭应对生活困境的能力，保障困难家庭基本的生活水平。

（二）改善亲子关系的服务

在改善亲子关系的服务活动方面，常见的有家庭生活教育、有关家庭的主题活动以及家长学校等服务活动。这些家庭服务活动以预防和发展为主，目的是为了改善家庭成员之间的沟通交流，增进家庭成员之间的感情联系，促进社区的和谐。

家庭生活教育是一种通过讲座、宣传、知识竞赛和娱乐活动等方式增进家庭成员的生活常识，改善家庭成员的沟通交流的服务活动，其目的是促进家庭成员之间的人际关系的协调，增强家庭的社会功能，提高家庭成员的生活质量。

在我国有丰富多彩的以家庭为主题的服务活动，如重阳节的敬老活动、“六一”的儿童游园活动等，这些活动以娱乐为重点增强家庭成员之间的感情交流，其目的是为了丰富家庭成员的生活，促进家庭的和谐。以外，还有家长学校，邀请专家为家长讲授科学育儿的方法、培养子女成才的方式以及合理处理家庭冲突的技巧等，增强亲子之间的沟通交流，加强家庭的社会功能。

（三）改善夫妻关系的服务

改善夫妻关系的服务有婚姻调解和婚姻学校等形式，其目的是为了解决夫妻之间的矛盾和冲突，改善夫妻之间的沟通交流，维护家庭的稳定与和谐。

婚姻调解是对婚姻关系出现紧张和冲突的夫妻进行调查、劝说和协商等，以化解双方的矛盾，改善双方的关系，使双方达成谅解，避免家庭解体。婚姻调解工作首先由冲突双方的工作单位和居住地区的居委会或村委会共同协商；如果双方感情恶化要求办理法律离婚手续，则由法院负责婚姻调解工作。

婚姻学校包括新婚夫妇学校和离婚夫妇学校等，其目的是为了增进人们有关婚姻的知识，学习处理婚姻中出现的矛盾和冲突，改善人们的婚姻状况和家庭生活状况。此外，我国也出现了婚姻辅导、家庭暴力干预以及失独家庭帮扶等服务。

值得注意的是，在这些家庭服务活动中有一些并不是严格意义上的家庭社会工作，但包含了家庭社会工作的一些要素，它们的专业性有待进一步提高。

第三节　家庭社会工作的主要方法

一、家庭社会工作的基本原则

家庭社会工作的开展需要依据一些基本的原则，如家庭处境化原则、帮助家庭成员增能原则、家庭个别化原则和满足家庭成员需要原则等，这些基本原则为家庭社会工作的设计和执行提供基本的服务指导框架，保证社会工作者准确评估家庭成员的需求，发掘家庭成员的能力，实现家庭服务活动的目标。

（一）家庭处境化原则

家庭处境化原则认为，家庭是家庭成员自然生活的场景。因此，社会工作者在观察和评估家庭成员的需要时，需要把家庭成员放在家庭的日常生活中，观察和了解家庭成员之间以及家庭成员与周围环境之间的互动交流状况，关注家庭成员的日常生活。只有建立在家庭自然生活场景中的观察和评估，才能准确把握家庭成员的真实需要，提供符合实际家庭处境的解决方案。就像本章案例 10－1，阿美遭遇亲子教育的困扰就不能单独抽离出来考察，而需要放在整个家庭交往的处境中来理解。

（二）帮助家庭成员增能原则

帮助家庭成员增能原则假设，每个家庭成员都有自己解决困难的能力，有效帮助家庭成员克服困难的方式是增强他们克服困难的能力，不是替代他们克服困难。指出家庭成员的问题并且提供直接的解决方法，这样的解决方式虽然能够克服家庭成员的困难，但是并不能增强家庭成员的能力以应对未来生活中的挑战。帮助家庭成员增能原则要求社会工作者在帮助家庭成员解决问题过程中，除了需要鼓励家庭成员积极参与问题的解决过程之外，还需要增强家庭成员自身解决问题的能力，提高他们的自信和独立。当然，每个家庭成员都有自己的能力和不足，只有准确评估家庭成员的能力和不足，才能设计出有针对性的服务介入计划。不过，值得注意的是，无论开展什么样的家庭服务，社会工作者的服务焦点始终集中在家庭成员解决问题能力的提升上，而不是家庭成员问题的解决。

（三）家庭个别化原则

家庭个别化原则认为，每个家庭都是独特的，都有自己的生活环境和沟通交流的方式，社会工作者只有从受助家庭所处的特殊处境和方式着手，才有可能把握受助家庭成员的真实需要，提供符合受助家庭成员要求的服务。家庭个别化原则反对运用标准化的服务，要求社会工作者避免通过裁减受助家庭成员的需要以适合预先安排的服务模式和服务程序，它倡导直接从受助家庭独特的日常生活处境以及受助家庭成员独特的成长改变要求出发，设计有针对性的服务介入计划，开展个别化的服务。显然，在家庭个别化原则中，由受助家庭主导服务就显得十分重要，它是保证家庭个别化原则的根本。

（四）满足家庭成员需要原则

满足家庭成员需要原则是指社会工作者既要关注受助家庭成员的目前需要，也要关注受助家庭成员的长远要求，并且跟随受助家庭成员需要的变化将问题的解决和预防以及发展结合起来。如果仅仅关注受助家庭成员问题的解决，就会忽视受助家庭成员的预防和发展的长远要求；而如果仅仅关注受助家庭成员的预防和发展的要求，就会无视受助家庭成员希望解决目前问题的需要，无法与受助家庭建立良好的合作信任关系。因此，只有将受助家庭成员当下问题解决的需要与长远的预防和发展的需要结合起来，才能保证社会工作的服务活动真正满足家庭成员的要求。

简单来说，家庭社会工作需要把家庭成员遭遇的问题放在家庭处境中考察，注重家庭成员增能和个别化的服务要求，通过治疗、预防和发展服务的结合满足家庭成员的短期和长期的服务需要。

二、家庭社会工作的实施步骤

虽然社会工作者在开展家庭服务活动时需要从受助家庭的特殊处境和互动关系出发，了解家庭成员的特殊要求，设计专门的服务介入计划，遵守家庭处境化和个别化的原则，但就家庭社会工作服务活动开展的进程而言，通常经历4个阶段：接触阶段、开始阶段、介入阶段和结束阶段。

（一）接触阶段

接触阶段是社会工作者与受助家庭成员初次见面，评估受助家庭成员需要，并且与受助家庭成员建立初步的信任合作关系的阶段。其主要任务包括：①与受助家庭约定初次会谈时间和安排；②为初次家庭做准备；③安排第一次会谈等。

与受助家庭约定初次会谈的时间和安排是接触阶段的重要任务。通常情况下，社会工作者需要预先通过电话、邮件或者信件等方式与受助家庭确定初次会谈的时间、地点和其他安排等。由于这是社会工作者第一次与受助家庭成员接触，给受助家庭留下一个好印象非常重要，便于以后建立信任合作关系。确定了初次会谈的地点之后，如果有可能，社会工作者需要事先熟悉一下会谈地点的环境和路线，以保证初次会谈能够准时到场。

在初次会谈之前，社会工作者需要做一些准备工作，例如阅读受助家庭的有关资料，或者查阅与受助家庭类似的其他家庭的一些研究文献，以了解受助家庭的基本情况、可能面临的困难以及需要注意的事项等。此外，还要为初次会谈准备需要的道具和材料，如需求评估表、机构的介绍材料、初次会谈时用的玩具、纸张和彩笔等。对于那些高风险家庭的服务，督导者还需要提醒社会工作者关注家庭冲突的事件、事件发生的时间以及家庭冲突压力排解的方式，以便做好家庭风险规避的准备。

在初次会谈开始时，社会工作者首先需要介绍自己和机构的基本情况，让受助家庭对社会工作者和服务机构有一个基本的了解。在初次会谈中，社会工作者有两项基本任务需要完成：一是初步评估受助家庭的问题；二是与受助家庭成员建立基本信任关系。另外，在初次会谈的安排中还需要考虑社会工作者自身的安全，特别是一些像严重精神障碍患者或者吸毒人员等特殊人群的服务，社会工作者自身的安全保障是不可忽视的内容。

（二）开始阶段

开始阶段是社会工作者正式开始与受助家庭开展服务介入活动的阶段，除了与受助家庭建立稳定、信任的合作关系之外，同时还需要与受助家庭成员一起制定服务介入的目标和基本安排。在开始阶段，社会工作者的主要任务包括：与受助家庭成员建立稳定的合作关系；全面评估受助家庭成员的问题；明确服务介入的目标和服务的基本要求。

为了与受助家庭成员建立稳定、信任的合作关系，社会工作者在开始阶段需要创造良好的家庭会谈的气氛，保证家庭成员能够自由地谈论自己和其他家庭成员，让家庭成员感觉到社会工作者也是家庭中的一员。

为了准确评估受助家庭成员的问题，社会工作者在此阶段需要倾听每一名家庭成员的解释，理解每一名家庭成员的要求，并且在界定问题时，让每一名家庭成员的观察视角和要求也包含在里面，尊重每一名家庭成员的真实感受。为此，督导者需要引导社会工作者学会站在家庭成员的角度倾听和呈现他们各自的要求，突出要求提出者自身的经验和感受。例如，社会工作者可以运用这样的句子与家庭成员沟通，“这件事情让你觉得……”或者“你觉得这件事情是……”等，避免站在中立的立场“客观”描述事件。这样，社会工作者就能够在需求评估中将某个或者某些家庭成员遭遇的问题放在整个家庭的自然生活处境中来考察，保证家庭处境化原则的实现。

此外，社会工作者还需要与受助家庭成员一起讨论如何解决面临的问题，遵守帮助家庭成员增能原则和家庭个别化原则，在关注受助家庭成员遭遇的问题的同时，充分挖掘受助家庭成员的能力，由受助家庭成员自己协商服务的安排、进程以及服务介入的目标和基本要求，并且协助受助家庭成员签订服务合同。服务合同的基本内容包括：服务介入活动的目标；家庭会谈的时间和次数；家庭会谈的地点；参加会谈的家庭成员以及基本要求等。

（三）介入阶段

完成了问题的评估、服务介入目标的确定以及服务合同的签订之后，家庭社会工作服务活动就进入了介入阶段，即社会工作者运用专业服务方法和技巧直接影响受助家庭成员的过程。这一阶段社会工作者的主要任务是明确自己的专业角色，并且运用专业技巧影响受助家庭成员，协助家庭成员解决面临的问题。与个案介入不同的是，社会工作者即使针对某个家庭成员开展服务，也需要把这样的服务放在整个家庭成员关系中来考察。

随着受助家庭成员自身能力的发掘和认可，受助家庭成员不再视为服务活动的被动接受者，家庭社会工作者的角色也随之出现相应的转变，成为受助家庭成员的合作者和促进者，帮助家庭成员评估和解决自己面临的问题。具体而言，家庭社会工作者在介入阶段主要承担支持者、教育者、咨询者、使能者和资源的调动者等不同角色。

支持者是指社会工作者在了解受助家庭成员资源限制的同时，认识和调动受助家庭成员的能力，并在此基础上与受助家庭成员建立积极、信任的合作关系，推动受助家庭成员发生积极的改变。

教育者的角色要求社会工作者把受助家庭成员面临的困难视为某些生活知识和技能的不足，而不是受助家庭成员自身的缺陷，并且向受助家庭成员讲授有关的知识和提供必要的技能训练。

咨询者的角色要求社会工作者为受助家庭成员提供必要的咨询，帮助受助家庭成员深入了解面临的困难，以便作出准确的判断。

使能者是指社会工作者为受助家庭成员提供相关服务机构的服务信息，帮助受助家庭成员了解和使用相关机构的服务，增强受助家庭成员的能力。

资源的调动者是社会工作者在家庭服务中经常运用的角色，它要求社会工作者为受助家庭成员建立和扩展他们的社会支持网络。

当然，在介入阶段社会工作者扮演的角色不仅仅只有上面所说的这几种，而且面对不同的受助家庭，社会工作者扮演的角色是不同的，需要依据受助家庭的实际情况而定。但是，不论社会工作者在介入阶段扮演什么角色，都需要首先关注整个家庭当下最紧迫问题的解决，避免问题的恶化，在此基础上再结合预防和发展服务，提升家庭危机的预防和应对能力，遵守满足家庭成员需要的家庭社会工作原则。

（四）结束阶段

结束阶段是家庭社会工作服务活动的最后阶段，是社会工作者与受助家庭成员协商服务活动结束的相关事项，是退出服务活动的阶段。在这一阶段，社会工作者需要完成的主要任务是：与受助家庭成员协商服务结束事项；总结和巩固整个服务活动的成果。

随着服务活动目标的逐渐实现，社会工作者在每次会谈中需要留出一定的时间与受助家庭成员讨论已经实现的目标有哪些和尚未实现的目标有哪些，让受助家庭成员了解服务活动的进程，为服务活动的结束做好准备。

在帮助受助家庭成员总结和巩固整个服务活动的成果方面，社会工作者首先需要协助受助家庭成员回顾已经实现的目标和取得的进步，增强受助家庭成员的改变意识和自信心；然后再和受助家庭成员商讨在未来生活中如何保持已经取得的改变，并且为未来可能面临的困难做好准备。此外，社会工作者在开展家庭社会工作时，还需要注重家庭成员的沟通能力和互助意识的培养。

三、家庭社会工作的常用方法

家庭社会工作在每一阶段都有自己独特的方法和技巧，以保证服务活动能够顺利进行。在这些方法和技巧中，如何准确评估受助家庭的需要以及如何有效干预受助家庭，是家庭社会工作中最基本的。因此，这里将重点介绍家庭评估和家庭干预中的方法和技巧。

（一）家庭评估的常用方法

在家庭评估中，社会工作者经常运用家庭结构图作为评估的工具。家庭结构图是用图形方式来表示家庭的结构、家庭成员之间的关系以及家庭的一些重要事件等，它帮助社会工作者迅速、形象地了解和掌握受助家庭成员的结构、成员关系以及其他一些家庭情况。在家庭结构图中，□表示男性，○表示女性，——表示婚姻关系，—//—表示离婚关系，—/—表示分居关系，-------表示同居关系。

家庭结构图的绘制遵循 3 项基本原则：一是长辈在上，晚辈在下；二是同辈关系中，年长的在左，年幼的在右；三是夫妻关系中，男的在左，女的在右。以案例10－1为具体的例子，如果以家庭结构图来表示，其具体的图示如下所示：

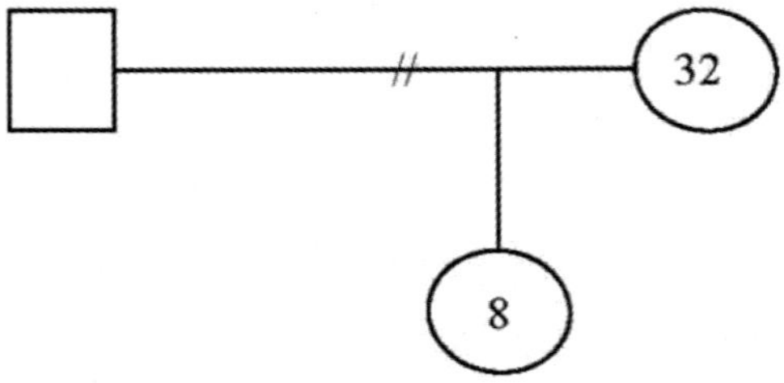

图 10－1　家庭结构图

（二）家庭干预的常用技巧

在家庭干预中社会工作者需要运用一些专业的技巧影响受助的家庭成员，以推动受助家庭成员发生积极的改变。其中常用的干预技巧有观察、聚焦、例子使用和再标签等。

观察技巧是指运用系统记录实际行为表现的方式让受助家庭成员了解自己面临的问题以及改变的状况，从而帮助受助家庭成员随时调整自己的行为，增强行为的有效性。如让受助家庭记录自己不良适应行为出现的频率，就是常用的观察技巧。

聚焦技巧是指社会工作者帮助受助家庭成员收窄注意的焦点，将受助家庭成员的注意力集中在需要解决的问题上，以便对问题作出深入的探索，保证服务介入活动的效率。如社会工作者可以提问受助家庭成员，让他们对需要解决的问题进行排序，从而帮助受助家庭成员聚焦需要解决的问题。

社会工作者经常运用例子使用的技巧向受助家庭成员解释、描述和传递重要的信息和想法，让受助家庭成员了解困难解决的不同途径和经验，并且舒缓受助家庭成员的压力。

再标签技巧则是指社会工作者帮助受助家庭成员从更为积极的角度界定问题，改变受助家庭成员以往的消极态度和认识，从而促使受助家庭成员产生新的、积极的行为。

值得注意的是，家庭社会工作的干预技巧不仅仅只有上面介绍的这几种，而且服务技巧的学习也不是简单的技巧学习，需要结合受助家庭的实际情况。因此，社会工作者只有在实际的家庭服务活动中总结和提炼自己的服务经验，才能真正掌握和提高社会工作的专业服务技能。

本章小结

家庭社会工作是指运用社会工作的专业理论和方法帮助家庭解决面临的困难，使其更好地发挥家庭的社会功能，以满足所有家庭成员的发展和情感需要的专业服务活动。细分起来，家庭社会工作主要包括3部分：以家庭作为背景的专业服务活动、以家庭作为对象的专业活动以及以家庭作为活动单位的专业服务活动。

家庭社会工作的基本特征包括：针对家庭的日常生活和沟通交流方式进行干预；协助家庭成员改善家庭困扰产生的环境因素；为家庭成员提供直接、具体的支持和帮助。家庭社会工作与家庭治疗既相互区别，又相互关联。

家庭社会工作的基本假设包括：提供以家庭为基础的支持；坚持以家庭为中心的理念；采取危机介入的策略；运用生态视角。

家庭社会工作拥有很多重要的理论和概念，主要包括家庭系统理论、家庭生命周期理论以及结构式家庭治疗模式和萨提亚家庭治疗模式。

根据家庭社会工作的服务焦点和目标，可以把家庭社会工作的服务分为3种不同的类型：家庭的救助和帮扶、改善亲子关系的服务及改善夫妻关系的服务。

家庭社会工作应遵守的基本原则是：家庭处境化原则；帮助家庭成员增能原则；家庭个别化原则；满足家庭成员需要原则等。

家庭社会工作一般经历接触、开始、介入和结束4个阶段。家庭社会工作常用的评估方法有绘制家庭结构图，常用的干预技巧有观察、聚焦、例子使用和再标签等。

第十一章　学校社会工作

学校社会工作会同时受到所在社会的福利理念、福利制度及教育理念与教育制度的影响和制约。本章立足中国本土经验，从学校社会工作的基本概念与特点、学校社会工作的服务内容以及学校社会工作的实务方法三个方面进行阐述。

第一节　学校社会工作概述

一、学校社会工作的基本概念

（一）学校社会工作的意义

开展学校社会工作服务需要了解“学校”对社会工作服务的意义。

（1）学校要求社会工作者提供的社会工作服务必须符合学校的教育理念和培养目标。

（2）学校要求社会工作者开展社会工作服务不可以干扰正常的教学环节和教学秩序。

（3）学校要求社会工作者提供的社会工作服务必须确保专业性与科学性。

（4）学校应该为社会工作服务提供必要的空间和平台。

（5）学校的地理环境、学生结构、学生的主要问题或需要决定学校社会工作的理念与理论的定位，以及工作内容与方法的选择。

（6）学校的内外部资源状况决定学校社会工作的运作规模及实施效果。

（二）学校社会工作定义及含义

综合国内外学者对学校社会工作的界定及中国国情与社情，学校社会工作的定义描述如下：学校社会工作是专业社会工作者遵循社会工作的价值理念，运用社会工作的专业理论知识和方法，整合政府及社会资源，为学校全体学生，特别是处境不利的学生提供的专业性服务活动。其目的在于协调学校、家庭及社区之间的关系并促进其教育功能，满足学生学业及成长需要，获得适应今日与面对未来生活的能力，获得幸福人生。

结合上述关于学校社会工作的定义与学校社会工作的实务经验，学校社会工作包含如下含义。

1. 学校社会工作服务的提供者应该具有专业资格

首先，学校社会工作者需要掌握有关社会工作专业的知识、方法、技巧和价值观；有关青少年的生理、心理及社会发展特点与成长规律的知识；有关教育及学校的理念与知识。其次，学校社会工作者的服务行为必须接受专业伦理与职业道德的约束。最后，学校社会工作者应该通过各种学习与培训不断地进行自我成长与生命管理，努力以良好的生命状态影响学生、服务学生。

2. 学校社会工作服务应该遵循相关的价值理念

价值理念是社会工作服务的核心和灵魂。社会工作专业相信人性的善良、尊严与权利平等，相信人有改变的能力和动力，相信并尊重人的独特性；相信社会应该坚持公平、公正与正义，以利他主义开展服务行动。学校社会工作服务行动必须坚持我国社会主义核心价值观，在机构及学校价值理念指导下开展服务活动。

3. 学校社会工作服务应该集科学性、技术性及艺术性于一体

科学性是指，对学生的需求评估、服务主题及服务目标的确定、介入策略的选择、服务方案的实施及服务成效的评估都要有科学的理论依据，倡导“证据为本”，科学地运用个案工作、小组工作、社区工作等直接服务的方法及其他间接服务的方法。技术性要求社会工作者服务过程操作娴熟，具有高度的专业敏感性，能够及时、灵活、准确、正确地理解问题并处理问题，满足服务对象的需求。艺术性是指，学校社会工作者在服务的过程中发挥自己的个性特征与专业特长创造性地开展服务活动，打造特色服务品牌。

4. 学校社会工作服务应该整合政府及社会资源

学校社会工作服务需要动员教育、民政、卫生、妇联、共青团等各种政府或群众团体资源，各种社会组织、学校、企事业单位及其他社会资源，学校社会工作者要培养对资源的敏感意识及资源的整合能力。

5. 学校社会工作服务以全体学生为服务对象，首要关怀处境不利学生

学校社会工作者要具有专业的敏感度，高度关注处境不利学生，及时评估需求并提供适切的服务。

6. 学校社会工作服务以帮助学生获得幸福人生及促进社会进步为目标

社会工作助人，同时关注人的生理、心理及社会发展，改善其社会功能。学校社会工作服务的终极目标是要帮助服务对象获得幸福的人生，同时促进社会的进步。

二、学校社会工作的基本特征

（一）服务对象特征

学校社会工作主要服务于成长中的青少年学生，以成长中的青少年为服务对象，强调服务对象的生理、心理及社会发展方面均尚未成熟。因此，学校社会工作服务的提供必须以充分了解具体的服务对象的生理、心理及社会发展特点和个性化的需要为前提，多提供具有保护性、支持性及排除危险因素的服务。以学生为服务对象，要求社会工作者注意对学生角色的权利与义务双重因素的理解和把握，既重视学生学习权利的保护，又要帮助学生加强对学习的义务和责任的理解和践行。

（二）服务理念特征

学校社会工作服务特别强调优势视角、需要为本及潜能挖掘的服务理念。优势视角理念相信学生的成长和转变的能力超出预期，相信任何学生和环境都充满资源和优势；同时相信贫穷、歧视、疾病和困难可能是伤害，但它们也可能成为挑战和机遇。需要为本理念将学生的问题理解为学生的需要，反对对学生标签化。潜能挖掘理念相信学生的

潜能与创造力，强调对学生的服务目标不仅仅是解决眼前的困境、满足现实的需要，更是注重在协助其解决问题、排除困境的过程中，给学生以信心，激发学生的创造力，不断挖掘其生命的潜能。

（三）服务行动特征

学校社会工作服务强调团队合作与资源整合行动。团队合作行动是指，学校社会工作者需要与学校其他学生服务团队诸如班主任班级管理、心理健康教育、法制教育、团（共青团）队（少先队）活动、校医服务及食宿安全等系统进行合作，要求学校社会工作者了解其他系统的特点与功能，处理好与其他服务人员的关系，合理分工协作，形成合力。资源整合行动主要强调“家校社联动”的概念，学校社会工作者需要链接学校资源、家庭资源及社区与社会组织资源，以学生为核心，同时立足学校、家庭、社区服务平台，并整合社会服务资源，为学生提供服务。

三、学校社会工作的功能

学校社会工作的功能主要是指学校社会工作服务对学生成长的影响作用，在服务学生的同时也会对学校、家庭及社会产生影响作用。

（一）学校社会工作对学生困境的改善功能

改善功能主要体现在对学生个人不良行为的介入和对阻碍学生成长的环境障碍的排除。社会工作者可以通过认知重构、情绪疏导、行为修正等个案辅导的方法及主题小组工作等方法进行专业介入，帮助学生改善各种违规行为及心理异常行为；通过父母效能训练及家庭治疗帮助改善家庭环境；通过对教师培训、学校管理建言等方法改善学校环境；通过社区营造方法改善社会环境。社会工作肩负着为学生优化成长环境的使命。

（二）学校社会工作对学生权益的保护功能

保护功能体现在社会工作服务维护学生权益，避免学生遭遇伤害等方面。关怀与正义是社会工作专业服务不可或缺的价值理念，学校社会工作者应具有高度的专业敏感性，在对学生提供资源链接、关怀照顾、辅导修正及环境改善服务的同时，要警觉一切环境因素对学生身心的伤害及权利的剥夺，并促进教育的公平公正。

（三）学校社会工作对学生成长的发展功能

社会工作专业强调优势视角，相信服务对象的潜能与优势，学校社会工作者在改善学生不利处境服务的基础上，应重视对全体学生资源与优势的关注、潜能的挖掘及生命力的激发。

第二节　学校社会工作的主要内容

一、满足困境学生改善性需要的学校社会工作

困境学生是学校社会工作的首要关怀对象，对困境学生的社会工作服务应遵循优势视角的理念，以处理问题、满足需要及脱离困境为服务目标。此处的困境主要包括学生的心理困境、学习困境、人际关系困境、不良行为困境及家庭困境。

（一）学校社会工作对学生心理困境的介入

1. 认知障碍

认知是指学生认识和获取知识的智能加工过程，涉及学习、记忆、语言、思维、精神、情感等一系列心理和社会行为。认知障碍指与上述学习记忆以及思维判断有关的大脑高级智能加工过程出现异常，从而引起严重的学习和记忆障碍。

2. 情绪困扰

情绪和情感是人认识客观事物时产生的各种心理体验过程，青少年学生常常会因各种个人及环境因素产生情绪困扰。主要有三类情绪影响学生的学习生活：一是紧张、焦虑、愤怒情绪；二是抑郁情绪；三是悲伤情绪。

3. 意志力薄弱

心理意志过程是指人们为实现奋斗目标，努力克服困难，完成任务的过程。意志力是推动人实现奋斗目标并且维持这些行为的内部动力。坚强的意志力的形成需要在长期的培养及训练中完成。

4. 人格障碍

人格障碍是指明显偏离正常状态并且根深蒂固的行为方式，具有适应不良的性质，如果一个人的人格方面有异常，会妨碍其情感和意志活动。人格障碍从临床上分型主要有偏执型人格障碍、分裂型人格障碍、反社会型人格障碍、冲动型人格障碍、表演型人格障碍、强迫型人格障碍、焦虑型人格障碍等。人格障碍通常开始于童年、青少年或成年早期，并一直持续到成年乃至终生。

5. 网络成瘾

学生的网络成瘾是指由于对互联网过度依赖而导致的一组心理异常症状以及伴随的一组生理性不适。儿童青少年网瘾的基本症状表现是上网时间失控，欲罢不能，常常不吃饭不睡觉但不能不上网。即使能意识到问题的严重性，仍无法自控。网络成瘾的学生常表现为情绪低落、头昏眼花、双手颤抖、疲乏无力、食欲不振等。

对上述种种学生的心理困境的介入，学校社会工作者应该与心理学、精神医学工作者合作，进行联合介入。联合介入时，学校社会工作者应注意的事项包括以下几个方面：

（1）通过校园行观察记录，对老师和家长及同学的访谈，心理评估问卷等方法收集资料，邀请心理医生、精神科医生等进行科学评估，筛选确定服务对象，评估具体需求。

（2）依据需求评估商议制订介入计划，明确介入目标，选择介入策略。如有药物介入，应监督药物介入的执行，并配合医务介入设计实施主题小组介入方案。

（3）提供围绕认知重构、情绪疏导、行为修正等方面的个案辅导与小组辅导服务，运用小组动力，设计恰当的体验活动，在带领中关注组员变化，引导组员分享经验。

（4）记录服务过程，进行专业反思，配合心理、医务等工作人员提供阶段性评估资料以随时调整介入方案。

（5）服务全程保持链接所需的家庭及社区资源，与老师、家长保持密切接触和有效沟通，提供父母效能训练及对相关师生沟通行为的辅导。

（6）科学评估服务效果，商定结案时间，并提供后续支持。

（二）学校社会工作对学生学业困境的介入

1. 学生个人因素导致的学业困境与社会工作介入

（1）针对认知障碍的介入。认知障碍影响学习可能有不同的层面：生理层面的认知障碍的社会工作介入，需要得到心理和医务工作人员的支持与协助，前述进行了较为充分的讨论。观念层面认知障碍可以通过认知行为治疗模式进行介入，通过个案辅导及小组辅导的方法帮助学生调整认知，强化学习意识。

（2）针对学习动力不足的介入。学习动力同时受学生优势倾向、个人兴趣及价值观的影响。通过主题小组活动可以激发和培养学习兴趣；通过个案辅导、主题小组及综合活动设计与实施，可以引导学生明辨是非、澄清荣辱，以努力学习为荣。

（3）针对学习能力不足的介入。学生的学习能力差异很大，对学习能力低、学习方法不得当及学习基础差的学生，学校社会工作者应及时与教师沟通以对学生个别辅导；也可以组织提升学习能力主题小组，链接相关学习资源。例如，邀请老师、高年级同学或大学生志愿者分享学习经验，训练学习方法与技巧，培养良好的学习习惯，帮助这些学生提升学习能力和学习效果。

2. 学校因素导致的学业困境与社会工作介入

学校影响学生学习成绩的因素主要包括学校的教学理念及教学管理、学校的物理环境及学习氛围、教师的教学方法等。学校社会工作有责任对不利于学生学习的学校因素进行介入，可以通过上书建言、参与学校事务、与管理者沟通交流，影响学校的办学理念，引导学校贯彻全人关怀、均衡成长的培养理念；通过参与校园学习氛围营造工作优化学习环境；通过与老师沟通帮助老师改善教学方法以适应学生学习。

3. 家庭因素导致的学业困境与社会工作介入

（1）针对家庭学习环境的介入。社会工作者可以从改善物理环境创造学习氛围入手，提出对孩子学习环境的需求，并与家长一起讨论有利于孩子学习的家庭环境要素，例如固定的安静整洁的独立空间、适合孩子身高的桌椅、放满图书的书柜、足够亮度的台灯等，指导并协助家长进行家庭学习环境改善的工作，设计执行“亲子共学时光”制度。

（2）针对父母婚姻关系的介入。社会工作者可以通过提供婚姻辅导及家庭治疗服务，帮助父母意识到夫妻关系不和对孩子学习及身心健康的负面影响，学习夫妻和谐相处的艺术。

（3）针对父母教养方式的介入。社会工作者可以提供父母效能训练服务，首先协助父母做好自己，通过自我成长与生命管理课程调整自己的生命状态；其次协助父母做好榜样，以身作则，例如与孩子一起学习一起成长；最后协助父母履行亲职，学会与孩子建立信任关系，学会与孩子良好的沟通互动，学会帮助孩子减压增能。

4. 社区因素导致的学业困境与社会工作介入

社区影响学生学习成绩的主要因素是社区环境和学生的社交关系网络。学校社会工作者可以通过“社区行”，发现问题、评估问题，与社区工作者沟通合作，联合推出社区营造的服务方案，改善社区环境。同时，也可以邀请社区学生参与社区服务，培养公益情怀，为社区建设作贡献。针对学生不良的社会交往，通过活动设计与实施、资源链接等服务方式帮助学生建构有益的社交网络。另外，也可以与社区工作者合作推出服务设计，在现有社区网络开展系列主题小组服务，帮助负面群体转化增能，并且引导学生在服务过程中贡献能量。

（三）学校社会工作对学生人际关系困境的介入

1. 亲子关系困境与社会工作介入

有问题的亲子关系主要表现为父母与孩子的关系过于纠缠或过于疏离，以及由于父母对孩子过高的学业期望而产生的冲突对立。纠缠的亲子关系是指，父母与孩子之间的关系没有界限，对孩子控制过于严格或过度溺爱，不给孩子自主发展的空间。疏离的亲子关系则走向了另一个极端，即父母和孩子之间缺少正常的沟通交流，父母对孩子过于放任不管，这种亲子关系存在的风险是，孩子感受不到父母的关注和爱。针对纠缠与疏离的亲子关系，学校社会工作者应该做的工作包括：家庭探访，依据结构家庭治疗理论进行需求评估，制订契合的服务计划，对家庭关系进行转化的介入；针对父母对孩子过高的期望，通过亲子平行小组的设计与实施，帮助父母与孩子沟通交流，彼此分享感受，澄清期望，改善关系，以帮助孩子解压增能，并让父母意识到达不到的高期望意味着给孩子挫败的经验。

2. 朋辈关系困境与社会工作介入

由于青少年学生心理发育尚未成熟，加之个性的差异，在与同学互动中难免有很多不当的言行和彼此的误解而陷于朋辈关系的困境。社会工作者可以通过个案辅导解决学生认知方面的偏差，消除同学之间的误解与成见；通过人际交往主题小组对学生进行社交训练，进行社会意向引导；消除交往障碍；通过“营造和谐校园”等主题的综合性活动，创造关怀、友爱的校园环境。需要强调的是，社会工作者要特别关注遭遇朋辈群体排斥、歧视和欺凌的学生，帮助他们进行班级融入。

3. 师生关系困境与社会工作介入

被老师积极关注、经常给予肯定并给更多展示自己机会的学生，其自我概念基本都是正向的。相反，经常感受到老师对自己的忽视、失望、不满意、批评甚至羞辱贬低的学生，内心会充满着沮丧、紧张、焦虑甚至恐惧。社会工作者可以通过个案沟通帮助老师认识到任何一个学生在任何一个群体里一定有优越于他人之处，引导老师在与学生的交往中秉承优势视角理念，努力发现学生的优势与资源，灵活运用赞美艺术激发学生的积极性。同时，社会工作者还应辅导学生学习与老师积极沟通的技巧，学会对老师表达感受和需要，形成良好的师生互动关系。

（四）学校社会工作对学生偏差行为困境的介入

这里的偏差行为主要是指学生违反社会规范的行为，从规范对人类行为制约的力度和角度出发，当代社会的社会规范主要有法律、纪律、道德和习俗等层次。当代青少年学生违法、违纪、失德、失仪行为常有发生，需要学校社会工作者整合相关的服务系统联合提供行为转化服务。

1. 学生的违法行为与社会工作介入

预防青少年学生违法犯罪是学校社会工作的重要任务，社会工作者可以通过组织法制教育主题小组活动，帮助学生提升对法制意义的认识和理解，树立守法的意识；对于触犯法律的学生，例如偷盗抢劫、吸毒及药物滥用、暴力伤害等行为，需要学校社会工作者配合公安部门进行适当的处置，并联合提供矫治社会工作服务（参考矫正社会工作）。

2. 学生的违纪、失德行为与社会工作介入

违纪行为主要是指学生违反校纪校规的行为，例如逃课逃学、扰乱课堂秩序、损坏学校设施等行为。失德行为是指学生违反伦理道德，特别是不遵守社会公德的行为。社会工作者可以以认知行为治疗模式和行为治疗模式为理论依据，帮助学生进行认知的重构和行为修正的训练。需要注意的是，这些有违法、违纪、失德行为的学生往往被标签为“问题学生”，社会工作反对“标签化”。标签理论认为，成年人对学生的负面标签很可能把学生引导走向标签的生涯，因此，在介入服务中学校社会工作者要有专业的警觉和敏感，以优势视角评估学生，正面引导，训练积极行为。

3. 学生的失仪行为与社会工作介入

学生的失仪行为是指学生违反社会交往礼仪的行为。礼仪是指人们在社会交往中应该遵循的礼貌、礼节及仪表、仪式。礼仪的核心是对人的尊重。学校社会工作者可以通过开设礼仪主题小组，帮助学生修正失仪行为，规范礼仪行为。

（五）学校社会工作对学生家庭困境的介入

学生的家庭困境主要是指特殊的家庭状况给学生成长带来的负面影响，包括低保家庭、单亲家庭、再婚家庭、服刑人员家庭、残疾人家庭等。这些家庭的学生主要面临的困境包括社会歧视、经济压力、父母对孩子疏于照顾和管教及教养能力弱等。来自家庭的这些问题都可能影响孩子的社会适应和人格发展，导致孩子孤僻、自卑、焦虑，影响学习成绩或导致其他行为问题的产生。

1. 提供情感支持

学校社会工作者可以通过个案辅导的同感、接纳、尊重等工作技巧，引导学生表达感受、宣泄情绪。运用抗逆力理论，帮助学生挖掘自己内在及环境的积极因子，发现资源与优势，让学生认识到家庭困境是挑战也是机遇，或许这些困难将他们推到了困境乃至绝境，但也会激发他们的生命动力，点燃生命中最旺盛的力量，最终超越自己。

2. 发展支持系统

学校社会工作者可以为相似家庭背景的学生提供自我成长主题小组服务，引导组员分享感受，互相支持、互相学习、互相鼓励，彼此增能；还可以组织不同家庭背景学生的支持小组，在互动中消除彼此芥蒂，分享不同生活经验，体验尊重与理解；也可以通过合作活动的设计与实施，培养学生创新能力及协同解决问题的能力，在共同探讨问题、解决问题的过程中发现自我，建立同学友谊，形成社会支持系统，共同成长。

3. 链接社会资源

学校社会工作者及时学习了解有关教育及儿童青少年的福利政策及动态，主动与教育、民政、卫计委等有关政府机构以及共青团、妇联等群众团体和相关社会机构建立联系，及时为困境家庭的学生链接福利资源，帮助其改善家庭境况。同时，及时反馈困境

家庭状况及其对未成年子女的影响，帮助相关部门及时调整福利政策以满足服务对象需求。

（六）学校社会工作对留守儿童的服务介入

（1）评估留守儿童需求，链接相关的政策服务资源，帮助留守儿童排解困境。

（2）动员学校及社区资源，连接志愿者服务留守儿童，例如与非留守儿童“结对子”、爱心妈妈“团队守护”等，通过朋辈陪伴、爱心妈妈陪伴的个案陪伴服务帮助留守儿童感受温暖、接纳与爱，增强自我价值感和力量感。

（3）与外界沟通协调，整合社会资源，链接更多资源丰富留守儿童生活。

（4）对留守儿童提供入户探访、情感支持、个案辅导等直接服务。

（5）在学校或社区，有针对性地设计实施主题小组，提供直接服务。

（七）学校社会工作对父母和教师的增能服务

1. 学校社会工作对父母的增能

开设父母课堂，向父母传递人类行为与社会环境的知识，帮助父母了解并理解孩子的成长规律；通过开展小组活动对父母进行教养效能训练，帮助他们纠正不恰当的教养方式，让父母学会智慧地爱孩子、与孩子有效沟通、帮助孩子建立自信与信任他人等，以减少孩子心理行为问题的发生。

2. 学校社会工作对教师的增能

关注老师对学生的心理态度及在学生面前的举动言行，发现问题及时介入，通过个案辅导、师生互动工作坊等方法帮助教师进行意识觉醒和行为转化，引导教师向学生传递积极信息，与学生建立融洽信任的师生关系，帮助学生培养积极健康的人格，促进其健康成长。

二、满足遭遇伤害的学生保护性需要的学校社会工作

这里的伤害主要是指由于家庭、学校及社会成年人对学生权利的不尊重或剥夺而导致的对学生的伤害。对遭遇伤害的学生的社会工作服务应遵循正义的理念，以解决问题、维护学生权益为介入目标。下面主要阐述儿童虐待、教师体罚、性侵害对学生的伤害及学校社会工作的介入。

（一）学校社会工作对学生虐待的介入

案例 11－1

驻校社会工作者小娟早上在“校园行”时，发现二年级一班早操队里的同学小亮动作不到位。走上前去发现，小亮的胳膊举不起来，经仔细观察和询问，发现小亮身上有多处瘀伤。后来了解到，小亮的爸爸长期酗酒，有严重的暴力倾向，经常对小亮拳打脚踢，妈妈不敢阻拦，否则妈妈也会遭遇更严重的施暴。

上述案例是一个典型的学生被虐案例，需要学校社会工作者做的工作包括：

（1）个案评估。运用社会工作的专业敏感观察了解，及时发现遭遇虐待的学生，进行专业的评估，如果伤害严重，及时链接医疗服务资源，进行医疗诊断，及时救治，避

免严重后果。针对上述案例，社会工作者可及时带小亮去学校医务室，进行治疗。

（2）与班主任老师沟通。了解小亮基本情况，并协同班主任一起进行家访，与小亮的父母进行会谈，了解父亲对孩子施虐行为的发生频率、严重程度及以往的处理方式。

（3）约谈小亮父亲并实施个案辅导。帮助小亮父亲认识到自己对孩子的虐待侵权行为的严重性，及其对孩子身心发展造成的危害性，提出矫正行为的要求，要求父亲必须停止对孩子施暴，如不接受辅导，不改掉暴力行为，社会工作者可以向法律机关提起诉讼。

（4）为小亮提供个案辅导与陪伴服务。解决小亮在班里疏离、孤僻、回避交往，成绩下滑等问题。

（5）提供小组服务。通过设计实施班级群体活动，帮助小亮融入班集体，改善与同学的关系，链接班级资源，通过结对子帮助小亮学习建立信任关系，提高安全感。

（6）为母亲提供个案辅导服务。动员母亲作为行动系统，在完善自己的同时配合社会工作者对丈夫和小亮的介入。

（7）提供家庭治疗服务。评估家庭结构与家庭动力，帮助改变病态的家庭结构，在引导家庭文化创建的过程中建立具有约束力的家庭规范，增强家庭凝聚力。

对被虐待学生的服务是一种危机介入，上述服务是一个连贯的过程，过程的不同阶段交互作用，评估的同时已经有介入服务。随着与不同情境中人的接触沟通，逐渐明确介入目标。评估中有介入，介入中持续评估是社会工作服务的常态。

（二）学校社会工作对教师体罚学生的介入

社会工作接受对违规学生必要适度的教育惩罚，但是反对教师对学生的羞辱性惩罚、过度非接触性体罚和暴力行为。学校社会工作者对此现象必须保持高度的警觉，及时发现及时介入，相关的服务内容包括以下几点。

（1）链接医疗服务资源，对有需要的学生及时进行医疗救治，并及时与家长沟通，邀请家长积极配合。

（2）对相关教师进行个案辅导，从认知及行为层面深度介入，情形严重者提请学校甚至公安部门处置。

（3）对受伤害学生进行个案辅导与陪伴服务，提供情感支持及创伤辅导。

（4）针对体罚学生的现象向学校提出建议，联合学校其他服务系统设计实施营造“关爱校园”的综合性或系列性活动，向每一位老师传递关爱学生的育人理念。

（5）组织教师书写杜绝伤害学生行为的“承诺宣言书”。

（三）学校社会工作对学生遭遇性侵害的介入

性侵害对学生的身心都会造成巨大伤害，预防性侵害是学校社会工作的重要内容，学校社会工作者可以从预防和干预两个层面提供服务。

1. 提供青春期性教育服务

（1）开设“少男课堂”“少女课堂”，通过讲授、印制并下发性教育手册等方法向学生传递性知识，帮助学生了解自己的身体特征和生理变化，接纳自己，悦纳自己，正确对待性，学习防性侵害的知识与应对技巧。

（2）提供单一性别的防性侵害主题小组服务，引导学生提高警惕，学会辨认和拒绝有害人群，学习防性侵害应对技巧。

（3）通过家长讲座或家长性教育主题小组，帮助家长提高防范意识，传授有关青少年的性心理发展知识，在家庭层面做好防范。

2. 对性侵害事件介入

（1）危机介入。第一时间保护受害学生的人身安全，如有需要，及时链接医疗资源，进行医学评估，及时救治，保证将身体伤害降到最低点。另外，做好防孕处理。

（2）提供情感支持。连接家人，协助家长对受害学生提供温暖和安抚，充分表达对孩子的关心和爱护。

（3）情绪疏导，认知澄清。运用个案辅导方法引导受害者倾诉与宣泄，表达感受，疏导情绪，运用放松技术帮助受害者放松身心。引导受害者认识到遭遇性侵害不是自己的错，避免自责，消除耻辱感。

（4）处置侵害者。与家人商议对侵害者的处置办法，尊重受害学生的感受和意见，情节严重者，征得家人同意，送交公安机关处置。

（5）关注受害学生的心理行为状态，如需要，社会工作者可以提供长期辅导与陪伴服务。

三、满足全体学生发展性需要的学校社会工作

（一）学校社会工作对引导和培养学生价值观的介入

价值观是指一个人对周围的客观事物（包括人、事、物）的意义、重要性的总体评价和看法。对青少年学生来说，运用专业方法，在不同的层面对青少年学生进行价值观的引导是学校社会工作的责任和使命。

1. 引导学生践行社会主义核心价值观

中国社会主义核心价值观以富强、民主、文明、和谐为国家层面的价值目标，以自由、平等、公正、法治为社会层面的价值倾向，以爱国、敬业、诚信、友善为个人层面的价值准则。此外，可以加入家庭层面的价值观阐述，以孝道、教养、包容、互助为家庭层面的价值准则。学校社会工作者引导学生践行社会主义核心价值观可以做如下几方面的工作。

（1）与学校其他工作系统配合，综合运用学校社会工作专业方法，向学生传递并阐述社会主义核心价值观的意义与内涵，帮助学生加深理解其含义。

（2）在专业服务的理念定位、目标确定及服务方案的设计中体现社会主义核心价值观的内涵。

（3）具体设计并实施以社会主义核心价值观为主题的“32 个概念 32 个主题”系列小组工作服务活动，或者与学校有关部门合作研发社会主义核心价值观校本课程。

（4）与学校德育、团队、心理教育、班级管理等学生服务系统联合设计、组织实施各种激励学生践行社会主义核心价值观的活动。例如，以践行社会主义核心价值观为主题的演讲比赛、知识竞赛、歌曲创作、诗词创作、板报展示等寓教于乐的丰富多彩的活动。

2. 引导学生树立正确的人生观

人生观是人们在实践中形成的对于人生目的和意义的根本看法，它决定着人们实

践活动的目标、人生道路的方向，也决定着人们行为选择的价值取向和对待生活的态度。

学校社会工作者引导学生树立正确的价值观可以以心理学家罗克奇关于人生价值观的论述为理论指导，米尔顿·罗克奇（Milton Rokeach）将人生价值观分为目的性或终极性价值观（terminal values）与工具性价值观（instrumental values）。目的性价值观用以表示存在的理想化终极状态和结果，是一个人希望通过一生而实现的目标；工具性价值观指的是达到理想化终极状态所采用的行为方式或手段。运用调查表对学生人生价值观进行引导时，可以设计多样的服务活动，例如“排序法”，让学生按其对自身的重要性对两类价值系统分别排列顺序，将最重要的排在第 1 位，次重要的排在第 2 位，以此类推，最不重要的排在第 18 位；“选择法”，即限制数量选择项目，如每名学生只能在目的性价值观和工具性价值观中各选 5 项等；另外还有“拍卖法”（详见后面方法部分）。服务的目的是防止青少年学生对生活的追求过于个人取向而轻视集体价值，过于物质取向而轻视精神价值，过于看重能力价值而忽视道德价值。

（二）学校社会工作对培养学生人际交往能力的介入

1. 培养学生建立并维持良好的人际关系的能力

良好的人际关系是指能够与更多的人建立和谐的关系，得到更多人的尊重、认同和友谊。通过人际交往主题小组服务，帮助学生澄清交往理念、回顾反思交往经验、讨论交往困境、训练交往技能，通过个案辅导进行个案会谈、交往双方联合会谈，帮助学生增进沟通消除误解。

2. 培养学生与人合作的能力

通过合作力主题小组帮助学生提升合作力。首先，通过意识觉醒、信息植入，帮助学生认识到在合作的时代与人合作能力的意义；其次，引导学生在小组中分享自己过去的合作感受和经验，讨论达成共识；最后，通过设计并带领各种团队合作的沟通和体验活动进行团队合作的训练。

3. 培养学生良性竞争的能力

第一，帮助学生学习理解竞争的必然性和竞争的意义，澄清良性竞争和恶意竞争的差别，明确良性竞争的含义，避免恶意竞争。第二，培养学生勇于挑战、勇敢面对竞争的勇气。第三，体验学习，通过设计实施含有竞争元素的体验活动，引导分享感受和经验，觉察自己的意识行为。第四，总结提炼出在竞争中胜出的要素，例如知识技术与能力、科学抉择、积极主动、细心观察、合作能力等。第五，引导学生将提炼的要素再放回到实践中去践行。

（三）学校社会工作对培养学生劳动意识和劳动能力的介入

1. 培养学生的劳动意识和热爱劳动的品质

学校社会工作者与学校其他服务系统协调，通过各种方法的宣传教育及创造校内外劳动的机会，引导教师、家长和学生理解和认识到劳动的价值和意义，通过设计、组织实施各种校内外劳动的项目，培养学生的劳动意识和热爱劳动的品质。

2. 培养学生家务劳动习惯和家务劳动能力

通过家访及家庭辅导，引导家庭成员在共同参与家务劳动的过程中更好地沟通和交流，彼此增进情感，在享受共同创造的劳动成果中增强家庭凝聚力；通过主题小组，例如以烹饪为主题的小组活动，学生在美食创作过程中可以收获营养学知识，提高烹饪能力、艺术创作能力和创新能力。

（四）学校社会工作对培养学生科学抉择能力与生涯规划能力的介入

1. 帮助学生学会科学抉择

首先，帮助学生澄清科学抉择的理念。帮助学生认识到任何一种抉择都是对得与失的思考和选择，例如选择文科就意味着放弃理科，选择加入足球队可能就得放弃篮球队。其次，学习掌握科学评估的程序。了解候选项的具体情况，澄清自己的资源、优势与需要，在此基础上进行科学抉择。最后，通过主题小组的活动设计对学生进行科学抉择的训练。按照上述的程序，通过设计模拟情境，让学生分组讨论选择项的特点及要求，达成共识，通过自我探索、互相回馈等方法进行自我评估，澄清需要，慎重选择。

2. 帮助学生培养生涯规划能力

对学生进行生涯规划能力的培养主要有三方面的内容，即职业生涯规划、人际关系生涯规划及闲暇时间生涯规划。可以组织不同主题的生涯规划小组服务，根据学生的不同年级，围绕主题设计并实施活动。

“我的未来我作主”职业生涯规划主题小组计划书

服务对象：某工读学校高中学生。

小组理念：相信青少年是有能力的，每个青少年都可以改变；青少年有权利和能力作出适合自己的规划和选择。

理论支持：埃里克森认为青少年阶段是完成自我同一性的重要阶段，他们需要努力了解自己独特的能力，并相信这些能力，为未来的道路做一个好铺垫，帮助青少年建立过去、现在与未来的连接感是实现自我同一性的重要内容；帕森斯的“人职匹配”概念认为，职业选择是同时了解自己的志向、能力、兴趣以及了解职业世界后作出的“人职匹配”的选择；霍兰德的人格理论认为生活世界的人们可以分为六种人格类型，职业也可以分为这相应的六种，人应该选择与自己的人格类型对应的职业才能有最佳贡献并感受到自我价值。

服务目标：提升学生自我了解及生涯规划能力。分目标：70% 组员能够了解自己的职业性格倾向类型；70% 组员能运用 SWOT 分析法进行自我探索；70% 组员能完成一份简单的职业生涯规划书。

小组模式：发展性小组工作模式。通过小组的互动与体验，为组员提供支持，协助对未来择业、就业缺乏信心与方向的组员发掘内在能力，增强他们的自信心，促使个人成长，以更好地适应社会角色的转变。

小组性质：结构性封闭式小组，共 8 次服务活动，每周一次，每次 100 分钟。同时开设两个小组，每个小组 12 名组员，两名工作人员。

小组活动的内容与形式：

单元	主题	目标	主要活动内容
1	团队建设	组员相互认识；了解组员期望；澄清小组内容与目标	1. 社会工作者自我介绍，介绍小组的目的和内容 2. 热身游戏：抛彩球。将吹起的彩色气球抛向空中，引导组员合作接球抛球，尽力不让气球落地 3. 社会工作者引导组员制定小组活动契约，并写下自己的期望，将其写下来粘贴在墙上的“希望树”上 4. 名词解释：组员抽取“人生规划”“生涯规划”“职业选择”“我的未来我作主”“科学规划职业生涯”等词语的字条，轮流分享对自己抽到纸条的看法，并进行意义解释，其他人可随机补充，最后社会工作者就所有词语进行专业解释，再次点明本次小组主题 5. 分享，邀请组员分享收获和感想，踊跃表达自己的想法和期待，社会工作者与小组成员约定下次服务活动
2	我是谁—优势与限制	帮助组员自我了解，澄清优势与限制	1. 热身游戏：“照镜子”。组员2人一组，1人以手为镜，在静止或活动中上下左右移动手掌，另1人要跟随其动作和手掌的移动“照镜子”，5分钟之后角色互换 2. 讨论分享“人生之轮”，自我觉察，澄清优势与限制 3. 镜中我：围成内圈外圈，限定沟通。我最欣赏你的是……，如果你……就更好了。然后轮换到下一个组员 4. 分享活动收获与感想，引导组员进一步了解自己的优势与限制
3	我是谁—感性定位	通过组员感性选择觉察自己的职业倾向	1. 回顾上节小组内容 2. 热身游戏：心灵之舞 3. 我的生涯岛：按照霍兰德人格职业分类制作六张彩图散放在地上，导语：“现在我们是在一片海洋中，有六个岛屿可供我们上岛生活，你选择哪个岛屿？” 4. 同一岛屿的组员自由交谈 5. 组员分享选择的理由、感受及想法 6. 社会工作者总结，给组员留家庭作业：学习阅读霍兰德人格类型简易测量表
4	我是谁—理性定位	通过组员理性选择进行职业人格定位	1. 回顾前节活动 2. 热身活动：松鼠松树 3. 我的人格倾向：社会工作者为组员讲解霍兰德职业人格测试，并让组员填写 4. 组员分享结果及感受，并与前节“我的生涯岛”的选择比较，进行职业人格自我定位 5. 社会工作者小结。给组员布置家庭作业：有目标地了解职业市场

续表

单元	主题	目标	主要活动内容
5	我在哪—环境分享	觉察自己的处境及环境对自己的支持与限制	1. 回顾前节活动 2. 热身游戏：盲行 3. 社会工作者短讲：布朗的环境嵌套理论：微观、中观、外观、宏观 4. 分享：包围我的四个层次环境优势与限制 5. 讨论职业市场 6. 社会工作者小结，给组员布置家庭作业：思考与选择我将来想要做什么工作
6	我要做什么—职业选择价值观	澄清职业价值观	1. 前节回顾 2. 热身游戏：交响乐 3. 组员分享自己所确认的职业 4. 填写职业认同量表：为什么要选择这个职业 5. 讨论与分享 6. 社会工作者小结，给组员布置家庭作业：我是否适合这个职业
7	我能做什么—职业定位	训练组员综合考虑规划生涯	1. 前节回顾 2. 热身游戏：进化论 3. 组员分享自己的综合考虑的选择结果 4. 我的职业生涯规划：引导组员完成未来1年、3年、5年的职业生涯规划 5. 组员分享，其他组员回馈 6. 社会工作者小结，给组员布置家庭作业：完善完成自己的职业生涯规划书
8	展示与鼓励	活动回顾与总结	1. 前节回顾 2. 热身游戏：生日串 3. 展示与分享，回馈与点赞 4. 放飞梦想：组员在纸上写出自己的职业规划目标，并折叠成飞机，大家一起放飞！并大喊“加油” 5. 成果树：将自己小组活动的收获写在纸片上，贴到“收获树”上

评估方法：主要通过质性资料进行评估。依托服务过程及观察记录、“希望树”与“收获树”上组员对服务的期望与收获比较、组员学习任务完成质量等收集信息进行服务成效和服务过程评估。

资源预算：人力：每个小组两名社会工作者，一名志愿者；物资：大白纸、彩色笔、A4纸、彩纸、剪刀、双面胶条、蒙眼布等；场地：活动桌椅。

（五）学校社会工作对培养学生行动力的介入

1. 引导学生主动领受任务

老师经常会有一些需要学生帮助完成的事情，社会工作者可以帮助学生提高对老师需要帮助的工作的敏感度，及时提出领受任务的申请；还可以通过主题小组设计模拟情境，提出任务，邀请组员竞标，训练积极的生活态度和工作态度。

2. 培养立即行动的习惯

社会工作者可以对学生提出任务指标，及时检查执行情况，例如邀请家长监督孩子养成回到家立即做功课的习惯，通过主题小组设计“有了想法立即行动”的体验活动，培养学生有了想法立即行动的习惯。

3. 训练动手操作能力

社会工作者鼓励学生积极参与物理、化学、生物课等教学实验，并组织分享感受与经验；通过主题小组设计实施具有操作性的活动帮助学生体验操作过程，例如动手为自己制作有创意的名片来展示自我、自创烹饪菜肴分享、拆装赛车比赛等，培养学生动手操作的乐趣。

4. 培养冒险精神

通过历奇辅导帮助学生经历新奇、体验冒险，培养行动力。

（六）学校社会工作对增强学生自我效能感的介入

自我效能感是班杜拉社会认知理论的核心概念，班杜拉认为，自我效能感是指个体对自己在特定领域实现预期的结果所需要的能力的信念。自我效能感的指向不是技术和行为能力本身，而是人们对自身能否利用所拥有的技能去完成某项工作行为的自信程度。对于学生来说，自我效能感主要是指学生在自己的生活领域对自己能否完成学习及其他任务的自信程度。自我效能感影响一个人的感受、思想、行为和做事的毅力。自我效能感较高的学生，相信自己有能力取得好的学习成绩并完成老师、家长交给自己的任务。

自我效能感主题小组计划书

服务对象：自我效能感低的12名中学生。

小组理念：自我效能感影响或决定人们对行为的选择，以及对该行为的坚持性和努力程度；影响人们的思维模式和情感反应模式，进而影响新行为的习得和习得行为的表现。自我效能感对学生的积极心理发展具有重要的作用。

理论支持：自我效能感理论认为，自信是个人处理生活压力能力的基础，班杜拉认为，影响自我效能感改变的因素有：自身的成败经验、替代性经验、言语劝说、情绪反应和生理状态、情境条件。因此，在温暖包容的小组氛围中，通过合理而有趣的小组活动，促使成员体验更多的成功经验，形成积极的情绪反应，从而促进小组成员进行正确的自我认知，同时提升其自信心，使其正视压力，学会合理的情绪调节方法以及高效的任务完成策略，最终实现其自我效能感的提升。

小组工作目标：提升服务对象自我效能感。增强组员对自我的正面认识，发现优势与资源，增强组员自信；培养积极的归因方式；激发积极情绪；学会确定合理目标。

小组工作模式：发展模式。

小组性质：结构性封闭式小组；共 8 次服务活动，每周一次，每次 100 分钟；每个小组 12 名组员，依据需求评估决定开几个小组。

小组服务内容与形式：

单元	主题	目标	主要活动内容
1	团队建设	连接组员创造团体氛围	1. 社会工作者自我介绍，介绍小组的目的和内容 2. 前测：填写一般自我效能感量表 3. 小组契约：引导组员制定小组活动契约，填写小组契约 4. 热身游戏："大风吹"，注意引导组员对游戏规则的承诺，带出"信誉"概念 5. "寻知音"：组织组员拿着写好的"我的属相、最喜欢的颜色、水果、运动"纸片自由交流 6. "希望树"：引导组员写上自己对小组的希望，并贴在"希望树"上 7. 3 分钟特色自我介绍：至少包括 5 个自己得意的优点
2	积极自我	积极自我表达，感受安全、包容的小组氛围，积极互动与交流	1. 前节回顾 2. 热身游戏：一块和五毛 3. 回顾特色自我：组员选择一名组员回顾上次的特色自我介绍 4. 造句子：用"I can……"句式造 10 个句子，并在组内分享 5. 人生之轮：组内分享 6. 社会工作者小结
3	过往体验	通过回顾成功经验增能	1. 热身游戏：歌舞一曲 2. 社会工作者短讲并引导组员讨论自身优势与自信心的关系 3. 组织组员轮流分享自己过往两个"最得意的成功经验"，帮助组员对过往成功经验进行梳理，引入现在的生活中，提升自我效能感 4. 肌肉放松和冥想放松训练：引导词倾向于帮助组员回顾过往美好经历，回归现在的自己 5. 社会工作者小结

续表

单元	主题	目标	主要活动内容
4	献计献策	发现自己不自信之处，学习他人经验	1. 热身游戏：百科拍拍手 2. 社会工作者短讲 3. 自信心百宝箱：以“在自信心方面，我无法做到……”为句式，每个人在纸上写下自己不自信的5件事情，合放一处，社会工作者随意抽取念读，让组员“猜猜看”（当事人自由选择是否承认）；社会工作者引导组员献计献策，并给予回应 4. 引导组员分享过程感受 5. 社会工作者小结。准备制作一件你最拿手的手工作品的材料与工具，下节活动带来
5	现实体验	通过现场创作体验成功，以提升自我效能感	1. 回顾上节小组内容 2. 热身游戏：狂风骤雨、二指禅 3. 手工制作：组员各自用自带材料和工具进行作品创作 4. 组员展示作品，并进行讲解，其他组员回应并赞美 5. 引导组员分享创作感受 6. 社会工作者小结
6	情绪管理	学会管理情绪、激发积极情绪	1. 回顾前节活动 2. 热身活动：青蛙跳水 3. 心情涂鸦：给每名组员分发纸和彩笔，画下自己的心情，并两人配对互猜画的心情是什么？进行对话分享 4. 情绪交通灯：引导组员选择体验到的最想解决的情绪冲突（困惑）及负面情绪主题进行演出。将组员分成三组分别代表红灯问题组，黄灯思考组和绿灯解决组进行演出 红灯：选择大家一致确定的情绪问题 黄灯：集体思考情绪问题出现的原因，以及相应的解决方案 绿灯：根据黄灯的建议或者自己小组的想法表演出解决问题的方法，即情绪积极发展演出 5. 肌肉放松和冥想放松训练 6. 社会工作者小结

续表

单元	主题	目标	主要活动内容
7	合理目标	学习制定适合自己的学习目标	1. 回顾前节活动 2. 热身游戏：盲行 3. 社会工作者短讲：学习能力（影响学习的各种要素） 4. 引导组员分享对自己学习能力的看法，哪些能力没有发挥出来 5. 引导组员结合自己的学习能力制定可预见的各科目成绩目标 6. 讨论实现目标的具体行动，例如每天记多少英语单词等 7. 签订学习契约 8. 社会工作者小结
8	积极回馈	体验被赞美、发现优势、提升自我效能	1. 前节回顾 2. 热身游戏：照镜子 3. 优点轰炸：小组成员轮流坐到中央，其他成员从他身上找特别的地方，然后用发自内心的语言赞美对方 4. 引导小组分享：当别人赞美你时，你的感觉如何？你赞美别人时，通常赞美哪些地方？你能给所有的人不同的赞美吗？你在赞美别人时，感到自然吗？为什么会这样？是否有一些优点是自己以前没有意识到的？是否加强了对自身优点、长处的认识 5. 社会工作者小结
9	回顾总结	强化正面自我概念	1. 前节回顾 2. 热身游戏：进化论 3. 精彩回放：以前的活动视频和照片 4. 分享收获和感受，把最大的3个收获写在纸片上，贴到“收获树”上 5. 礼物赠言：组员分AB两组围成内圈外圈，对面而坐，A对B说：我最欣赏你的是……，如果你……就更好了；之后B对A说。讲完之后向前走一步，换一名同学继续对话 6. 分享感受 7. 社会工作者小结 8. 完成后测

小组评估：通过收集自我效能问卷前后测信息、小组过程记录、“希望树”“收获树”信息等对服务成效、服务过程进行评估。

资源预算：人力：每个小组两名社会工作者，一名志愿者；物资：大白纸、彩色笔、A4纸、彩纸、剪刀、双面胶条、蒙眼布等；场地：活动桌椅。

第三节　学校社会工作的主要方法

一、学校社会工作传统方法创新

（一）个案工作方法在学校社会工作中的运用与创新

个案工作是发展最早、最基础的社会工作专业方法，为学生提供服务需要经常运用个案工作方法。学校社会工作者应遵循个案工作的基本原则，选择契合的个案工作模式，通过需求评估、制订服务计划、实施会谈、评估效果、跟进服务等环节为学生提供服务。由于学校社会工作服务的场域及对象的特殊性，在运用个案工作方法时需要社会工作者灵活运用与创新。

1. 师生联合会谈法

师生联合会谈是指，学校社会工作者同时与老师和学生一起实施专业会谈，通过引导老师和学生分享感受、需求及对彼此的期待，挖掘个人及环境资源，解决问题，满足需要。在实施师生联合会谈之前，社会工作者要分别与老师、学生进行单独个案会谈，如需要，还应对家长、同学及其他老师进行个案访谈，了解基本信息。师生联合会谈重要的是要引导师生双方都充分地表达自己的感受、需求以及对对方的期待，学校社会工作者帮助双方协调关系，整合需求和期待，达成共识，确定解决问题的方案。同样的方法也适合社会工作者同时与老师和家长一起会谈。

2. “结对子”朋辈助力法

“结对子”朋辈助力法是指，根据学生的需求与资源，把学生结成一对一的对子，引导其互相帮助、协同成长。学生的“结对子”朋辈助力，通常是选择综合的或某方面有优势的同学与另一名相对弱的同学结对子。学校社会工作者在运用此方法时需要完成的工作步骤包括：

（1）确定帮扶主题。首先要明确帮扶目的是综合的全面成长，还是具体的某一方面的素质提升，进而确定帮扶主题。例如数学成绩提升帮扶结对子、英语会话结对子、帮扶留守儿童或困境家庭学生结对子等。

（2）合理配对。在配对时，除了考虑强弱的因素，还要考虑学生的性别、个性、之前彼此的关系、家庭情况、居住的便利性等其他因素。

（3）举行结对仪式。仪式是内容的支撑，仪式对当事人具有积极的暗示作用和制约性，可以根据各方面的条件及学生的情况，设计有特色的仪式活动。

（4）协助制订行动计划。如果有可能，社会工作者参与每对学生的行动计划的设计，并监督计划的执行。

（5）建立合理可行的奖励机制，激励学生进步与成长。

3. “2＋1”个案成长陪伴

“2＋1”个案成长陪伴是指，两个有志向和助人能量的志愿者陪伴一个学生成长的个案陪伴服务。现以“家校社联动助力高关怀学生——北京市 BC 区教委学校社会工作服务”项目的“2＋1”个案成长陪伴为例，讨论此方法的工作步骤。

（1）服务设计。根据需要招募具有社会工作背景的本科生和研究生，经过系统培训后与服务对象进行配对，主要形式是为每名服务对象匹配一名主要志愿者和辅助志愿者。志愿者每周定期入校，陪伴服务对象，开展活动及个案会谈，与服务对象一同学习生活，发现挖掘服务对象的需求、协助其解决问题，促进服务对象正向成长。

（2）服务对象需求调查和问题界定。通过倾听服务对象自述、查阅资料，访谈班主任、德育负责人、班级同学以及家庭成员等，多渠道收集服务对象信息，了解需求，界定问题。

（3）志愿者招募。结合已有资源，招募具有社会工作背景的本科生、研究生为服务对象开展服务。为保证服务过程的专业性，项目组为每组志愿者配备督导，并定期为志愿者组织督导会和培训会，项目组统一管理志愿者。

（4）志愿者与服务对象配对。"2＋1"个案成长陪伴服务模式中，"2"指两名志愿者，"1"为一名服务对象，两名志愿者共同为一个服务对象提供服务，志愿者配对形式主要为随机配对。

（5）线下与线上陪伴相结合。志愿者每周进行线下陪伴服务，与服务对象进行交流，了解服务对象的生活学习现状和思想动态，及时帮助服务对象解决问题。同时，志愿者与服务对象建立线上联系，与服务对象在线上进行交流，陪伴服务对象。

（6）服务过程管理与反馈。志愿者在每一次陪伴服务结束时需填写个案记录表，定时提交服务日志等材料，及时与社会工作者和督导就服务过程中的问题进行讨论，调整服务方向和工作方式。

（7）服务的考核与评估。定期对服务对象进行满意度问卷调查与访谈，评估"2＋1"陪伴服务成效。同时对志愿者提交的服务日志与观察记录表进行考核，以保证服务的质量。

4. 社工信箱

社工信箱是指，通过设置固定的信箱，邀请学生将自己的困扰和需求通过书信的方式投递到信箱里，学校社会工作者及时阅读信件并回信，给予学生辅导和陪伴的一种服务方法。汶川地震之后，社工信箱陪伴了很多遭遇地震伤害的幼小心灵。社工信箱是个案工作方法的延伸，因此，必须秉持社会工作的理念和价值观，运用同感、共情、尊重、真诚等专业服务原则，学校社会工作者在这个过程中充分扮演倾听者、陪伴者的角色。作为学校社会工作的特殊创新服务手法，社工信箱有着相对固定的程序，一般的工作程序依次为：

（1）制作信箱。根据学生的年龄特点，精心设计和动手制作信箱，信箱要大小合适，并放置在比较隐蔽的地方，便于学生投递时不会被更多的同学及老师关注到而产生投信的顾虑。

（2）广而告之。印制宣传单张或海报做广告宣传，详细说明投递信件及接收回信的方法。学校社会工作者每天固定时间打开信箱取信。

（3）阅读信件并及时回应特殊需求。对收到的信件社会工作者应认真阅读，并进行分类整理，根据信件的轻重缓急决定回信顺序。为严格遵循社会工作理念和价值观，应至少由两名以上的社会工作者阅读信件，并相互监督。如遇到严重问题社会工作者要及时与督导沟通，由督导组织讨论决定回信内容。如遇危机介入需求，社会工作者应请求督导支持，及时介入。

（4）组织回信。回信一般需要按照固定的格式要求，大致模式为：感谢信任，澄清来信中提到的问题和需要，深入分析问题根源，提出没有风险的建议，提出相关的期望，表达祝福和信任。如果学生来信过多，学校社会工作者应接不暇时，可以链接志愿者资源。例如，抗震希望学校社会工作项目中，由于学生的心理压力过大，又羞于直接面对社会工作者，社工信箱信件量大，为了能够及时回复学生的来信，学校社会工作者采用拍照传递的方法，将信件传递给远在北京的大学生志愿者，由接受过培训的大学生志愿者在督导的指导下及时回信。

（5）保证学生获取回信。回信放置处的选择很重要，学生取信时可能会有心理压力而不想被同学看到。例如，抗震希望学校社会工作项目的社工信箱服务是把回信放置在收发室，因为每个同学都有可能去收发室领取信件。

（6）保存信件。将学生投递的信件和社会工作者及志愿者的回信，通过拍照等方式分门别类归档封存。

作为个案工作服务形式的延伸和演化，社工信箱较为适合当今社会情境下的学校社会工作服务，具体创新体现在：可较好解决学生学习压力较重、时间较紧张而导致无法长时间参加个案会谈的难题；可较好解决学生在个案会谈中存在诸多当面无法表达的语言的难题，社工信箱的高度匿名性亦能够让学生感受到安全感，而愿意自由表达；还可较好避免个案会谈过程中学生反应及时性障碍及社会工作者回应欠考虑的风险。

（二）小组工作方法在学校社会工作中的运用与创新

1. 主题班会

严格的小组工作对组员人数是有要求的，从团体动力学角度出发，8 ~ 12 人是合适的小组规模。但是，学校的活动通常是以班级为单位的，因时间及空间的限制，不太有可能将 60 多人的班分成五六个小组同时开展服务，因此，学校社会工作者经常通过主题班会介入班级为学生提供服务。学校社会工作者提供主题班会服务的工作流程包括以下五个环节。

（1）掌握服务对象基本情况，观察并了解需求，合理清晰界定问题，作出专业需求评估和清晰的问题界定。

（2）在上述观察发现的基础上与校方进行深度沟通，商定班会主题。主要与德育主任、班主任老师进行沟通，征得班主任的同意，并与班主任一起商议确定班会主题。

（3）制订具体可行的班会活动策划书。与校方负责人、班主任、机构督导共同修改商议活动方案。并以社会工作的理论、模式、方法、技巧为基础，在活动（游戏）环节中带入社会工作的理念，让服务对象能够真正地在活动中有正向的体验和思考，这也是在班会活动中体现社会工作专业性最重要的部分之一。

（4）实施班会活动。在班会活动实施前社会工作者应对相关的物资、人员、时间等因素进行提前确认。带领班会活动的社会工作者需有良好的身心状态，应熟练掌握班会活动环节，并与协助人员做好沟通，对活动中的一些意外情况进行及时恰当的处理。

（5）活动评估。无论是单次班会活动或是系列班会活动，都可以通过问卷的形式对服务对象、老师进行活动满意度评估、意见和建议收集工作，对于评估过程中发现的问题要引起重视，及时与学校方面、机构督导进行商议和解决。

2. 社工课堂

通常而言学校教育课程都是严格按照教育部教育大纲设置的，但也会有一定比例的地方课程和校本课程，这就为学校社会工作服务开设社工课堂提供了机会和空间。学校社会工作者开设社工课堂提供专业服务需要做的工作包括以下几点：

（1）基础调研。全面了解学校课程设置及教学管理现状，寻找开设社工课堂的空间，主动与校方相关人员沟通申请。

（2）确定课程主题。寻找对学生成长意义重大而学校又缺位的课程主题，例如生命教育、生涯规划、青春期教育（“少男课堂”“少女课堂”）等。

（3）课程设计。按照小组工作专业要求及学校对课程建设及教学管理的要求进行课程设计，撰写教学大纲和教案，包括阐述课程设计背景与理念、理论支持、教学目标、教学方法、考核方式等。

（4）体验式教学。用小组工作的方法开展教学过程，融体验式教学与小组体验活动的“讲解、带领、解说”三个环节的带领技巧为一体，灵活完成教学过程。

（5）运用小组工作评估方法评估教学效果及服务成效。

上述过程既是教学过程也是小组工作服务过程，既是一个课程的行动研究过程也是学校社会工作实务的研究过程。

3. 家长互助会

学校主导的班级家长会行政性色彩比较浓，老师无法做到对每一名学生家长都给予特别关注，社会工作者可以在内容和形式上注入社会工作的元素，使之更好地对学生的成长发挥助力。

（1）选择试点班级。选择对社会工作认同的班主任进行积极沟通，传达社会工作专业理念，分享对班级管理的设想和创意，提出组建家长互助会的建议，争取班主任老师的支持与合作。

（2）积极与家长接触，通过小组工作方法中的“团队建设”活动设计与实施，将家长分组建立小型“家长互助会”，例如，50 名学生的班级可以组建 5 个家长互助会，可以根据学生性别、学习成绩、个性特长、居住位置等因素进行组合，努力做到资源配置优化。

（3）通过提供“父母效能训练”等主题小组服务，帮助家长互助会进行团队建设，建立互助网络，形成凝聚力，培养“当地领袖”，协助建立团队规范，引导建立日常沟通交流制度。例如，建立微信群线上沟通、周末家长沙龙等线下活动沟通，随时了解孩子的感受和需求，通过定期与不定期的聚会活动，围绕孩子的问题与需求，设计活动内容。

（4）举办家长互助会经验分享与研讨会，印制宣传海报，送交学校有关部门，提出在全校班级建立家长互助会的建议和倡导。

（5）协助学校完善家长学校的理念和管理制度，全面注入社会工作的专业元素，进而在学校推进社会工作服务的深入发展。

（三）社区工作方法在学校社会工作中的运用与创新

无论是作为工作方法的社区工作还是实务领域的社区社会工作，对于学校社会工作都同样具有意义。前者强调居民动员、集体行动、解决社会问题，后者强调为社区成员提供服务、满足需要。学校社会工作运用社区工作方法创新要坚持“一个理念两个兼顾”：“一个理念”是指，坚持“家校社”联动的理念；“两个兼顾”是指，兼顾校园社区及校外社区，也就是说运用社区工作方法为学生服务既可以“走出去”，也可以“请进来”，在兼顾为学生服务及学生服务社区，即链接社区资源为学生提供福利服务的同时，为学生创造服务社区、贡献社区的机会，以体验价值感。下面以社会工作多维架构介入预防校园欺凌，来阐述社区工作方法在学校社会工作中的运用。

1. 初级介入：面向全员——营造友善环境

（1）友善校园环境营造。学校社会工作者与学校德育、心理、年级管理、班级管理等相关学生服务的人员联手合作，出台综合性服务方案，面向学校全员进行集体动员，通过校园文化展示、文化课程渗透、生命教育课程的设计与执行、民间戏剧表演、演讲竞赛、友善班级及友善个人评奖等丰富多彩的活动、设计开设互动体验课程，内化“关怀生命－友爱互助”的理念，践行“关怀生命－友爱互助”的行为。在校教师及管理者负责提供讲座及体验式培训，促进建立管理机制，保证友善校园环境营造的可持续性，并建立监督机制。

（2）友善社区营造。学校社会工作者与社区工作者及社区社会组织的专业社会工作者联手合作，在学校所在地社区、学生家庭住址社区集体动员，通过社区宣传栏、宣传单、讲座、竞赛、微信群等方式宣扬“关怀生命－友爱互助”理念，培养“关怀生命－友爱互助”的行为；开发功能社区，建立家长管理机制，依据学生年级、性别及住址建立家长互助会，促进家长功能发挥。

（3）友善家庭营造。通过家长互助组织进行家庭总动员，协助开展家庭文化创建活动，例如通过家庭会议，讨论家庭建设理念、家规家训、关爱标准、承诺方式、家庭活动设计等。通过与家长群体互动协商，制定关爱家庭标准，指导家庭进行关爱家庭建设，例如家庭成员关爱语言表达及行为训练等。通过以上家校社联动，营造人人以欺凌为耻、以友善为荣的文化氛围，从而杜绝校园欺凌。

2. 二级介入：面对高关怀人群——避免复发、消除可能性

（1）服务对象主要是高风险高关怀人群，即曾有过欺凌经验和被欺凌经验的学生。

（2）介入策略。开设主题小组，例如设计欺凌风险与被欺凌风险学生的平行小组，对特殊组员进行个案辅导，同时家庭辅导跟进，帮助学生调整认知，培养同学间友爱之情，发展亲社会行为。

3. 三级介入：欺凌事件发生后，针对欺凌者、被欺凌者、情境中人的介入

（1）服务被欺凌者危机介入。第一时间排查被欺凌者的身体伤害，根据实际需要及时协助医治，同时提供保护性和支持性服务，连接家人，并辅导家人对被欺凌者提供及时保护与支持；危机处理之后，多方收集资料，全方位评估，依据实际需要，拟订服务计划。被欺凌者可能需要的服务包括个案辅导、家庭辅导、团体辅导（特别是班级融入的小组工作设计与实施），社会工作者可用策略包括自信训练、自我训练、角色互换、

明星体验等。

(2) 服务欺凌者。对于行为严重的欺凌者，可报请公安部门依据相关的法规适度惩罚；对一般欺凌者的社会工作服务可以依据具体情况选择个案辅导、家庭辅导、班级辅导、团体辅导/小组活动设计与实施。可采用的策略包括认知调整（意识到欺凌行为的危害性）、情绪管理（处理愤怒和焦虑）、行为修正、“攻击替代训练”、同感训练、后果认知训练、“友善社交训练”等。社会工作者要重视对欺凌者家庭的工作，有可能父母是欺凌的始作俑者。

(3) 服务情境中人。协助者和附和者都是社会工作介入的目标系统，即需要改变的人。对保护者一定要给予肯定和鼓励，培养行动系统可以通过“反欺凌主题班会”设计有针对性的活动，对所有情境中的人进行教育的介入。

(4) 服务特殊情境的人——老师。把老师作为特殊情境中的人有两个理解：第一，老师置于学生的权力架构之上，有其强大的甚至是绝对的影响力和控制力；第二，老师即便不在事发现场，也不是绝对的局外人。但遗憾的是，在有关校园欺凌的研究文献中，几乎没有对老师的问责。事实上，在某些欺凌事件中老师也可能是协助者或附和者，但在实际工作中对老师的介入，是对社会工作者的巨大挑战，需要学校的认可与支持。社会工作者可以通过个案会谈技巧，促进老师自我觉察、自我调整、自我改变、自我成长。

二、学校社会工作方法与技巧举要

1. 系统脱敏——帮助学生克服考试恐惧情绪

系统脱敏疗法（systematic desensitization）又称交互抑制法，是个案工作行为治疗模式中的一个具体的方法，由美国学者沃尔帕创立和发展。沃尔帕认为，人类情绪可以交互抑制，诱导求治者缓慢地暴露出导致神经症焦虑、恐惧的情境，并通过身心放松状态来对抗这种焦虑情绪，从而达到消除焦虑或恐惧的目的。系统脱敏法的理论基础是学习理论，即经典的条件反射与操作条件反射，认为人类可以通过学习获得良好、适应行为，也可以通过学习消除不良或不适应行为。

系统脱敏法有三个操作环节：放松训练，等级建构，系统脱敏。下面结合经常发生的学生考试恐惧现象，阐述如下。

(1) 放松训练。深呼吸和肌肉纤维放松可以带来情绪的放松，社会工作者可帮助学生学习体验深呼吸和肌肉放松。首先选择一处安静适宜、光线柔和、气温适度的环境，然后让学生坐在舒适的座椅上，随着音乐的起伏开始进行肌肉放松训练。训练依次从手臂、头面部、颈部、肩部、背部、胸部、腹部以及下肢部训练，同时配合深呼吸，过程中要求学生学会体验肌肉紧张与肌肉松弛的区别，一般做 6 ~ 10 次练习，每次历时半小时，每天 1 ~ 2 次。

(2) 敏感等级建构。帮助学生建立对考试恐怖或焦虑的等级层次。例如划分为引起恐惧、焦虑情绪最高等级的中考、期末考试、期中考试、月考、周考、日考六个等级；或者要求学生将开始复习时、复习期间、考试前一天、临进考场时、进入考场时、拿到试卷时、阅读试卷时、开始做题时等按时间顺序逐一记录下来当时的周围环境和真实感受，按紧张程度不同分成由弱到强的顺序。

（3）脱敏训练。脱敏训练分为想象脱敏和现实脱敏。对于考试恐惧脱敏以想象为主要方法。社会工作者从引起学生焦虑最低等级开始描述，例如“明天要进行英语会话测验”，发现学生听了描述后就开始焦虑，这时要求学生做深呼吸并伴随肌肉的紧绷与放松，直至学生完全放松为止，再开始描述下一个等级，依次逐渐训练。直至达到再想起最紧张的情景时也能够完全或接近完全般轻松自如。同时也可以按照学生自己写下的感受等级进行训练。当通过全部等级时，可从想象训练向现实情境转换，并继续进行脱敏训练。例如，考试日在校门口接学生进学校，路途中发现焦虑，止步做放松练习；陪伴学生进教室，发现焦虑，坐下现场做放松练习；开考前，带领全班同学做放松练习，以感染服务对象。

需要说明的是，结束上述三个环节，还应该给学生布置家庭作业，要求学生在家进行自我训练、自我治疗。另外，系统脱敏法只能够帮助学生驱除对考试的恐惧和焦虑情绪，不能代替应对考试所应有的认识、能力、方法与技能，“系统脱敏法”与认知调整、学习方法与学习能力训练相结合，效果会更佳。

2. 行为契约法——帮助学生形成良好的行为习惯

“行为契约法”是行为主义心理学常用的一种行为治疗技术，它的主要原理是通过行为契约的商定、执行过程中的“强化”训练而改善行为。行为契约是指服务者与被服务者经过双方共同协商后签订的对双方都具有约束力的书面协定。行为主义心理学只关注人类可观察可预测的行为，认为人类的行为主要通过学习获得，良好的行为可以习得而来，不良的行为也可以习得而去。行为心理学在研究动物的行为之后提出的强化理论用于人类的学习和教育，取得了很好的效果。

行为契约由五个基本部分组成：确定目标行为、规定出如何测量目标行为、确定该行为必须执行的时间即行为有效期、确定强化与惩罚条件、契约双方签字。行为契约有两种类型：单方契约，由寻求一项行为目标改变的一方，与实施强化的契约管理者组成；双方契约，一项行为契约由双方签写的，每一方都想改变一种目标行为，由双方来确定要改变的目标行为以及将要对目标行为实施的强化，通常而言，双方契约更有制约效果。通常双方是有关系的，例如亲子、师生。操作“行为契约法”需注意几点，行为契约必须由双方共同商定、目标必须可行（难度适中）、强化物要有效、具有执行的可行性。运用“行为契约法”的基本工作程序如下。

（1）确定目标行为。以亲子行为契约为例，确定目标行为时，要选择家长和孩子都想要改变的某个行为习惯，例如按时完成作业、养成预习习惯、按时起床、控制玩电子游戏时间等。需要注意的是，初次制定契约不要开始就挑战“不许玩手机”“保证作业正确”等高难度的目标；把大的目标进一步细化成小的目标。

（2）商定奖惩清单。商定奖惩清单是重要的环节，家长和孩子一起商定完成行为目标后希望获得的奖励及没有完成目标要接受的惩罚。奖励可以是物质的也可以是精神的，避免单一，例如孩子做到了，可以获得父母的陪伴、增加看电视时间、得到更多的零花钱，如果做不到则减少玩手机时间等。

（3）书写行为契约。鼓励双方都参与书写行为契约，例如可以各自书写对自己行为约束的部分，完成之后可以讨论制作一个“行为执行记录表”。

行为契约

我张亮（化名）承诺，在接下来的一周里，每天按时认真完成家庭作业，写作业时桌子上只放相关的文具、作业本和书。完成作业前不随意离开椅子去做无关的事情。喝水、上厕所之类的事情在休息时间完成，作业字迹工整，正确率在90%以上，按要求时间完成。

奖惩

如果能做到以上承诺，奖励周末出游要求；一周内每天可多玩手机半小时；奖金200元。

如果做不到以上承诺，第二天立刻补上并减少自由时间，连续一周做不到，没收手机直到不耽误进度的情况下补完。

我李娟（化名）承诺：在接下来的一周里，每天放下手机一小时，专心陪孩子玩游戏、讲故事。

奖惩

如果能做到以上承诺：做到一天，可获得孩子捶背15分钟，连续一周做到，可获得孩子亲手制作的礼物一件。

如果做不到以上承诺：一天做不到第二天补上，并且没收手机两小时；一周不能完成，罚款1000元作为家庭活动基金。

承诺人：张亮、李娟

见证人：张光剑（化名）

2019年4月7日

（4）签字承诺。签字前，引导双方回顾并认真阅读行为契约，确认无误后郑重签字。最好要设计实施一个签字仪式，例如必要的签字、握手、拍照、彼此承诺与祝愿等。

（5）填写“执行记录表”。执行记录表也可以理解为打卡表，每天一个格，完成当天的任务便可以在日期栏目打一个大红钩儿，贴一张笑脸，在契约项目栏里填写上完成的情况，彼此关注监督契约完成情况。

3. 拍卖会——引导学生树立正确的人生价值观

人生价值观决定一个人的人生方向，如前节所述，人生价值观的引导是学校社会工作服务的重要内容，这里具体介绍前节谈到的引导学生人生价值观的“拍卖法”，即以拍卖会的活动形式帮助学生体验、澄清并思考自己的人生价值观念及其影响，发现问题及时纠正方向。

（1）理论支持：认知理论。

（2）物资准备：100万元道具钱币（参加者每人一份）、罗克奇36项人生价值观内容的拍卖板（每个价值观分别印在彩色A4纸板上）、拍卖槌、拍卖桌、麦克风。

（3）活动规则讲解。讲解罗克奇关于人生价值观的36个要素；说明活动程序与规则及提出对组员的要求，例如：每人手中的100万元代表了你一生的时间和精力，拍卖活动将对两类价值观进行拍卖，请你在拍卖活动开始之前，认真想一想，自己想通过拍卖竞价获得哪些追求的价值观，以做好竞拍的准备。拍卖活动将逐一拍卖上述36项价值观（底价一般有两种方式：一是没有底价，二是底价为道具钱币的最小面值），想要拍得某一价值观的组员可以喊出你的出价，最高的出价被主持人当场确认三次后，若未出现价格突破，则由出最高价者拍得该价值观。讲解之后社会工作者需要和组员确认是否清楚了解拍卖活动的规则。

（4）实施活动。根据活动规则进行拍卖活动，记录卖品成交价格及购买者。

（5）讨论分享。可参考的议题：在拍卖的过程中，你的心情如何？争取买到的价值观都是自己想要的吗？拍卖最贵的价值观是什么？你是否后悔买到的价值观？为什么？有没有组员什么都没有买？为什么？是否还有其他更值得追寻的价值观？钱是否一定会带来快乐？有没有一种东西比金钱更重要，或者比金钱带来更大的满足感？等等。

（6）社会工作者总结。

4. 做名片——帮助低自我概念的学生提升自信

培养学生的自信力和信任力，帮助学生建立安全感是学校社会工作服务的重要内容。“做名片”和“小背摔”是两个经过实务研究证明较为有效的方法。

（1）物资准备：用纸浆压成的一次性餐盘（每人一个）、彩笔、双面胶条、彩纸、剪刀等。

（2）活动规则讲解：讲解名片创作的要求并鼓励创新，邀请组员在餐盘上为自己制作名片，要求名片有三个信息：①最喜欢的别人对自己的称呼；②称呼前写上一个自己最得意的优点；③画一只自己最喜欢的小动物（增加活动的趣味性、从学生描述喜欢的动物特性时的情绪色彩了解可能投射出的没有被满足的重要需要）。

（3）创作进行时。组员动手制作名片，社会工作者观察组员、回应问题、提供支持。

（4）展示名片。引导组员围坐一起，每名组员轮流到中间郑重展示名片介绍自己，此时社会工作者引导其他组员积极回馈，例如大声高喊：“勇敢的大勇，你是最棒的！”全体给予“爱的鼓励”。

（5）分享讨论。引导组员分享创作过程、展示自己以及组员积极回应赞美自己时的感受，激发组员积极向上。

（6）社会工作者总结回馈，鼓励组员把自己的作品贴在家里最耀眼之处以激励自己成长。

此活动需要社会工作者根据不同年级学生的特点进行适当引导和调整。

5. 小背摔

理论支持：体验学习理论相信学习者亲历某件事并进行反思，从其亲历和反思中获得认识和情感；行为理论认为，除了极少量的不需要学习的先天性行为，人类的行为（包括外显行为及内隐行为）都是后天习得而成，重复动作可使行为形成动力定型。

评估需求：社会工作者可以带领全班同学一起玩“小背摔”，将学生分成3人一组，3位组员轮流做体验者。要求体验者背对着其他2名组员站立，其他2名组员作为道具，以弓步对面而站，彼此拉紧双手，之后，社会工作者引导体验者交叉扣住双手，闭上眼睛，将身体向后方倒下，被后面2名同学接住，体验信任。如果哪名同学犹豫不决，甚至拒绝倒下，就说明这名同学的人际信任力弱，“小背摔”游戏具有评估的功能。

介入转化：社会工作者可以把不敢跌倒或拒绝跌倒的体验者轻轻推倒，体验者的心里会有 4 秒左右时间的恐惧害怕的感受，之后身体被同学稳稳接住了的“体验”反复训练，多次体验，会帮助体验者削弱这种恐惧感，开始学会信任，“小背摔”具有治疗的功能。

本章小结

学校社会工作是社会工作的专业价值观、理论、知识和方法在学校社会工作领域的全面应用。本章主要阐述三个模块的内容：首先，对学校社会工作的基本概念进行了阐述，包括学校社会工作定义界定、含义归纳、特征分析及功能阐述，以期帮助读者对学校社会工作有个基本的了解和把握。其次，从三个角度阐述了学校社会工作的主要内容，即面对困境学生的改善性服务、面对遭遇伤害学生的保护性服务及面对全体学生的发展性服务。最后，从传统三大方法创新及对学生直接服务的具体技巧两个层面介绍学校社会工作服务方法。

第十二章　社区社会工作

在我国社会建设领域，社区社会工作具有广泛的应用空间。社区社会工作是以社区为对象的专业服务，本章将从社区社会工作的含义出发，重点介绍社区社会工作的内容及主要方法。

第一节　社区社会工作概述

本节主要介绍社区、社区社会工作的基本概念及社区社会工作的目标，并比较我国相关政策对社区的界定及推动社区社会工作服务发展的原则和目标。

一、社区社会工作的含义

（一）社区与社会工作

从社会工作的角度理解社区，它包括了 3 种意义：

（1）社区是一个工作地点和环境（community as context）。社会工作者可以依托“社区服务中心”“社区服务站”（或工作站）了解社区居民和服务对象的生活环境，把握问题、资源和文化背景，为他们提供多元化服务。

（2）社区是一个互相关怀和照顾的网络（caring community）。社区能够满足社区居民生活、心理、情感、社交等多元化的需求，因此，社会工作者会重点发展和强化社区居民之间的互动、互助关系，提升居民的自助能力，既解决社区居民的个人化问题，也解决社区的共同问题，增强社区居民的归属感。

（3）社区是影响社会政策的基地。由于社区面临着诸多如社区治安、环境卫生、基础设施等的共同性问题，因此，社会工作者也会从维护社区居民集体利益的角度，收集居民的意见，反映居民的利益诉求，争取资源，倡导制定或修订有关政策或措施。

（二）社区社会工作的含义

社区社会工作主要代表了两个层面的意义：

（1）社区社会工作是社会工作的一个实务领域，即社会工作者针对某一个目标社区（target community），一方面运用各种专业方法，如个案工作、小组工作、社区工作、社会工作行政、社会工作研究等提供多元化服务，提高居民社会意识，协助居民运用社区资源，解决社区问题；另一方面，社会工作者还协助社区居民建立友善的邻里关系，鼓励互相照顾和关怀，满足社区需求，实现社区和谐。

（2）社区社会工作是社会工作的一个专业方法，主要强调综合运用实践模式（如地区发展、社会策划、社区照顾等），通过科学的工作过程，采用系列专业技巧，处理社区问题，推进社区发展。

《社会工作实务》中的本章重点介绍的是作为社会工作实务领域的社区社会工作，而在《社会工作综合能力》中则侧重介绍的是作为社会工作专业方法的社区社会工作。两者的关系如图 12－1 所示。

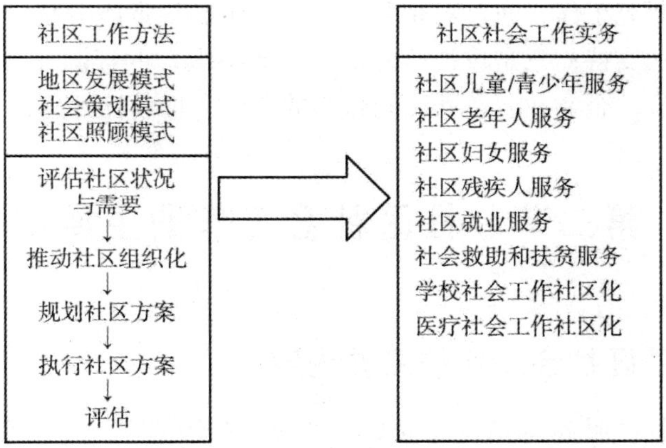

图 12－1　社区工作方法与社区社会工作实务的关系

二、社区社会工作的目标

从社会工作专业角度出发，社区社会工作的目标主要如下。

（一）促进居民参与，解决社区问题

社会工作认为社区问题的解决主要应依靠社区居民，相信居民有能力处理与他们日常生活密切相关的问题，例如社区安全、社区环境整治等，居民暂时缺乏的是解决问题的知识和技巧。因此，社会工作者的重要任务是帮助居民建立参与解决社区问题的信念，使其树立信心，传授其解决社区问题的知识和技巧，培养居民骨干。鼓励居民参与社区活动，群策群力解决社区问题，促进社区自决能力的提升。同时，在解决问题的过程中，社会工作者也注重发现居民的潜能，改善居民自我形象，培养居民独立自主的精神。

（二）改善社区关系，提升社区意识

社会工作认为社区关系主要有两种表现形式：一是对外关系。是指社区通过与政府机构、辖区单位建立良好互动关系，表达居民的意见和诉求，争取资源，解决社区问题和满足社区需求。二是对内关系。一方面是指社区内部各组织之间的关系，如居委会、服务站（工作站）、业主委员会、物业公司等，社会工作者致力于推动各个组织建立互信互赖的关系，合力解决社区问题，促进社区凝聚力的形成；另一方面是指居民和居民之间的各种关系，包括邻里关系、本地人和外来人口的关系、代际关系、同辈关系等，社会工作者致力于推动社区居民之间的交流、沟通、协商与合作，促进社区居民之间的

互惠、互助，培养相互关怀的社区美德，促进社区归属感的建立。

（三）挖掘社区资源，满足社区需求

社会工作者在社区的重要工作是挖掘社区的人力、财力和物力资源，并通过资源的配置工作来满足社区居民的需求。在这个过程中，社会工作者通过发现、挖掘、整合资源和管理资源的工作，一方面让社区中有需要的居民尽快得到有效支持，提升专业服务的质量；另一方面保证资源的有效运用，避免重复和浪费。社会工作者在挖掘资源的过程中，一是要重视挖掘社区中的人力资源，如培养社区骨干、招募和组织志愿者等；二是重视社会政策研究工作，通过对相关立法、政策、规章的分析，为社区居民和服务对象寻求政府资源的支持；三是重视辖区单位（或组织）的资源发展工作，通过推动辖区内政府、事业单位、企业和公益性民间组织的合作，推动社区建设，促进社区和谐。

第二节　社区社会工作的主要内容

一、城市社区社会工作的主要内容

根据《城乡社区服务体系建设规划（2016—2020 年）》《社区社会工作服务指南》《〈社区社会工作服务指南〉解读》，结合我国社区服务政策要求及社区服务实践成果，当前城市社区社会工作服务的主要内容有以下几个方面。

（一）统筹社区照顾

统筹社区照顾是社区社会工作服务的主要工作，主要是基于当前的社区现实，即社区中的老年人、残疾人、优抚对象等特殊困难群体，以及低收入家庭、特殊计生困难家庭和其他特殊家庭等是社区服务的重点对象，社区照顾的需求尤为强烈。随着我国经济进入新常态，社会快速转型，特殊困难群体及家庭的社区照顾压力更为凸显，满足社区特殊困难群体及家庭的需求成为社区社会工作服务的重中之重。因此，在社区社会工作服务的内容上，应以统筹社区照顾为重点，着力推进社区社会救助人员服务、社区老年人服务、社区儿童服务、社区妇女服务、社区残疾人服务、社区矫正对象服务、社区困难居民和其他特殊群体服务，以及社区居民医疗健康服务、家庭暴力救助服务等，并协助社会服务机构开展专业特色鲜明的社会工作服务，合力回应社区居民的服务需求，共同解决社区问题，改善居民生活环境及生活质量。

1. 社区社会救助人员服务

为社会救助对象提供社会融入、能力提升、心理疏导等专业服务，解决社会救助对象因心理行为偏差引发的个体和社会问题。社区社会工作者在遵循助人自助价值理念的基础上，运用个案工作、小组工作和社区工作等多种专业方法，以服务社区内因个人原因、自然原因或社会原因造成生活难以维系的群体为重点，以物质资金帮扶与心理社会支持相结合、基本救助服务与专业化个性化服务相补充的服务为原则。结合社区不同救助群体的特点，协助服务对象舒缓心理压力、提升发展能力、增强社会功能、建立支持网络、改善生活境况。

2. 社区老年人服务

为老年人特别是留守、空巢、失独、病残、失能、高龄老年人提供生活照顾、精神慰藉、情绪疏导、危机干预、关系调适及社会参与等服务。社区社会工作者要结合社区及社区老年人的特点，开展有特色的、符合老年人需要的基本服务和个性化服务。要以营造敬老、爱老的社区氛围为方向，以服务留守、空巢、失独、病残、失能、高龄等老年人群体为重点，以生活照顾、精神慰藉等服务为基础，遵循独立、参与、照顾、自我实现的原则，解决老年人面临的危机和问题，促进老年人角色转换和社会参与，增强其社会支持网络，提升其晚年的生活和生命质量。

3. 社区儿童服务

为儿童、青少年，特别是农村留守儿童和其他困境儿童、青少年提供生活照料、救助保护、学业辅导、情感关怀、成长支持等服务。社区社会工作者要充分了解社区儿童的需要，结合本社区的实际开展符合儿童成长和发展的服务。要以城市和农村的困境儿童为重点对象，以照顾、保护和发展为基本原则，以儿童的生理、心理特点为基础，遵循社会工作的专业理念和方法。首先应为有需要的儿童提供生活照料、救助保护，在保证基本生活照顾的基础上，开展学业辅导、情感关怀、成长支持等服务，以保护儿童利益，促进儿童发展。

4. 社区妇女服务

为农村妇女提供安全教育、技能培训、能力提升、关系调适等服务。社区社会工作者在开展社区妇女服务时，要充分了解农村妇女独特的生理、心理特点，以社会性别视角为指导，以性别平等为原则，以社会工作专业知识和方法为依据，在结合本土妇女工作经验的基础上，从农村妇女的需要出发，为其提供物质帮助、给予心理支持，进行人身、财产等安全教育，开展生计技能培训，促进农村妇女能力提升，与村民委员会合作，开展妇女夫妻关系与家庭关系等调适服务，维护农村妇女的合法权益。

5. 社区残疾人服务

为残疾人提供生计帮扶、家庭支持、社区康复和社会融入等服务。社区社会工作者要将社区残疾人服务纳入社区建设的总体规划要求，使之融为一体、同步发展、共建共享。社区社会工作者要以社区为依托，积极链接资源，促进社会各界对残疾人的关爱。社区社会工作者要与社区居民委员会形成良好的关系，逐步建立以社区居民委员会为核心，以社区残疾人组织为纽带，以社区服务机构为基础，以社区残疾人健康服务为具体内容的社区残疾人服务机制，促进残疾人的就业和社会参与。社区社会工作者应结合社区情况，为残疾人提供生计帮扶、家庭支持、社区康复、文化活动和社会融入等具体服务，并积极倡导建设社区无障碍环境，保障社区残疾人合法权益。

6. 家庭暴力救助服务

及时报告家庭暴力或疑似家庭暴力案件，为家庭暴力受害人提供紧急救助、临时庇护、情绪疏导、资源链接和社会支持等服务。社区社会工作者要发挥主动作用，在社区家庭暴力救助服务中，以优先保护为原则，以妇女、未成年人、老年人等特殊群体为重点，以紧急救助和专业化帮扶相结合为基础。社区社会工作者应及时发现家庭暴力，联合居民委员会、妇联组织、民政部门和公安机关等，及时受理求助，提供紧急救助和临时庇护服务，按需进行情绪疏导，并根据实际情况链接资源，协调人民法院、司法行政、人力资源和社会保障、卫生健康部门、社会救助经办机构、医院和社会组织，为符合条件的受害人提供司法救助法律援助、婚姻家庭纠纷调解、就业援助、医疗救助、心理康复等转介服务，保护受害者的人身安全。

7. 社区居民健康服务

协助做好社区居民健康管理以及医院转介患者的社区治疗与康复服务。社区社会工作者要充分认识以社区为基础的健康服务体系构建，结合本社区基本情况，发展以居民需要为导向的社区健康服务。坚持以人为本、以健康为中心的原则，以妇女、儿童、老年人、慢性病人、残疾人和贫困居民等为重点的服务群体，以主动服务为主，开展常见病、多发病诊疗以及健康教育、预防、保健、康复等服务。与医院等医疗机构紧密合作，建立患者从医院到社区的转介、治疗和康复服务体系。

8. 社区困难居民服务

为遭遇突发事件、意外伤害、丧葬事宜等需要帮助的社区居民提供生活照料、情绪疏导、哀伤辅导、危机干预、资源链接等服务。社区社会工作者要充分认识开展社区困难居民服务的重要意义，坚持以救急救难为方向，以个人和家庭为对象，以保障居民基本生活为目标。与社区居民委员会、各级民政部门、教育部门、住房城乡建设部门等建立良好的关系，通过参加慈善项目、发动社会募捐、提供专业服务和志愿服务等形式，一方面协助相关部门为符合条件的社区困难居民发放临时救助金，发放衣物、食品等实物；另一方面根据情况提供情绪疏导、哀伤辅导、危机干预、能力提升、资源链接或转介服务。

（二）扩大社区参与

1. 参与社区需求调查与社区服务项目

协助社区党组织和社区居民自治组织开展社区需求调查，参与策划、执行、评估社区服务项目与活动。社区社会工作者要充分认识到社区参与对社区服务的重要作用，结合本社区实际情况，以社区分工协调、合力服务为方向，以推动居民自助、互助服务为目标，以社区全体居民为服务对象，发挥专业优势，针对社区居民开展需求调查，在认真分析需求的基础上，积极参与社区服务项目和活动的策划、执行和评估。

2. 促进社区协商

协助社区党组织和社区居民自治组织，动员和组织社区居民参与社区协商。社区社会工作者要充分认识社区协商对社区居民的重要意义，结合本社区实际情况，以有事多协商、遇事多协商、做事多协商为方向，以维护社区居民的切身利益为原则，以健全基层党组织领导的充满活力的基层群众自治机制为目标，协助社区党组织和社区居民自治组织，拓宽协商范围和渠道，丰富协商内容和形式。在此基础上，积极运用多种方法动员社区居民参与社区协商，运用专业知识帮助社区居民掌握并有效运用协商方法。

3. 提高社区居民参与水平

培养社区居民参与社区公共事务的意愿、提升参与能力、拓展参与空间、建立参与机制。社区社会工作者要认识到居民参与水平对社区建设和治理的重要性，结合社区居民的实际情况，以居民社区参与水平的提高为方向，以居民的主观参与意愿为基础，提升居民的参与动力。社区社会工作者一方面要提升居民对社区公共事务的关注度，培养社区居民的参与意愿，发挥专业优势，开展形式多样的服务，提升社区居民的参与能力；另一方面要与社区党组织、社区居民自治组织一起，拓展参与空间，在社区形成良好的参与机制。

4. 培育社区社会组织和社区骨干

协助社区党组织和社区居民自治组织培育社区社会组织和社区骨干，提供咨询、培训、能力建设等服务。社区社会工作者要充分掌握社区社会组织的状况，以居民需求为导向，以发掘社区骨干为基础，以培育社区社会组织为抓手，以服务社区居民为目标。一方面要积极引导现有社区社会组织发展，另一方面要根据需求强化社区社会组织培育力度。发掘社区党员、能人等社区骨干力量，重点培育社会事务类社区社会组织，优化发展文体活动类社会组织，鼓励发展居民自治类社区社会组织，规范发展志愿公益类社区社会组织，形成各类社区社会组织的全面发展。

5. 组织社区志愿服务项目

组织策划社区志愿服务项目，引导社区居民参与社区志愿服务，协助社区党组织和社区居民自治组织开展社区志愿者动员、招募、培训、使用、登记注册、服务记录与证明等工作。社区社会工作者要充分发挥社区居民的作用，结合本社区的实际，以自愿参与、服务社区为方向，以社区老年人、残疾人、儿童、青少年等为重点群体，以社区志愿服务组织为依托，重点开展为老服务、文体活动、心理疏导、医疗保健、法律援助、公共安全、环境卫生、社区文化等服务项目。积极培育社区志愿者队伍和组织，整合社区志愿者资源，倡导社区志愿服务精神，通过组织社区志愿服务项目形成社区良好的志愿服务氛围。

（三）促进社区融合

1. 社区社会组织共建服务

协助社区党组织和社区居民自治组织建立本社区与相关政府部门、社会组织、驻社区单位、业主委员会和物业公司等单位之间的良好协作关系。社区社会工作者一是要充分利用现有社区组织自治、资源等优势，通过搭建各类平台，以提供居民所需服务、解决社区问题、参与社区治理为重点，发挥其在社会管理中的协同参与作用，实现围绕中心、服务大局、团结联合的社区组织参与社区建设，增进社区组织与社区居民、社区工作的良好关系；二是要引导社区组织树立“社区建设你我有责”的共建意识，社区组织参与社区事情的讨论、协商，为社区建设提供人力、物力、财力及治理资源，增强社区参与意识；三是要立足社区实际，以服务社区和社区发展为目的，协助培育、孵化创新型的社区组织，提升社区建设质量；四是要关注社区组织的困境，以多种形式帮助社区组织排忧解困，促进社区组织良性发展。

2. 社区居民自助与互助服务

参与建立社区居民的互助团体和支持网络，组织社区居民互助和自助，推动形成理性平和、宽容接纳、诚信友爱、平等尊重的居民关系。社区社会工作者要充分发挥居民自治组织的作用，结合本社区的实际开展有特色、符合群众需求的自助和互助服务，要以服务社区未成年人、老年人、残疾人等群体为重点，以居民自治为方向，以邻里互助、自助为基础，以促进社区居民之间互相联系、相互帮助、坦诚相待、和睦相处。要引导居民树立“社区是我家，建设靠大家”的意识，人人关心社区建设、人人参与社区建设，本社区的事情要共同协商、集体决策，增强居民自治意识。社区社会工作者要集思广益，多听居民的心声，了解居民的困难，通过多种形式的服务帮助居民排忧解难，维护好社区居民的利益。

3. 外来人口社区融入与发展服务

帮助外来人口适应社区环境，促进户籍居民接纳外来人口，增进社区团结。社区工作要促进流动人口自身能力建设，提高流动人口维护权益的能力和社区生活的适应能力；增进流动人口与当地居民交往，促进群体融合和社会认同；强化社区的自治和服务功能，健全社区服务体系，创新社区管理方式，拓展外来人口参与社区建设渠道，丰富其社区生活，培育社区成员意识，提高自我管理、自我教育和自我服务能力，推动和谐社区建设和中国特色的工业化、城镇化、现代化健康发展；运用社区教育方法提供服务性的工作，向外来务工人员传递尊重、平等的理念，与外来务工人员自身发展结合起来，他们会更乐于接受社区教育，更愿意参与社区活动，逐渐地融入社区生活，并对社区产生良好的归属感。

4. 新社区安置居民服务

帮助拆迁安置、棚户区改造、政策移民、灾后重建等新建社区内的社区居民适应新环境，建立支持性社区关系网络。新社区安置居民服务的重点是安置居民进入新居住地，实现其对新居住地从不熟悉、不习惯、不认同到熟悉、习惯、认同的转变。具体包括：规范的融入，即社区通过制定整合规范，将规范内化为个人的行为准则，让新居民认同并遵守新社区的行为标准；社区关系的融入，即促进居民融入被安置的社区，与原居民熟悉交流、和谐相处；文化融入，即帮助居民了解新社区的文化，建立起社区成员共同的价值观和信仰，实现社区文化的整合。

5. 社区矛盾化解服务

参与社区居民矛盾调解，预防、化解社区矛盾。社区社会工作者参与化解社会矛盾，主要是矛盾预防和矛盾初期的干预服务，重点是强化社会自我调节和解决问题的机制，促进社会、家庭、个人的自我发展和自我服务的功能。

（四）推动社区发展

1. 协助制订实施社区发展规划

协助社区党组织和社区居民自治组织发动社区居民参与制订、实施社区发展规划。社区社会工作者根据社区居民需求，综合运用个案工作、小组工作和社区工作方法，为社区居民开展小组活动，引导社区居民主动参与社区发展规划的工作，共同畅想美好未来，引导和培养居民主动参与社区公共生活和社区事务，加强社区居民能力建设，增强社区发展能力，建立健全社区支持网络。这可以为组织社区居民实现自助、互助和社区自治，形成理性平和、宽容接纳、诚信友爱、平等尊重的居民关系，增强社区凝聚力、归属感和人文关怀，促进社区文明、和谐与稳定奠定坚实的基础。

2. 培育社区归属感与认同感

培育社区共同体精神，开展社区居民文化素质与家庭美德、公民道德教育，形成社区居民积极向上的人生观、价值观、世界观及生活态度和行为规范；引导社区居民共同参与社区建设，建立健全社区支持网络，加强社区居民能力建设，增强社区归属感和认同感。社区社会工作者要充分发挥居民自治组织的作用，结合社区实际情况，以开展有特色的符合群众需求的活动和项目为切入点，服务社区居民，通过引领社区居民打造“人、文、产、地、景”，增强社区成员对社区事业的关心和介入，帮助他们找到最关键的问题，培养自助能力，并通过共同的工作计划或项目推动社区发展。积极引导居民树立起“社区是我家，建设靠大家”的思想意识，参与社区的整体建设活动，并不断建设社区居民的联系纽带，营造出人人关心社区、人人爱护社区、人人建设社区的睦邻友好氛围。通过社区居民之间共同协商、集体决策、集思广益，增强居民的自治意识。社区工作者要立足社区，倾听交流，了解社区实际，发掘社区资源，积极利用“互联网＋新媒体”等形式，搭建起社区居民互动平台，及时为群众排忧解难，维护好社区居民的利益。

3. 开展通用性培训

开展社区通用性培训，举办面向社区居民的文化、教育和科普等活动，提高社区居民文化素养；协助举办农技推广培训等农业社会化服务活动，增强农村社区居民致富能力。

4. 完善城乡基础社区布局规划

协助完善城乡社区基础设施布局、选址和建设方案，广泛吸纳各方意见，合理利用社区公共空间。

5. 积极参与农村扶贫开发

协助发掘乡土资源和特色资源，支持发展农村社区特色产业，组织农村社区居民生产互助，促进农村社区可持续发展，积极参与农村扶贫开发。社区社会工作者在扶贫开发中的角色和作用随实践而变化，广大社会工作者要坚持需求导向、群众主体、激发动力、自我发展的原则，进一步发挥社会工作在扶贫济困中的功能作用。主要从需求发现、服务承接、服务转介和服务评估机制着手，发掘农村社区优势资源，发展特色产业、农村经济，鼓励社会工作人才积极参与扶贫活动，同时利用自身专业，对留守儿童、留守老人、留守妇女等农村特殊群体提供服务，加快推进社会工作介入孤儿、困境儿童服务领域，为孤儿、困境儿童提供专业社会工作服务，在服务农村社区物质文明建设的同时，为农村社区居民提供精神文明服务。

（五）参与社区矫正

社区社会工作者在参与社区矫正方面的工作内容主要有以下几方面：

（1）疏导社区服刑人员心理。疏导社区服刑人员的心理情绪，纠正思想行为偏差，促进社区生活融入，恢复和发展社区服刑人员的社会功能。

（2）修复服刑人员家庭和社区关系。修复社区服刑人员与家庭和社区的关系，重建社会支持网络。

（3）促进社区服刑人员就业。协助符合条件的社区服刑人员申请享受相关就业扶持政策，为社区服刑人员提供就业指导和职业介绍等服务。

（4）帮助社区服刑人员接受教育。协调并督促未成年社区服刑人员的法定监护人，帮助其接受义务教育，鼓励有就学意愿的社区服刑人员接受社区教育。

（5）配合司法行政机关对拟适用社区矫正的被告人、罪犯进行社区影响调查、家庭和社会关系评估等工作。

（6）帮扶生活困难的社区服刑人员。协助社区居民自治组织帮助生活困难、符合条件的社区服刑人员及其家庭依法获得相关社会救助政策资源，链接社会资源对其进行帮扶救助。

（六）参与社区戒毒与康复和其他服务

（1）协助社区禁毒工作机构组织开展毒品预防教育，特别为处于失学、失业、失管状态的青少年提供就业帮助、心理咨询和毒品预防教育等服务。

（2）为社区戒毒康复人员提供心理辅导、行为矫正、社会支持等服务，巩固戒毒康复效果。

（3）为社区戒毒康复人员链接就业资源，协助其接受职业技能培训和职业指导。

（4）协助社区居民自治组织帮助生活困难、符合条件的社区戒毒康复人员及其家庭纳入最低生活保障范围或依法接受其他社会救助，链接社会资源对其进行帮扶救助。

（5）提供其他服务，协助在社区居民健康教育、社区群众文化、社区环境改善、社区防灾减灾等方面提供专业服务。

二、农村社区社会工作的主要内容

本部分主要选择近年来我国农村社区社会工作服务开展较多的几个领域，窥一斑而知全豹，梳理当前我国农村社区社会工作的实际发展状况。

（一）农村社区建设

随着中国特色新型工业化、信息化、城镇化、农业现代化进程加快，我国农村社会正在发生深刻的变化，农村基层社会治理面临许多新情况、新问题主要表现为以下几个方面：农村人口结构加剧变化，部分地区非户籍居民大幅增加，非户籍居民的社会融入问题凸显，部分地区存在村庄空心化现象，农村“三留守”群体持续扩大；农村利益主体日趋多元，农村居民服务需求更加多样，农村社会事业发展明显滞后，社会管理和公共服务能力难以适应；村民自治机制和法律制度仍需进一步完善等。这些新情况、新问题对农村社区建设提出了新的要求，对农村社区社会工作实务也提出了更高的期待。

《城乡社区服务体系建设规划（2016—2020 年）》对农村社区建设的要求是：加快完善农村社区服务体系，大力推动基本公共服务项目向农村社区延伸，大力发展适应农业现代化需要的生产服务，探索建立社区公共服务事项全程委托代理机制，完善农村“三留守”人员关爱服务机制，切实提升对留守儿童和妇女、老人的服务能力。从相关政策要求和当前农村社区建设实际来看，社区社会工作者在农村社区建设中的工作内容有一些与城市社区是相似的，如社会福利服务、社区卫生、社区教育、社会治安等，但在许多方面也有自己的特点。

1. 农村社区公益性服务、市场化服务有较快发展

通过广泛动员党政机关、企事业单位、各类社会组织和居民群众参加农村社区志愿服务，切实发挥党员先锋模范作用。一些地方完善农村社区志愿服务站点布局，搭建社区志愿者、服务对象和服务项目对接平台，开展了丰富多彩的社区志愿互助活动。根据

农村社区发展特点和居民需求，分类推进社会工作服务，发挥社会工作专业人才引领社区志愿者服务作用。一些地方鼓励企业和供销合作社完善农村社区商业网点和物流布局，引导经营性服务组织在农村社区开展连锁经营，采取购买服务等方式，支持社会力量在农村兴办养老助残、扶贫济困等各类社会事业。

2. 农村社区文化认同得到一定强化

不少地方以培育和践行社会主义核心价值观为根本，发展各具特色的农村社区文化，丰富农村居民文化生活，增强农村居民的归属感和认同感。通过深入开展和谐社区等精神文明创建活动，树立良好家风，弘扬公序良俗，创新和发展乡贤文化，形成健康向上、开放包容、创新进取的社会风尚。通过健全农村社区现代公共文化服务体系，整合宣传文化、党员教育、科学普及、体育健身等服务功能，形成综合性文化服务中心，开辟群众文体活动广场，增强农村文化惠民工程实效。通过发现和培养乡土文化能人、民族民间文化传承人等各类文化人才，广泛开展具有浓郁乡土气息的农村社区文化体育活动，凝聚有利于农村社区发展的内在动力和创新活力。

3. 农村社区人居环境得到较大改善

强化农村居民节约意识、环保意识和生态意识，形成爱护环境、节约资源的生活习惯、生产方式和良好风气。发动农村居民和社会力量开展形式多样的农村社区公共空间、公共设施、公共绿化管护行动。完善农村社区基础设施，建立健全农村供电、供排水、道路交通安全、消防安全、地名标志、通信网络等公用设施的建设、运行、管护和综合利用机制，提高对自然灾害、事故灾难、公共卫生事件、社会安全事件的预防和处置能力。分级建立污水、垃圾收集处理网络，健全日常管理维护，促进农村废弃物循环利用，重点解决污水乱排、垃圾乱扔、秸秆随意抛弃和焚烧等脏乱差问题。加快改水、改厨、改厕、改圈，改善农村社区卫生条件。积极推进“美丽乡村”和村镇生态文明建设，保持农村社区乡土特色和田园风光。

（二）精准扶贫与农村扶贫开发

2015 年 11 月，习近平总书记在中央扶贫开发工作会议上发表重要讲话，全面部署“十三五”脱贫攻坚任务目标时，系统阐述和正式提出“六个精准”（扶贫对象精准、项目安排精准、资金使用精准、措施到户精准、因村派人精准、脱贫成效精准）、“五个一批”（发展生产脱贫一批、易地搬迁脱贫一批、生态补偿脱贫一批、发展教育脱贫一批、社会保障兜底一批）精准扶贫、精准脱贫思想。《关于支持社会工作专业力量参与脱贫攻坚的指导意见》指出，社会工作专业人才是为贫困群众提供心理疏导、精神关爱、关系调适、能力提升等社会服务的新兴力量，在帮助贫困群众转变思想观念、树立自我脱贫信心、拓宽致富路径、提升自我脱贫能力等方面可以发挥积极作用。近年来，各地在精准扶贫方面做了许多有益的探索，取得了卓越成效。

1. 社会工作参与贫困群众救助帮扶

配合社会救助经办机构对贫困群众开展需求评估，分析致贫原因、制订救助方案，促进救助对象的精准识别和精准管理，推动贫困群众服务需求与扶贫资源精准对接。为社会救助对象提供心理疏导、社会融入、团体互助、宣传倡导等服务，推动健全物质资金帮扶与心理社会支持相结合、基本救助服务与专业化个性化服务相补充的新型社会救助模式。

2. 社会工作参与贫困群众脱贫能力建设

配合相关部门、会同相关社会力量帮助有劳动能力的贫困群众转变思想观念，增强脱贫信心和内生动力，促进其发挥潜能、提升技能、互帮互助、积极就业创业，通过增加稳定收入脱贫致富。

3. 社会工作促进易地搬迁贫困群众融合适应

帮助因自然条件恶劣需易地搬迁的贫困群众疏导不良情绪，加强关系调适，联系就业资源，发展自助互助组织，重构社会支持网络，促进其更好融入新的社区生活。

4. 社会工作参与贫困地区留守儿童关爱保护

联合相关部门、会同相关力量开展贫困村留守儿童及家庭的监护随访、调查评估、监护指导等工作，督促指导农村留守儿童家庭承担监护主体责任。以困境儿童为重点，开展成长辅导、法制宣教、临界预防、行为矫正、社交指导、情绪疏导等服务。配合学校和社区做好适龄儿童“控辍保学”工作和成长关爱服务。

5. 针对其他特殊困难人群开展关爱服务

为贫困地区特殊困难老年人提供精神慰藉、生活照顾、权益保障、临终关怀等服务。为贫困地区特殊困难妇女提供精神减压、心理支持、亲职辅导、权益维护等服务。对贫困地区有不良行为青少年、社区服刑人员、刑满释放人员等特殊人群强化心理社会支持，帮助其改善家庭和社区关系，恢复和发展社会功能。

（三）农村特殊群体社会服务

自20世纪80年代以来，随着改革开放的不断深化，经济社会的快速发展和工业化、城镇化进程的不断加快，原有城乡二元结构被逐渐打破，大量的农村剩余劳动力由农村向城市迁移。特别是自90年代起，我国人口流动逐渐由分散的个人型流动向家庭型流动转变。但由于经济条件限制、子女入学问题、传统乡土观念等原因，有许多农村儿童、妇女和老人仍然留在农村生活，形成了农村留守儿童、老人、妇女这三类农村特殊群体。

1. 农村留守儿童社会服务

留守儿童问题已经成为农村社会的一大社会问题，有关数据显示，截至2018年8月，全国共有农村留守儿童697万人，0~5周岁的农村留守儿童占总数的21.7%，6~13周岁的占67.4%，14~16周岁的占10.9%，14周岁以下儿童占比达到89.1%。多数留守儿童的家庭和其他社会支持体系相对较弱，在遇到困难时也很难得到政府等正式支持体系的有效支持，因此留守儿童迫切需要相应支持和社会服务，以应对成长过程中的各种挑战。近年来，很多地方都积极应对留守儿童问题，政府、学校和社会组织等都开展了一些社会服务项目，如学业辅导、心理支持、生活照料、安全教育等，取得了一定成效。从当前实践来看，农村留守儿童社会工作服务主要有：

（1）留守儿童成长服务。着眼于留守儿童身心发展特点和学习、生活需要，开展学业辅导、心理咨询、人际交往技巧训练、生活技能训练、青春期健康教育、安全教育等方面的服务，提升留守儿童学习、生活适应能力。

（2）留守儿童家庭服务。为留守儿童的监护人、照顾者提供培训，增进对儿童青少年身心发展特点的理解，提高教养技巧，增强监护和照顾能力；为留守儿童家长提供培训，增进家长与留守儿童的交流沟通，改善亲子关系，加强家庭对留守儿童的情感支持等。

（3）青少年犯罪预防与行为偏差青少年矫治服务。提供预防留守儿童违法犯罪行为发生的社会服务，及时发现潜在影响因素进行干预。对出现偏差行为的留守儿童提供矫治服务，纠正偏差行为，建立良好学习、生活习惯。

（4）留守儿童社区托管服务。动员农村社区的正式和非正式组织，整合资源开办农村留守儿童社区托管服务，配合学校教育和家庭照顾，为青少年提供良好成长环境。近年来，有的地方政府通过购买社会服务等形式支持社区社会工作者开展留守儿童暑期日间托管服务，起到了一定的成效。

2. 农村留守老人社会服务

在人口老龄化和社会转型的双重背景下，由于农村经济社会发展相对滞后，农村留守老人既面临精神上的窘困，更承受着繁重的农事负担。留守老人面临的问题主要有经济收入低、生活质量差、生活缺少照料、安全隐患多、精神慰藉缺乏等，而目前我国农村养老服务十分薄弱，农村老年人的养老问题日益严峻，这不仅影响大量农村家庭的经济生活，也直接影响整个农村经济的改革发展和农村社会的和谐稳定。

近年来，志愿者和社会工作人才队伍以及志愿服务组织、专业社会工作服务组织等社会力量积极开展留守老年人关爱服务，弥补了政府关爱服务力量与资源的不足，形成了不少接地气、受欢迎的服务方法模式，得到广大老年人的认可，主要有以下几个方面：

（1）广泛开展关爱农村留守老年人志愿服务。鼓励农村基层组织组建志愿者队伍，为志愿服务活动开展提供场所和其他便利条件，完善志愿服务信息网络，建立健全农村志愿服务体系。引导城市和农村志愿者和志愿服务组织为留守老年人提供内容丰富、形式多样、符合需要的志愿服务。鼓励低龄健康老年人为高龄、失能留守老年人提供力所能及的志愿服务，探索建立志愿服务互助循环机制。

（2）探索推动社会工作专业力量参与留守老年人关爱服务。发挥社会工作人文关怀、助人自助的专业优势，通过设立社会工作站点、政府购买服务等方式，及时为留守老年人提供心理疏导、情绪疏解、精神慰藉、代际沟通、家庭关系调适、社会融入等服务。

（3）支持社会组织为留守老年人提供关爱服务。落实税费减免等优惠政策，加快孵化培育专业化为老社会服务机构，提升其开展农村留守老年人安全防护、生活照料、紧急援助、康复护理等专业服务的能力。鼓励农村经济合作社、农村电商组织等其他社会力量参与关爱留守老年人服务。

3. 农村留守妇女社会服务

留守妇女问题不仅直接影响着农村地区经济的发展，更关系到家庭的和谐、社会的稳定。男性劳动力进城务工、寻求发展后，留守妇女承担起本应由夫妻双方共同承担的家庭责任，在生活中往往面临不少问题，如生产负担重、家庭压力大、精神生活匮乏、幸福指数低、安全隐患大、维权意识弱、能力精力不够、子女疏于教育管理等。为了解决这些问题，近年来一些地方政府部门、妇联等社会团体开展了一些服务，如种养业实用技术培训、女性健康教育、妇女互助活动等，取得了一些成效。结合各地实践和农村留守妇女的需求，可以将农村留守妇女社会服务划分为以下几个方面：

（1）协助开展保健服务。协助妇联组织和卫生医疗部门积极开展送医送药下乡活动，定期开展义诊、免费健康检查等活动，广泛宣传医疗卫生保健知识，提高留守妇女的健康意识。

（2）心理健康服务。应对留守妇女劳动强度大、心理压力大、孤独感强烈等问题，开展情绪疏导、心理咨询、成立互助小组等方式，促进留守妇女之间的交流，及时化解她们心中的郁闷，减轻她们的精神压力，维护心理健康。

（3）技能训练和创业支持服务。社区工作者联合劳动技能培训部门或相关民间培训机构组织各类培训班、主题讲座活动等，传授实用技术、法律维权、医疗健康、家庭教育等方面的知识，动员留守妇女参加，提升留守妇女的综合素质。另外，也有一些地方依托“小额担保贷款”项目，畅通融资渠道、支持妇女创业，如因地制宜地发展农副业生产，扶持妇女手工编织业，引导扶持“农家乐”特色休闲旅游农业等。

（4）文化娱乐活动。基层妇女组织和社区社会工作者组织开展各种文化娱乐活动，并将一些国家方针政策、妇女保健、家教、科技、法律法规等知识以娱乐的形式表现出来，既丰富其文化娱乐生活，又能让她们学到知识，同时促进妇女之间、家庭成员之间的相互交流，培养留守妇女的多种兴趣、爱好。

（四）农村灾害社会工作服务

灾害社会工作是以受灾群众、家庭和社区为服务对象，运用社会工作专业方法，帮助受灾对象修复受损关系、提升发展能力、增强社会功能、走出生活困境的专业服务，是社会工作服务的重要组成部分。近年来，我国灾害社会工作服务在应对汶川特大地震、玉树强烈地震、舟曲特大山洪泥石流、芦山地震、鲁甸地震等一系列重特大自然灾害过程中得到了快速发展，灾害社会工作服务机构初具规模，灾害社会工作实践不断探索，社会工作在满足受灾群众需求、创新灾区社会管理、加强灾区社会建设、促进灾区社会发展方面的作用得到了初步显现。

《民政部关于加快推进灾害社会工作服务的指导意见》（民发〔2013〕214 号）对灾害社会工作服务发展提出了具体要求，对灾害社会工作的服务内容、服务机制等做了明确界定。结合近年来我国农村地区灾害社会工作实际开展情况，社区社会工作者开展的灾害社会工作服务可以分为以下几个方面的内容。

1. 灾后心理社会援助服务

帮助受灾群众舒缓悲伤、化解焦虑、稳定情绪，修复灾害创伤，重建社会关系，恢复发展生计，提升自助自救与互帮互助能力。

2. 灾区儿童抗逆成长关爱服务

帮助受灾儿童青少年排除恐惧心理，消除灾害阴影，恢复正常学习生活，促进儿童权益保护与身心健康成长。

3. 灾区老年群体社会照顾服务

帮助受灾老年人重建社会照顾体系，建构物质保障与服务保障、精神慰藉与生活照料相结合的老年人服务机制。

4. 因灾致残人群社区康复服务

帮助因灾致残人群建构社区康复体系，重构社会支持网络，推动实现生理康复、心理康复、职业康复与社会康复。

5. 临时安置点和新建社区服务

推动建立临时安置点和新建社区服务组织网络，引导社会组织和志愿者有序开展服务，促进受灾群众适应临时安置点和新建社区生活，参与受灾地区社区规划与社会重建，推动健全社区服务机制、提升社区服务能力、完善社区服务功能。近年来一些灾害社会工作服务机构基于资产为本的社区发展模式，指导和带领农民开展灾后重建，取得了较好的实践效果。

6. 协助开展防灾减灾宣传教育服务

以城乡社区、学校等为单位，开展灾害模拟体验与救灾演练，宣传普及防灾减灾知识，增强公众防灾减灾意识，提高公众自救互救能力。

第三节　社区社会工作的主要方法

本节重点介绍社区社会工作的主要工作过程，包括社区分析、社区服务（活动）方案策划、方案执行及方案评估，还根据中国社区工作的实际和社区社会工作的特点，介绍资源链接、推动居民参与、建立社会支持网络、推动多方联动等常用方法。

一、社区社会工作的过程

（一）社区分析

1. 社区类型分析

社区社会工作者在实际工作中，首先应通过观察或与居民聊天掌握社区的基本类型。我国城市社区类型可以分为以下几种：

（1）商品住宅区。此类住房主要是2000年以后建设的，居民通过市场购买的方式获得。社区的主要管理组织是社区居委会、物业管理公司和业主委员会。居民都属于中间阶层，受教育程度高，经济收入稳定，多从事管理工作和专业性工作，社会生活丰富，拥有较高的经济社会地位。

（2）单位型社区。主要是指政府机关、大学、军队、大型国企的宿舍区，一般采取封闭式管理，居民多是本单位的职工，既是工作同事也是邻居。居民普遍收入稳定，但由于在单位中的工作职位不同，居民的收入和社会地位有高低差异。社区管理组织是社区居委会和单位后勤管理部门。

（3）保障房住宅区（经济适用房、两限房、公共租赁住房等）。这类社区的住房是政府为了照顾中低收入群体而开发的住宅区。在不同时期的政策影响下，可以分为经济适用房、两限房、廉租房、公共租赁住房等不同的保障类型和层次。保障房社区的管理组织与商品住宅楼相似，社区居民来源较为多元、经济水平整体不高，对社区的归属感和认同感较差。

（4）老旧小区。住房的建筑年代一般是20世纪90年代以前，每套房屋的面积较小，在30～80平方米。其中楼房多在城市中心地带，平房则分散在城乡结合部。这类住房中的楼房多数是计划经济时期通过“福利分房”分配给单位职工的，后在“住房商品化”改革中以“成本价”卖给了住户。而平房则较多是个人祖产私房，或是郊区农村集体宅基地住房。这类社区由于住房和基础设施较差，聚居了大量的贫困人口、老龄人口和流动人口，社区的管理组织也较为单一，主要是社区居委会，即使部分社区有物业公司也是规模小、管理粗放的公司。

2. 社区基本情况分析

（1）社区的名称、发展历史。

（2）社区的地理位置、经济状况、生态环境。

（3）社区的人口结构，包括人口数量、性别比例、年龄比例、受教育程度比例、职业状况等。

（4）社区组织或单位资源，如教育机构、医疗单位、社区组织、商业场所等单位和组织的数量、位置、运作情况、对居民的影响、使用状况等。

（5）社区服务人力资源状况，包括社区党组织和社区居民自治组织成员、社区专职工作者、社会组织工作人员以及社区志愿者、社区居民骨干、社区各类专业人员等。

3. 社区问题分析

（1）社区内共同性问题的分析。所谓共同性问题是指社区所有居民都卷入其中，带有明显的“集体性”。因此可以通过政府公开的统计资料、学者的研究报告、媒体的报道等资料了解，也可以通过访问社区居民获得。一般社区社会工作者会采取“质询”的方式来掌握社区问题：社区有什么问题存在？居民对这些社区问题的看法是什么？社区内部是否有严重的冲突？社区与外部是否有严重的冲突？如果社区存在问题和冲突，当前是如何处置的？

（2）社区内群体性问题分析。包括社区中的老年人、青少年、妇女、残疾人、失业者、贫困者和低收入者等群体，而分析的角度有：该人口群体的共同属性是什么？人口的分布和人口的数量如何？群体所存在的问题是什么？政府是否有相关政策扶持，内容如何？民间和社区组织是否提供服务，内容如何？

4. 社区需求分析

社区需求分析较为常用的方法是布雷德绍（J. Bradshaw）1972年提出的四种需要的类型：

（1）感觉性需求。指社区居民或服务对象感受到或意识到，并用言语表述出来的需要。

（2）表达性需求。指社区居民或服务对象把自身的感觉通过行动表达出来的需要，例如申请服务、排队等候服务等。

（3）规范性需求。指由专家学者、专业人士、政府行政官员评估而决定的需求。

（4）比较性需求。指社区居民或服务对象将所得到的服务与其他类似社区进行比较，而认为有所差别的需要。

在分析社区需求时，社区社会工作者可以将布雷德绍的四种需求与专业介入层面相结合，通过填写下列表格（见表12－1）综合分析社区需要。

表 12－1　　社区需求分析表

社区需求 / 介入层面	感觉性需求	表达性需求	规范性需求	比较性需求
个人				
家庭				
小组				
社区				
社会				

（二）社区服务（活动）方案策划

社区服务（活动）方案策划是一个以未来为取向，服务或活动为归依的策划过程。即在综合考虑各方面的实际情况，征求各类社区居民的意见后，决定采取的服务（活动）内容和形式，以便系统地达到特定目标。社区服务（活动）策划是一个理性的过程，即在策划之初，对社区问题和需求进行了科学的评估，并广泛征求了社区居民或服务对象的意见；在策划中期，充分考虑资源状况，估计工作人员素质和能力，订立服务（活动）目标，规划服务内容、服务流程和人员分工；在策划后期，还要确定服务（活动）的成效评估方法……经过这样科学严谨、循序渐进的过程，确保了服务（活动）推行的可预测性和稳定性，也确保服务（活动）能够系统地实现特定的目标。社区服务（活动）设计的基本步骤如下。

1. 服务（活动）策划前的分析工作

（1）服务对象分析。例如社区工作者最有责任和使命服务的人群是谁？这个服务对象群体有多少人？服务群体中有多少人已经在接受服务？为什么有些服务对象没有接受或参与现有的服务？服务（活动）方案未来甄选服务对象的标准如何？预期服务（活动）中受益的人数有多少？

（2）问题分析。例如社区中有哪些人受到问题的影响？哪些人在问题中获得好处？哪些人认为该情况是一个问题？导致问题的原因是什么？针对这个问题，目前提供了哪些服务（活动）？如果相关的服务（活动）停办，后果会怎样？如何改善现有的服务（活动）有效解决这个问题？

（3）服务（活动）的逻辑推进步骤分析。即界定和确认问题→确认要达到的目标→选定评估的指标→寻找各种可行的方案→计算每个方案的成本（包括人力、物力、时间）→计算每个方案的成效→列举方案并进行比较分析。

2. 服务（活动）策划的过程

第一步：确认社区需求。可以通过感觉性需要、表达性需要、规范性需要和比较性需要来界定社区需求（见表 12－2）。

表 12－2　　社区需要评估表

需要的类型					评　估
	感觉性	表达性	规范性	比较性	
1	有	有	有	有	各方面都显示有需要，并且没有争议。这类需要应尽快满足，例如改善社区治安
2	有	无	有	有	需要没有表达出来，很可能是由于缺乏足够的途径让服务对象获取相关服务，例如流动人口的权利
3	有	无	有	无	这种情况很可能显示服务严重不足，例如社区青少年公民教育
4	有	有	无	有	服务对象觉得有需要，但有关专家、政府行政人员却不觉得是必需的，例如老年人理发
5	有	有	有	无	各方面都有需要，但却没有服务提供，这种情况是开展创新服务的最佳时机，例如家庭暴力受虐者庇护所
6	无	无	有	有	专家和政府行政人员认为有需要，而且有服务的提供，但服务对象却没有感受到有需要或提出要求，这种情况服务提供是最困难的，例如社区精神文明建设
7	无	无	有	无	通常开展的是防患于未然的预防性服务，例如消防安全演练
8	无	无	无	有	某种需要有服务满足，但却不是必需的，这种服务只是给服务提供者带来利益，但没有给服务接受者带来利益
9	有	有	无	无	这主要表示的是一种期望，并不代表真正的需求

第二步：了解社区居民或服务对象的特征。包括社区居民或服务对象的兴趣、特点、能力、生活习惯和方式、休闲时间的安排，以及与社区其他群体的关系等。

第三步：订立工作目标。这个目标应包括 3 方面内容：一是清楚界定整个服务（活动）方案是以哪些人为服务对象；二是清楚列出服务（活动）的内容；三是表达出期望服务（活动）的成效，即社区居民或服务对象参与该服务后可能产生的改变。

第四步：评估自身的能力。这里主要是评估提供服务的机构及其工作人员的能力。机构的能力主要是人、财、物的配置能力和合理的时间安排；工作人员能力则是指其具有专业知识、技能等。评估的内容包括机构及其工作人员对外所面临的机会和挑战，对内所存在的优势和不足，并要根据这些评估制订合乎实际、切实可行的服务计划。如果能力不足，可以寻求外来协助或更改原有的目标。

第五步：制定工作进度表。即将计划分为开始、推行和评估三个阶段，列出各阶段要完成的工作及其完成的期限，然后按照完成日期排列出先后次序，保证服务可以按照计划的时间来完成。

第六步：程序编排。方案设计了一系列与目标相关的活动，而且每个活动都有其具体的目标，因此要将这些活动一方面按照推行时间先后排出次序，另一方面还要根据服务活动的目标、场地（环境）、资源等要素进行编排。具体编排见表 12 -3。

表 12 -3　　活动程序编排表

阶段＼活动	活动名称	活动目标	活动形式	活动方法	时间安排	场地安排	物资准备	资金安排
开始阶段	启动活动一							
	启动活动二							
	……							
	……							
推行阶段	推行活动一							
	推行活动二							
	……							
	……							
评估阶段	评估活动一							
	评估活动二							
	……							

（三）社区服务（活动）方案执行

社区服务（活动）方案的执行需要分阶段进行，具体如下。

1. 筹备阶段

筹备阶段主要进行的是人、财、物的配置以及服务（活动）的宣传和推广工作。一是在经费筹措方面，主要途径有申请政府资金补助、向社会筹款，有些发展性和娱乐性项目也可以向服务对象或者居民合理收取一定的费用；二是在人力安排上，应规划配置几名专业社会工作者，要招募多少志愿者来协助活动的开展；三是在场地安排上，应考虑场地的面积和布置，灯光、音响、麦克风、电脑、投影仪等设备的安排，桌椅的数量及其摆放方式等；四是在服务（活动）的宣传推广方面，首先要清楚向谁宣传，宣传的目的是什么，要传递的信息是什么，然后设计宣传策略和方法来吸引社区居民或服务对象的注意，激发其参加活动的兴趣。

2. 服务或活动阶段

这个阶段主要开展的工作有预算管理、时间进度管理、服务品质管理、士气激励和提升。一是预算管理。应本着节约和“量入为出”的原则，一方面要记录清楚收入，包括政府补助、社会捐赠、服务收费等；另一方面要记录清楚支出，包括场地租金、宣传品印刷费、活动道具和材料费、纪念品费用、游戏奖品费用、志愿者的午餐补贴和交通补贴及其他杂项等。二是时间进度管理。首先是整个服务（活动）安排的期限管理，如在一周内完成或在一个月内完成；其次是服务（活动）各个阶段的进展时间管理；最后是服务（活动）进行环节的时间管理，如志愿精神培训要求45分钟完成，其中热身游戏要求3分钟完成等。三是服务品质管理。是指专业社会工作者对服务（活动）的可信度、及时性、同理心以及设施设备的管理，以确保服务的质量。四是士气激励和提升。这里是对提供服务和开展活动的专业社会工作者和志愿者的激励和士气提升，主要目的是增强其成就感，让其感觉自己的工作和付出是有价值的。具体方法是通过口头表扬、墙报表扬等形式，公布每个人的工作进展和成绩，通过光荣榜等形式表彰优秀社会工作者和优秀志愿者的工作成绩。

3. 结束阶段

在服务活动结束后应处理的工作有：一是经费报销。社会工作者应事先熟悉政府、社会服务机构的财务制度，了解经费使用和报销审核的程序，在服务（活动）结束后应尽快处理经费报销事宜，保证后续其他服务（活动）的经费使用。此外，对服务收费的资金部分要及时公布使用（开支）情况，通过财务的透明，增强服务（活动）的公信力。二是服务资料及时归档。包括服务需求调查报告、服务策划书、服务记录表、摄像与摄影资料、服务（活动）满意度调查表、社区居民或服务对象意见反馈表等。三是对专业社会工作者和志愿者进行表彰。由于社区服务（活动）的性质具有公益性和非营利性，所以通过表彰达到激励是主要目的，但也需要针对服务（活动）开展的情况让工作人员和志愿者能够认真反思，对本人的工作表现和工作成效能够有一个客观评价。四是对服务（活动）成效进行评估，包括对服务（活动）过程和服务（活动）结果进行评估。

（四）社区服务（活动）方案评估

社区服务（活动）评估的目的在于了解社区服务（活动）是否达到了预定的目标，社区居民或服务对象的满意度如何，在服务（活动）推行过程中存在的优点和缺点。评估的结果一方面可以作为本社区的居委会和工作站（服务站）未来持续开展工作的参考，另一方面也可以让其他社区的居委会和工作站（服务站）借鉴。

1. 社区服务（活动）方案的评估方法

社区服务（活动）方案的评估方法包括定量评估法和定性评估法。定量评估法的特点：一是用数字表现评估结果；二是评估者事先预设了某些答案，然后再由参加服务（活动）的社区居民或服务对象对答案进行选择。定性评估法的特点：一是用文字来表达评估结果；二是评估者事先不预设答案，只是听取参与服务（活动）的社区居民或服务对象的意见和看法，然后再进行归纳和总结。

2. 社区服务（活动）方案的评估内容

社区服务（活动）方案的评估内容包括方案成效评估和方案过程评估。

社区服务（活动）方案成效评估的方法有两种：一是可以采取定量的方法，即通过事先设计的问卷，采用问卷调查法，收集社区居民和服务对象参与服务（活动）后的满意度。二是可以采用定性的方法，即通过深度访谈、观察、文件档案整理分析来评价社区服务（活动）方案的成效。

社区服务（活动）方案过程评估一般只能采取定性评估法，重点是总结方案设计情况，以及方案筹备、进行和结束等阶段的基本情况。

二、社区社会工作的主要方法

（一）资源链接

1. 社区资源的含义和类型

社区社会工作的突出特点是通过发现、挖掘、整合和管理社区资源来解决社区问题、满足社区需求。社区资源是指可以被社区运用为社区居民服务的一切人力、物力、财力、文化和组织等资源。人力资源是指居民能够提供知识、技能、经验，或奉献自己的时间、体力，为其他社区居民服务，包括社区居委会成员、社区居民骨干、社区志愿者、居住在社区的知名人士等；物力资源是指社区内有助于开展社区服务的、能够促进社区发展的物质资源，包括室内外活动场地、活动设备、器材、工具等；财力资源是指可以用于开展社区服务或活动的经费，包括政府财政拨付经费、辖区企事业单位赞助经费、各种社会捐赠以及活动收费等；组织资源是指可以推动社区服务和促进社区发展的各类组织或机构，包括基层政府、辖区内的企事业单位、社会团体、各类互助性和互益性居民小组等；文化资源是指社区中既有的典籍、古迹、文物等文化遗产，以及民俗、艺术等其他有助于促进精神文明建设的文化活动。

2. 社区资源的链接方式

（1）资源整合。资源整合强调的是社区内各类组织在强调社会分工的同时，通过整合既有资源和争取更多资源，形成功能上的互补与互依，来达到共同的目标。资源整合包括了社区组织之间协调、合作的过程。协调是指社区内组织和组织间的协调，通过协调过程强调共享工作环境（如场地设施）、联合决策和行动等；合作是社区内两个或多个组织以及参与者一起共事，彼此形成紧密联系和友好的关系，并建立起互惠措施，来达到共同的目标。

（2）资源共享。资源共享是指相邻社区都有资源，但资源的种类不同，如一个社区有丰富的场地资源，另一个社区有丰富的人力资源，为了改善社区的环境和促进社区的发展，相邻的社区通过共同合作的方式，各自获得自己的利益或达到自己的目的。例如，两个社区居委会通过自愿性的合作协议开展一个“市民教育”课程，一个社区出场地，一个社区找授课教师，形成一个完整的课程计划，这就属于资源共享过程。在这个过程中，包含了几个重要的要素，如参与资源共享的社区至少有两个、彼此之间都有资源可以共享、彼此有合作的协议、资源共享的目标明确等。

（3）资源配置。资源配置是指在社区服务过程中，社区社会工作者根据资源的不同特征，配置资源，采取组织、培训、咨询、合作等不同方法进行弹性使用，以保障资源能够被有效地协调和使用，发挥资源的最大效率。资源配置能够让社区组织提供的服务方案更具效率。社区社会工作者应通过计划、组织、领导、协调与沟通、控制与评估等过程有效管理种类繁多的资源。例如，社区居民骨干、志愿者、普通社区居民都是人力资源，应通过有组织、有目标、有计划的方式来利用这些人力资源，开展各种社区服务。

（二）推动居民参与

社区参与是指社区居民共同期望社区进步与发展，愿意投入思想、行为，投入个人有形或无形的资源，包括时间、金钱、劳力等，通过这种个人参与社区活动的过程，增强个人对社区的认同，而这种认同又能够转化为个人对社区环境的情感认知，也就是形成了对社区的归属感。可见，社区参与体现的是一种合作过程，通过社区居民的参与，分享决策权力，同时必须对决策后的结果承担共同责任。

1. 社区参与的层次和形式

（1）告知。属于最低层次的参与。社区居民单方面获得上级对社区进行建设或改造的规划和信息，却没有任何机会改变既定规划。有关部门传递这些信息的目的通常是便于说服社区居民接受他们的观点和规划，重点是为了宣传。这种参与方式代表的是一种“自上而下”的沟通过程。

（2）咨询。比告知上升了一个层次。有关部门除了告诉基层社区、重要利益关系人和相关组织将要进行社区建设或改造的规划和信息，并进一步征求他们的意见，同时也会在规划修订过程中考虑他们提出的意见。

（3）协商。社区进行建设和改造时，邀请受此影响的社区居民一起了解和讨论计划内容，推动居民成为决策过程中的一分子。不过，虽然居民被邀请参加了决策过程，但社区建设或改造的最初设计者通常会设定讨论议题的范围，限定其他参与者的决策权。

（4）共同行动。在决策过程中，社区建设或改造的规划由大家共同决策，并在决策过程中分配任务，让大家共同分担执行责任，形成分工与合作。

（5）社区居民自治。这是最高层次的参与形式。社区自己决定什么是本社区重要的事务、何时去做等议题，并负责执行这些决策。在这种情况下，社会管理者和专家只是提供信息和专业知识，帮助社区能够周详考虑、审慎决策。这种参与形式代表着“自下而上”的培育过程。

上述五个层次和形式中，从结果层面看，对决策结果完全没有影响的是“告知”，而对决策结果有全面影响的是“社区居民自治”；从过程层面看，不需要教育或能力，也不需要权力、责任和沟通的是“告知”，最需要教育或能力，也需要权力、责任和沟通的是“社区居民自治”。总之，居民参与的层次越高，越能够充分反映社区居民的意见，也越能符合社区的需求。但实际上，社区问题往往非常复杂，涉及当代的历史背景、人情关系、居民组成等，因此，不同的社区、不同的时机会采取不同的参与形式。

2. 影响社区居民参与的因素分析

从以往的研究成果和社区社会工作的实际经验看，社区居民是否积极参与社区事务，受到以下 3 个因素的影响：

（1）参与价值。社区居民对参与社区事务通常会有 3 种态度：第一种是不关心，即认同“各家自扫门前雪，不管他人瓦上霜”“事不关己，己不劳心”等观念，其参与社会事务的倾向就会较低；第二种是自责，认为问题的产生是因为自己无能；第三种是无用感，认为自己参与并不能影响和改变目前的状况，缺乏参与的热情。显然，社区居民参与社区事务的兴趣关键在于这些事务与他们的切身利益是否有密切关系，如果参与对其生活质量改善不大，他们就不会参与。

（2）参与意愿。即使社区居民肯定参与的价值，但仍要看其是否愿意或有动机参与其中，并身体力行。参与意愿受参与者的主观因素控制，通常是居民个人主观作出判断，决定参与并付诸行动，但居民有时候也会受客观环境的影响，如家人或朋友的赞成和支持会推动居民有较高的意愿和动机参与社会事务。

（3）参与能力。参与能力可能受两个主要因素的影响：第一个是时间和金钱。社区居民参与是要付出代价的。例如，参加居民大会、小组会议或研讨会，他们都要利用业余时间，有时甚至是上班时间，参与各项工作或活动，并且需要交通和餐费等支出。居民是否有能力付出这些时间和金钱，会影响其参与行为。第二个是知识与技巧。参与各种会议需要具备有关开会的知识和参与讨论的技巧，如果社区居民没有参与经验，又缺乏有关的组织技巧及决策的相关知识等，就会阻碍其参与社区事务。

除了影响居民参与的个人因素外，制度上的因素也会影响居民的参与。例如，参与的过程通常是由计划者和行政者来决定是否让社区居民参与决策、在哪一个阶段参与，并由他们来对居民参与行动的方式和条件进行选择等，从而导致社区居民只是“反应器”，缺乏原动力，必然影响社区居民的参与行动。

3. 推动社区居民参与的策略

（1）促进社区居民对参与价值的肯定。通过社区教育和社区宣传，唤醒居民对社区问题的关注，改变他们对社区的冷漠态度，加强其对参与成效的信心。具体方法包括社区研讨会、座谈会、居民大会、社区展览会、教育讲座、记者招待会和公布社区调查结果等。

（2）提升社区居民的参与意愿。一方面充分考虑家人和亲友对参与意愿的正负面影响，邀请和鼓励他们同时参与，或尽量减少其负面的影响。另一方面要考虑到居民参与意愿很大程度决定于所参与的社区事务是否与他们的生活或利益密切相关。因此，社会工作者在选择工作的目标和方向时，最好能与居民的利益挂钩。

（3）提高社区居民的参与能力。首先是进行参与知识和技巧的培训。可采用个别培训或小组训练的方法，帮助社区居民了解参与各类组织与活动的过程，提高表达、沟通、讨论等技巧，更重要的是协助他们掌握社区的基本资料和最新动态，以便在讨论时能充分论证，具有说服力，而培养民众对自己的信心也是成功参与的重要环节。其次是妥善处理时间与资源的缺乏问题。在时间等方面，社会工作者有责任安排适当的开会时间、地点，尽量考虑社区居民的要求；在资源方面，可以提供适当的资金支持与补助，但在经济安排上要格外谨慎，避免养成参与者在经济方面的依赖性。

如果影响社区居民参与的原因来自制度方面，则较为棘手，因为要改变有关部门的政策和办事方法往往需要更多的时间和更强大的力量去推动。具体策略是：一方面建立自主的基层组织，因为组织的力量大于个人，且能够形成相对持久的参与行动。要使基层组织能够独立自主且组织有力，重要的途径是发掘和训练社区的居民骨干，使之能够承担基层组织的领导和推动组织发展。另一方面社会工作者可以借用媒体等社会舆论的压力，要求有关部门作出改变。

（三）建立社区支持网络

社区社会工作除了以社区问题为核心，通过过程模式分阶段循序渐进地介入并解决社区问题的努力外，以社区中有困难或有需要的人群（包括社区中的独居老人、长期病患者、单亲家庭、智障人士等）为中心，建立网络化的社会支持，也成为社区社会工作的主流方法。社区社会工作者为这些有困难或有需要的人，联系他们的亲戚、朋友、邻居和志愿者，建构起支持网络，解决其问题，满足其需要。这个方法的特点是运用社会支持网络的概念，用种种方法去建立、强化和维系个人和群体的网络，使这些网络能够发挥积极的支持作用，帮助个人和群体解决所面对的问题。社区支援网络建立的策略主要如下。

1. 个人网络

主要是针对服务对象个人的现存人际关系以及其所置身的环境内具有发展潜力的成员，例如家庭成员、朋友、邻居或者其他服务的提供者（如家政服务员）等，通过建立联系和提升助人能力，让这些成员来协助服务对象。具体做法是：社区社会工作者集中服务对象个人现存的有联系且有支持作用的成员，动员服务对象关系密切的重要人物提供支援，维持和扩大服务对象的社交关系和联系。

2. 志愿者联系网络

用于社区中拥有极少个人联系的服务对象，将他们与可以提供帮助的志愿者建立联系，建立一对一的帮助关系。具体做法是：社区社会工作者寻找和动员社区内或社区外愿意成为志愿者的大学生、社区党员、辖区单位的职工，通过合理配置，让志愿者和服务对象建立联系，提供帮助和支持。

3. 互助网络

把面对相同问题或具有相似兴趣或能力的人聚合在一起，帮助他们建立联系，促进他们互相帮助和互相支援。具体做法是：社区社会工作者为那些有共同问题、相同背景和兴趣的服务对象建立起朋辈支持小组或互助小组，加强同伴之间的支持，促进信息分享和经验交流，增强解决问题的能力。

4. 邻里协助网络

社区社会工作者认为社区中的邻里、社区商店员工、物业公司职工、保洁员、保安员等在为服务对象提供支援上扮演着重要角色，并且可以用最自然、最快捷的方式，为服务对象提供支持。具体做法是社区社会工作者通过举办各种活动召集和推动邻里了解服务对象，强化邻里和服务对象之间的联系，发展互助性支持，有效减低正规服务的烙印效果。

（四）推动多方联动

《民政部 财政部关于加快推进社区社会工作服务的意见》提出要按照“政府扶持、社会承接、专业支撑、项目运作”的思路，探索建立以社区为平台、社会组织为载体、社会工作专业人才为支撑的新型社区服务管理机制。近年来，各地区积极推动多方联动服务机制建设，开展了卓有成效的工作，多方联动也成为我国社区建设和社区社会工作领域重要的本土化实践成果。社会工作者在实践中应综合运用上述社区工作方法，在社区党组织的领导和社区居民自治组织的指导和支持下，组织引导相关社会组织、社区社会组织、驻社区单位、志愿者和社区居民等多方力量参与、支持社区建设和社区治理，推动实现社区共建共享。主要内容如下：

（1）要求社区社会工作者了解社区状况，熟悉社区资源。社区社会工作者要了解社区内各类组织、各方力量的运作和互动情况，掌握相关社会组织、驻社区单位、社区社会组织、业主委员会、物业管理公司、社区居民、志愿者等的情况，做到心中有数。

（2）要求社区社会工作者在社区党组织的领导和社区居民自治组织的指导和支持下，与多方力量积极沟通，建立协同合作关系。社区社会工作者要在社区党组织活动、社区自治活动、社区服务等领域中与有关各方积极接触、建立联系、建立合作基础。

（3）要求社区社会工作者发挥联系纽带、资源整合的作用，切实在社区社会工作服务中组织和引导有关多方力量、推动社区居民参与，共同为社区建设和社会治理创新、实现社区共建共享而积极努力。

本章小结

本章首先立足于我国社区发展的实际，从社区、社区社会工作的基本概念出发，阐述了社区社会工作的目标，同时介绍了我国社区建设等相关政策对社区的界定及其倡导的社区工作服务原则和目标。其次，本章结合我国城市社区工作的实际状况和社区社会工作的特点，重点介绍了统筹社区照顾、扩大社区参与、促进社区融合、推动社区发展、参与社区矫正、参与社区戒毒与康复等工作内容。同时也介绍了农村社区社会工作中扶贫开发、特殊群体服务等内容。最后，本章从社会工作专业的视角描述了社区社会工作的主要工作过程，包括社区分析、社区服务（活动）方案策划、方案执行及方案评估，并根据我国社区工作的实际和社区社会工作的特点，阐述了资源链接、推动居民参与、建立社区支持网络和推动多方联动等社区社会工作常用方法。

第十三章　医务社会工作

医务社会工作是医疗卫生服务体系的有机组成部分之一，它在医疗机构、公共卫生领域、精神健康等领域发挥着重要的作用，贯穿于疾病预防、疾病治疗、身心康复、家庭健康以及社区健康服务中。随着社会的发展和人们生活水平的提高，健康问题日益凸显，人们对医务社会工作的需求也不断提高，医务社会工作的发展前景十分广阔。

第一节　医务社会工作概述

实施于人类健康领域的社会工作，随着社会变迁、经济发展和人类社会心理需求的变化而丰富和发展。医务社会工作的服务领域、服务途径、服务方法和价值理念等也有了新的诠释。

一、医务社会工作的概念

（一）医务社会工作的定义

医务社会工作是在健康照顾体系内实施的社会工作，其目的是协助那些受到实际的或者潜在的疾病、残疾或者伤害等不同方面影响的服务对象、家庭和群体，增强、促进、维持和恢复其社会功能。

医务社会工作可以从狭义和广义两个方面理解。狭义医务社会工作是指在医疗保健机构中围绕疾病的诊断、治疗与康复过程所展开的社会工作专业服务，其内容主要包括协助病人及其家属解决与疾病相关的身心困扰、获取更多的社会资源以及适应医疗过程等。广义医务社会工作不仅协助病人及其家庭解决与疾病相关的社会、心理问题，而且也注重探索和发现影响健康的社会心理因素，并利用社区资源与社会的力量，推进医疗保健与社会福利的整合，促进疾病预防和维护公众健康。虽然狭义医务社会工作的内容目前仍然是医务社会工作的主要内容，但在发达国家，广义医务社会工作的内容与实践正获得越来越多的认可和发展。

（二）医务社会工作的功能

1. 诊断与评估

对患者及其家庭的问题与需求进行诊断，制订解决问题的计划，筛选高危群体，评估疾病对患者的职业、日常生活以及心理情绪的影响等。

2. 咨询与辅导

促进患者及其家庭在行为、态度、情绪和环境等方面的改变，包括社会适应、危机干预、心理情绪辅导和获取社会资源方面的咨询。

3. 寻求与整合资源

寻求和整合社会资源，包括寻找患者所需的资金、实物、服务资源等，协助患者完成相关申请的程序，并且寻求媒体帮助患者获得必要的资源以协助解决问题。

4. 政策和服务倡导

促使医疗机构在对患者服务的政策、措施、服务程序等方面不断改善，推动其内部相关组织工作的改善，包括修正组织架构、工作流程，以符合患者和家属的最佳利益。

5. 跨专业多部门的协调与合作

与医疗机构或者社区机构的工作人员联系，帮助患者及其家属采用有效的方法获得预防疾病、患者照护等服务，也讨论患者的社会心理功能，包括个案研讨会等。

二、医务社会工作的特点

医务社会工作的特点很多，难以穷尽。在此仅从我国医疗卫生服务体系及服务对象的需求角度对其进行概括。

（一）与医疗卫生体系相融合

医务社会工作者是医疗卫生服务系统中的一员，他们秉承社会工作的理念，在医疗卫生系统中开展社会工作服务，与医疗卫生系统的服务融为一体。医务社会工作者在医疗团队中链接各方资源，以服务对象为中心开展专业服务。这一团队通常包括医师、药师、护理人员、医务社会工作者、康复治疗师、心理治疗师和营养师等，通过不同专业知识技巧优势的整合与发挥，最终达到为服务对象服务的目的。

（二）以服务对象的整体健康为主导

医务社会工作服务的对象主要是受到疾病困扰的相关人员及其照护者。渴望健康是每个人的天性，健康问题在今天已不仅是个人问题，同时还是一个社会问题，与此相关的医务社会工作就是为服务对象提供与健康相关的服务。无论是对普通人群的健康宣教，还是对患者及其照护者的服务都是以服务对象的健康作为核心和主导，这是医务社会工作的基本方向。

随着生物医学模式转向生物－心理－社会模式，健康也不再被简单地视为身体无病，它是一种生理、心理和社会的整体良好状态，而疾病只是表明人与环境之间互动的不平衡。由于医生和护士的服务仅限于生理疾病的治疗，很少顾及患者及其家庭的社会心理需求，因此仅有医护治疗是远远不够的，医务社会工作者需要协助患者进行心理情绪、家庭、社会环境等方面的调适，帮助服务对象从病痛中解脱出来，获得真正的健康。

（三）以患者为中心

医务社会工作的服务与现代医学模式的转变有着紧密联系，在医学模式由“以疾病为中心”转向“以患者为中心”之后，它与社会工作在此领域的服务理念相弥合。正如希波克拉底所言：“了解什么样的人得了病，比了解一个人得了什么病更重要。”医务社会工作者在“以患者为中心”的医疗团队中，从患者的角度出发，为患者的治疗与康复寻求各种资源的合理配置，发挥着重要的作用。医务社会工作为患者提供有关的病情分析及照顾训练、沟通治疗的计划，并且为患者及其家属提供有效的社会资源，解决他们因患病而引发的诸多实际困难，减轻患者的病因性心理情绪压力。医务社会工作者通过和患者建立良好的互动关系，为更深入地了解患者病情、家庭经济状况等提供条件，并可以把这些信息提供给相关的医疗小组。

我国自 1996 年提出医疗机构改革要“以患者为中心”后，各医疗机构在这一宗旨指引下，积极推广“以患者为中心”的医疗服务模式，迅速扩展了社会工作的发展空间。

（四）服务规范的专业化

在医疗卫生系统从事社会工作必须了解、熟知各种相应的医疗规范，并且形成与这些医疗规范相适应、相配合的服务准则。因此，医务社会工作服务也是一项专业化的服务，要求针对服务对象的不同情况，提供适合的服务。例如，就医院住院患者的服务而言，根据患者病情的复杂性和多变性的特点，医务社会工作可以提供与检查、观察、诊断、治疗、护理、心理、情绪、生活、文化、经济等相关的多方面规范服务。

三、医务社会工作者需要具备的相关知识

医务社会工作者需要在一般社会工作知识基础上同时具备卫生健康领域的专业知识，包括：

（1）人类行为发展理论。包括人类行为发展规律、特点和阶段优势。

（2）基本医疗常识和医学知识。包括医疗体系、保障制度、医疗流程、疾病治疗和康复规律等。

（3）疾病的社会心理反应知识。包括心理情绪因素对疾病产生的影响，疾病引起的社会心理反应等。

四、医务社会工作的特殊伦理议题与价值观

社会工作是以人的尊严和价值为核心的专业助人过程，除了遵守一般社会工作伦理守则以外，还特别要注重相关特殊议题，包括：

（1）隐私保护，如疾病咨询、病历记录和调阅等。

（2）有限资源的有效利用，特别是在协助服务对象决定治疗方案或放弃治疗时。

（3）安乐死，我国目前还没有相关明确法律规定。

（4）药物或临床干预研究，必须遵守相关不伤害和告知原则，包括“知情同意书”也必须通过相关伦理委员会讨论通过。

除了保证专业社会工作的尊严与价值、潜能发展、服务对象自决、资源运用和社会正义等普遍价值理念外，还应该注重服务对象的医疗权利、生活质量、医疗适应、意愿表达、恢复功能和资源支持等特殊价值的运用。

第二节 医务社会工作的主要内容

随着社会进步和经济发展，人们对疾病和健康的理解有所不同，医务社会工作的内涵和外延也有了相应扩展，其服务内容也随之丰富，除了医院社会工作，还包含了公共卫生、健康促进、优生优育等各个领域。

一、公共卫生领域社会工作

（一）公共卫生服务内容

根据我国卫生部《国家基本公共卫生服务规范（2011 年版）》中的规定，在国内展开的基本公共卫生服务有 11 项，包括城乡居民健康档案管理、健康教育、预防接种、0～6岁儿童健康管理、孕产妇健康管理、老年人健康管理、高血压患者健康管理、Ⅱ型糖尿病患者健康管理、重性精神疾病患者管理、传染病及突发公共卫生事件报告和处理以及卫生监督协管服务规范。

（二）公共卫生领域社会工作的主要内容

公共卫生社会工作秉承社会工作专业理念，运用社会工作专业方法于公共卫生领域实施专业服务。首先，以流行病学的方法来认识社会问题对全人类健康状态和社会功能的影响，通过健康宣教、居民动员等方式强调初级预防层面的干预；其次，专注于通过干预，强化社区、家庭及个人的健康水平，以此提高他们的健康、福祉和社会心理功能，尽量减少残疾的发生和院舍化的照顾；最后，在一个多学科的环境下，由医务社会工作者与其他专业人员合作，确保所有目标人群都能获取健康照顾和社会服务，确保相关社会福利政策的有效执行。

（三）公共卫生社会工作者角色

公共卫生社会工作者接受过社会工作专业训练，在服务中担当多种角色，如直接服务提供者、研究者、咨询者、管理者、项目计划者、评估者和政策制定者。在实践过程中每个功能都相互作用，最大可能地促进民众健康和满足社会需求。公共卫生社会工作者在个人、家庭和群体的生活方式上倡导积极的健康行为，从而改善环境、预防疾病。同时，公共卫生社会工作者要不断评估目标群体健康的需求，确定社会因素和健康问题间的关联性，满足公众对公共卫生服务的要求。

二、医院社会工作实务

（一）慢性疾病与长期照护的社会工作

1. 糖尿病

（1）疾病特点。糖尿病是一组常见的以血糖水平增高为特征的内分泌疾病。其基本病理是胰岛素分泌绝对或相对不足引起包括糖、蛋白、脂肪、水和电解质等代谢紊乱。糖尿病的典型症状有“三多一少”，即多饮、多食、多尿，体重减少。临床早期常无明显症状，久病常伴发心脑血管、肾、眼及神经病变，少数病人有难以愈合的感染、视力急剧下降等首发症状。饮食控制、运动治疗、健康教育、口服降糖药和胰岛素是糖尿病治疗的主要方式，其中饮食和运动治疗是基础。

（2）需求分析。糖尿病患者对于疾病和治疗的认知和适应是其突出的两项重要需求，同时糖尿病患者也存在提升自我管理能力、心理情绪支持、家庭支持网络重建及出院康复照护等方面的需求。

（3）服务内容。①在医疗适应方面，医务社会工作者需要协助患者了解和适应病情并配合治疗；鼓励患者接受病情和治疗措施；鼓励患者向医护人员了解病情和治疗；同时向医护人员反映患者的需求，以此提高患者的治疗依从性。②在疾病认知方面，医务社会工作者需要对患者进行健康教育，包括疾病、治疗、康复及饮食运动等知识介绍；同时对患者疾病及治疗的认知不足及偏差进行矫正。③在心理情绪支持方面，医务社会工作者需要为患者因疾病及治疗而引起的心理情绪困扰提供情绪支持。④在家庭支持网络重要层面，医务社会工作者可以为患者家属提供资源，解决家庭因疾病而引起的各类情感困扰或家庭关系障碍；为患者家庭提供社会心理服务。⑤在出院康复照护方面，医务社会工作者可以协助患者提升疾病自我管理能力；协助家属学习照护患者的能力；链接社区及医疗资源，为患者制订出院计划，使患者出院后依然能得到良好的身心照护。

2. 心脏病

（1）疾病特点。心脏病是所有心脏方面疾病的统称，主要类型为冠状动脉疾病、急性心肌梗死、充血性心脏病、先天性心脏病、心肌病和心绞痛等。心脏病本身是一种心脏器官及心血管疾病，常常伴随着高血压和脑卒中。

（2）需求分析。心脏病患者对于疾病的认知及对于疾病和治疗的适应是其突出的两项重要需求，同时心脏病患者也存在心理情绪支持、家庭支持网络重建及出院康复照护等方面的需求。

（3）服务内容。医务社会工作者需要在医疗适应、疾病认知、心理情绪支持、家庭支持网络及出院康复照护等方面为患者提供全面的服务，提高患者对治疗方案的依从性，缓解患者及家庭面对的压力。

3. 终末期肾病

（1）疾病特点。终末期肾病是一种需要终身进行肾替代疗法治疗（包括血液透析、腹膜透析或肾移植）的慢性疾病。终末期肾病有很多病因，糖尿病和高血压是最主要的两种。其他的病因有系统性红斑狼疮、痛风、化疗、癌症、物质滥用以及肾脏疾病，比如肾小球性肾炎、肾炎和多囊肾等。

（2）需求分析。疾病或治疗带给终末期肾病患者诸多心理社会层面的压力。如对于疾病和治疗的适应需求、对疾病认知的需求、情绪支持需求、家庭社会支持网络重建的需求、处理多种损失的需要（经济方面、独立性及自由度等）、姑息治疗及临终关怀的需要等。

（3）服务内容。①评估诊断，医务社会工作者需要评估患者的心理社会状态，确认患者的优势和需求；②咨询和教育，为患者提供咨询和教育，如为患者和家属提供与疾病和治疗有关的资源和信息，同时鼓励患者依从治疗；③危机干预，处理患者在透析和移植过程中出现的冲突；④为患者及家属提供临终关怀；⑤康复的辅助；为患者链接康复资源，开发及管理有关康复的服务；⑥团队合作，医务社会工作者与医疗团队合作，为患者提供整体服务，并就心理社会议题对医疗专业人员进行培训；⑦政策倡导，医务社会工作者在医疗机构和社区机构为患者的需求作倡导，同时也在宏观政策层面上，譬如制度层面为患者发声和作倡导。

4. 获得性免疫缺陷综合征（艾滋病）

（1）疾病特点。获得性免疫缺陷综合征（艾滋病）是一种特定的严重抑制人类免疫系统的疾病症候群。当人类免疫缺陷病毒（HIV）阳性的患者体内每微升血中 T 细胞的数量 <200 时（正常人的每微升血中 T 细胞的数量 >1000）即诊断为艾滋病。HIV 传播途径包括性接触传播、血液传播（如共用针头或输血感染）和母婴传播。“高效抗反转录病毒疗法（HAART）”又叫作药物的“鸡尾酒”疗法，使艾滋病患者的存活率及生活质量得到大大提高，此种疗法并不能治愈艾滋病病毒感染者，但可以降低病毒的数量，延长生命、改善生命质量。

（2）需求分析。患者对于疾病的认知及对于疾病和治疗的适应是其突出的两项重要需求。由于该疾病有较强烈的社会标签作用，因此患者也存在较大的心理情绪支持、家庭社会支持网络重建及出院康复照护等方面的需求。

（3）服务内容。对艾滋病患者的成功管理取决于患者依从治疗方案和对自己疾病负责的程度；因此，促使患者依从治疗是医务社会工作者对艾滋病患者的主要职责。医务社会工作者服务内容包括医疗适应、疾病认知、心理情绪支持、家庭社会支持网络重建及出院康复照护等全方位的服务。同时，艾滋病作为一个越来越引起社会关注的公共卫生问题，医务社会工作者在疾病的预防、教育及为艾滋病患者权益倡导方面等也可以发挥更多的作用。

（二）妇女儿童医务社会工作

1. 妇女医务社会工作的内容

（1）群体特点。普通育龄期妇女面临生育、避孕、怀孕、不育、生产、优育和其他情绪问题。妇女疾病分为妇科与产科，主要包括女性生殖器官疾病的病因、病理、诊断及防治，妊娠、分娩的生理和病理变化，高危妊娠及难产的预防和诊治，女性生殖内分泌及妇女保健等。

（2）需求分析（以宫颈癌为例）。①疾病适应，无法适应治疗及其副作用。如尿、便失禁，呕吐，疼痛，丧失食欲等；对疾病不了解、误解、不配合治疗。特别是家属要求隐瞒病情时，情形更严重；②心理调适，性焦虑，担心影响性生活；自我形象焦虑，性角色、性能力的担忧；③经济问题，长期的医疗费用负担，形成压力及实际困难；④情绪问题，出现否认、沮丧、恐惧、无助、焦虑等心理反应；⑤家庭问题，夫妻关系负向改变或持续恶化。

（3）服务内容。①协助患者及其家属了解病情与治疗计划，鼓励其配合治疗，并增强其治疗信心；②疏导患者与其家属的焦虑、不安、沮丧的情绪；③转介病友或志愿者，协助病情适应；④通过病友团体提供社会支持；⑤协助医疗费的减免及申请社会资源；⑥面对普通育龄妇女的服务，包括婚前咨询、妊娠咨询、艾滋病教育与咨询、流产咨询、不育咨询、家庭和睦咨询、优生优育倡导、健康育儿及相关家庭服务等。

2. 儿童医务社会工作的内容

（1）群体特点。一般儿童医院服务人群为 0～14 岁，考虑遗传或先天性疾病，有些儿童医院就诊年龄扩大至 18 岁。患病期间，患儿除了要承受疾病所带来的生理不适之外，还会面临住院治疗导致其脱离原来熟悉的生长环境、与朋辈群体分离、活动范围受到限制等困境。以上因素都可能导致儿童产生不同程度的心理问题（如焦虑、恐惧、抑郁）和社会适应问题（如攻击性行为、社交障碍、尝试自杀等），从而增加了治疗和护理的难度。

（2）需求分析。儿童处于生命发展阶段的初期，受中国文化的影响，儿童在中国家庭中一般处于无可取代的核心地位，儿童罹患疾病对于整个家庭来说是一个危机和灾难。于是，儿童患者的照顾者一般表现出较高程度的焦虑、自责、抑郁、恐惧等心理反应，同时还要面临因疾病所引起的夫妻关系障碍、家庭经济负担过重等问题。这些都可能导致他们在照护患儿时出现一些心理和社会适应问题，从而导致缺乏恰当的应对方式和照顾能力的不足，最终加剧问题的程度。

（3）服务内容。①对患儿而言，医务社会工作者应该帮助其适应医院环境和治疗过程，降低其对于医院和治疗的恐惧感，采用适合患儿生理、心理发展阶段的社会工作方法，如游戏治疗、艺术治疗等，与患儿建立良好的专业关系，通过促进患儿情感的表达帮助其认识疾病、适应治疗环境，缓解其因疾病产生的心理和社会适应问题。②对照顾者而言，医务社会工作者的工作重点是帮助个体或整个家庭从疾病造成的混乱中恢复正常，将整个家庭的功能调节至正常的状态。用个案或者小组的方法，帮助他们处理情绪上的问题，提升其患儿照护的能力，也可采用家庭治疗来处理家庭成员关系方面的问题。另外，还可以整合相应的社区资源帮助照顾者减轻照护或者经济方面的压力，建构患儿家庭的社会支持系统。

（三）急诊室的社会工作

1. 工作特点

（1）急诊室的物理环境和服务环境，相较于门诊或住院病房，更容易显现出紧张、快速、高压力甚至是混乱的情况。

（2）急诊室是医院工作环境中节奏最快、问题最集中的地方，需要工作人员判断准确、反应迅速、处理果断，也是分秒必争的地方。

2. 需求分析

（1）患者及其家属的心理危机干预的需求。①患者发病急、变化快、病情突然，患者及其家属心理恐慌，容易面临巨大压力，产生焦虑、抑郁、恐惧等剧烈情绪变化。②急诊医护人员需要投入大量和紧急的医疗工作，无法抽出精力去关注患者及其家属心理及社会情绪方面的变化，对他们的焦虑和担心在整个医疗过程中往往有心无力，无暇顾及。

（2）医疗团队及其成员的需求。急诊医护人员要独立面对错综复杂的情况，应对各类突发疾病和事件，生理与心理同时承受极大挑战，难以顾及患者及其家属的心理反应。

（3）急诊管理的需求。①在医院资源有限的情况下，急诊室不可能接待所有患者，这时候就需要及时转介至其他部门或医院。②对一些特殊患者（如无人陪伴者），需要提供基本生活支持并联系相应社会资源，进而提高急诊工作效率，提升急诊医疗服务品质。

3. 服务内容

（1）支持患者及其家庭，对患者及其家属进行心理辅导、哀伤辅导等支持性服务，关注他们的心理、社会需求，缓解他们的心理危机。①急诊服务面向所有患者，由于急诊资源的有限性，医务社会工作者必须在了解患者的病情与病程、家庭经济状况、社会支持系统的基础上，整合社会资源，协助患者及其家属接受急诊救治。②当患者到急诊求诊时，其家属同样面临重大压力。医务社会工作者应针对家属情绪作适当处理，即使患者无法如愿留在该院接受治疗，其家属也可以作有效的处理。对于无法在急诊室处理的问题，可以转介作追踪处理。③帮助患者及其家属获取各种社会资源与社会支持。很多急诊患者是遭遇重大灾难的人员，他们在急诊过程中往往缺乏心理、经济以及社会的支持。医务社会工作者必须帮助他们获取各种社会资源。

（2）配合医护人员的急诊救治工作。医务社会工作者是医疗团队中的一分子，一方面，医务社会工作者可以利用与急诊患者及其家属接触机会较多、时间较长优势，详细了解患者的家族病史、心理与情绪状态等诸多方面的信息，在医护人员需要时，可以将信息提供出来作为资料；另一方面，当医护人员忙于工作、身心疲惫的时候，医务社会工作者可以提供一些心理辅导支持性服务，帮助他们克服情绪低落所带来的工作倦怠。

（3）协调急诊管理。在面对突发公共安全事件时，医务社会工作者协同其他医疗及政府部门开展相关救援工作，如评估患者信息，甄别患者身份，链接资源并协助相关部门协调关系。医务社会工作者一方面将急诊室的工作状况、工作需要向医院管理层反映，提升急诊的服务质量，促进整个医院的沟通与协调；另一方面，医务社会工作者通过构建医患沟通良性渠道，获得社会大众的理解与支持，及时发现并预防急诊医疗纠纷，防患于未然。

（四）肿瘤治疗康复、舒缓疗护及临终关怀社会工作

1. 疾病特点

肿瘤是机体在生理与环境等各种致癌因素作用下，局部组织发生的异常增生。目前，针对癌症的常用治疗手段主要有外科手术切除、化学治疗、放射治疗等。

2. 需求分析

肿瘤/癌症患者及其家属的主要心理社会需求包含经济、情绪、医患关系、家庭关系、社会福利政策咨询、出院安置、喘息服务、临终关怀等方面。

3. 服务内容

舒缓疗护不同于临终关怀，它贯穿整个肿瘤的治疗过程。舒缓疗护是通过早期识别、积极评估、控制疼痛以及治疗其他症状（包括身体、心理、社会、灵性的困扰），以预防与缓解身心痛苦，从而改善患者及其家人的生活质量的一门临床学科。舒缓疗护需要跨专业的团队合作为患者提供身、心、社、灵服务。舒缓团队包括医生、护士、医务社会工作者、灵性照顾者、志愿者、药剂师、心理学家与精神病学家、物理治疗师及营养师等。

医务社会工作者在肿瘤/癌症治疗、舒缓疗护及临终关怀方面的主要服务内容有：①经济资源协助；②情绪心理辅导；③协调医患沟通；④社会福利咨询；⑤出院安置计划；⑥家属及照护者的支持性服务，提升照护者的能力和提供喘息服务等；⑦临终关

怀，医务社会工作者整合相关资源和信息，评估个案的身心社会需求，协调团队专业分工，并与服务对象共同协商医疗或照护目标，以提供支持性和适当性的照护服务方案，来维护其生命品质，达到强化个人与家属面对死亡的能力；⑧哀伤辅导，协助哀伤者进行预期性的哀伤处理，以及在合理时间内，帮助哀伤者表达正常的悲伤，并健康地完成悲伤任务，以提升重新开始正常生活的能力。

三、精神卫生领域社会工作

（一）精神卫生概述

1. 我国精神卫生领域现状与特点

我国对精神卫生的定义不仅指开展精神障碍的预防、治疗与康复，还指促进公民心理健康的各项活动。其特点有以下几个方面：

（1）精神疾病占我国疾病负担的首位。自 1990 年以来，精神疾病占我国疾病总负担的 16.7%。据世界卫生组织和世界银行估算，至 2020 年，该疾病将占我国疾病总负担的 1/4。其中精神分裂症、抑郁症等 6 类精神疾病占疾病负担的 17.4%。

（2）我国精神障碍总体高发，但重性精神疾病患病率相对稳定，总体治疗率低。诊断为精神障碍的患者中 24% 的人存在中至重度社会功能损害，8% 曾寻求专业帮助，5% 从未看过专业医生，总体治疗率低。

（3）精神卫生服务资源总量不足，资源配置不平衡。具体表现为人力资源发展速度滞后，人力资源配置跟不上精神卫生机构和床位数设置，人员种类不齐，心理治疗师、社会工作师、康复治疗师等配比不足。

（4）精神卫生已经上升至公共卫生、社会问题，更涉及法律问题。2012 年 10 月通过的《中华人民共和国精神卫生法》宗旨是发展精神卫生事业，规范精神卫生服务，保障患者权益。

2. 精神疾病分类方案与诊断标准

精神障碍（mental disorders）指在各种生物学、心理学以及社会环境因素影响下，大脑功能失调，导致认知、情感、意志和行为等精神活动出现不同程度障碍。精神障碍除包括精神病外还包括痴呆、精神活性物质所致精神和行为障碍、心境障碍、神经症性障碍、应激相关障碍、躯体形式障碍和人格障碍等。

精神障碍的分类体系是精神病学、医学心理学等精神卫生相关学科的关键组成部分，对于精神卫生服务提供者和利用者也是非常重要的问题。目前世界上有两种通用的精神障碍分类系统：一是世界卫生组织主导制定的《疾病及有关健康问题的国际分类》（简称国际疾病分类，ICD－10）；二是美国精神病学会制定的《精神障碍诊断与统计手册》（DSM－IV）。

3. 心身疾病的致病原因和防治方法

心身疾病（psychosomatic disease）也称心理生理疾病（psychophysiological disease），是一组与精神应激和压力有关的躯体疾病，其特点是既具有躯体器质性病变（如冠状动脉硬化、胃溃疡、十二指肠球部溃疡等）或具有确定的病理生理过程（如高血压、偏头痛等），而该类疾病的发生、发展、预防又与心理社会因素密切相关，是心理与躯体同病。

（1）心身疾病的成因。①生物学因素；②生活方式与行为习惯；③心理应激和情绪因素；④认知因素；⑤个性特征；⑥人际关系和社会因素。

（2）心身疾病的特点。心身疾病是患者既存在躯体的器质性病变，同时又伴有心理、情绪和行为障碍。故心身疾病需要心身兼治，以提高其临床疗效。在疾病的急性期、晚期及严重阶段需要采取高新技术、手术及药物治疗等为主，需要注意保护和挖掘患者的自我心身康复能力。

（3）心身疾病的综合防治。①帮助患者提高自尊，促进其不良情绪的转化，改变不合理认知和不适应行为。②鼓励心身疾病患者学习新的健康行为、建立健康的生活方式，提高他们对未来应激事件的应对能力。③在治疗疾病的同时，帮助他们重新适应社会，改善生活质量，最终达到心身全面健康的目的。④对于心身疾病患者本人则需要加强健康教育，改变其某些原有的传统观念，从单一的传统治疗模式中走出，让他们主动参与治疗，采取积极药物、饮食运动、放松及心理行为调节等综合防治措施，这样才有利于该类疾病患者的早日康复。

（二）社会工作在精神卫生领域的作用

1. 工作角色

医务社会工作是医疗机构“全人服务”理念的补充，其角色从不同角度、层面可分为很多种，精神卫生社会工作者的角色可以从微观、宏观两个层面来叙述：

（1）微观层面指在精神科医疗机构和社区中从事精神卫生临床社会工作服务的社会工作者，其角色是：诊断者、辅导者、教育者、倡导者、转介者和协调者。

（2）宏观层面主要指更多在政策服务方面的角色，包括行政者、推动者和研究者。

2. 服务内容

（1）针对住院患者而言。社会工作服务主要包括：①住院适应；②心理支持；③各类治疗方法整合。

（2）针对精神病患者家属而言。社会工作服务主要包括：①减轻照顾者的压力；②获得精神疾病知识辅导和支持。

（3）针对社区精神康复而言。社会工作服务主要包括：①普及精神健康知识；②开展精神疾病患者康复训练；③社区资源链接；④提供咨询；⑤开展转介工作。

第三节　医务社会工作的主要方法

一、公共卫生领域社会工作常用方法

（一）小组工作

健康教育和培养良好生活习惯特别适合运用小组工作方法。包括合理膳食、控制体重、适当运动、心理平衡、改善睡眠、限盐、控烟、限酒、控制药物依赖、戒毒等健康生活方式和干预危险因素的健康教育；慢性疾病的管理、康复和疾病适应，如高血压、糖尿病和肾脏病的控制等；在社区中还可以通过孕妇减压小组、孕期知识教育小组，帮助孕产妇应对压力、处理焦虑、提升照顾新生儿的能力、降低产后抑郁病的发生率等。

案例 13－1

社区老年人照顾者增能小组

某老龄化严重的小区中有一群爱心志愿者，他们很多也是老年人照顾者，面临受到社会关注与支持较少、承担了过多照护压力、照顾技能不足等问题。如何提高社区老年人照顾者的专业知识与技能，提升他们的社会支持显得尤为重要。为此，某医院医务社会工作部与邻近街道老年协会联合开展了一个集教育、支持与成长为一体的封闭式小组。

1. 介入重点

社区老年人照顾者增能小组主要运用增能理论。增能（empowerment）是社会工作和社会福利领域的重要名词，通过为服务对象赋权以达到增能的目的，是指个体、群体以及社区控制自身环境、行使权利和实现目标的能力，在独立与合作的过程中帮助自己和他人最大化地提升自身生活质量的过程。医务社会工作者主要从个人、人际和社会环境三个方面对服务对象进行增能。

2. 介入步骤

（1）需求评估。对社区老年人照顾者和街道老年协会工作人员开展焦点小组和深度访谈。

（2）小组设计。结合需求评估结果和所选用的理论基础（增能理论）进行小组活动设计。需求评估结果发现社区老年人照顾者专业化程度不高，缺乏疾病常识与照顾技能，需要给予相关知识与技能培训；照顾者缺乏沟通技巧，应对特殊老年人（失智老人）存在困难，需要提升沟通技能；照顾者身心疲劳、压力大，社会支持缺乏，需要完善社会支持系统。依据增能理论，社区老年人照顾者自身拥有优势和资源，这是他们能够提供照顾服务的原动力。面对因照顾而产生的多重问题和压力，医务社会工作者可以引导服务对象投入自我觉察的过程，发现优势与资源，进而促成改变。

（3）社区老年人照顾者增能小组工作示例实施。第一节“相聚是缘，携手同行”，初步建立小组，促进成员彼此熟悉；第二节“读懂老人心，有效沟通”，用角色扮演，发现日常生活中的沟通障碍并思考缘由；第三节“善待自己，轻松减压”，学习基本减压技巧，增强组员应对压力的能力；第四节“亲近自然，凝聚力量”，开展绿植共培育活动，加强小组凝聚力；第五节“健康饮食，均衡营养”，用问答形式学习营养配餐的基本常识；第六节“预防脑梗，乐享生活”，一起学习脑梗的发病原因和预防方法；第七节“电影赏析，关注自我”，集体探讨老年人的心理需求和表达方式；第八节“感恩同行，携手未来”，回顾小组历程，分享小组收获，强化组员的正向改变。

（4）成效评估。采用观察法、问卷调查法、访谈法等方法进行过程评估和结果评估。医务社会工作者利用观察法在小组服务的过程中发现老年人照顾者的改变情况，并在每节活动后做好记录；利用问卷调查法和访谈法在每节活动及全部活动结束后测量他们参与小组后在照顾能力和社会心理支持上的改变。最后，结合定性和定量评估结果对小组服务进行了评价和反思。

（二）社区工作

社区工作方法是公共卫生服务最常用的方法，通过开展健康教育、预防接种、0～6岁儿童健康管理、患者健康管理、Ⅱ型糖尿病患者健康管理、传染病知识的社区宣传、突发公共卫生事件报告和处理以及卫生监督协管等服务，在社区倡导健康理念。如开展高血压、糖尿病、冠心病、哮喘、乳腺癌和宫颈癌、结核病、肝炎、艾滋病、流感、手足口病和狂犬病等重点疾病的健康教育和宣传，以预防上述疾病的发生并降低疾病带来的危害。

二、医疗机构与疾病治疗领域社会工作常用方法

（一）针对慢性疾病患者与长期照顾者的常用社会工作方法

1. 个案管理

个案管理是为正处于多重问题并且需要多种助人者同时介入的服务对象所提供的一种服务方法，是一种协助服务对象确认其所需的服务，并将他们链接到可以协助他们的个人和社区资源的一个助人过程。其目的是改善特殊群体的照护品质和控制照护的成本。实务操作步骤包括接案与建立关系、评估、制订介入计划、介入计划执行、评估与结束关系。对于慢性疾病的成功管理取决于患者依从治疗方案和对自己疾病负责的程度，促使患者依从治疗也就成为医务社会工作者为慢性疾病患者提供的重要服务。所谓“依从性”即患者的行为依照医嘱的执行程度。它以“认知－行为理论”为理论依据，该理论相信人类所有行为都是学习得来的，当患者有意愿改变行为并通过改变行为获得良好效果时，就容易消除不良行为。相反，当主观愿望不强烈，或改变行为过程中有困难、不满意时，就不能很好地坚持新的改变。医务社会工作者主要从以下三个方面对慢性疾病患者进行个案管理工作：社会心理评估、压力管理和治疗依从性管理。

案例 13－2

“无助”就医的袁阿姨

74岁的袁阿姨因切口疝入院接受手术，行走不便，尚可自理。袁阿姨自1998年起先后经历过三次癌症手术，表示“我一生不是很顺，但很坚强”；目前与丈夫分居于上海、宁波两地，丈夫80岁高龄仍在管理宁波的建筑公司，仅有一女且已因癌症去世，外孙女在国外读书。面谈中，袁阿姨两度落泪，并用“无助”来形容如今在医院接受手术却无人陪护的状况。当医务社会工作者问及缘由时，她表示曾希望找一位可以提供全天候“一对一”服务的护工，但因目前护工资源紧张而难以实现，寻求院外护工又不放心。某一天，医务社会工作者按照往常一样跟随医生进行查房，来到袁阿姨病房后，医生和她简单交流了几句，后因CT检查重复做一事而发生口角。医生简单安抚后继续查房，转介给医务社会工作者跟进。交谈中，袁阿姨又反复用“无助”来形容当前的自己，因为丈夫从宁波赶来完成签字后便离开上海继续工作，自己无人照看，感觉“在医院任人摆布”，说话间眼泪流下。

1. 介入重点

分析袁阿姨的情况，医务社会工作者决定运用个案管理的方法协助袁阿姨。在个案

管理中，医务社会工作者有多重角色，包括病患依从性咨询员、心理健康专家及教育者等。同时为患者在家属、服务及资源之间建立联系，协助患者及家属获得相应服务及资源以满足其自身的需求。袁阿姨面临的困境包括多个方面：无人照顾、情绪低落、依从性差，适用于用个案管理的方法进行全方位介入。

2. 介入步骤

（1）社会心理评估。医务社会工作者需对患者的社会心理状况、医疗适应、家庭社会支持系统及经济状况等作全面的评估，发掘患者各方面的需求及优势，在此基础上，医务社会工作者提供相应服务以适应患者及其家属的需要。通过首次面谈，医务社会工作者初步对袁阿姨进行了评估：袁阿姨因缺乏照护者而存在情绪压力和照护问题，需作进一步观察与跟进。

（2）压力管理。袁阿姨的压力来自无人照顾的担心和与医生沟通的障碍。医务社会工作者帮助案主梳理社会支持网络，绘制个人资源地图，明确可支配的资源，确定可以提供暂时性帮助的亲戚，鼓励其与他们联系，缓解当前无人陪护的困境。后来袁阿姨表示会与自己弟媳妇联系，其是某医院退休的护士长。此外医务社会工作者协助袁阿姨搭建医患沟通的桥梁，袁阿姨对自己的治疗进程表示疑虑，表达了想更多了解自身治疗状况的需求，医务社会工作者将她的疑问一一记下，并帮助其与主治医生沟通和信息告知，将袁阿姨的现实困境和需求反馈给医生，帮助双方了解彼此。同时，鼓励袁阿姨运用之前学习到的积极性沟通技巧与医生沟通，并与医务社会工作者讨论感受与效果。

（3）治疗依从性管理。医务社会工作者与袁阿姨探讨现阶段在医院的最主要任务——作为Ⅱ型糖尿病患者，在术前准备阶段的最主要任务是配合医生治疗，降低血糖，完成术前准备，以确保按时进行手术。因此，医务社会工作者通过引导袁阿姨回顾其生命历程，寻找出多次抗病的积极经验，借此鼓励其在此次住院期间严格执行营养科的配餐计划，不得擅自摄入其他不利于稳定血糖的食物，并且做好每日的血糖监测工作，完成血糖记录。袁阿姨表示同意。

2. 小组工作

（1）沟通技巧训练。①与医护人员及患者分享提高沟通能力的基本原理和技巧，医务社会工作者可以引导医疗团队将医患互动向着一种更具合作性的沟通方向发展。这些沟通技巧包括“澄清”“重复”“提供具体的指导”等。②医务社会工作者协助并鼓励患者及家属学习沟通技巧以更好地与医护人员就病情及治疗方案等信息进行沟通，如教授患者如何向医护人员表达自身的需要及感受；如何倾听、询问医护人员的问题；组员间分享成功的沟通案例；也可以通过角色扮演提高沟通技能。患者及家属还可以运用在小组工作中习得的沟通技巧协助自己在日常生活中表达彼此的需要及感受。

（2）健康教育。医务社会工作者邀请医护人员以小组的形式向患者提供有关疾病、治疗方法及生活方式改变等知识；医务社会工作者邀请患者及家属学习疾病的自我管理方法，鼓励患者参与协商治疗方案，传递赋权的理念，鼓励患者和医生对疾病的治疗方案共同承担责任，提升患者对于疾病的控制能力。

案例 13-3

“棒棒糖”病友自我管理小组

糖尿病患病率呈逐年上升趋势，糖尿病不仅发病率高，而且易产生心、脑、肾、神经、眼等多种并发症，是糖尿病致残、致死的主要原因。研究发现，通过系统的健康管理能够有效预防和延缓病程，控制并发症的发生，从而有利于提高患者健康水平并降低医疗开支，具有经济和社会双重价值。为此，某医院拟开展提高糖尿病患者自我管理水平的社会工作小组服务。

1. 介入重点

对糖尿病在内的慢性疾病进行健康管理是控制和改善疾病的重要手段，也是慢性病治疗的重要趋势。依托社会支持理论和社会学习理论，医务社会工作者运用小组工作方法干预患者的自我管理能力。从社会支持的角度通过优化患者的家庭照顾系统来促进其提高自我管理行为水平，从而彰显出社会工作相较于医学及护理学不同的专业优势和功能。

2. 介入步骤

（1）需求评估。通过文献法、问卷法和焦点小组访谈法采集数据，了解内分泌科中老年Ⅱ型糖尿病患者自我管理行为水平、家庭照护者的行为支持水平、对于照护者支持的主观需要程度和小组活动参与的意愿和期望。

（2）小组设计。依据前期需求评估调研结果和所选用的理论基础（社会学习理论和社会支持理论）进行小组活动设计。需求调查结果显示家庭照护者的支持主要体现在饮食管理、药物管理、血糖检查、运动保健和行为鼓励5个方面，其中患者自我管理在饮食控制和运动保健两个方面相对薄弱，糖尿病患者我管理行为水平与其家庭照护者的照顾水平存在一定的相关性。故医务社会工作者将着重从饮食和运动控制两个方面进行小组干预，同时对患者及照护者进行增能，以综合提高其自我管理水平。总共设计四节次小组，前两次小组是促进其和患者在糖尿病自我管理知识（分别是饮食和运动）上的成长，后两次小组是促进患者和其家庭照护者彼此间建立相关的自我管理规范，从而划清二者的权责边界，提高双方的参与。

（3）小组实施。第一节“饮食无忧”，通过健康宣教使患者及其照护者掌握糖尿病的饮食知识及应用，促进患者及其照护者之间的小组互动，增强其彼此的联结与信任；第二节“运动达人”，通过健康宣教使患者及其照护者了解糖尿病患者如何科学地运动，促进患者及其照护者之间的亲密互动，加强家庭内部的联结，增强彼此的信任与支持；第三节“家就在身边”，通过患者与家属间的合作和情感表达，增进其彼此的信任和联结；第四节“约‘法’三章”，通过让患者和照护者明确各自任务，建立家庭自我管理契约，加强家庭作业的阶段性训练，强化患者自我管理行为。

（4）成效评估。四次小组活动结束后，医务社会工作者给参加活动的患者及其家属发放活动满意度量表、自我管理行为量表、家庭成员行为量表，通过分析回收上来的量表，总结组员对小组活动的满意度评价及自我管理水平的提高程度。

（二）急诊室常用的社会工作方法

1. 急诊室社会工作需要处理的常见问题

急诊室的患者和家属因病症出现紧急情况而需要医务社会工作者的协助，医务社会工作者需要了解这种特殊情况下患者和家属的需要与问题，应用相关技巧和策略协助他们。

（1）应激障碍症。应激障碍症是指人在心理、生理上不能有效应对自身由于各种突如其来的、给人心理或生理带来重大影响的事件（例如战争、火灾、水灾、地震、传染病流行、重大交通事故等灾难）所导致的各种心理和生理反应。在急诊室，患者及家属由于遭遇意外，面对身体上突发的伤痛及未知的疾病，情绪不能及时有效处理的，会表现出茫然、恐慌、愤怒等情绪反应，都是应激障碍。

（2）心理－社会反应。急诊室的特殊环境会引发患者和家属的心理情绪反应，这种情绪产生的原因在于急诊室特殊的环境所带给患者家属的影响。此外，急诊室复杂的环境和周围重病患者的影响也使得患者及家属表现出负面情绪反应，很难自己走出困扰。

（3）哀伤。哀伤是由于损失和丧失引起的情绪反应。在遭遇突发事件时人会产生哀伤情绪，如果哀伤情绪正常过渡到平静和接受，那么就是一般哀伤，这样的哀伤情绪是正常的。如果哀伤持续很长时间，那么哀伤就可能会发展为复杂的哀伤。患者及家属如一直处在哀伤情绪中，就不能很好地过渡到接受事实，平复情绪的状态，不能顺利过渡到理性考虑未来的阶段。

2. 急诊室社会工作的主要方法

在急诊室服务的医务社会工作者要主动发掘个案并配合医疗团队的治疗计划，为患者和其家属提供“全人”服务。

（1）社会心理评估。医务社会工作者根据医生提供的患者临床指标，针对特定疾病为患者进行社会心理功能评估，以发现患者的潜在需求。对于高风险个案，需要持续性的评估，了解患者疾病史、就医史、家庭史或生活史，掌握患者状态，以协助患者获得全面服务。

（2）信息咨询服务。医务社会工作者提供给患者及其家属一般性的咨询服务，诸如相关手续办理的程序、医疗救助政策咨询、社区资源与活动，以及疾病适应与照顾上需注意的事项。医务社会工作者提供的咨询服务并不涉及治疗方面，主要是促使患者及其家属能在急诊室期间对相关权益或服务方式有更详尽的了解，协助增进良好的医患沟通。

（3）危机干预。危机被定义为是一种在个人稳定的情绪状态被打乱时所产生的急性情绪混乱，这种情绪状态会导致个人一般因应能力的崩溃。对于因灾难意外事件导致的身心损伤者，或遭受暴力创伤者，危机将引起失落感。对此，干预步骤包括迅速与危机干预对象建立关系、作危机评估、辨识主要问题和处理感觉与情绪、形成和实施服务计划、跟进方案执行进展。

（4）出院安置。由于急诊提供的是短期性医疗服务，对于需进一步接受专科治疗、长期疗养或可出院返家的患者来说，在出转院的过程中，经常会面临许多的问题，这就需要整合医疗、社会、财务资源，利用个案管理的原则，在患者住院期间安排适当服务，使患者及其家属能及时得到适当后续照顾。医务社会工作者协助患者进行出院准备，能使患者获得连续性照护，并排除在出转院时可能面临的风险事故。

（5）转介。协助符合转介外部相关机构标准的患者办理转介手续。

（三）肿瘤与舒缓疗护社会工作方法

1. 肿瘤/癌症患者社会工作方法

肿瘤/癌症患者及其家属面临着生理、心理、社会的巨大压力与挑战，在社会工作的众多理论与模式中，人本主义取向在这个特定人群中能够发挥作用。人本主义创始人卡尔·罗杰斯认为，人有自我成长的潜能，因此助人者应当作为服务对象的“同行者”，应强调“当时当地”，营造一个安全、真诚、开放的氛围以利于服务对象挖掘自身潜能，进而更好地适应现状并建立积极的自我概念。对于肿瘤/癌症患者而言，他们需要适应因病导致的心理社会功能的转变，人本主义作为一种价值取向应当贯穿于医务社会工作者所提供的情绪心理辅导、出院计划、舒缓疗护等服务的始终，协助服务对象在调适心理社会功能转变的过程中得到自我成长。

医务社会工作者首先要运用专业的社会心理评估方法，与患者共同了解其自身的需求。肿瘤/癌症患者的社会心理评估维度主要包括心理情绪反应、人际关系的状况、角色功能转变、经济资源系统、生命意义的探求5个方面。

个案工作和小组工作是针对肿瘤患者开展医务社会工作服务的常用方法，下面依次以案例说明。

（1）个案工作。

案例 13－4

不配合治疗的章阿姨

60岁的章阿姨于半年前被诊断为宫颈腺癌，随即从外地赶来手术，经过化疗、放疗后出院。半年后，在家乡的医院体检中发现有复发迹象，再次来院做进一步诊断、治疗。患病后章阿姨非常小心，严格地遵医嘱，积极参与锻炼，学习养生知识。然而，复发的事实让章阿姨感到十分沮丧、无助，一直失眠，认为“再怎么治疗也没有用了”“很倒霉，上天对我不公平”。她认为第一次住院时同病房其他病友手术后并无复发，唯独她复发了，究其原因是只有她既要放疗又要化疗，而其他病友只做了化疗，医生不合理的治疗方案是导致她疾病复发的原因。

1. 介入重点

分析章阿姨的情况，医务社会工作者决定运用“任务中心”辅导方法协助章阿姨。“任务”是服务对象为解决自己的问题而需要做的工作，是服务介入工作的核心。“解决问题”是目标，任务是实现问题解决的手段。受助者是解决问题及改变的主要因素，医务社会工作者只是扮演资源提供者及链接者的角色。

2. 介入步骤

（1）建立专业关系。医务社会工作者首先向章阿姨提供情绪支持，帮助其缓解害怕和焦虑情绪。

(2) 厘清中心任务。在与章阿姨建立了专业关系后，章阿姨表示与医护人员发生冲突的原因之一是第一次手术时“太依赖”医生，自己并未深入了解疾病与手术。章阿姨承认有医患矛盾，并愿意处理这个问题，故“与医护人员的冲突”就成为“目标问题”。

(3) 探析可能的解决办法。随后医务社会工作者根据此目标问题，进一步与章阿姨共同讨论出几个可以改变的目标，如增进医患之间对疾病治疗方案的理解。最后医务社会工作者与章阿姨达成共识，列出要完成的任务，包括能够与医疗团队讨论对疾病本身与术后效果的看法。

(4) 择优执行解决路径。在协助章阿姨完成任务的过程中，医务社会工作者的具体做法是：首先，与医生进行沟通，了解章阿姨的身体情况及治疗方案等相关事宜，帮助医生理解章阿姨攻击性的言语源自其无助的感受及害怕焦虑的情绪，并建议医生用通俗易懂的语言向章阿姨详细解释原因。其次，医务社会工作者鼓励章阿姨与医生面谈。在面谈过程中，章阿姨了解到治疗方式和选择治疗方式的原因，她感觉到对自己的疾病及其治疗有了掌控，进而积极配合和参与到治疗过程中，改善了负面感受。完成上述任务后，医务社会工作者开展了任务回顾与分析，与章阿姨达成共识，结束专业关系。最后，医务社会工作者推荐章阿姨参加宫颈癌患者支持性小组，并根据章阿姨的需要，进行社会资源链接，为其推荐相关社区资源，包括营养辅助服务、保健服务等，帮助章阿姨计划出院后的康复生活。

(2) 小组工作。小组工作强调通过小组过程及小组动力去影响成员的态度和行为。医院小组工作根据患者需要可分为教育小组、成长小组、支持小组、心理治疗小组、任务小组等。其中，有相同问题或经验的人组成的支持小组近年来越来越受到患者们的欢迎。支持小组的特点在于重在分享经验、知识与技巧，探索疾病因应策略，处理负面情绪。遭受同样疾病折磨的患者或家庭照护者，可以通过小组组员彼此之间提供的信息、建议、鼓励和感情上的支持，舒缓负面情绪，增强面对疾病的信心。支持小组作用的发挥基于社会网络理论和社会支持理论。通过小组活动以及医务社会工作人员的引导，促进组员之间进行良性的互动、形成联系，根据小组成员问题的不同，形成具有支持、自助功能的小组。这些小组工作起到了协助患者增强抵抗疾病信心的作用。

案例 13－5

宫颈癌患者支持小组

宫颈癌是妇科恶性肿瘤之一，发病率在女性恶性肿瘤中居第二位，对女性健康造成威胁。

1. 介入重点

研究发现，大部分女性在得知自己患上宫颈癌时，都会感到彷徨不安和不知所措，心情混乱、情绪起伏不定。但对于有着相同经历的人来说，在一起沟通、倾诉，不仅可以互通信息，更重要的是可以彼此宣泄、安慰和支持对方，彼此给予力量。所以，重新形成社会支持网络成为社会工作介入宫颈癌患者社会功能的重点。

2. 介入步骤

（1）需求评估。采用科学研究方法评估患者需求，结果发现服务对象常见问题包括缺乏相关的医学知识，焦虑、担忧的情绪需要宣泄等。服务对象的服务需求包括：心理情绪压力大，希望获得相关医学知识；及时处理负面情绪；缓解压力，获得支持。

（2）小组设计。依据前期需求评估调研结果和所选的理论基础（社会支持网络理论）进行小组活动设计。宫颈癌患者小组主要运用"社会支持网络理论"连接患者之间的亲密关系，强化患者个人的社会资源，增强其个人的社会整合度，吸取其他患者在面对逆境时的经验以解决自己的问题、改变自己的行为和提升自己的能力。另外，医务社会工作者利用宫颈癌患者小组的过程动员和发展相关系统中的社会资源，从而建立患者与小组的社会支持网络。

（3）小组实施。可依据实际临床条件（肿瘤外科有住院周期短、患者流动频繁等特点）开展3~4次的连续小组活动，比如第一次致力于彼此相熟、建立小组信任关系；第二次进行宫颈癌术后康复健康教育，共同学习；第三次和第四次可以是经验分享与促进医患沟通的社会支持网络构建活动。

（4）成效评估。对服务对象的改变情况、目标的实现情况、医务社会工作者的角色实现情况进行过程评估和结果评估，具体评估方法包括医务社会工作者观察、服务对象对每一次服务的分享或问卷，以及座谈会的形式。

2. 舒缓疗护的方法

舒缓疗护（Palliative Care）以改善肿瘤或慢性疾病患者及其家庭的生理、心理、社会功能的适应不良为目的。主要做法包括：协助病人及其家庭参与服务计划，提出问题，作出决策，以澄清需求并排列出重要事项；获取信息和资源；调解家庭问题并提供支持，协助家庭满足需求、处理想法和感受；协调并组织协助患者的个案会议，让家庭成员一起表达他们的需求、关注点和愿望；提供转介服务，帮助患者和家庭获得社会支持和帮助，同时协助照护者得到休息的机会。

三、精神卫生领域社会工作常用方法

（一）需求评估与干预流程

1. 精神疾病患者及其家属的生理－心理－社会评估

（1）生理信息。医务社会工作者通过询问患者的营养、运动、睡眠和药物使用情况评估服务对象的健康情况。

（2）社会信息。包括：①家庭。评估家庭构成。家庭成员间关系的性质、互动的方式及敏感的家庭问题。②社会支持。能够为患者提供情感支持的社会关系，以及支持所能提供的友谊、帮助、具体服务；③社会环境。评估患者是否生活在压力环境中；患者是否正受到来自个人与社会系统之间冲突的侵害；患者是否在环境改变或角色转变中导致压力等。

（3）心理信息。包括患者的症状和患者的心理力量，这些都蕴含着个人的态度或积极的应对机制。

2. 精神病患者及其家属社会工作的干预流程（如图 13－1 所示）

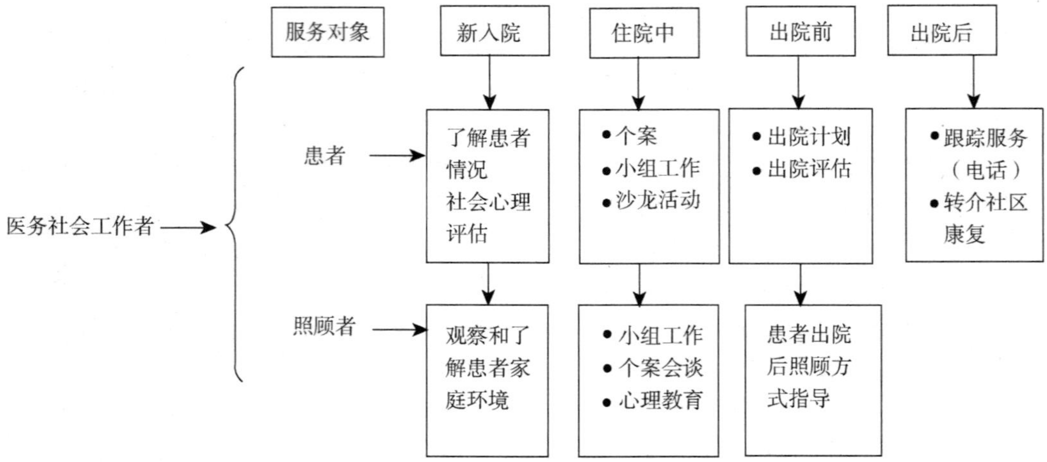

图 13－1　精神病患者及其家属社会工作干预流程图

（二）社会工作干预方法

1. 认知行为治疗

精神卫生个案工作一直努力增进精神病患的社会功能，帮助个人挖掘自身潜能，在其社会生活中得到成长、建立自尊。由于精神病患者存在部分认知的偏差，导致其情绪问题和社会适应问题，因此采用认知行为疗法是比较有效的方法之一。需要注意的是，虽然个案工作方法与心理治疗架构有许多共同点，如知识、技巧等，但其工作焦点有所不同。社会工作更注重社会心理层面、强调人的健康的部分、努力改变个人功能。

认知行为疗法主要包括以下几个步骤：

（1）详细讲述问题行为。这种行为问题是行为改变的核心，它显示了哪些行为需要被克服，哪些未充分发展和需要被发展的行为。

（2）收集数据。患者要学会评估、监督自己的行为，观察自己的感受将发生的征兆，分清他们的感受和行为。

（3）设定目标。医务社会工作者与患者共同为其行为改变设定目标。

（4）行为介入。明确制定能帮助患者达到目标的技能。

（5）家庭作业。协助患者巩固在治疗中学到的技能，使治疗从一个阶段顺利过渡到另一个阶段。

（6）行为改变的强化。促使患者充当自己采用新行为方式的强化者。

（7）行为改变的认同。患者需在行为改变后赞许自己，将行为的改变归功于自己而非医务社会工作者。

（8）防止故态复萌。改变一种习惯是非常困难的，为防止行为的故态复萌，可以事先规划如何灵活去处理。

2. 小组工作

将患者或其家属组成小组，通过医务社会工作者的引导、教育、指导及小组成员间的经验分享、情绪支持、回馈等互动过程，使患者了解疾病的反应、疗程及预后的影响，进而配合医嘱、恢复对生活的信心。精神卫生领域的小组工作的类型目前是以教育型、治疗型为主，将心理教育内容和治疗型技术贯穿于小组工作过程中。

本章小结

随着人们对健康重视度的提高，医务社会工作越来越显示其重要性。本章对医务社会工作概念和内涵进行了解读和描述，同时对我国医疗保障制度的特点、疾病特点和对医务社会工作者的特殊需求进行了阐述。本章重点描述了医疗领域对社会工作需求的特点以及实务重点，对一线实务工作者具有指导意义。

备注：本案所引案例部分由上海市华东医院社工部友情提供，特此鸣谢。

第十四章　企业社会工作

企业社会工作是围绕着企业组织和企业内职工群体开展的社会工作。企业社会工作是社会工作的一个重要服务领域，主要是开展职工权益保护、劳动关系协调、职业生涯辅导、社会责任履行等方面的专业服务，目的是促进企业内外环境和谐及国家、企业、职工多方利益共赢。本章主要介绍企业社会工作的特点、功能、模式、主要内容和主要服务方法。

第一节　企业社会工作概述

一、企业社会工作的概念

企业社会工作，是指专业社会工作者运用社会工作的专业理念与方法，在企业内外开展与职工的工作岗位适应、劳动环境协调、职业福利保障、职业生涯发展以及劳动关系协调等有关的服务工作与管理工作，其目的是通过促进职工发展和福利目标的实现，保障职工利益、提升劳动效率、促进企业和职工共同发展。

二、企业社会工作的特点

由于企业独特的经济属性，企业社会工作具有如下特点：

（1）职业福利服务是企业社会工作的核心内容。企业均要为职工提供现金或实物的福利项目和福利服务，差别只是是否有专业社会工作者的介入，是否回应了社会发展带来的社会问题、满足了职工的需求。

（2）协助监督企业落实涉及职工权益的法律、法规，维护职工福利权益。企业福利的来源有具体、明确的国家法律和政府部门政策文件规定，如关于各项社会保险和补充的保险；各项职工现金补助、实物福利项目与服务；培训与教育经费；工会活动经费；劳动保护与职业安全卫生经费等。社会工作者是落实职工福利权益的维护者。

（3）因地制宜地开展和设计有特色的服务项目是企业社会工作的主要任务。不同类型企业的社会工作会具有各自不同的特点。每一个企业在规模、所处的社会环境、自身的企业文化及发展战略的不同，决定了不同企业提供和承载的社会工作会有很大的差异性。

（4）兼顾公共性、公益性与多方共赢的统一是企业社会工作的主要策略。企业社会工作的服务对象主要是企业职工，服务内容主要是帮助企业职工解决困难问题、促进其发展和提升，也兼顾服务企业和满足企业发展的合理需求。因此，公共性和公益性应该是企业社会工作服务的主导属性，否则很可能会沦为企业的一种管理手段和方法，服务于企业的利益尤其是经济利益最大化，从而导致其与企业职工的合理利益和社会的整体利益出现偏差或背离，违背社会工作的宗旨、理念和价值观。

在坚持企业社会工作的服务对象主要为企业职工，并确保服务公共性、公益性的同时，应努力实现政府、企业职工和企业等多主体共赢。在社会主义制度下，政府、企业和企业职工在整体利益上是一致的，而且具体利益上也存在很大的交叉区域，如企业的发展、职工的成长、社会的安定等。对社会工作来说，只有获得政府、企业和社会的普遍认同，本身才得以有效的拓展和提升。

三、企业社会工作的功能

企业社会工作的功能是社会工作的一般功能在企业这一具体领域的展开，即将社会工作理念、知识和方法、技术运用到企业后，在企业及职工提供服务的过程中所显现的功能。

（一）提供物质帮助，协助困难职工摆脱困境

扶弱、济贫、帮困是现代社会工作的重要职责之一，也是企业社会工作的重要功能。随着经济体制改革的进一步深化，原有的宏观利益格局进一步重新整合，社会各阶层之间的贫富差距越来越大，企业中因此出现了贫困问题。企业贫困人员主要包括失业、下岗工人以及因各种疾病、伤残意外事故，或个人生存、劳动和发展等方面能力障碍而导致的贫困人员等。一些亏损和双停企业效益日益下降，一些职工家庭出现各种灾难事件，一些职工失业和提前下岗。这些问题的存在严重影响了社会主义和谐社会的建设成效，成为全面建设小康社会进程中的不和谐因素。要有效解决这些问题，仅仅依靠政府机构及其工作人员的力量已经显得不足，需要广泛动员社区组织、非营利机构、志愿者组织等多个层面的力量共同参与。

（二）为企业职工提供心理疏导和支持

某些企业职工的工作压力和紧张度比较高，加之企业在资源与权限以及利益分布上存在事实上的不对称，职工处在明显的不利地位，为此，他们必然会面临因工作环境和条件恶劣、劳资冲突、工资待遇偏低以及其他问题导致的身心不适等。疲劳、头疼、胸闷、焦虑、紧张、情绪低落、注意力下降、记忆力下降、爱发脾气、对子女漠不关心等都是职工可能出现的心理问题。困难的地位与处境使得他们很难单独通过自己的力量或者企业的力量来解决问题，而企业社会工作的介入则能够帮助他们提升解决问题的能力和效果。

（三）协调内外关系，增强企业组织的凝聚力

企业社会工作的一个突出功能就是促进企业良好的内部沟通，加强对外传播，塑造企业形象，推动实现从业人员的全面发展。从企业外部关系的角度看，企业必须履行社会责任，提供就业机会，资助公益事业，保护生态环境，支持社会保障体系，妥善处理好与股东、媒体、社区、政府、交易伙伴、消费者等特定对象的社会关系的建立与发展问题。从现实情况看，许多企业未能够有效履行社会责任，主要表现为经常裁减工人，

随意排放污染物质，作虚假的广告宣传，不尽社区义务，违章经营作业，搞不正当竞争，制售假冒伪劣产品坑害消费者等。作为解决企业内外各种冲突问题的专业活动，企业社会工作不仅可以有效解决企业组织的外部关系失衡问题，而且可以促进内部关系协调，增强组织的凝聚力。企业社会工作能够有效畅通职工之间的信息沟通渠道，并营造出群体内的民主气氛，使职工产生集体感、归属感、荣誉感和价值感，愿意为企业发展承担责任和义务。

（四）维护职工合法权益，促进社会公平、正义

维护企业职工合法权益是一个社会公平程度的表现，也是企业社会工作的重要职责。当前，职工权益受侵害的事实大量存在，劳资纠纷事件也时有发生。在这一社会背景下，社会工作者可以以《中华人民共和国工会法》《中华人民共和国劳动法》等相关的法律文献为依据，在民政部门、劳动部门、社会保障部门、企业党团、工会组织、社区机构及社会服务机构广泛开展面向企业职工的维权服务，并通过个案工作、小组工作、社区工作、社会行政、社会政策等方法来提升实际工作的效果。

（五）预防问题产生，保障社会和谐均衡稳定

企业社会工作能够以积极主动的态度对待组织内外产生的各种问题，及早预测、发现、控制和消除那些可能妨碍社会稳定的因素，以实现人与社会环境的持久和谐。在企业结构要素变动活跃、动荡不定的条件下，形形色色的问题不断涌现，必须建立用于预防、抑制、化解矛盾的专业工作机制，保障企业的良性运行状态。

社会工作的预防功能通常在两个不同领域中付诸实施：一是预防可能在个人之间、个人与小组之间以及群体之间出现的问题；二是预防组织中可能出现的病态现象。企业社会工作还可以通过制度建设来发挥作用，即提出社会政策的修订建议，促进合理社会政策的出台，在制度层面弥补政策欠缺，有效预防企业问题的产生。

（六）促进能力发展，实现社会的持续创新

人们要想从事或完成某种活动，必须具备相应的实际或潜在能力，因而能力的缺乏会使个人陷入生活与工作的困境之中，使企业发展与创新失去相应的主体条件。帮助服务对象实现自身发展，并不断促进改革与创新已经成为构建社会主义和谐社会视域下企业社会工作的重要任务。企业社会工作作为当代社会中重要的专业活动，应充分发掘社会资源，积极发挥个人和制度潜能，以确保社会的稳定、社会的发展。

四、目前我国对企业社会工作的需求

我国正处于从农业社会向工业社会的过渡、转型时期。企业及职工呈现出数量大、层次多，特别是职工中的困难群体增多，需要社会化、专业化、职业化的社会服务，加强专业性的企业社会工作是形势发展的历史选择。

（一）职工人数不断增加，企业社会工作的服务对象增多

中国城市化步伐加快，城市劳动人口的增多使得企业社会工作者的服务对象增多。大批农民工涌入城市，2018 年末，我国常住人口城镇化率达到 59.58%（国家统计局 2019 年 8 月 15 日公布）；国民经济综合统计数据显示，2017 年全国就业人员 77640 万人，其中城镇就业人员 42464 万人（《2018 中国工会统计年鉴》第 549 页）。2019 年 4 月 29 日国家统计局发布的《2018 年农民工监测调查报告》显示，2018 年全

国农民工总量 28836 万人，不过总体上农民工的工资低、福利少、没保障、受歧视，需要社会的扶助。

（二）强资本弱劳动，维护社会公平和公正任务艰巨

劳动关系类型多样化、复杂化、市场化，企业用工更加灵活化、流动化（私营企业的短期合同工、微型企业的帮工），国家信息中心 2018 年发布数据显示，为共享经济服务提供劳动者人数约7000 万，比较有代表性的有快递小哥、外卖骑手、代驾司机等。在劳动关系的力量对比当中，强资本弱劳动将长期存在，职工面对的劳动问题越来越艰巨，需要在职业生涯规划、劳动合同和集体协商、劳动争议处理、工伤事故处理、工作和生活压力缓解等方面提供专业服务，提高职工的生产、生活质量，加大维权工作的力度，维护社会公平和公正，维护社会平稳和可持续发展。

（三）职业的压力越来越大，呼唤发展为职工服务的企业社会工作

在我国社会的快速发展和转型过程中，一方面，一些职工在行为方式、人际关系、社会适应、婚姻家庭等方面出现了一系列新问题，劳资关系和职工间关系的问题、劳动环境和条件问题、社会环境和工作环境的适应、职业发展问题、失业问题、职业安全卫生、健康保健问题、休闲娱乐问题、家庭与婚姻问题等都困扰着许多劳动者，需要社会工作提供更有针对性的专业服务；另一方面，随着企业劳动过程的机械化、自动化程度不断提高，职工所从事的工作日益机械化、电脑化和单调化、竞争化，这种状况影响了人与人之间的沟通与交流，造成职工间的紧张、单调、乏味。这使得职工的工作满意度降低，个人的自主性、创造性受到压抑，职工的工作成就感难以得到满足。解决这些问题需要专业的社会工作者，帮助职工减少工作压力、缓解身心疲乏，调适职工的情绪。

（四）下岗、失业者群体不断出现，需要大量的帮贫解困的工作

随着市场竞争的加剧，产业结构调整、企业的结构重组、减员增效改革的不断推进，一些能力较弱的职工不可避免地会被淘汰，使得一些劳动者沦为下岗、失业人员。这些失业者不仅在生活上出现困难，在心理上也受到极大的创伤，同时再次就业也非常困难。需要社会工作协助政府通过各种途径帮助这些困难群体解决所面临的生存困难，减轻社会压力，维护社会的公平和公正以及和谐和稳定。

（五）90 后、00 后新型劳动者群体，需要更加多元化的服务

随着计划生育政策与市场经济的改革，大量新生劳动力步入职场，并逐渐成为职工队伍中的主流，职工队伍发生了结构性的变化。时代环境造就了这一代劳动者有着与前人大为不同的人格特质。少子化和他们父母经济收入、社会保障改善使这一代劳动者生存压力降低，赚钱已不是劳动的唯一目标；较好的教育，使这一代已具有较强的维权意识和职业流动能力。企业传统的管理模式与职工思想政治工作方式受到了前所未有的挑战。大量农民工长期处在城市的边缘，不被城市认同接纳，乃至受到忽视、歧视或伤害，不能融入城市社会，享受不到应有的权利，累积很多矛盾，不仅他们自身的合法权益难以得到保障，也会导致农民工对城市社会普遍怀有一种疏离感和责任匮乏心态，这一问题解决需要拓展相应的社会工作，提供更加多元化的服务和政策保障。

第二节　企业社会工作的主要内容

一、企业社会工作对象

企业社会工作服务，是按服务对象身处的环境，面对的问题和需要及所能运用的资源情况进行的，针对不同的服务对象提供不同的服务内容和采取不同的介入策略。

（一）职工个体及职工家属

企业社会工作的服务对象主要是职工和他们的家属，协助职工解决面对的问题，回应他们的需要。与其他领域的社会工作服务对象不一样，企业社会工作的对象不是环境各不相同的单一个体，而是环境相同、面临问题相似的一个群体——企业职工。职工个体的问题往往是源自个人的心理障碍、环境不适应、能力和技巧或资源不足等，而通过个案辅导或引入相关资源就可以解决；这些服务或是由企业内提供，或是由企业外购买服务或转介。例如，对个别职工因工作压力太大而出现心理问题的辅导；又如，对某一职工因在工作中与用人单位发生争议的法律援助等。企业职工家属也是企业社会工作的服务对象。企业职工的情绪和工作态度不仅受企业本身的影响，也受其家庭生活及家庭关系的直接影响，因此相关服务也需要扩展到职工的家属。

（二）职工群体

在企业内针对较多职工中出现相似的问题或需要而设计服务。如针对同一劳动过程的职工，在同一劳动自然环境和制度环境中出现的情绪问题；又如企业针对女工或新入职的外来工等设计的专项服务。职工群体的问题和需要不一定是企业的运作或政策出现问题，而是一些特定处境而滋生的，如企业存在面对同样的个人问题的职工，如婚恋问题、人际沟通障碍问题、文化技术素质与企业发展不适应问题等，都可适当采用小组和社区工作手法来提供服务。如协助建立朋辈互助网络，或者办培训班提高素质和技能，还可以比赛等大型活动或主题项目等工作方式满足相关职工群体的需要。

（三）企业整体或企业内的管理部门

企业管理者的管理理念、管理价值观和管理水平对职工的直接影响很大，协调好管理部门与企业运行以及和企业职工之间的关系，是企业社会工作的重要内容之一。包括高层的决策、中层的管理以及基层的实施过程与职工之间的关系，都需要企业社会工作者的积极介入，以求得企业和职工之间良好的互动，达到既提高管理效率，又提升职工福利的目的。企业社会工作服务针对企业的雇主和企业的管理层，通过传播社会工作理念改善企业雇主和管理层对职工的管理理念和技巧，创造有利于职工工作和生活的体面劳动的人性化的工作环境氛围，建设和谐劳动关系，避免出现职工权益受损和激烈劳资冲突问题，促进职工福祉和企业精细效益的提升。如针对某部门经常有职工因工作压力过大而出现请假和离职问题、企业的管理者与职工关系紧张而发生冲突，或者某部门不断有工伤事故出现等情况开展服务。

职工的问题，特别是群体性问题往往是由于企业本身的管理制度、劳动环境、企业文化、企业运作方式而引发的，企业社会工作需要通过制度、管理和行政方面的研究，促进企业重视人性化管理，重视企业文化建设，重视职工参与，促进企业改善企业制度，改善工作环境、生涯发展条件和职业福利，并协助建立各种沟通机制和权益保障机制。

（四）一个行业或一个社区

针对一个行业或一个社区内的众多企业或职工所具有的共同问题，社会工作服务寻求解决方法。例如，楼宇中小企业（竖起来的社区）或工业开发区的中小企业中的职工普遍感觉交友困难，社会工作可通过设立活动中心或职工俱乐部，组织相应的群体联谊活动来提供服务；又如某地区餐饮业职工流失率很高，经常发生劳资冲突，社会工作可以协助企业和职工沟通和协商，协调劳动关系。

社会工作针对一个社区（地区）或一个行业的整体状况，特别是一些中小企业社会资源有限，关注与这些企业相关的政策、制度、地区行政运作、地区文化、地区企业行为和群体社会行为等。目前，已有一些专门服务劳工的社会组织尝试为工人提供一些活动空间，提供图书借阅，打乒乓球，逢年过节举行一些小型的晚会、办一些培训班、兴趣班或小组、组织技术比赛等。社会工作也会以一些行业协会或各种商会作为介入层面，寻求改善行业与职工相关的政策、制度、行政运作、行业文化、行业内企业行为和群体社会行为等。

（五）整体社会

改善整体社会政策、法规、社会制度、社会文化和社会行为，可以减少或预防对劳动者产生的影响或问题。社会工作通过分析各种与工作相关的政策、法规、社会制度、社会文化和社会行为寻求解决方法，提升全社会的福祉。如调查研究与企业职工相关的社会问题，倡导制定与企业职工相关的社会政策，倡导推行相关的社会服务计划或项目等。

二、企业社会工作服务的提供者

（一）企业社会工作者的类型

提供企业社会工作服务的主体是多元的，分布在不同的社会组织和工作平台中。

1. 企业内的企业社会工作者

企业内的企业社会工作者又有不同的组织载体，一般有3种情况：一是在独立设置的社会工作部门；二是设在工会内的社会工作部；三是在人力资源部门工作的专职社会工作者。

企业内的企业社会工作者无论在哪个组织中，只要是在企业内都隶属于企业，是企业的职工，由企业为其支付工资和各种福利待遇，就同时要接受企业管理者的领导。企业内的社会工作者最大的优点在于其内部性的特点，对企业生态有清楚的了解和认识，同时在开展工作的过程中容易得到企业内部各方面的支持，因此无论从及时全面地掌握服务对象的情况、有效解决服务对象问题，还是从切实落实好企业社会责任、建立企业良好的外部环境来看，都充分体现了其优势所在。任何事物都是矛盾的统一体，“内部性”的特点有利也有弊，在有些情况下也会成为企业社会工作者开展工作的绊脚石。比如，当企业管理层出于维护企业利益的目的，要求社会工作者作出有违社会工作价值理念的决定时，会使社会工作者开展工作时遭受困扰。

在企业内部，专门从事规划企业职工福利与保障的部门是企业的人力资源管理部门，该部门在对职工福利保障与人力资源开发过程中，多是企业雇主的视角，以“管理主义”为工作理念，以提升工作绩效为着眼点，缺乏服务的理念和思维，忽视对影响职工个人工作绩效有关的个人心理、家庭、社区或工作环境等问题的关注，这必然影响职工生活质量与工作福利的全面提升。而社会工作介入人力资源管理部门的工作则会引入“以人为本”的理念和管理方式，适应企业改革和职工队伍变化的需要更新人力资源管理的理念和具体的管理内容、方式等。

企业工会主要是以维护职工合法权益为服务宗旨的正式组织，其通过与企业开展对话、谈判来达到对工人整体利益的维护，帮助职工解决诸如增加工资、减少工时、改善工作环境等问题，侧重在劳动用工、工资福利、劳动保护以及帮困救助职工整体利益等方面。但以往传统工会对职工个人发展和价值实现的延伸服务和全面服务，职工在工作适应、心理健康、人际交往和职业生涯发展方面的微观需求关注欠缺。尤其是针对新形势下企业职工出现的新问题，如职工在社会转型期出现的心理问题、新生代职工希望得到人性化的对待等方面，则缺乏专业训练的人员和专业有效的方法来解决，难以满足职工需求，需要专业的嵌入。

2. 社会组织中的企业社会工作者

目前从事企业社会工作服务的社会组织，主要有两大类：一类是专门以企业社会工作为服务目标和服务领域的社会工作事务所；另一类是提出企业社会工作服务方向和服务项目要求，并提供一定的项目经费支持和项目过程监督的协会、基金会等。

随着企业社会工作实务领域社会工作者的不断探索与发展，社会组织中的企业社会工作者正在成为一支重要的力量。社会组织中的企业社会工作者开展工作的方式大致有两类：一是在企业外围为企业职工提供各种相关服务，企业主和企业的管理层对社会工作者持有戒备心理；二是通过某种途径与企业管理层达成合作协议，以进驻企业的方式为企业职工及其家属提供社会工作服务。

3. 政府部门的企业社会工作者

随着社会工作专业和职业化的进一步普及以及政府部门对社会工作认识的深化，社会工作者正逐步走进政府机构与企业职工利益相关的业务部门。政府部门中的企业社会工作者利用自身优势在倡导、监督企业落实社会责任方面具有不可替代的功效。随着我国社会服务事业的发展，企业社会工作者以专业和职业优势，倡导和推动企业社会工作，提高职工的职业福利，促进企业履行社会责任，建设和谐劳动关系，实现企业和谐和可持续发展。

4. 工会等人民团体的企业社会工作者

工会、青年团、妇联、残联等人民团体，尤其是以维护职工权益为主要职责的工会在为企业职工提供服务方面起着特殊的作用。这些组织和部门主要是以维护职工合法权益为服务宗旨，侧重劳动用工、工资福利、劳动保护以及帮困救助等职工整体利益问题，缺乏对职工个人发展的延伸服务和全面服务，职工在工作适应、心理健康、人际交往和职业生涯发展方面的微观需求很难受到关注。而且我国工会、妇联、共青团等组织的工作方式长期以来带有行政性、非专业化特征，是一种与专业企业社会工作性质截然不同的工作实践。随着企业社会问题的日益复杂化，这些组织在解决职工问题、缓解劳资矛盾上已难以满足现实的需要。以工会为例，工会是企业中以维护职工利益为宗旨的正式组织，其通过与企业开展对话、谈判来达到对工人整体利益的维护，帮助职工解决诸如增加工资、减少工时、改善工作环境等问题。但针对当前社会形势下企业职工出现的新问题，如职工在社会转型期出现的心理问题、希望得到人性化的对待等方面，则缺乏专业训练的人员和专业有效的方法来解决，难以满足职工需求。

我国的国情决定，工会是推进实施以企业职工（职工、劳工）为对象，以满足其职业福利和劳动权益实现需求的主体之一。政府主要支持并赋予权利、提供资源给企业工会，由工会依据职工福利和权益保障需求提供资源和服务。我国工会领域的社会工作作为我国的实际社会工作，目前还有行政性、非专业化的特征。但工会正逐步地向其本质属性——职工（劳工）利益代表者回归，只是这个回归还需要一个制度、体制和建设历程。

工会设立社会工作者岗位，最早始自美国。20 世纪 70 年代，我国台湾、香港企业社会工作开始之际，工会购置企业社会工作服务也成为一个主要的模式。这个模式影响到我国内地，所以工会购置社会工作成为我国内地企业社会工作发展的一个主要模式。例如，深圳艾美特电器公司就是以工会购置社会工作而开展工作的。

5. 党群服务中心社区服务中心和社会工作站中的企业社会工作者

党群服务中心社区服务中心和社会工作站作为我国广泛联系各类辖区企业和劳动者的社区社会工作的服务网络，是承载政府、企业购买的社会工作服务项目以及承接企业为职工及其家属提供转介服务的重要载体。目前，我国一些社会工作者在工业开发区、商贸区及商务楼宇等的党群服务中心社区中心以及社会工作站中专门从事企业社会工作，开展着多元化、多样化的企业社会工作服务。

（二）企业社会工作者的角色

根据生态系统理论，企业社会工作是在一个由职工、企业、社会等形成的生态系统中开展的服务活动。受该生态系统影响，社会工作者不仅要与服务对象相联系，还要与同服务对象相关的其他系统一道解决服务对象的问题。企业社会工作者在介入职工的服务时承担着不同的角色。

1. 咨询辅导者

作为咨询辅导者，企业社会工作者主要是为企业职工就职业和生活问题提供咨询辅导。如果职工不清楚不了解所在岗位是否会经常接触职业危害因素，是否会患职业病，作业场所应有哪些安全防护措施，应有什么操作程序规定，或受到职业伤害后如何应对，如何保护自身的正当权益等问题时，就可以向社会工作者咨询相关信息。社会工作者会帮助职工明确其所工作的环境和条件，厘清其需求，弄清其所担忧的问题，寻找各种解决方法和途径，发展职工自身应对环境的能力。

2. 促进者

如果职工面临职业或生活困扰，企业社会工作者应及时给予支持和鼓励，帮助他们分析面临的问题和困境，确认问题原因，协助他们发掘自身的潜力和资源，促使其更有效地解决问题，从无助和无能的状态中解脱出来，从而增强其生产适应性和生活适应性。作为促进者的企业社会工作者提供的服务就是促进职工问题的解决和应对职业和生活问题能力的提升。

3. 联结者

企业社会工作者扮演的资源联结者、经纪人、中介人角色，主要是围绕职工对职业和生活的需求，把职工与其所需要的资源联系起来，这既包括利用企业内部的资源满足职工的需求，比如联系工会、生产管理部门等，也包括联系企业外部的资源为职工提供服务。职业和生活问题的产生靠单一资源往往难以应对，需要整合多方资源，比如社区、政府部门或者第三部门的组织力量等。

4. 调解者

当职工在职业或生活中出现与企业相关部门或人员的冲突时，企业社会工作者可以扮演调解者的角色，秉持公平正义的立场，调解冲突双方的争端，化解矛盾冲突。原则上其立场是客观中立的，但在利益相权必有损失的情况下，应考虑最大限度地维护处于困难地位的职工利益。

5. 教育者

为职工提供职业和生活相关的教育培训是企业社会工作者的一项重要工作。在进行这项服务活动时，企业社会工作者可以担当教育者的角色，设计并实施职业和生活发展相关的教育、培训方案。对职工及管理者进行相关知识培训，提高其应对问题的能力。

6. 协调者

企业社会工作者的协调者角色，主要是针对职工在职业活动过程中遭遇的危机和冲突与主管部门进行沟通协调，澄清症因，明晰双方的权利义务，维护职工的利益，确保各方利益相关者的和谐关系和企业的和谐发展。

7. 倡导者

一是倡导企业贯彻法律法规维护职工权益，承担起应有的社会责任。二是倡导职工主动积极地维护自身的合法权益，为避免职业伤害而积极行动。

三、企业社会工作服务内容

（一）职工福利服务

职工福利是指工资以外的各种福利，是职工基于企业组织一员的身份而得到的奖励，与职工个人的工作绩效并无直接关系。社会工作介入职工福利的目的是通过职工福利来弥补职工工资的不足，以达到对职工基本生活的保障与改善，同时提升职工的心理满足度，以激励职工士气，提升职工生产力，从而吸引人才，留住人才，增加企业的竞争力。

（二）职工职业生涯规划

个人发展是企业发展和社会发展的基础，只有充分发挥人的主观能动性，在企业建立以人为本的职业生涯开发与管理的目标体系，帮助职工实现自我价值，通过做好职工的职业生涯开发与管理，把企业的人力资源最大限度地变成人力资本，企业才能最终实现未来的愿景。社会工作者通过为职工提供职业生涯辅导，帮助职工进行自我职业生涯设计，促进职工职业生涯的发展。

（三）职工情绪管理

职工情绪对企业来说是职工心理资本的重要组成部分，它同其他资本一样，对企业的发展起着至关重要的作用。每个人都有情绪，但人们大都对情绪缺乏必要的了解和关注。消极情绪若不适时疏导，轻则导致心情不舒坦，重则使人走向崩溃；而积极的情绪则会激发人们工作的热情和潜力——各种情绪不同程度地影响着职工的工作和生活。社会工作者通过识别职工的不良情绪，对存在着不良情绪的职工提供情绪疏导以达到缓和其不良情绪、改善心情的状态，促进劳动关系和谐。

（四）职工素质提升

职工素质的提升是企业健康可持续发展的基础，也是企业社会工作应有的内容之一。在职工素质提升方面，社会工作服务有3类：第一类，对职工通过不同形式的教育和引导，促使职工能够认识到争取自己合法权益的手段和途径以达到增权的目的，实现自我权利意识的提升；第二类，引导职工参与职业（技术）教育，为职工提供充实和提高自己的技术技能，以胜任工作的机会；第三类，组织开展多种激励职工在工作上精益求精、优质高效、开拓创新的活动，培养职工健康的工作态度和提升高效率工作的能力，促进企业整体劳动生产力的提升和经济效益的增长。

（五）职业安全与健康

第一，在职场消除或减少影响职业安全与健康的因素；第二，在职工因工受伤或患病时提供多方援助，如提供尽可能好的医治和康复训练条件，并改善现有的工作环境，从而减少对其本人和相关人员的损伤；第三，协助因工受伤或患病的职工争取合理的补偿，维护合法权益；第四，对因工受伤或患病职工的社区康复工作，协助他们回归社会、重返社区生活，增加社区共融及减少因职业伤病而产生的社会排斥现象。社会工作者通过为职工个体提供咨询、辅导和多种社会资源，对因工受伤或患病的职工进行慰问和落实补偿，为他们的康复提供全方位支持；利用小组工作方法对职工进行培训，培育职工的健康意识、权益意识，教给职工自我保护及应对伤病的知识和方法；利用社区工作方法，向广大职工宣传劳动法及劳动安全与卫生方面的法规，在企业内进行职业安全健康、预防工伤和职业病的宣传教育，推动企业管理方改善工作环境、健全制度体系，促进职工养成职业安全健康的行为习惯。

（六）职工休闲生活与服务

休闲时间也称为自由支配时间，指为了满足个人精神文化以及发展需要所花费的时间，包括学习科学文化知识、阅读报纸以及文艺书刊、看电视、体育锻炼、休息及其他娱乐等自由支配时间。休闲时间是一种宝贵的社会财富，社会工作者带领职工合理地利用休闲时间，可以使他们得到愉快的娱乐和休息，发展丰富多样的兴趣，取得智力、体力和心理上的全面健康，有利于企业经济的发展和劳动关系的和谐。

（七）职工工作与家庭生活平衡的服务

企业社会工作力求为职工创造条件和营造环境，使职工工作与生活更有幸福感。企业社会工作关注职工的婚姻家庭、职工在工作以外的生活及女职工的特殊权益，如职工的家中老人照护和少儿的托管、职工生活中衣食住行具体困难排除、婚姻辅导和大龄青年联谊、职工及家属业余休闲娱乐活动组织与服务等。为了让职工生活得更好，社会工作者通过协助企业制定政策，整合资源，采取措施，提供服务来为职工着想，解决职工的实际困难，解除后顾之忧。企业社会工作服务节省职工的时间和精力、体力，使职工能够充分享受生活、对企业有归属感，为职工献身企业发展、提高工作效率创造条件。

（八）企业劳动关系协调

社会工作协助和促进在企业内建立职工关系调解机制，协助解决职工之间发生的矛盾、冲突，以建立和谐职工关系，提升职工对企业的满意度和改善企业管理方式，促进企业更快、更好的发展，实现企业与职工的双赢。

（九）企业文化和职工文化建设

企业文化是企业核心竞争力的重要组成部分。企业社会工作把企业文化建设当作自己的服务内容，主要是在企业组织内部传播平等、公正、和谐的文化理念和尊重、理解、合作的工作态度以及团结、互助、友爱的组织氛围，以促进企业提高管理水平，增强凝聚力；促使企业使命、愿景、核心价值观进一步清晰，激发职工的主动性、积极性和创造性，以产生更大的经济和社会效益。就此而言，企业社会工作者在企业文化建设方面能够发挥积极的作用。

（十）特殊群体关怀

企业职工队伍中的特殊群体包括老、弱、病、残、孕及文化或技能低下者，也包括下岗职工、进城农民工、较早退休的“体制内”人员。企业社会工作关爱困难群体，向困难群体提供社会支持和社会保护，反映了以人为本的价值理念，体现了对社会稳定和社会公正的追求，也是履行社会工作专业的崇高使命。

（十一）企业履行社会责任

企业社会责任是指企业在创造利润，对股东负责的同时，还应承担起对劳动者、消费者、环境、社区等利益相关方的责任，其核心是保护劳动者合法权益，包括不歧视职工、不使用童工、不使用强迫性劳动，创造安全卫生的工作环境等。企业社会工作者所开展的工作内容在很大程度上属于企业社会责任的工作内容。企业社会工作与企业社会责任的最大差别是出发点不同，企业社会工作的出发点是通过社会工作专业服务来帮助企业中有困难的目标群体解决问题，提升生活品质，实现社会正义；企业社会责任的目标是为了维护企业的长远发展而必须担负的利益相关方责任。

第三节　企业社会工作的主要方法

企业社会工作者根据服务内容和服务对象的具体特点选择适当的工作方法满足企业和职工需求，处理企业和职工面临的问题。

一、个案工作在企业社会工作中的运用

社会工作者运用个案社会工作的方法，对职工及其家庭进行与工作、生活相关问题的咨询、协助，对情绪进行疏导，改善职工的社会支持与资源状况，平衡家庭和社会关系、化解矛盾和冲突。

（一）企业社会工作中的个案工作分类

针对企业的个案工作主要是协助职工解决在工作生活中碰到的直接的实际的问题和困难。主要有如下几个方面：

（1）一般信息咨询性问题：职工对企业的各项作业程序、企业内外的相关资源、劳动及社会保障法规等不清楚，需要帮助。如针对新进职工对企业内各项规章制度、企业内外有关资源及其运用、对获得职业福利及社会保障的条件和程序等缺乏了解。

（2）人际交往和感情问题：交友圈狭窄，很难融入企业；交友不慎；恋爱问题。

（3）家庭问题：婚姻关系失调；代际冲突；家庭暴力。

（4）适应问题：工作适应不良；生活环境适应不良；人际关系适应不良。

（5）情绪问题：因工作和生活引起的焦虑、紧张问题；因工作和生活引起的无助、想家问题；因工作和生活引起的沮丧、忧郁问题；因处理失当的感情、较高的工作强度等引起的恐惧、害怕问题；因恋爱、家庭压力及工作压力导致的情绪和心理问题等。

（6）资源提供与心理支持问题：下岗和失业人员的再就业的心理与社会支持；工伤（亡）事故的补偿与危机干预；本人疾病与家庭成员疾病及突发事件导致生活困难和精神痛苦辅导与援助等。

（7）法律援助和权益保护问题：包括工伤事故赔付，劳动保护与保险问题，工资拖欠与克扣等问题处理中的协助。

（二）企业社会工作个案来源

企业社会工作的服务对象来源于：厂医转介的职工、管理部门工作人员发现并介绍的职工、职工家属或亲友介绍的职工、社会工作者主动发现的职工、自己主动寻求帮助的职工等。

案例 14－1

小强在箱包厂做事，刚进车间，他就觉得气味很重，时间长了也就习惯了。半年后，他感觉自己越来越虚弱，面部和手脚浮肿，他以为是工作太累的缘故，继续坚持着车间作业，直到一个月后的一天，突然晕倒，被人送进医院。医疗费花了8000多元。小强出院后一直在家待着，身体依旧浮肿，无法干重活，情绪很差。小强在皮鞋厂的朋友向社会工作者介绍了小强的情况，希望能得到帮助。

1. 接案

经服务对象小强的朋友介绍，社会工作者开始与小强接触。通过与小强的会谈和对其朋友、邻居的访谈，了解了他的基本情况和求助的问题。社会工作者以真诚、接纳、能理解自己的交流方式使小强对其产生了信任，双方建立了服务关系。

接案是开展个案工作的第一步，社会工作者首先要与因职业安全健康问题前来寻求帮助的服务对象开始接触。在本案例的接触中，社会工作者做了4件事：一是意识到小强是由朋友转介而来，这是确定了服务对象的来源。二是了解服务对象的基本资料，如年龄、教育背景、工作单位等。三是明确服务对象求助的问题及其需求。四是与服务对象确立信任和合作的服务关系。社会工作者顺利接案，然后要进行预估。

2. 预估

针对小强的身体病痛问题，社会工作者通过深入访谈，结合心理－社会治疗模式理论，将其问题成因归结为 3 个方面：生理因素，小强患病后没有彻底康复就回到了家中，后来也没有做治疗或是康复训练；心理因素，身体病痛让服务对象出现了负面情绪，逐渐丧失了生活自信心；家庭因素，家人能给予的照顾很少。明确问题成因后，社会工作者梳理了介入的优势与资源。一是社会工作者与当地职业病防治医院有接触，可为小强联系康复资源；二是小强有三个关系密切的朋友，可以成为他的社会支持系统；三是社区卫生所有部分免费医疗服务。

预估阶段重点是确诊服务对象的问题境况和确定社会工作的资源。前者弄不清楚，就无法对症下药；后者弄不清楚，就容易有心无力，无法施助。做好预估后，下一步工作是制订计划。

3. 计划

基于预估情况，社会工作者计划采取社区康复疗法，同时采取心理康复疗法，从生物－心理－社会角度出发，对小强进行心理干预，提高其心理健康水平。具体目标和行动是帮助小强联系职业病防治医院；康复跟进，协助小强进行康复训练；联系其朋友和家人，帮助小强走出低落的情绪，恢复和提高自信心。

个案工作是一个有序开展的系统过程，制订合理的计划就是其中一个体现。完整的计划包括服务要达到的目标和为了达到目标采取的行动及介入策略。此处所定目标也会成为评估的依据。计划的制订需要考虑周密，合理可行。

4. 介入

介入过程也被称为治疗与服务或干预过程。社会工作者开展的干预活动，首先是链接资源，解决生理问题；其次是康复跟进，调节情绪；最后是与小强的朋友和家人交谈，促使他们给予情感支持。另外，社会工作者还动员了卫生所人员及其邻居为小强提供支持与帮助。

一般而言，社会工作者在介入时需要协助服务对象疏解不良情绪、纠正偏差行为、澄清偏激的观点、态度和想法，支持鼓励服务对象肯定自我，发挥其潜能，调整社会关系，帮助其寻求社会资源，改善环境。同时可以继续预估，修正和补充治疗计划与策略。介入是一个动态的过程，社会工作者需要灵活处置具体状况。

5. 评估与结案

介入过程结束后需对个案工作进行评估，以确认服务目标达到的程度、服务对象改变的程度以及服务方式是否合理有效。在本案例中，经过社会工作者的介入，小强的问题得以解决，各方面都有了明显的变化。评估的作用也在于它是一种整体性反思，促使社会工作者作出及时的实务经验总结，这有助于提高以后的服务水平。评估结束后就可以结案了。根据具体情况，结案后还可以进行继续跟进和跟踪服务。

二、小组工作在企业社会工作中的运用

将小组工作方法运用于劳动关系协调中的个人或小组问题的解决，是企业小组工作的一个传统。将小组方法用于职工个人成长与素质提升、企业干部训练、职工志愿者培

训、上下级之间关系处理及沟通、职工集体教育、职工行为训练及矫正、职工兴趣与才艺提升、企业人际关系等，促进企业组织内部的关系协调和组织的正常运转。

（一）企业社会工作中小组工作对象和内容

对职工：协助他们适应工作环境，增加生活乐趣，解决心理困扰，学习社会交往技巧，改善人际关系、协调劳资关系，促进劳工福利，改善工作环境等。

对管理人员：促进管理与领导能力，帮助他们了解职工心理动力，协调劳资关系，寻求合理有效的生产方式等。

（二）企业中小组的类型

企业社会工作实务开展过程中有一系列的小组工作类型，从小组目标的角度可以作以下划分。

1. 兴趣、娱乐小组

这类小组在企业社会工作中较常见。其目标主要是丰富职工的休闲生活、增加职工生活乐趣，同时让职工学习一套自己感兴趣的娱乐技巧，陶冶性情。既可以外聘受过专门训练的专业人士来指导小组，也可以从企业中选出有一技之长的职工来领导。社会工作者对于此类型小组主要起到倡导与支持、资源的整合与协调作用。例如，为职工组织的某方面体育运动（足球、轮滑）、插花、跳舞、扑克牌等娱乐小组和协会。它是企业职工认识企业社会工作的一个窗口，是增强企业凝聚力和协调企业内部人与人之间的手段，同时还可以促进职工与社会工作者信任关系的建立与发展。

2. 成长小组

企业职工组成的成长小组，目的是让职工有了解或改变他们对自己及他人的思想、感觉、行为的机会，通过小组体验，充分发挥自己的潜能，洞察自己的问题，寻求解决问题并促进职工个人健康的成长。成长小组的焦点在于个人的成长和正向改变。每个人的人生都有一定的逆境，每个人都有其潜能，逆境是一种挑战性机会，在逆境中发展自己的潜能和提升自我的过程就是成长过程。例如，职业规划小组、技术革新改造小组等。

3. 支持小组

这类小组的主要目标是协助成员应对充满压力的生活事件，并恢复原有的应对能力。在支持小组中，最重要的是小组成员的关系建构、互相交流和互相支持。社会工作者的主要任务是：指导和协助小组成员讨论自己生命中的重要事件，表达经历这些事件时的情绪感受，加强小组成员间的沟通及相互帮助，达到互相支持的目的。支持小组要充分发挥小组成员的自主性，鼓励成员分享经验并协助解决彼此的问题。在企业社会工作实务开展中，常见的支持小组有为失恋的职工、单亲母亲、患某类疾病职工组成的支持小组，为尚不能适应新环境的新入职工、岗位调整或下岗失业职工组成的支持小组，为处于职业倦怠中的职工组成的支持小组等。

4. 教育小组

教育小组的主要目标是帮助成员学习新的知识与技巧，补充相关知识之不足，促使成员改变原来对自身问题的不正确看法及解决方式，从而实现小组成员的发展目标。教育小组在实务开展过程中，首先要帮助小组成员能够认识到自我存在的问题并有自我解决问题的需要；其次，促使小组成员能够确立新观念、新视野，从而改变看问题的角度；最后，开展干预服务，降低小组成员的问题行为特征，以达到改变自我的目的。社会工作者一方面要重视成员的自助；另一方面也要重视成员间的互助，鼓励小组成员通过讨论与经验分享，互相学习，互相促进。比如在企业社会工作实务中的教育小组，对企业中层管理人员进行的管理技能的教育训练，对基层管理人员进行的会议技巧训练，对操作工进行的专项技能培训，对一般职工进行的自我发展训练和沟通技巧训练等。

5. 治疗小组

治疗小组的主要目标是协助成员改变他们的行为，改善个人问题，治疗生理、心理和情绪上的创伤。治疗小组对社会工作的素质要求比较高，不仅要具备扎实的社会工作理论和娴熟的实务技能，还要具备一定的心理学、医学等方面的学术训练和临床经验。治疗小组也强调支持，但是与支持小组不同，它更注重改变、治疗与恢复。通过小组工作的活动过程，帮助小组成员了解自己的问题及背后的社会原因，利用小组的经验交流与分享，辅助以一定的资源整合或社会支持网络，以达到对小组成员的心理和社会行为问题的治疗，从而改变小组成员的行为，重塑其人格，开发其潜能，促使其成为健康、健全的社会人。例如，为那些有长期或短期情绪问题的职工建立的治疗小组，为有酗酒、赌博等行为的职工组成的心理治疗小组等。

（三）小组工作过程

案例 14－2

某企业工会在年末调查中发现部分入职 2～3 年的职工对未来发展有些迷茫，不知道未来如何发展。根据调查，企业社会工作者对这部分职工进行生涯规划的指导，但是每个人反映的情况和困难又不太一样，最后社会工作者为职工设计了小组辅导，这样可以让问题较为充分地展现和处理。

1. 需求评估

社会工作者首先依据工会的调查发现，进一步对企业工会、人力资源部门及职工进行了较深入的调查和了解，找出职工生涯规划的难点、当前的迷茫状况和原因以及需求。根据这些资料进行了综合分析，社会工作者决定在相关职工群体中开展职业生涯规划小组活动。

2. 确定目标

通过小组活动，社会工作者希望能提高职工自我成长和职业规划能力，增强职工对企业的认同感和职业使命感。具体目标是协助小组成员整理过去经验，进行自我探索；使成员确定自己的生活、工作目标，进行自我规划和决策，计划未来的生活和工作；传授职业生涯规划的知识和改变行为方式，具体实施职业生涯规划的方法。

3. 招募组员

社会工作者根据企业职工反映的问题，决定面向全厂普通职工，采取自愿报名的方式招募组员。然后根据组员加入小组的动机、目的及其性别和岗位特点，从中确定 10～

12 名组员。

4. 制订小组计划书，并按计划开展小组活动

基于前面的工作，社会工作者确定小组名称为“生涯探索小组”，同时明确了小组的理念、目标、组员和特征，并定下了开展的日期、时间和地点、招募方法及每一次小组活动的详细计划。

对预期问题作出了预案：若参加小组的人数过少，社会工作者可与企业主管部门协商，组织职工参与；若参加人数过多，则需按照招募条件筛选组员或陆续组织多个小组活动；若出现人员中途退出，可根据具体情形劝其勿退出，或选择好替补对象。

“生涯探索小组”计划书

* 小组名称：我的未来我作主

* 带领者：社会工作者

* 小组性质：结构式、封闭式小组

* 成员对象：入职 2 ~3 年的职工

* 人 数：10 ~12 人

* 筛选方式：企业内部网站发布消息，在厂区宣传栏内张贴海报，在职工活动室放置宣传单。职工自愿报名，面谈说明小组目的，征询参加动机后决定。

* 小组时间：××月××日至××月××日（18：00 ~20：00）

* 小组次数：八次

* 小组地点：职工活动室

* 小组理念：

对于已经参加工作的成年人来说，如何能够更好地规划未来的职业生涯，是一件重要的事情。在生涯规划的过程中，一方面要让成员有“全方位”的意识，另一方面要有“发展”的理念。因此，本小组的计划是依据以下相关理论设计，让成员可以明确自己在该阶段的状态，明了面临的困难，也了解自己的资源，周围的发展环境，从而能够对自我发展的优势和限制有清晰的认知，能够结合周围的各种资源，发挥自身潜能，从而实现自我的理想。

* 小组理论基础：

（1）霍兰德（Holland）的类型理论（略）

（2）职业生涯发展理论（略）

（3）帕金森的职业人匹配理论（略）

* 小组目标

（1）协助小组成员整理过去经验，进行自我探索。

（2）使成员确定自己的生活方式，进行自我规划和决策，计划未来的生活。

小组活动方案设计表

次数	单元名称	单元目标	主要活动内容	时间/分
一	天涯相见	小组形成 澄清小组目标 了解成员需求	1. 热身：采访；滚雪球 2. 小组形成：生涯花朵朵朵开 3. 认识小组：生涯花朵大观园 4. 总结与反馈	15 分钟 50 分钟 35 分钟 20 分钟
二	天生我材	增进成员熟悉 熟悉生涯的基本概念，让成员开始思考生涯的整体角色 开始对自我进行探索，包括个人性格、兴趣等	1. 暖身：体操；松树与大树 2. 自我探索：小小动物植物园 3. 追本溯源：家族职业树 4. 潜能激发：自我肯定 5. 总结与反馈	15 分钟 15 分钟 30 分钟 40 分钟 20 分钟
……	……	……	……	……
八	扬帆起航：我的人生我作主	回顾与展望 给成员的生涯规划定锚，加深促进 团队结束	1. 暖身：心电感应 2. 回顾与展望 3. 互送生涯礼物 4. 结束小组与祝福	20 分钟 35 分钟 45 分钟 20 分钟

（四）评估

在小组的最后阶段需要进行评估。通过评估来检视小组活动是否达到预期目标，在多大程度上实现了目标以及存在的问题和改进方法等。根据参与小组职工的反映，企业社会工作者对小组活动采取了综合评估方法。一是运用问卷对组员的职业生涯规划意识和相关知识进行前测和后测，对比分析两组资料，以此评估小组活动效果。二是社会工作者通过在活动过程中观察组员的表现，同时向组员了解小组的工作成果。三是使用小组满意度量表和社会工作者自我表现评估表进行评估。

另外，小组结束时需妥善处理组员的离组情绪，如有必要，可视具体情况安排跟进服务，以便巩固小组成果。

三、社区工作方法在企业社会工作中的运用

企业是一个特殊的社区，是一个有着清晰的地理范围、有着居民（职工）、文化联结、追求目标的社会共同体。大型工业企业本身就是一个独立的生产型社区，中小企业聚集的商务楼宇、工业开发区、商业一条街、大型商业卖场也是功能特殊的生产或商务社区。

社区工作方法在企业社会工作中同样是可以应用的一个主要的工作方法。企业社区工作方法的起始点就是首先将企业作为一个社区来看待，以整个社区及社区中的居民为服务对象，提供“助人的、利他的”服务。但是，企业“整个社区”的组织与发展工作，一般由企业高层主管以及众多的管理机构与人员进行分工负责，所以企业社会工作

的社区方法的主要对象是“居民”——职工的生活与情绪的组织与发展，把对他们提供各项利他的、助人的服务纳入社区方法的宏观考虑之中。

企业与一般的居民社区还是有着不同特点。从功能上看，企业是一个生产区域、贸易区域，而居民社区一般是生活区域。因此，企业比起普通社区就有很多管理上的特殊要求。企业社会工作在运用社区方法工作时，就必须注意到这些管理上的约束，在对方法流程的设计时就必须将之设置于这些管理制度的框架内。

企业社会工作的社区方法及其运用，也要遵循社区工作的一般过程，即在企业社会工作者与职工建立专业服务关系后，要先对职工和企业相关状况进行调查研究，了解其需求，获取相关资源；然后制订可行性计划；接下来是采取社区行动实施计划，在计划与组织实施过程中还要合理安排财政预算和资金使用，做好监督、控制及评估等管理工作。

企业社会工作可以采取多种形式动员组织职工参与各种社区活动，比如围绕生产、生活的竞赛活动，企业各项规章制度的宣传和教育（安全制度、福利制度、劳动制度），链接企业内外社会资源的职工及其家属的互助互济的社会支持活动（政府、社区、NGO）等。

通过社区活动的参与，职工不仅仅把企业视为工作场所，还能感受到企业与职工生活、交往、成长的息息相关、密不可分，职工对企业的归属感、认同感会不断增加，职工之间的互助关怀意识也得到了提升，职工在遭遇心理、经济及其他方面危机时能够得到多方面的支持和帮助，使企业成为职工获取正能量的坚强后盾。

除了通过休闲娱乐活动使职工放松身心、增进交流之外，企业社区层面的社会工作还可以通过组织宣传，汇集职工对企业生产发展、工资福利等方面的意见，引导企业职工能够合理、合法表达自己的意见、维护自身权益，与企业管理方进行对话与沟通，提升职工的自我权利意识，帮助职工成为企业公民，消除因沟通不畅引发的激烈冲突。

案例 14-3

S工业园区占地面积1000余亩，工业园内以中小企业为主，大大小小50余家企业，共计职工8000余人。工业园内设有一个党群服务中心，共有6名常驻社会工作者。党群服务中心内设立了电教室、培训、图书阅览室、谈心室、接待室、办公室、健身室等多个活动学习场所，逐渐形成了完善的日常活动体系和管理体系，社会工作者的服务成果显著。目前，S工业园区已经逐渐形成了以丰富企业职工精神生活为主的完整的服务体系，党群服务中心侧重开展“青工学堂”系列活动，活动安排为周一晚“快乐星期一”“快乐手工坊”，周二、周四晚交谊舞培训，周三晚企业职工英语口语培训，周五晚电影欣赏会。

党群服务中心在职工日常生活减压、心理疑难答疑、个人困惑辅导方面取得了一定成效，社会工作者所开展的活动为企业所赞扬，为职工所喜爱，得到了工业园内企业职工的好评。“有困难，找社会工作者”这一口号已经得到工业园内广大职工的肯定和赞同。

本章小结

企业社会工作是社会工作的一个重要实务领域。企业社会工作是运用社会工作的专业理念与方法，在企业内外开展与职工的工作岗位适应、劳动环境协调、职业福利保障、职业生涯发展以及劳动关系协调等有关的服务工作与管理工作，其目的在于促进职工发展和福利目标实现的基础上，保障职工利益、提升劳动效率、促进企业和职工共同发展。

考试大纲

一、社会工作实务的通用过程

（一）接案
1. 接案的步骤及核心技巧
2. 接案应注意的事项
（二）预估
1. 预估的目的和任务
2. 预估的基本步骤
（三）计划
1. 服务计划的构成
2. 制订服务计划的原则
3. 制订服务计划的方法
（四）介入
1. 介入的分类
2. 选择介入行动的原则
（五）评估
1. 评估的目的
2. 评估的方法
3. 评估应注意的事项
（六）结案
1. 结案的任务
2. 结案时服务对象的反应及处理方法

二、儿童社会工作

（一）儿童的特点及需要
（二）儿童社会工作的主要内容
（三）儿童社会工作的主要方法

三、青少年社会工作

（一）青少年的特点及需要
（二）青少年社会工作的主要内容

（三）青少年社会工作的主要方法

四、老年社会工作

（一）老年人的特点及需要
（二）老年社会工作的主要内容
（三）老年社会工作的主要方法

五、妇女社会工作

（一）妇女的特点及需要
（二）妇女社会工作的主要内容
（三）妇女社会工作的主要方法

六、残疾人社会工作

（一）残疾人社会工作概述
（二）残疾人社会工作的主要内容
（三）残疾人社会工作的主要方法

七、矫正社会工作

（一）服务对象的特点及需要
（二）矫正社会工作的主要内容
（三）矫正社会工作的主要方法

八、优抚安置社会工作

（一）服务对象的特点及需要
（二）优抚安置社会工作的主要内容
（三）优抚安置社会工作的主要方法

九、社会救助社会工作

（一）社会救助社会工作的主要内容
（二）社会救助社会工作的主要方法

十、家庭社会工作

（一）家庭社会工作的主要内容
（二）家庭社会工作的主要方法

十一、学校社会工作

（一）学校社会工作的主要内容
（二）学校社会工作的主要方法

十二、社区社会工作

（一）社区社会工作的主要内容
（二）社区社会工作的主要方法

十三、医务社会工作

（一）医务社会工作的主要内容
（二）医务社会工作的主要方法

十四、企业社会工作

（一）企业社会工作的主要内容
（二）企业社会工作的主要方法

参考文献

［1］陈锦华，梁丽清．性别与社会工作［M］．香港：香港中文大学出版社，2006.

［2］费梅苹．社区青少年社会工作方法与技巧［M］．上海：华东理工大学出版社，2006.

［3］甘炳光，等．社区工作理论与实践［M］．香港：香港中文大学出版社，1994.

［4］甘炳光，等．社区工作技巧［M］．香港：香港中文大学出版社，1996.

［5］高钟，王海峰．企业社会工作概论［M］．北京：中国社会出版社，2012.

［6］顾东辉．社会工作概论［M］．上海：上海译文出版社，2005.

［7］黄月霞．儿童辅导与谘商——了解儿童、谘商服务、技巧训练［M］．台北：五南图书出版公司，2004.

［8］老年社会工作——生理、心理及社会方面的评估与干预（第二版）［M］．隋玉杰，译．北京：中国人民大学出版社，2008.

［9］林胜义．学校社会工作［M］．台北：巨流出版社，1988 年．

［10］林香生，黄於唱．社会工作实践——社区工作［M］．香港：香港理工大学应用社会科学系，2002.

［11］马凤芝．社会工作的过程模式［M］//王思斌．社会工作导论．北京：北京大学出版社，1999.

［12］马洪路．残障社会工作［M］．北京：高等教育出版社，2007.

［13］梅陈玉婵，齐铱，徐玲．老年学理论与实践［M］．北京：社会科学文献出版社，2004.

［14］莫藜藜．医务社会工作［M］．台北：桂冠图书股份有限公司，1998.

［15］秦炳杰，陈沃聪，钟剑华．社会工作实践：基础理论［M］．香港：香港理工大学应用社会科学系，2002.

［16］秦炳杰，等．社会工作实践基础理论．香港：香港理工大学应用社会科学系，2002.

［17］石丹理，韩晓燕，马庆强．青少年正面成长课程［M］．上海：学林出版社，2010.

［18］史柏年．矫正社会工作［M］//王思斌．社会工作概论．北京：高等教育出版社，2006.

［19］首届（深圳）全国企业社会工作建设研讨会论文集，2011.

［20］苏景辉．社区工作——理论与实践（第二版）［M］．台北：巨流图书公

司，2003.

［21］苏景辉．工业社会工作［M］．台北：台湾桂冠图书公司，1989.

［22］谭琳，蒋永萍．1995—2005年：中国性别平等与妇女发展报告［M］．北京：社会科学文献出版社，2006.

［23］仝利民．老年社会工作［M］．上海：华东理工大学出版社，2006.

［24］王金玲．中国妇女发展报告［M］．北京：社会科学文献出版社，2006.

［25］香港理工大学应用社会科学系．社会工作实践：应用与技巧［M］．香港：理工大学应用社会科学系，2002.

［26］徐永祥．社区工作［M］．北京：高等教育出版社，2005.

［27］闫广芬．妇女社会工作［M］．天津：天津大学出版社，2010.

［28］张李玺，等．妇女社会工作［M］．北京：高等教育出版社，2008.

［29］张昱，费梅苹．社区矫正实务过程分析［M］．上海：华东理工大学出版社，2005.

［30］张和清．农村社会工作［M］．北京：高等教育出版社，2008.

［31］钟涨宝，等．农村社会工作［M］．上海：复旦大学出版社，2011.

［32］周怡君，赖金莲．台湾庇护工场情况分析：理论与实务［M］．台北：洪叶文化文化事业有限公司，2009.

［33］Saleebey，Dennis. The Strengthes Perspective In Social Work Practice［M］．李亚文，杜立婕，译．《优势视角》［M］．上海：华东理工大学出版社，2004.

［34］Ed E. Jacob，Rober L. Masson，Riley L. Harvill. 团体咨询的策略与方法［M］．洪炜，等，译．北京：中国轻工业出版社，2000.

［35］Jon Carison. 阿德勒的治疗：理论与实践［M］．郭本禹，吕英军，译．重庆：重庆大学出版社，2012.

［36］Paula Allen－Meares. 儿童青少年社会工作［M］．李建英，范志海，编译．上海：华东理工大学出版社，2010.

［37］Rober. E. Emery. 婚姻、离婚与儿童适应［M］．李晓燕，李咏慧，译．台北：心理出版社，2005.

［38］Sheldon D. Rose. 青少年团体治疗——认知行为互动取向［M］．翟宗悌，译．上海：华东理工大学出版社，2003.

［39］Lena Dominelli. 女性主义社会工作——理论与实务［M］．林青旋，译．台北：五南图书出版股份有限公司，2004.

［40］【英】Juliet C. Ruthman. 残疾人社会工作［M］．上海：华东理工大学出版社，2008.

［41］【英】Barbra Teater. 社会工作理论与方法［M］．余潇，等，译．上海：华东理工大学出版社，2013.

［42］迪特里克．老年社会工作：生理、心理及社会方面的评估与干预［M］．隋玉杰，译．北京：中国人民大学出版社，2008.

［43］【美】Leon H. Ginsberg. 社会工作评估：原理与方法［M］．黄晨曦，译．上海：华东理工大学出版社，2013.

［44］【美】玛丽安娜·伍德赛德，特里西娅·麦克拉姆．社会工作个案管理［M］．北京：中国人民大学出版社，2014.

［45］O. William Farley，Larry Lorenzo Smith，Scott W. Boyle. 社会工作概论（第二版）［M］．何金兰，詹宜璋，译．台北：学富文化事业有限公司，2009.

［46］Gilliland，James. 危机干预策略［M］．高申春，等，译．北京：高等教育出版社，2009.

［47］【美】Paula Allen－Meares. 学校社会工作［M］．陈蓓丽，等，译．上海：华东理工大学出版社，2008.

［48］Roberta G. Sands. 精神健康——临床社会工作实践［M］．何雪松，花菊香，译．上海：华东理工大学出版社，2003.

［49］Sarah Gehlert. 健康社会工作手册［M］．季庆英，译．北京：北京大学医学出版社，2012.

［50］Johnson，Louis C. Social work practice：A generalist approach［M］．Boston，MA：Allyn and Bacon，2000.

［51］Meyer，C. Assessment in social work practice［M］．New York：Columbia University Press，1993.

［52］Greenberg，K. Group Counseling in K－12 Schools. 1st Ed. Boston，MA：Allyn & Bacon，2003.

［53］Jacobs，E.，Mason，R. & Harvill，R. Group Counseling：Strategies and Skills. Belmont，CA：Thompson Books，2008.

［54］James G. Daley. Social Work Practice in the Military. The Haworth Press. New York. London. Oxford，1999.

［55］Collins，D.，Jordan，& Coleman，H. An introduction to family social work［M］．Belmont，CA：Thomson Higher Education，2007.

［56］Hoffman，L. Family therapy：An intimate history. New York：W. W. Norton & Company，2002.

［57］Nichols，M. P.，Schwartz，R. C. Family therapy：Concepts and methods（6th eds.）．Boston：Pearson Education Inc，2004.

［58］M. Ross. Community Organization：Theory，Principles and Practice，New York：Harper and Row，1967.

［59］R. L. Warren "A Community Model"，In Readings in Community Organization Practice，editor by R. M. Kramer and H. Specht（3rd edition），New Jersey：Prentice－Hall，1983.

［60］Schultz，D. P.，Schultz，S. E.. Theories of Personality［M］．北京：北京大学出版社，2007.

［61］蔡国英．我国辍学现象的经济学分析［J］．北京师范大学学报，2004（2）.

［62］中国卫生健康委员会．中国妇幼健康事业发展报告（2019）．2019.

［63］《儿童社会工作服务指南》，中华人民共和国民政行业标准，2014.

［64］《中华人民共和国义务教育法》，2018 年 12 月第二次修订版.

[65]《联合国儿童权利公约》，1989 年 11 月 20 日联合国第 44 届大会通过.
[66]《中华人民共和国未成年人保护法》，2012 年第二次修订版.
[67]《中华人民共和国刑法》，2017 年第十次修订版.
[68]《中华人民共和国劳动法》，2018 年第二次修订版.
[69]《中华人民共和国民法通则》，2009 年第二次修订版.

后　　记

2006年党的十六届六中全会提出了“建设宏大的社会工作人才队伍”的战略目标，推动了我国社会工作者职业水平评价制度的实施。2007年民政部组织编写了社会工作者职业水平考试指导教材，为考生提供了学习社会工作知识的基本教材。十多年来，我国的社会工作事业发展和制度建设取得喜人进展，社会工作专业人才队伍获得快速发展，社会工作专业实践在各地和各领域取得了长足进步，在社会建设和社会治理中发挥着越来越重要的作用。为回应社会发展对社会工作专业的要求，总结社会工作发展中的经验，需要对社会工作发展的经验进行总结，修订社会工作实务教材，以回应社会工作专业发展和人才队伍建设的需要。

教材的编写是一个研究探索的过程。根据《全国社会工作师职业水平考试大纲》的修订内容，为了将近年来发展较为快速并取得较大成效的实务领域的社会工作实践经验纳入教材中，在保留和吸收第二版教材部分内容的基础上，此次修订《社会工作实务（初级）》教材还尽力吸收了国内外社会工作实务发展的最新理论和方法，努力将国内社会工作实务发展的最新成果体现其中，力图为社会工作实务工作者提供能够与工作实践相结合的、可操作的实务理念和技巧。

此次修订的《社会工作实务（初级）》主编由马凤芝（北京大学）担任，副主编由童敏（厦门大学）担任。承担各章编写任务的是（以章为序）：马凤芝编写第一章；童小军（中国青年政治学院）编写第二章；费梅苹（华东理工大学）编写第三章；隋玉杰（中国人民大学）编写第四章；杨静（中华女子学院）编写第五章；马良（浙江工商大学）编写第六章；史柏年（中国青年政治学院）编写第七章；叶金莲（北京市军队离休退休干部安置办公室）编写第八章；杨荣（北京工业大学）编写第九章；童敏编写第十章；许莉娅（中国青年政治学院）编写第十一章；孙莹（中国青年政治学院）编写第十二章；何姗姗（华东师范大学）、张一奇（上海第八中心医院）编写第十三章；张默（中国劳动关系学院）编写第十四章。马凤芝完成最后统稿。

民政部慈善事业促进和社会工作司等有关部门及领导对教材的编写给予了极大关注和有力指导，中国社会出版社领导和相关人员对教材的编写给予了大力支持，国内外许多专家学者和实务工作者的研究成果和实践经验对教材的编写起到了帮助作用，在此一并表示诚挚的谢意！

马凤芝